鈴木博之講演会
プロジェクト展
全国修士論文展
全国修士設計展

トウキョウ建築コレクション2010

トウキョウ建築コレクション2010実行委員会編
建築資料研究社／日建学院

トウキョウ建築

20

コレクション
10

トウキョウ建築コレクション2010

011 トウキョウ建築コレクション2010企画概要

012 全国修士設計展

014 開催概要

015 設計展審査員プロフィール

鈴木 茜（グランプリ）
東北大学大学院
工学研究科 都市・建築学専攻
五十嵐太郎研究室
影の縁側
～エチオピア アジスアベバにおける
スラム群建て替え計画
016

村口勇太（小野田賞）
工学院大学大学院
工学研究科 建築学専攻
澤岡清秀研究室
「数寄」屋／もしくは「檻」
026

小野志門（迫賞）
日本大学大学院
理工学研究科 建築学専攻
佐藤光彦研究室
不忍池霧の葬祭場
都市公園を利用した火葬施設
及び墓地の設計
或いは、装飾について考えた事とその実践
036

湯浅良介（内藤賞）
東京藝術大学大学院
美術研究科 建築専攻
ヨコミゾマコト研究室
Objet Surréel
046

松井さやか（西沢賞）
東京理科大学大学院
理工学研究科 建築学専攻
小嶋一浩研究室
身体と建築の関係性について
056

石井衣利子（長谷川賞）
芝浦工業大学大学院
工学研究科 建設工学専攻
堀越英嗣研究室
輪郭の空間
―Aldo van Eyckの
建築思想を通して―
066

バンバ タカユキ
京都工芸繊維大学大学院
工芸科学研究科　建築設計学専攻
木村・松隈研究室

Volume
—空気を含んだ密度に
包まれる空間—

076

池田 俊
東京藝術大学大学院
美術研究科　建築専攻
黒川哲郎研究室

浮遊する身体
—a floating body—

084

井上裕依子
武蔵野美術大学大学院
造形研究科　デザイン専攻
高橋晶子スタジオ

少しずつ変わること

092

邊見栄俊
大阪芸術大学大学院
芸術研究科　芸術制作専攻
狩野忠正研究室

「奥」を知覚する空間の研究

100

トパ・リタ
横浜国立大学大学院／
建築都市スクール"Y-GSA"

Urban entropies

108

渡邉 譲
東京都市大学大学院
工学研究科　建築学専攻
手塚貴晴研究室

住宅地の集合住宅
～住宅地の状態を考えて～

116

高瀬真人
早稲田大学大学院
創造理工学研究科　建築学専攻
古谷誠章研究室

窓外への／からの
—接地型低層集合住宅研究—

124

佐河雄介
多摩美術大学大学院
美術研究科　デザイン専攻
平山 達研究室

Homage to Xenakis

132

北條 匠
東京藝術大学大学院
美術研究科　建築専攻
黒川哲郎研究室

トワイライトな言語が
僕らの心に残すもの

140

鈴井良典
早稲田大学大学院
創造理工学研究科　建築学専攻
入江正之研究室

横断への記述

148

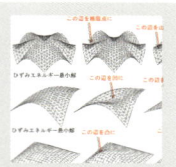

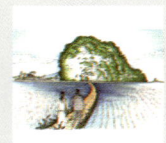

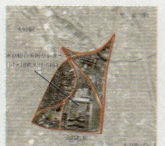

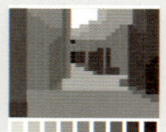

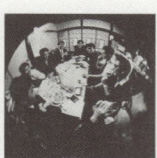

加門麻耶
東京大学大学院
工学系研究科　建築学専攻
藤森照信研究室

大橋富夫論

228

荒木 聡
早稲田大学大学院
創造理工学研究科　建築学専攻
古谷誠章研究室

転相する建築
―CARLO SCARPAの
記譜法を通じて―

236

渡邉宏樹
東京大学大学院
工学系研究科　建築学専攻
藤井 明研究室

ラオスの伝統的住居における
形態的差違性に関する研究

244

252　公開討論会

262　プロジェクト展

264　開催概要

265　プロジェクト展コメンテータープロフィール

滋賀県立大学大学院
環境科学研究科　環境計画学専攻
布野修司研究室

信・楽・人
―shigaraki field
gallery project―

266

新潟大学大学院
自然科学研究科　環境共生科学専攻
岩佐明彦研究室

Riverside Node

270

京都大学大学院
工学研究科　建築学専攻
田路貴浩研究室

京都建築スクール
「境界線のルール」

274

東北大学大学院
工学研究科　都市・建築学専攻
五十嵐太郎研究室

都市／建築／メディア／言語

278

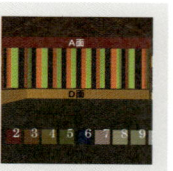

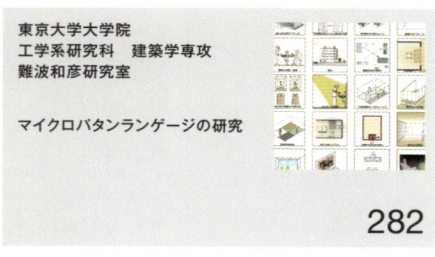

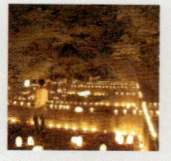

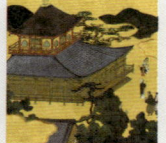

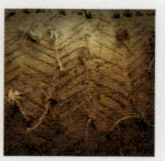

滋賀県立大学大学院
人間文化学研究科　生活文化学専攻
佐々木一泰研究室

石山アートプロジェクト

318

法政大学大学院
工学研究科　建設工学専攻
陣内秀信研究室

都市と建築のこどもワークショップ

322

法政大学大学院
工学研究科　建設工学専攻
陣内秀信研究室

東京都心部の歴史遺構
外濠におけるまちづかい
—SOTOBORI CANAL
WONDERの活動—

326

早稲田大学大学院
創造理工学研究科　建築学専攻
古谷誠章研究室

雲南プロジェクト

330

工学院大学大学院
工学研究科　建築学専攻
藤木隆明研究室

Aqua-Scape
The Orangery Version

334

338 スタジオトーク 3（コメンテーター：北川啓介）

346 座談会

356 特別講演会『東京　歴史の表現　技術の表現』鈴木博之

370 設計展・論文展　応募者リスト

374 あとがき

トウキョウ建築コレクション二〇一〇

代官山ヒルサイドテラス
（ヒルサイドフォーラム／ヒルサイドプラザ／スタジオヒルサイド）

2010/03/02 [TUE.] - **07** [SUN.]
11:00 - 19:00 （初日は 14:00 から、最終日は 17:00 まで）

鈴木博之講演会

特別講演会
2010/03/02 [TUE.]
18:00 - 20:00

会場｜ヒルサイドプラザ
講演者｜鈴木博之
略歴｜1945 年東京都生まれ／1984 年工学博士／1990～2009 年東京大学大学院教授（工学系研究科建築学専攻）／1993 年ハーヴァード大学客員教授（美術史学科）／2009 年～青山学院大学教授／主な受賞に 1972 年毎日・日本研究特別賞、1980 年日本文化デザイン賞、1985 年芸術選奨文部大臣新人賞、1990 年サントリー学芸賞、1996 年日本建築学会賞（論文賞）、2001 年建築史学会賞、2005 年紫綬褒章

（敬称略）

※事前に本展覧会ホームページにて参加者受付を行います。応募登録は最下部 URL 参照。

プロジェクト展

スタジオ・トーク／座談会
2010/03/03 [WED.], **04** [THU.]
(i) 14:00 - ,(ii) 18:00 -

会場｜スタジオヒルサイド
スケジュール・コメンテーター｜
03/03 14:00- 馬場正尊
03/03 18:00- 青井哲人
03/04 14:00- 北川啓介
03/04 18:00- 座談会

（敬称略）

※会期中はスタジオヒルサイドにて展示。初日は 14:00 から。
※研究室プロジェクト募集 応募登録は最下部 URL 参照。
※スタジオ・トーク／座談会の観覧のための登録は必要ありません。
当日は先着順となります。

全国修士論文展

公開討論会
2010/03/05 [FRI.]
13:00 - 19:00

会場｜ヒルサイドプラザ
コメンテーター｜秋元孝之 池田昌弘 今村創平 中谷礼仁 本江正茂

（敬称略 50 音順）

※会期中はヒルサイドフォーラムにて展示。初日は 14:00 から。
※修士論文作品募集 応募登録は最下部 URL 参照。
※公開討論会のみ会場はヒルサイドプラザです。
※公開討論会の観覧のための登録は必要ありません。
当日は先着順となります。

全国修士設計展

公開審査会
2010/03/06 [SAT.]
10:30 - 19:30

会場｜ヒルサイドプラザ
審査員｜小野田泰明 迫慶一郎 内藤廣 西沢立衛 長谷川逸子

（敬称略 50 音順）

※会期中はヒルサイドフォーラムにて展示。初日は 14:00 から。
※修士設計作品募集 応募登録は最下部 URL 参照。
尚、応募には登録料 3000 円がかかります。
※公開審査会のみ会場はヒルサイドプラザです。
※公開審査会の観覧のための登録は必要ありません。当日は先着順となります。

名称　トウキョウ建築コレクション 2010
主催　トウキョウ建築コレクション 2010 実行委員会
協力　株式会社鹿島出版会／清野運送有限会社／代官山ヒルサイドテラス
後援　株式会社建築資料研究社／代官山ヒルサイドテラス
社団法人 建築業協会／株式会社 新建築社／
社団法人 東京建築士会／社団法人 日本建築家協会／
社団法人 日本建築学会／社団法人 日本建築士会連合会／
社団法人 日本建築美術工芸協会
協賛　株式会社 アカギ／株式会社 梓設計／安藤建設株式会社／
株式会社 INAX／株式会社 NTT ファシリティーズ／
株式会社 大林組／鹿島建設株式会社／
グラフィソフトジャパン株式会社／株式会社 佐藤総合計画／
三協立山アルミ株式会社／清水建設株式会社／新日軽株式会社／
積水化学工業株式会社／積水ハウス株式会社／
ソニー生命保険株式会社／大成建設株式会社／
株式会社 竹中工務店／田島ルーフィング株式会社／
戸田建設株式会社／日新工業株式会社／株式会社 日建設計／
株式会社 日本設計／株式会社 乃村工藝社／
前田建設工業株式会社／株式会社 三菱地所設計／
株式会社 ムトーエンジニアリング／株式会社 レモン画翠
（敬称略 50 音順）
事務局　〒169-8555 東京都新宿区大久保 3-4-1 55-N-806 古谷誠章研究室

トウキョウ建築コレクション
http://www.tkc-net.org

「トウキョウ建築コレクション2010」企画概要

修士設計、修士論文、研究室プロジェクトを扱った全国規模の展覧会である「トウキョウ建築コレクション」は、今年で4年目を迎えることができました。

2007年、2008年、2009年と当展覧会はそれぞれ多くの来場者に恵まれ、またその成果が書籍化されたことにより、広く社会に開かれた展覧会にできたと感じております。

「トウキョウ建築コレクション」は初年度から一貫して「修士学生の研究をもとに、建築学における専門分野を超えた議論の場をつくり出し、建築業界のみならず社会一般に向けて成果を発信していくこと」を目標としてきました。4年目に当たる今年は、各企画の展示やイベントの充実を目指し、出展者やその作品、ゲスト、来場者が、各々の専門分野・立場を超越し、共有されるような場に成長することで、専門性を越えるという価値基準を示していきたいと考えました。

「トウキョウ建築コレクション2010」では、過去3年間で段階的に発起させた「全国修士設計展」、「全国修士論文展」、「特別講演会」、「プロジェクト展」の4つの企画を継続することにより、上記した目標に応えていきました。

本展覧会が今後長期にわたり継続し、時代性をもった「コレクション」が集積され「アーカイブ」としての価値をもつことで、建築教育の発展に寄与していける展覧会に成長していくことを目指します。

トウキョウ建築コレクション2010実行委員一同

全国修士設計展

「全国修士設計展」開催概要

「全国修士設計展」では、全国から一同に修士設計を集め、審査員による一次審査で選ばれた17点の作品の展示と公開審査会（二次審査）を行った。

3月2日（火）〜3月7日（日）の代官山ヒルサイドテラス・ヒルサイドフォーラムでの展示に加え、3月6日（土）に公開審査会を開催した。公開審査会では、ヒルサイドプラザでの出展者によるプレゼンテーションの後、審査員による展示された模型・パネルの審査、質疑応答を含む巡回審査を行い、ヒルサイドプラザにてグランプリ並びに各審査員賞を決定した。公開審査会終了後には受賞パーティーおよび懇親会を行った。

建築をとりまく状況が大きく変化しているこの時代に、芸術性はもとより、社会性、批評性、独自性、完成度など修士設計に求められるものは多岐にわたっている。その修士設計を、これから社会人として建築に携わるものたちの産声と捉え、多角的な評価軸からクリティーク、ディスカッションが行われることを通して、建築設計の新たな可能性を、出展者、来場者の方に感じていただくことを目的とした。

※出展者顔写真の上に記した作品紹介文は、出展者本人ではなくトウキョウ建築コレクション2010実行委員の執筆による

設計展審査員プロフィール

小野田泰明　Onoda Yasuaki

1963年金沢市生まれ。1986年東北大学建築学科卒業。1986年同キャンパス計画室助手、1997年同助教授を経て、2007年より教授を務める。1998～1999年UCLA客員研究員。建築計画作品に「せんだいメディアテーク」、「横須賀美術館」、主な建築作品に「苓北町民ホール」、「東北大学百周年記念会館」、「伊那東小学校」など。主な共著に、『空間管理社会』、『プロジェクト・ブック』ほか。

迫 慶一郎　Sako Keiichiro

1970年福岡県生まれ。1994年東京工業大学卒業。1996年同大学院修士課程修了。1996～2004年山本理顕設計工場勤務を経て、2004年SAKO建築設計工社を設立。2004～2005年米国コロンビア大学客員研究員・文化庁派遣芸術家在外研修員。主な作品に、「金沢ビーンズ」「北京バンプス」「北京ラチス」「北京ポプラ」「杭州ロマンチシズム2」ほか。主な作品集に『28の主題 迫慶一郎の建築』など。

内藤 廣　Naito Hiroshi

1950年横浜市生まれ。1974年早稲田大学理工学部建築学科卒業。1976年同大学院修士課程修了。1976～1978年フェルナンド・イゲーラス建築設計事務所（スペイン・マドリッド）、1979～1981年菊竹清訓建築設計事務所勤務を経て、1981年内藤廣建築設計事務所を設立。2001年東京大学大学院工学系研究科社会基盤工学助教授。2002年より東京大学大学院工学系研究科社会基盤学教授を務める。2010年より東京大学副学長。

©Takashi Okamoto

西沢立衛　Nishizawa Ryue

1966年東京都生まれ。1988年横浜国立大学工学部卒業。1990年同大学院修士課程修了。1990年妹島和世建築設計事務所入所。1995年妹島和世と共にSANAA設立。1997年西沢立衛建築設計事務所設立。現在、横浜国立大学大学院建築都市スクールY-GSA教授。主な受賞に、ヴェネツィア・ビエンナーレ第9回国際建築展金獅子賞（2004）、日本建築学会賞（1998、2006）、プリツカー賞（2010）ほか。

長谷川逸子　Hasegawa Itsuko

静岡県生まれ。1979年長谷川逸子・建築計画工房を設立、主宰。1992～1993年米国ハーバード大学客員教授。2001年より関東学院大学大学院客員教授を務める。主な作品に、「すみだ生涯学習センター」、「大島町絵本館」、「山梨フルーツミュージアム」、「袋井市月見の里学遊館」、「新潟市民芸術文化会館」、「珠洲多目的ホール」ほか。受賞に、公共建築賞（2000年大島町絵本館、2004年新潟市民芸術文化会館）、日本芸術院賞（2000年新潟市民芸術文化会館）ほか。

影の縁側
～エチオピア アジスアベバにおけるスラム群建て替え計画

エチオピアの首都アジスアベバのスラムを段階的に更新するプロジェクト。スラムという悪環境でありながらもそこで営まれてきた生活を最大限尊重するため、建物の密度感は保持しつつ、その構成を「反転」させる手法を提案している。現地調査の体験から、極端に日射量の多い地域では光ではなく、むしろ影が人びとにとって大切なのだと制作者は指摘する。「反転」によって互い違いに重ねられる屋根はさまざまな影を生み、人びとの活動を屋根面へと表出させることで、市街地から隔絶されていた川沿いの窪地に位置する敷地は周辺との連続性を回復する。

Name:
鈴木 茜
Suzuki Akane

University:
東北大学大学院
工学研究科　都市・建築学専攻
五十嵐太郎研究室

影ができる。そこに人が集まり、留まる。影が動くと、人も動く。おしゃべりをして、ブンナの時間。そして日が暮れる。

そんな穏やかなエチオピアのアジスアベバでの生活を建築に落とし込みたいと思いました。

敷地のコンテクストを最大限引き継いだ基本構造を反転させる。セルフビルドのシステムを用い、生活が延長して建築になる。それと同時に、世界最貧国の一つ、エチオピアの都市型スラムの問題の解決策を考える事。

対象敷地はアジスアベバでも最も衛生環境が悪く、段差のある川沿いのエリア。屋根面は周辺敷地とつながり、ファサードとなる。アジスアベバ市民の生活スタイルを尊重しつつ、スラムが持つ様々な問題を解決した計画を目指しました。

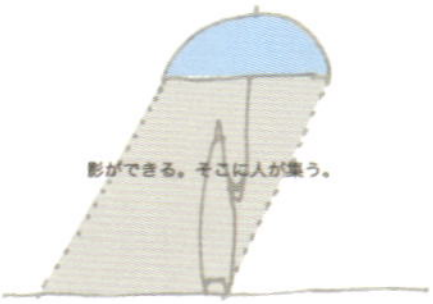

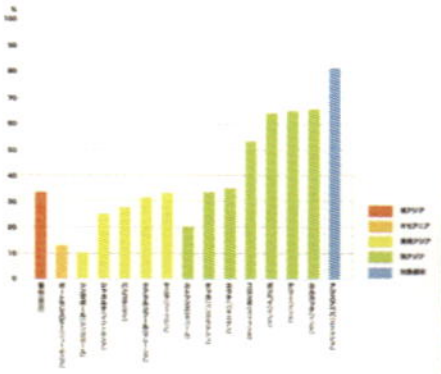

エチオピアは世界最貧国のひとつであり、とくに首都アジスアベバにおける都市型スラムの規模は世界最大級である。スラムと認識される住居群は市街地の80～90%にもおよび、都市人口の80%以上がスラムに居住している。

政府は中層型コンドミニアムを建設し、建て替えを図っているが、着工から竣工まで約2年もかかること、あるいは接地面の少なさや不慣れな電気・衛生機器など、市民のそれまでの生活とは一致していない。

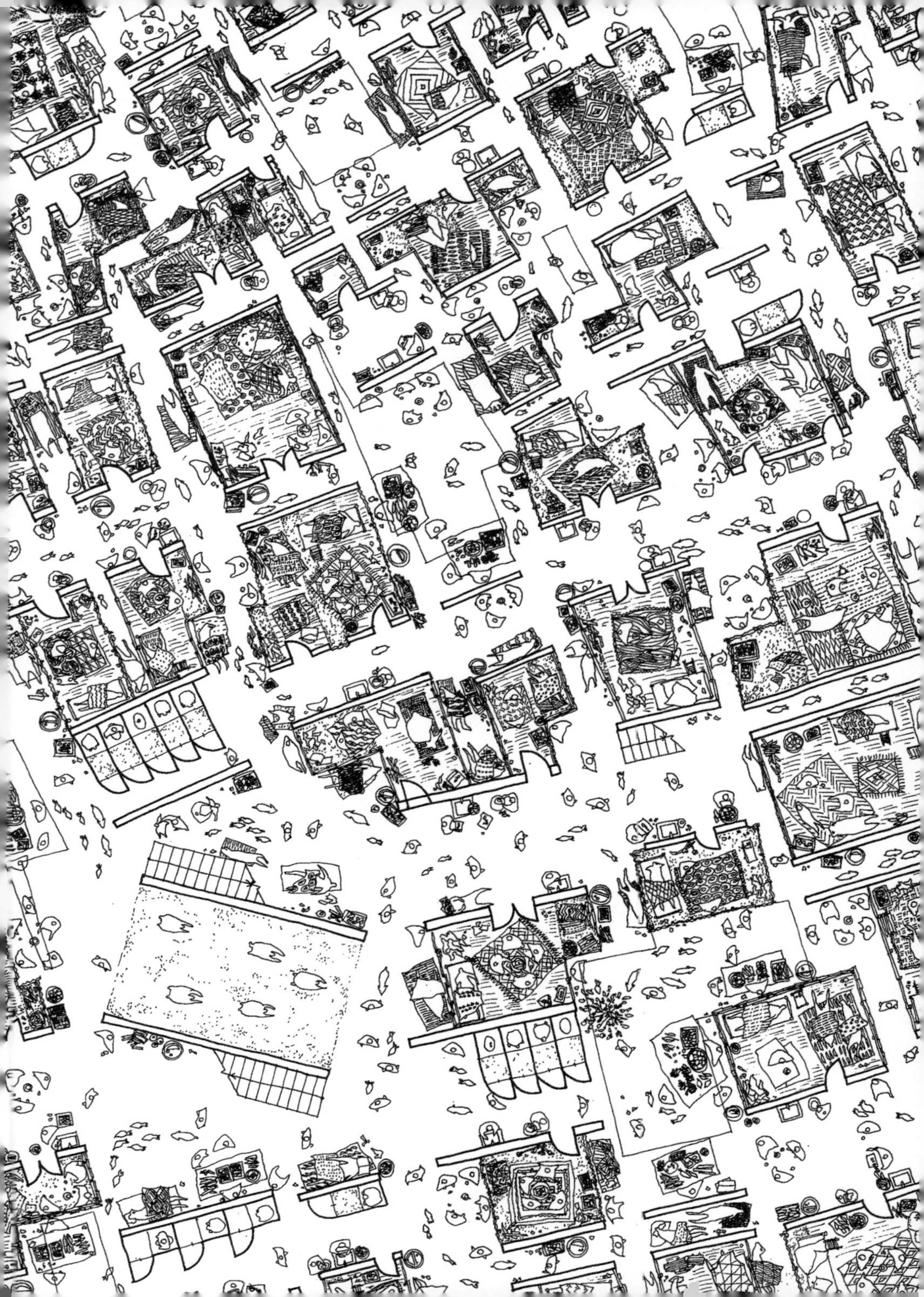

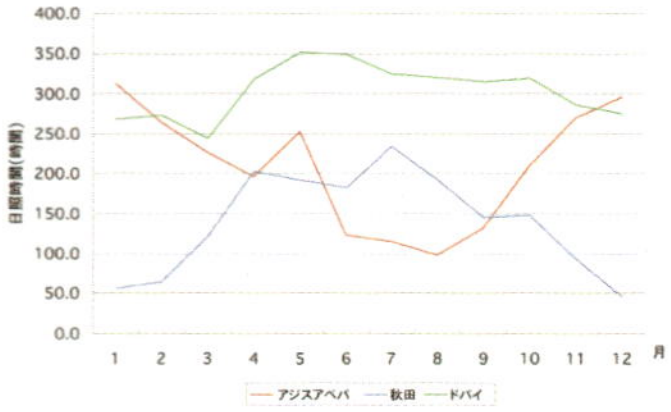

アジスアベバは、ほぼ赤道直下のため一年を通して日射量が多いが、高山地帯であるため気温は20℃前後と適温。宗教的、政治的イベントの催されるマスカルスクエアという大きな広場は、使われるときはたくさんの人が訪れるが、その他の時期は閑散としている。アジスアベバの強い日差しの下では、影のできない大きな広場は機能しない。

影に集う人の目的はさまざまだが、人通りの多い場所には、露店商や物乞いなどが都市のなかの自分の居場所として生活を営んでいる。

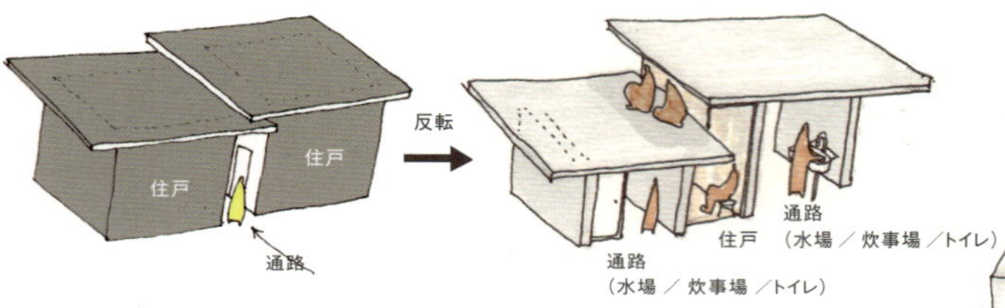

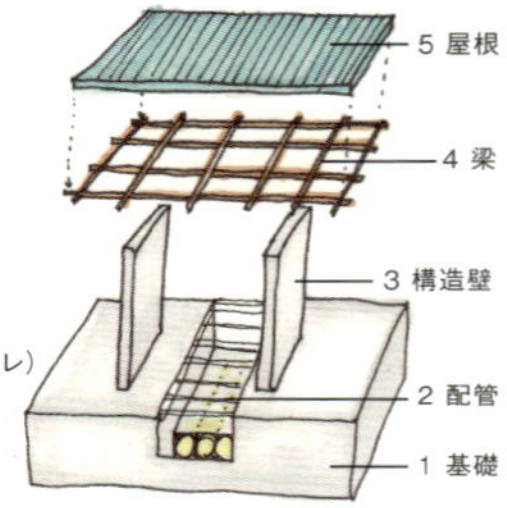

現状のスラムの住戸と住戸のすき間は通路（コモンスペース）として、洗濯物が吊されていたり物置にされていたりしているが、足場も悪く、有効に使われていない。そこで、住戸と通路の関係を反転させ、二戸を最小単位として構成するような架構システムを考えた。

こうして生まれた通路は水場 ／ 炊事場 ／トイレなどの機能をもったコモンスペースであるとともに、かつスラムの備える自生的な拡張能力を損なわず、ある程度の居住環境を維持する配管の通り道や空間的な余白としての役割が与えられている。

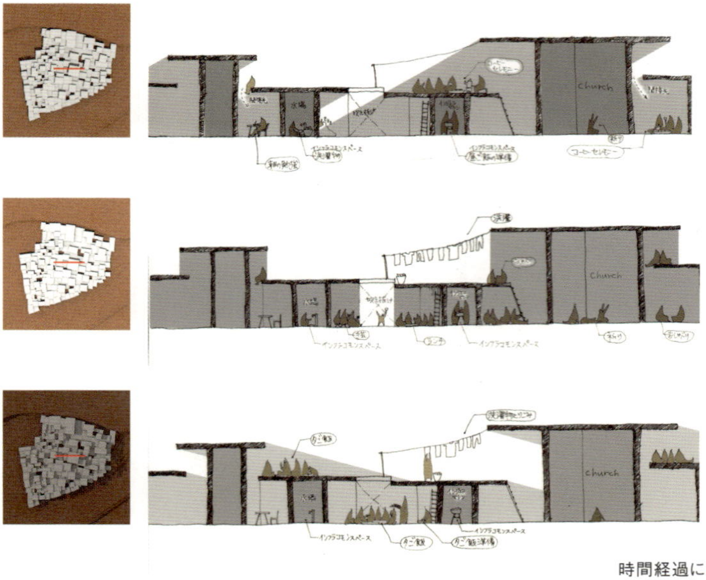

AM10:00（冬至）
太陽高度θ≒30°

AM12:00（冬至）
太陽高度θ≒90°

PM17:00（冬至）
太陽高度θ≒165°

時間経過によるコモンスペースの変化

全体平面図

敷地は川と市街地・工場地帯に挟まれた傾斜地。屋根面をGLの高さに合わせて、都市と隔絶されていた敷地を周辺環境となだらかに結ぶ。建て替えは対象とした敷地全域を一挙に行うのではなく、六期に分けて計画する。最低限のインフラを整備しつつ、左ページの簡便な架構システムをもとにし、セルフビルドでの建て替えを促す。

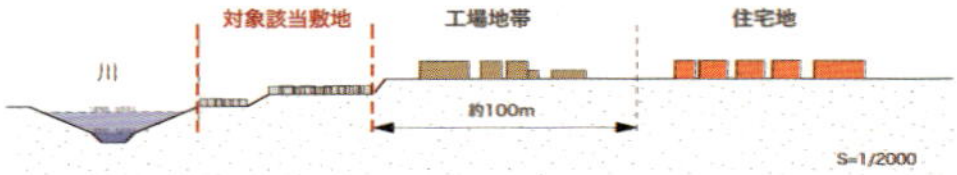

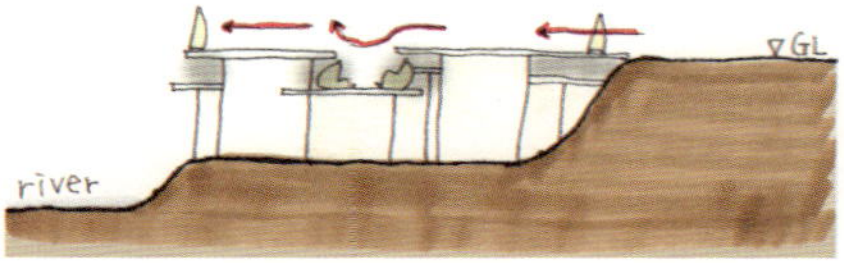

市街地からの眺め

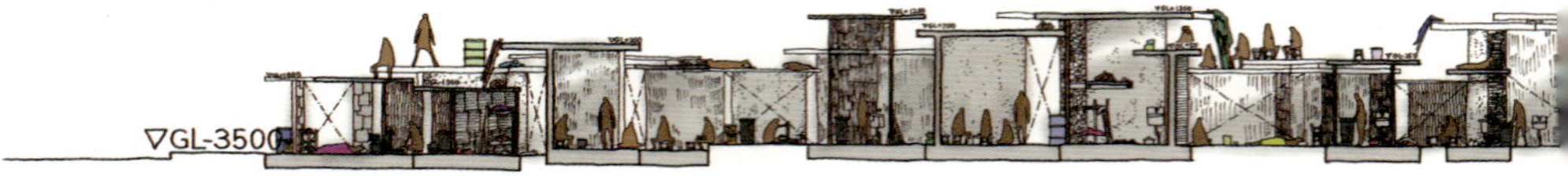
▽GL-3500

▽GL-3500

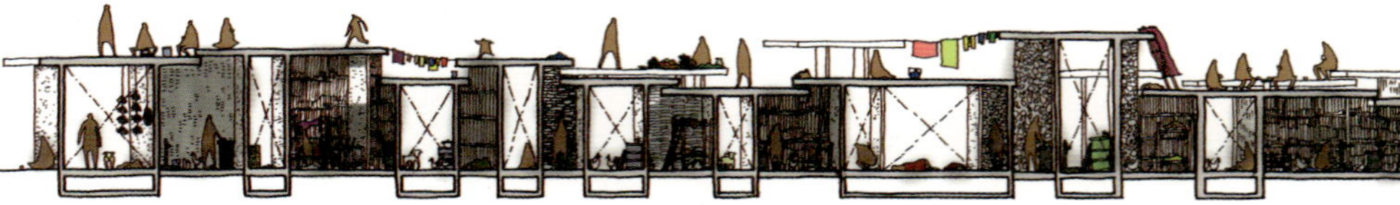

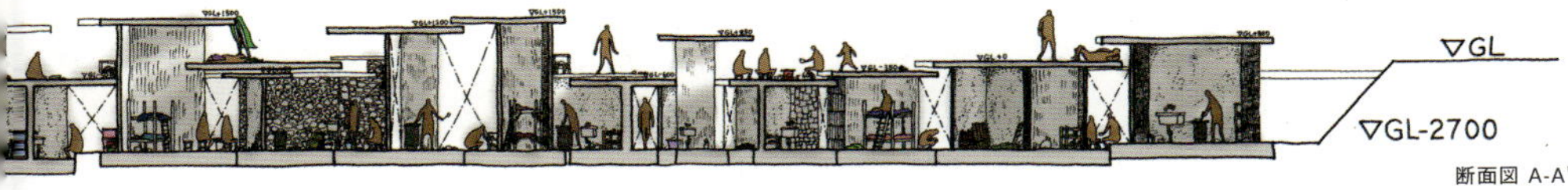

断面図 A-A'

断面図 B-B'

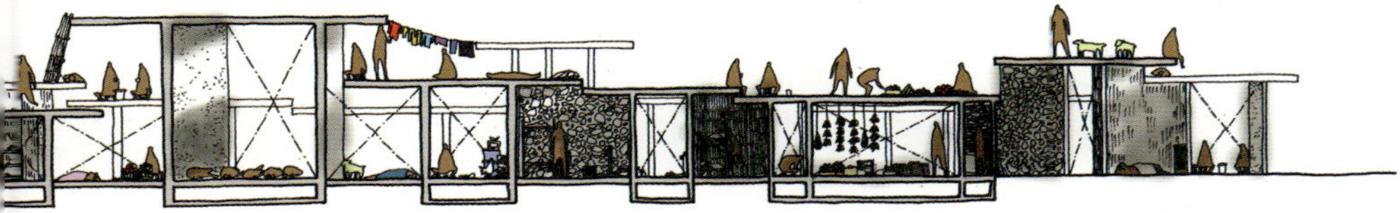

断面図 C-C'

審査員コメント@巡回審査

迫:屋根の上と下の空間がどういうふうに一体化しているのかがちょっと伝わってきませんでした。

鈴木:影の部分が下のほうにも抜けてきて、そこで影の部分が吹き抜けを介して上と下でつながって連動します。反転させたことで住戸は屋根面と近くなっているので、中からも次々に別の家の屋根がババババーって連なって見えてくる感じが、もう内外さえ反転してしまったような感覚を与えるというふうに捉えています。

迫:もうひとつ、拡張性を重要な要素だと考えていますよね。衛生面などを考えれば一気に近代的に建て替えた方が優れていると言えるのだけど、それまで長く住んでいた生活形態ががらっと変わって、住む人たちは本当に幸せなのかと思うとやっぱり違和感がありますよね。この案は、現に住んでいる人たちの環境を、スラム的なところは残しながらも更新、拡張していて、なにか「ハッピー」な感じがします。真摯に問題と向き合っている感じがしました。

小野田:スラムの肝であるインフラ設計も考えられていていいですね。まあ、途中エスキスで指摘したからね(笑)。ここでは、つくり方や材料について聞きたいのだけど、これは現地の材料とかを使うんですか?

鈴木:建て替えは、敷地のレベルの高い方から、平面図のラインに沿って、6期に分けて順番に行います。材料に関しては、たとえば既存の建物を壊したときに出てくる端材、トタンであるとか木であるとかを使うつもりです。

西沢:このかたちは「影をつくる」ということから生まれてきているのですよね。密集しているということをポジティブな状態に反転するためにも、光が当たるよりも影の方が大事なんだという理屈はいいと思う。模型を見ると屋上でパーティをやって盛り上がっているように見えるのだけど、屋上だけじゃなくて下では盛り上がれないんですか?

鈴木:パーティじゃなくて商業です(笑)。屋根の上はパブリック、下はプライベートもしくはコモンと考えています。下にも共用部はありますが、基本的にはキッチンとかトイレなどのインフラとしての水回りのためのスペースです。インフラを整備するというのが今回の計画の最初にありました。

内藤:なぜスラムはこんなにも増えるのかというと、ある意味では快適だからだよね。安い材料で、最低限誰でもつくれる構法で、一番生活しやすいスタイルをつくってるわけだから。だからスラム自体がそもそも快適だろうと思う。なぜスラムをテーマにしたんですか?

鈴木:私としてもスラムを悪いものとしては捉えていません。だから、たとえば汚水が流れ込んで非常に不衛生になっている場所があるので、そういう最低限の部分を整備するだけ。その上でコモンスペースを中心に集合させることで快適さを持続させようと。

内藤:おもしろいプロジェクトだと思うのですけど、現行のスラムに住んでいる人たちの空間の使い方というのは、彼らなりのモジュールとライフスタイルで大きさが決まっていて、本当はそちらのほうが大事なのかもしれない。それを「反転」でもう一回ひっくり返して、より快適な状態がつくられているのかというのが気になる。

長谷川:ここでは自分たちでつくらないとモノが生み出せないのだろうと思うので、セルフビルドでつくるのはすごく大切なことですね。ただもう少し、たとえばマテリアルに関してであるとか、現状のスラムから先を行く提案があってもよかったと思います。

鈴木:基本的にはスラムの人もスラムを愛していて、結局、たぶん現状のインターナショナルなコンドミニアムをつくってもスラムに還ってしまうと思うんです。電気が通ったとしてもほとんど停電しているような状況なので、インフラ整備は最低限にして、空気の循環とか、直射日光じゃなくて斜めの光を入れたり、日陰を多くつくるようにしています。リアリティというか、一歩一歩着実にやっていくことを一番に考えていたので、確かにぶっ飛んだ、先を行くような提案にはなりませんでした。リアリティと飛躍するのと、どっちに重きをおくのかは葛藤でした。

グランプリ

鈴木 茜
Suzuki Akane

1985年青森県生まれ、日本全国&中国で転居を繰り返す。2004年東北大学入学、2008年東北大学大学院入学。2010年4月～設計事務所勤務。主な受賞に、青葉奨励賞(2008年)、せんだいデザインリーグ日本一決定戦10選(卒業設計)、2010年修士設計優秀賞(修士設計)

Q: 受賞した感想を聞かせて下さい。

「参加賞」のつもりで応募したのに、まさかグランプリを頂けるとは夢にも思っていませんでした。自分の強運が怖いです(笑)。茜事務所のみんなには、この場を借りてお礼を…。番頭の小松くんをはじめ、ふみちゃん、佐々木、ちゃい、大橋、あつし、ひーちゃん、ほかにも色々と支えて下さった皆さんには本当に感謝しています。ありがとうございました。

Q: 制作にあたって、もっとも苦労した点は何ですか?

一度敷地調査に行って、それからは敷地に行けなかったこと。文献も少なく、あっても英語のものだったりするので、情報収集に苦労しました。

Q: 大学・大学院ではどのような研究・活動をしていましたか?

五十嵐太郎研究室だったので、いろいろなことを経験できました。ヴェネツィア・ビエンナーレの設営に参加したり、企業と連携したリサーチプロジェクト、読書会など、多岐にわたります。ゼミ合宿という名のただの飲み会旅行で建築を見に行ったり…。絵を描くのが好きで、イラストの仕事をさせてもらったりしていました。

Q: 現在はどのような進路を選び、どのような仕事をしていますか?

組織設計事務所で働いています。仕事は楽しいし、やっと「実際に建つもの」を設計できるという喜びの中、日々勉強させてもらっている状況です。

Q: 来年参加する大学院生へメッセージを…。

多くの人に自分が6年間考えてきたことを見てもらえる貴重な場です。まだ歴史が浅く、発表の場も少ない修士設計ですが、徐々に流行のようなものができてきている気がします。その中で、自分なりのオリジナルな提案を堂々としていって欲しいです。

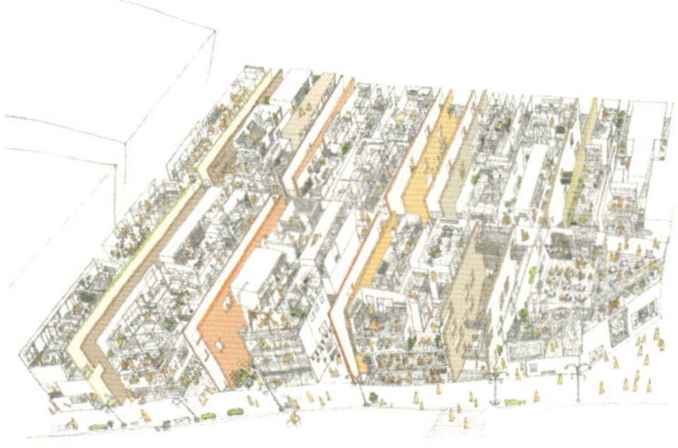
卒業設計「barcode」スケッチ

卒業設計「barcode」平面図

「数寄」屋／もしくは「檻」

私的な「数寄」の体験を具現化する

精神を左右する「檻」としての空間

カルロ・スカルパや小堀遠州などのディテールを参照し、４人で40日ほどかけて木を素材に小さな部屋をつくった。機能をもたない形としての部分を集積していくことで全体を立ちあげている。人が横になることができ、座った状態ですべてに手が届く大きさである。居心地のよい秘密基地であり、精神を左右する檻であり、書斎であり、床の間でもある。

Name:
村口勇太
Muraguchi Yuta

University:
工学院大学大学院
工学研究科　建築学専攻
澤岡清秀研究室

この建築は、空間認識についての試みであると同時に、私の考えを間接的に説明するひとつの弁明でもある。「数寄」の特殊性はいくつかの可能性をもっている。好き、透き、隙、空き、数奇、スキ……さまざまなニュアンスを含むコトバがこの小さくて巨大な部屋のキーワードである。寸法は2000×1220×2070mm。「空間」を、「機能」からではなく、内面からくる「必要性」から考えたい。断片化によりこの小さな部屋は物性を獲得する。配置ではなく陳列に、構成ではなく包囲へ。「存在」することによって、意味と装飾性を帯びていく。この空間で、建築が単なる機械ではなく人間の内面に踏み込み精神を左右するものであることを証明する。私は、この「囲われた空間」を〈檻〉と呼ぶ。欲望を閉じ込める檻、人を招く檻、帰るための場所としての檻。
——今、檻が必要なのだ。

寸法2000×1220×2070mm、建築面積2.44m²の
小さくて巨大な部屋

「数寄」についての仮説
建築の意匠が、存在が、人間の内面に与える影響は想像以上に大きいのではないか。
カルロ・スカルパによる小さな庭の大理石の断片、村野藤吾の装飾、小堀遠州による見せる収納……。
どれも自分をワクワクさせた存在であることは、間違いない。
そんな、言葉にしがたい空間性、意匠性とは何か?
撮影:村口勇太

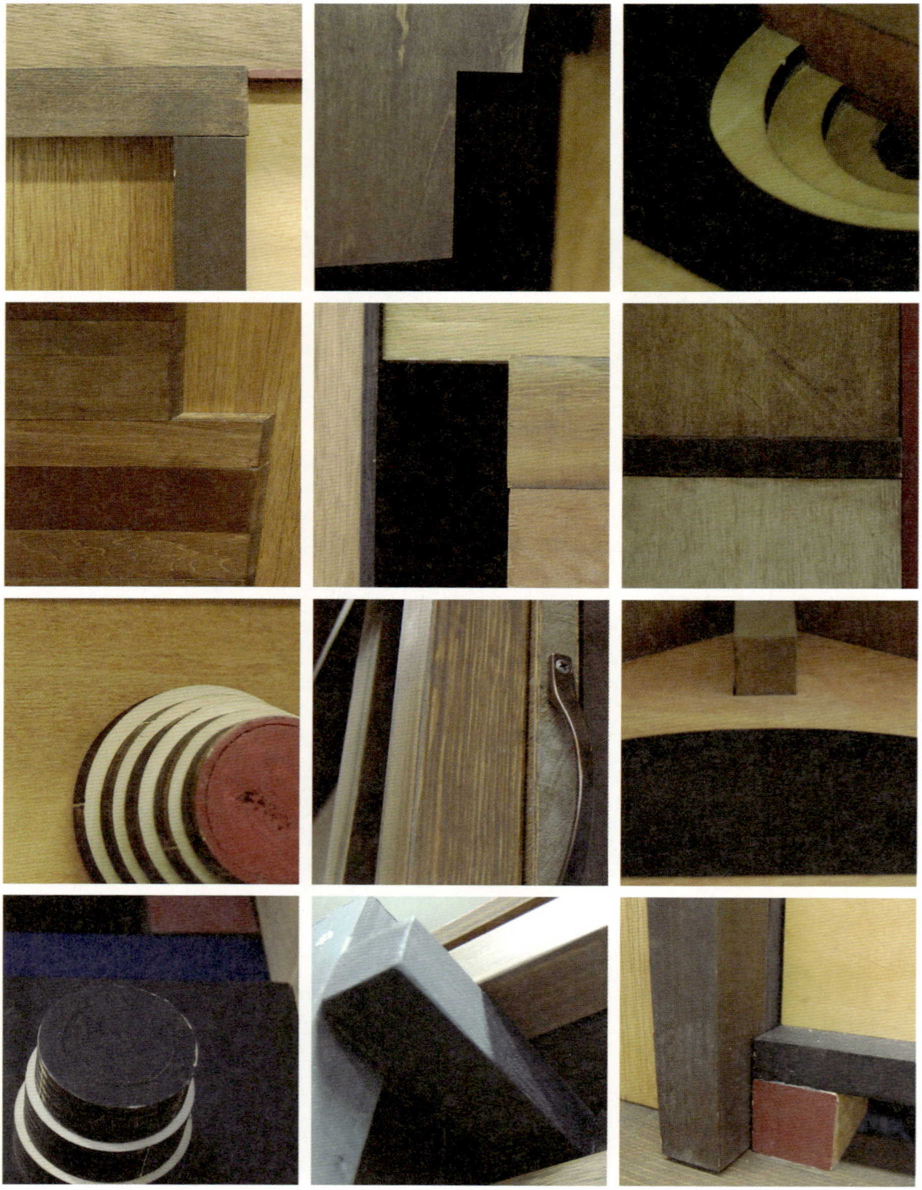

「数寄」から断片化
人と空間を結びつけるヒントを、建築のモノ性に求める。
「空間」という大きなくくりではなく部分のモノ性を助長させることによって、人と空間の関係をつくりだす。
窓、棚、机、取っ手などの部分が、モノとして認識される。

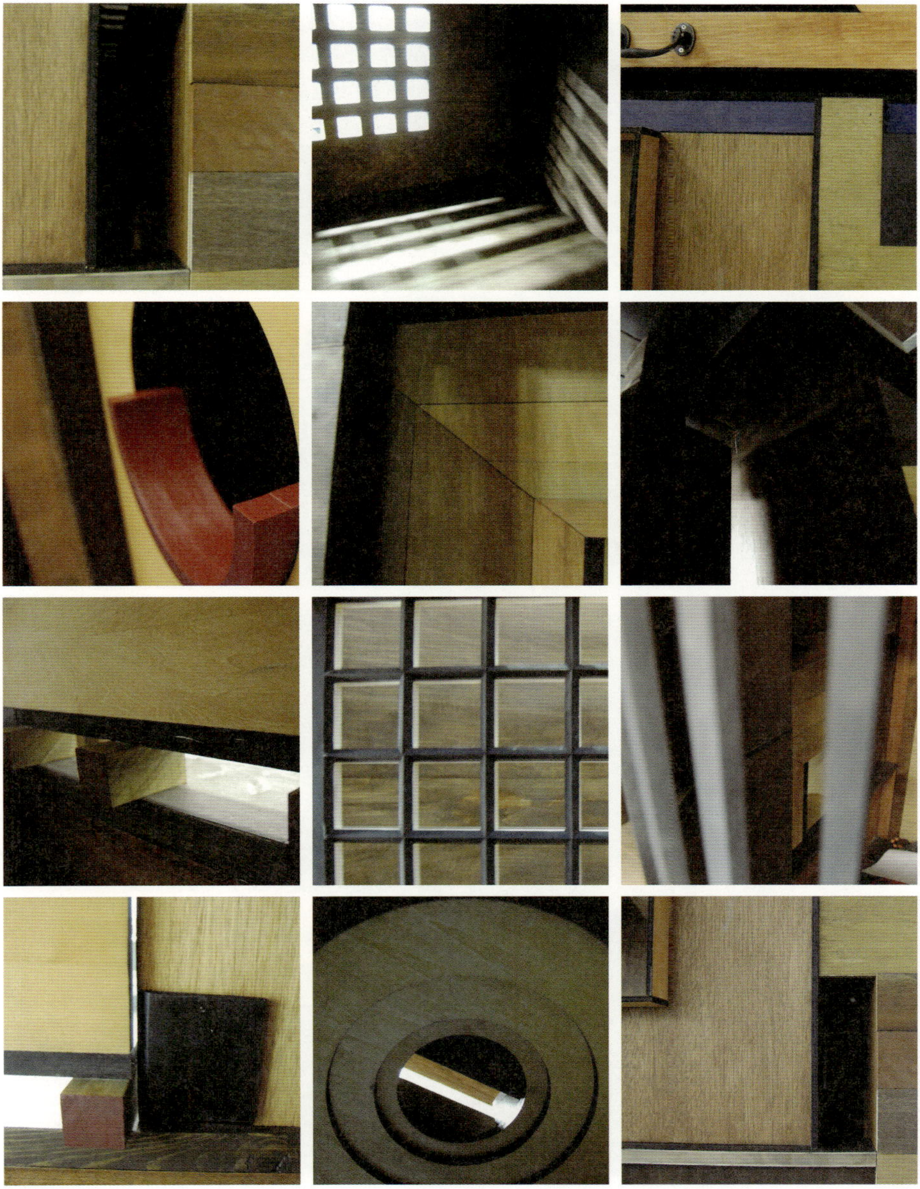

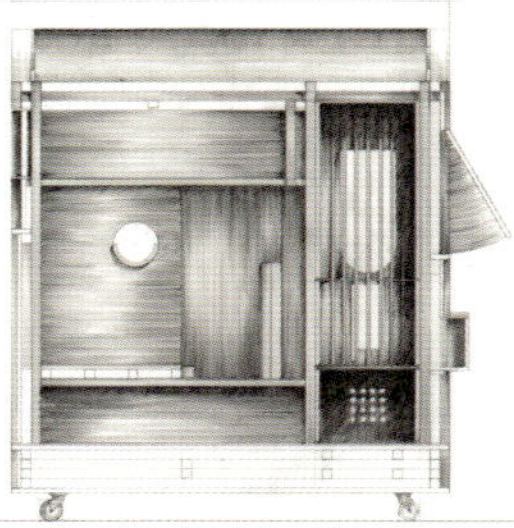

INTERIOR ELEVATION

ELEVATION

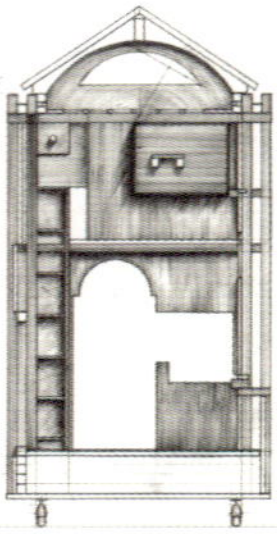

INTERIOR ELEVATION

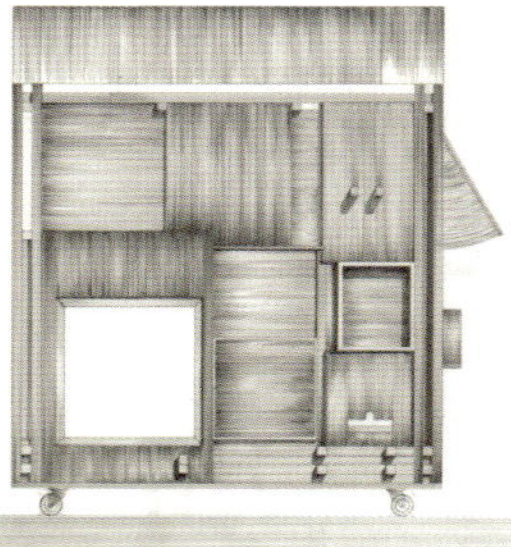

ELEVATION

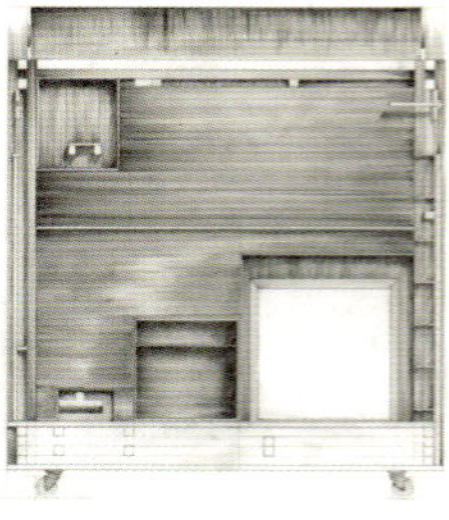

INTERIOR ELEVATION

断片化によるモノ性が、人と建築を繋ぐ媒介者になる。
まるで装飾のように。
「存在」することによって、意味と装飾性を帯びていく。

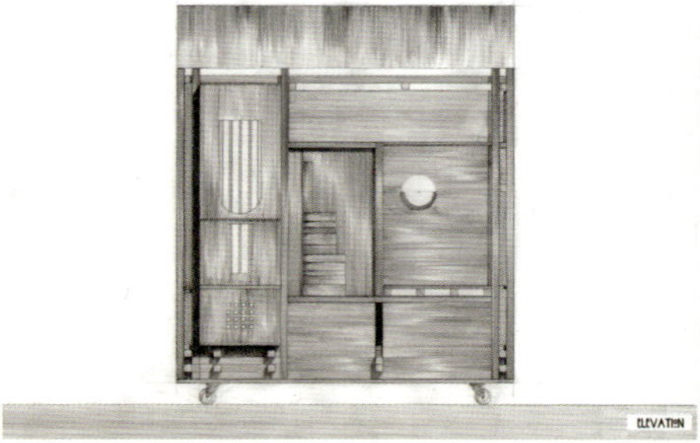

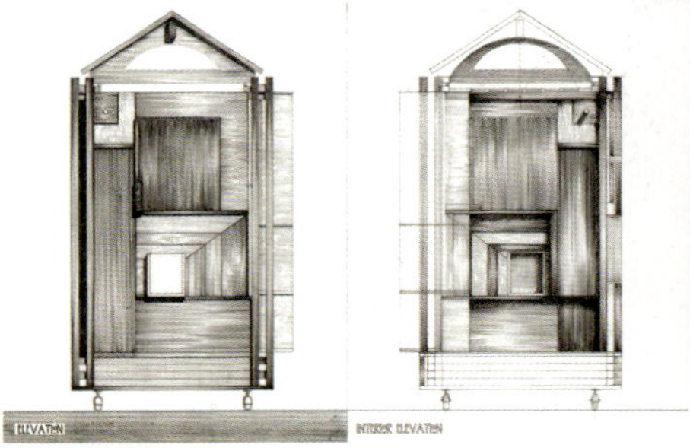

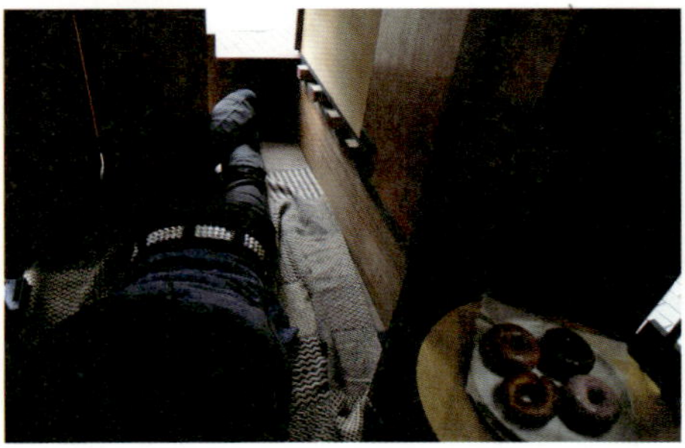

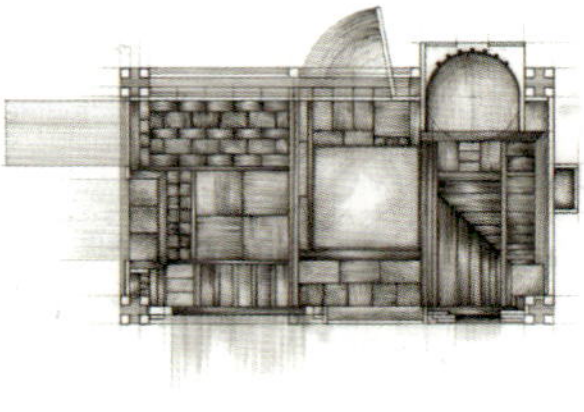

PLAN

審査員コメント@巡回審査

迫:これを移動することはできるんですか?

村口:はい。しかし路上を引っ張って歩くよりは、日当たりや景色などに応じて、その時々の気分で庭を移動する程度のプライベートな部屋として考えてます。

長谷川:日本の伝統的な表現をどのように捉えていますか?

村口:小堀遠州ぐらいの時代の見せる収納は、飾りで空間を変えていくことで飽きさせない点が特におもしろいと思います。質素すぎる利休の時代よりは、とことんデザインする遠州の時代のほうが現代に合う可能性があると思っています。

内藤:いいですね、屋台茶室。なんでこのサイズにしたの?

村口:横になった時にセミダブルぐらいの大きさで、寝たまま手を伸ばしてすべてが届く距離にしました。

内藤:利休の「待庵」や鴨長明の「方丈庵」のように起きて半畳寝て一畳の、ある種日本の伝統的な世界感を現代的に表現したらどうなるのかというテーマはあるよね。でも妙に和風なのが問題だな。柴田文江がデザインしたカプセルホテルのように、和に寄りかからない方法があるのじゃないか。

村口:たしかに茶室を研究しましたが、表現としては和にも洋でもないものを目指したんです。自分たちでつくることを考えて実現可能な素材というと木以外は難しく、つくりはじめたら「和」から逃げられなくなりました。理想を言えば、さまざまな素材を使いたかったです。

内藤:「和」という様式に、はまったとたんにほかの可能性を排除している。こういうのは大好きだしほしいとさえ思ったけど、表現を展開していくうえではもっと自由になったほうがいい。

小野田:あなたにとって今これをやる意味を知りたい。

村口:茶室を参考に現代的に活かせる部分はなにかと考えたんです。

小野田:でもデザインのテイストとしては、寺山修司の舞台装置のようじゃないですか。僕らの10年以上も上の世代の人たちの表現ですよ。それに違和感を覚えたから、僕ら以降の世代は抽象化された世界をつくってきた。ファブリックやプラスチック系を使うなど、別な方法もあったのに一切排除している。2000年代に生きる学生の手で、今またこうした意匠に戻るのはどういうことだろうか。

村口:今言っていいことなのか分からないんですけど、秘密基地をつくるような感じなんです。何をするわけでもなく居たくなる空間をつくりたいと思ったらこうなりました。

小野田:俺たちが引導を渡したはずの意匠がまた復活するとは、なかなか侮れない。こういうのに惹かれる自分が恐いとも思う(笑)。

小野田賞

村口勇太

Muraguchi Yuta

1985年札幌生まれ。工学院大学建築都市デザイン学科卒業(澤岡清秀研究室)、工学院大学大学院修士課程修了(澤岡清秀研究室)。主な受賞に、東京都学生卒業設計コンクール東賞(2008年)、JIA全国卒業設計コンクール銅賞(2008年)、工学院大学大学院修士論文学内審査会最優秀賞(2010年)

Q: 受賞した感想を聞かせて下さい。

「たなぼた」的な受賞でしたので、若干の恥ずかしさはありますが、それでもつくったモノが評価されたという一点においては単純に「嬉しい」の一言です。そしてこの場をかりて、遠く北国で応援してくれた両親と、八王子での隔離生活に耐えてくれた後輩達、清水・むっくん・わんちゃん・栗村・キョウキン・ホッカ、それと9階での共同生活を送ったみんな、そして澤岡先生、本当にありがとうございました、大変ご迷惑をお掛け致しました。

Q: 制作にあたって、もっとも苦労した点は何ですか?

「つくりたい」という思いを、実行に移すまでに多くの「了解」を得るのが大変でした。当初予想していた、1/1というスケールとの格闘による難しさ自体は、意外と楽しめたような気がします。

Q: 大学・大学院ではどのような研究・活動をしていましたか?

具体的な活動としては、先生が設計している建築現場での作業だったり、研究室で参加する実施コンペの活動でした。ほかにも、自らの興味を掘り下げゼミで発表するという機会もあったりして、すべてが自分の視野を広げる貴重な時間となりました。

Q: 来年参加する大学院生へメッセージを…。

これは自分自身にいつも問うていることなんですが、何かをやろうとする時に、何が「手段」で何が「目的」なのかを考えて欲しいです。それを冷静に分析していけば、ブレないと思います。その上で学生生活の最後に、腹に溜まった鬱憤を吐き出して欲しいです。

卒業設計「Noblesse Oblige」(2008)

迫賞

不忍池霧の葬斎場
都市公園を利用した火葬施設および墓地の設計
或いは、装飾について考えたこととその実践

装飾を捉え直し現代建築において実践するにはどのような可能性があるのか。抽象的な表現から装飾を立ちあげる方法として「線」に着目し、現象として建築を表現するためのモチーフとして「霧」を見出した。この装飾を活かすのに最適な施設として都市公園に区分される墓地を選択。上野公園内にある不忍池を敷地とし、公園の機能はそのままに、都心における墓地不足を解消するプログラムである。

霧の葬斎場の完成イメージ

Name:
小野志門
Ono Shimon

University:
日本大学大学院
理工学研究科　建築学専攻
佐藤光彦研究室

自分が真に建築に感動した経験を思い返してみると、そのほとんどが現代建築ではなく近代より前のものだということに気づく。そこには今はもう失われてしまった「装飾」の存在があった。

アドルフ・ロースの「建築が芸術になる可能性はモニュメントと墓地にのみある」という言葉に始まり、装飾を捉え直し、その実践として墓地と火葬施設を計画した。

都市部の火葬施設は合理性や経済性が先行し、本来求められるべき終末の場としての観点に大きく欠けているものが多い。人の死を受け止める建築は意匠においていかにあるべきかを装飾というキーワードから再考する。

装飾の再解釈

装飾は、建築に限らず美術、芸術においても歴史的に重要な存在であるにもかかわらず現代建築では装飾についてほとんど語られない。解釈が多岐にわたるために装飾の存在は曖昧なのだが、逆にそれゆえ多くの可能性があるのだと捉えることもできるだろう。

よって現代に設計を行なうわれわれにとっての「装飾」とはなにかを定義し、装飾を再解釈することで新たな設計手法を見出すことを試みる。

思想 ▶▶▶▶▶

鈴木博之氏の言葉を借りるなら世界観的前提という、装飾を意識的に成り立たせていた共同主観の存在。これは個人主義的現代思想の下においては成立しない。逆にいえば現代の多様性においては必要性自体がないのかもしれない。

喚起力 ▶▶▶▶▶

装飾が見る者に特定のイメージを想起させる力。現代においてもその効力が必要とされる機能が存在する。また、見る者に想起させるべきイメージは対象となる機能から考慮されるだろう。

モチーフ ▶▶▶▶▶

モチーフは機能から考慮される。しかしながら現代におけるモチーフは具体的すぎてはいけない。現代的な抽象性を保ったまま、モチーフを連想させる具象性を伴わなければならない。

表面性 ▶▶▶▶▶

柱への彫刻、壁面に施される模様など、元来装飾のもつ表層的な存在の仕方は装飾のもつ大きな弱点である。現代において装飾を考えるには、「装飾とは付加されるもの」だというこの2次元的な考え方を改める必要性がある。3次元的展開、かつ構造との一体化をはかることで、装飾を再び建築と近い存在へとする。

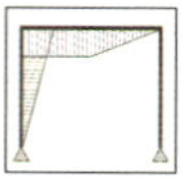

構造化

構造と関わることが重要だが、複雑になりすぎると、複雑であることが意味をもち始めてしまい、悪い意味で旧来の装飾に近いものとなってしまう点に注意する必要がある。

物質的存在感 ▶▶▶▶▶

技術と時間により宿る物質としての存在感。現代において非常に解決が難しい問題であるが、現代建築における物質の抽象的扱いを考慮すればその必要性は絶対ではなく、構造との一体的展開が実現すればさほど問題ではなくなると仮定する。

小さな操作対象

現代においては職人が細部にいたるすべての部材一つひとつを手作業でつくりあげていくことは難しい。しかしながら、建築を構成する要素をできるだけ小さくしたうえで、操作を丁寧に行なっていくことで手作業に近づけるだろう。

考えられる設計手法

線の量

設計手法の観点から、「線の量」に注目した。スケッチやドローイングのように、建築を二次元的に記述した時に見えてくる線の量は、その建築(あるいは空間)における視覚的要素の量を表わしていると考える。そして、過去の建築を見るならばその量は装飾性=具象性の表われでもある。抽象的表現を基本としているわれわれがいまなお過去の建築に惹かれるのであれば、それはその線の量(要素の量)なのかもしれない。

ならば、多くの要素が同時に存在しながらも過度な具象性を伴わない状態をつくりだすことは可能なのだろうか。

面から線、線から点

抽象的表現のなかに線を見出せないならば、線を生み出す足がかりを具象的モチーフ以外に見つける必要がある。現代における装飾を考察するため、抽象表現を基礎とし、単純なキューブをスタート地点に線をつくっていく。その作業は結果としてヴォリュームの細分化となった。そこで、線の前に面があると仮定し、面を細分化することで、その可能性を考える。そうした細分化の作業の先には点という存在、建築というより現象のような線と点の集合が見えてくる。

木の抽象化に伴う線の量の変化を追う模型

立方体を細分化していくことで線の量を増やす模型

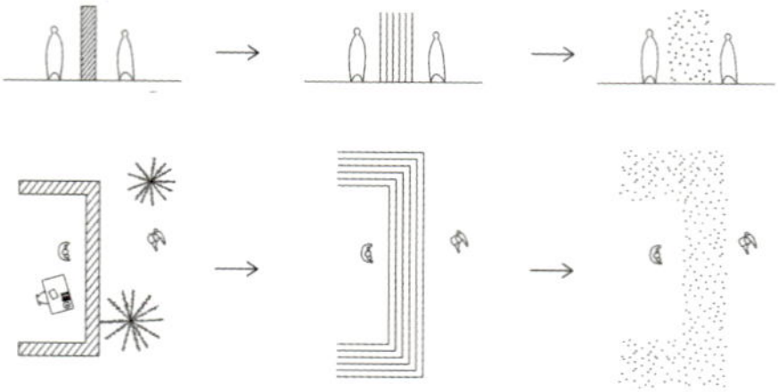

内と外の境界を例に面から点へと細分化していく様子

お墓のスケール

本設計の命題ともいえる公園との景観的共存のために着目したのは、お墓という独特のスケールである。死者にとっては最期の建築であるが、サイズは小さく存在は人工的であり、生きている人間にとっては建築とは言い難い。この特殊なスケールを建築の最小単位として考えることで、ヴォリューム感を消し、建築と自然の間にあるような建築を目指す。

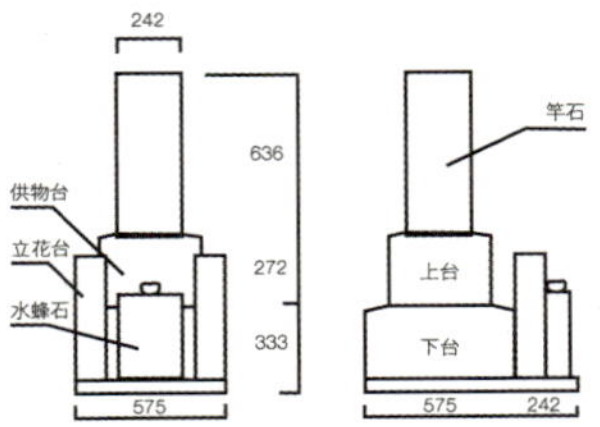

一般的な墓石の寸法

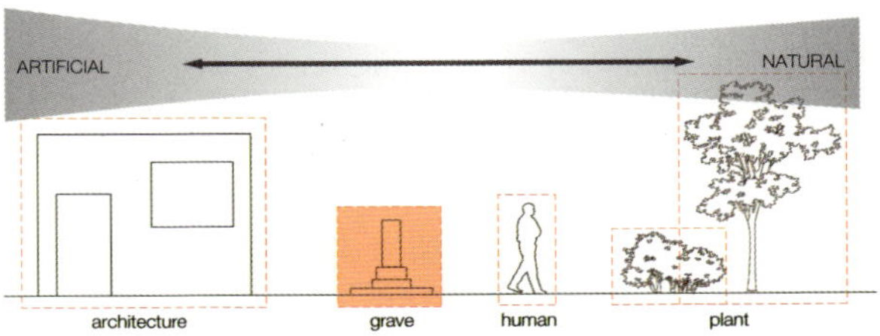

スケールのグラデーション

デザインの過程

霧の要素
お墓のようなサイズの人工物が集合した場合、建築より自然に近い存在となる。霧をモチーフとすることで、公園の環境と一体となる建築をつくり、従来の火葬場や墓地のもつ重々しく暗いイメージを払拭する。霧を構成する次の四つの要素、特徴から、建築について考えていく。

[1] 濃淡……濃い部分に内部ができて薄い部分が外部のような場所。
[2] ヴォリューム……点（粒子）の集まったヴォリュームであるということ。
[3] 環境との融和……木、水、光といった周辺環境と交わりながら存在する。
[4] 動きと輪郭……つねに変化し続けアウトラインが定まらない姿。

最小単位のデザイン
建築とも自然ともいえない特殊なお墓のスケールを用いて、霧のような建築をつくるために、霧の要素をもとに単位のスタディを繰り返す。最小単位をお墓のスケールに設定。都市部の貴重な緑地である公園において、土地を有効活用するために立体墓地とする。さまざまな視覚効果を利用し形態をスタディ。最終的に檜型の縦材で構成される立体格子を基本とした。プロポーションや部材数のスタディは装飾的な操作といえる。

study model
[01]……霧を直接的に捉え、極端に細い線で弱い構造を考える。
[02]……細い角材の立体格子で霧のヴォリューム感を出す。
[03]……model02 を読み替え繊細な立方体の連続体。
[04]……機能的なものを考えて、板材による格子で、動線をつくる。
[05]……面材に繊細な開口を開けて面をグラデーション状に消す。
[06]……model05 を構造として動線をつくる。

01

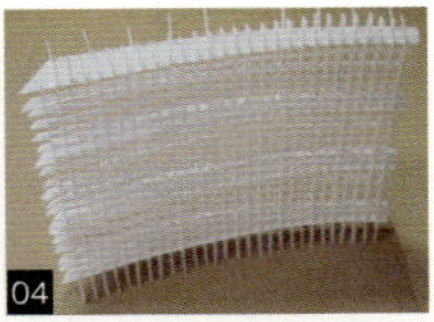
04

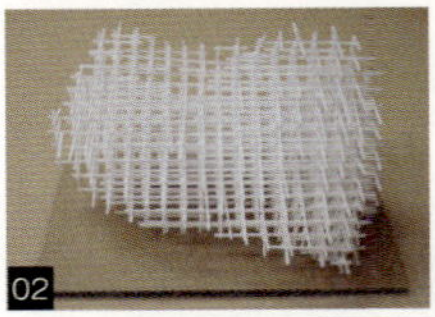
02

05

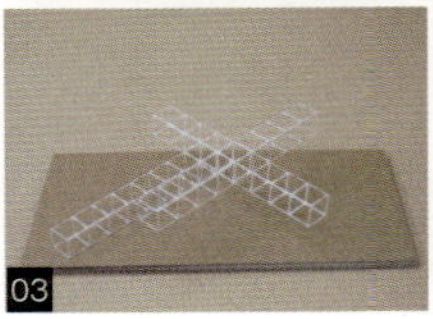
03

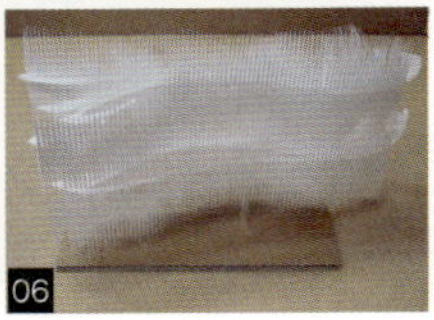
06

さまざまな視覚効果

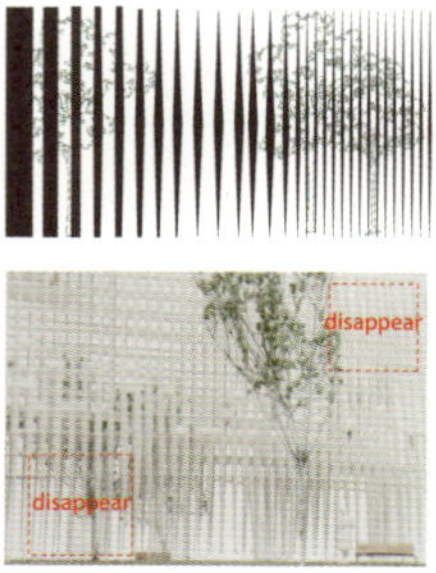

消えていく見え方をする部材
建築を霧のように周辺環境になじませるために、視覚的に部材が消失するような装飾をまとわせる。部材の端部を鋭角にすることで消えていくような効果をもたらし、建築全体の輪郭を霧のようにあいまいなものにする。周辺の木々や池などの色彩が溶け込み、環境に融和する。

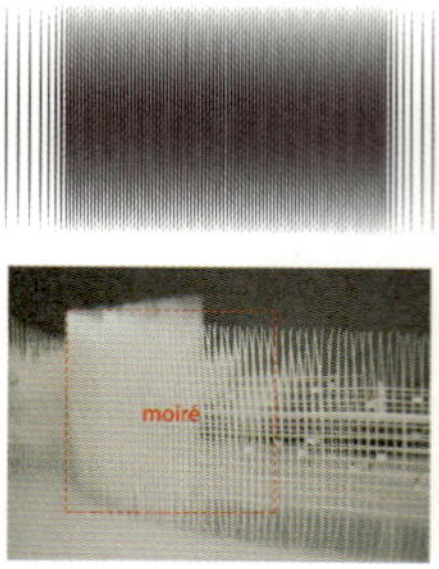

モアレ
モアレとは、規則正しく反復する模様を重ねた時に、周期のずれがある場合に発生する縞模様のことである。鋭角な端部をもった部材が格子上に配列されることでこの現象が発生する。人が動き、知覚することで建築全体はつねに動いているように見え、建築は霧のようにぼやけた印象をもつ。

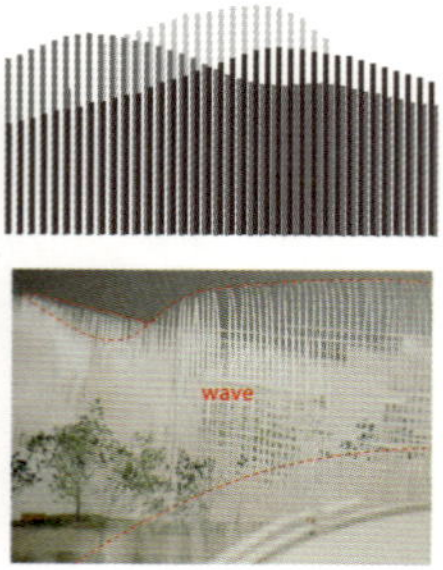

仮現運動
空間的に異なる位置に二つの対象が短い時間間隔で提示されると、実際には動いていなくても動いているように見える現象を指す。帯状に全体を覆う格子の高さは上下に緩やかに変化し、建築に波のような動きを与え、モアレ現象とともに建築をつねに揺れ動かし、現象のような建築を生み出す。

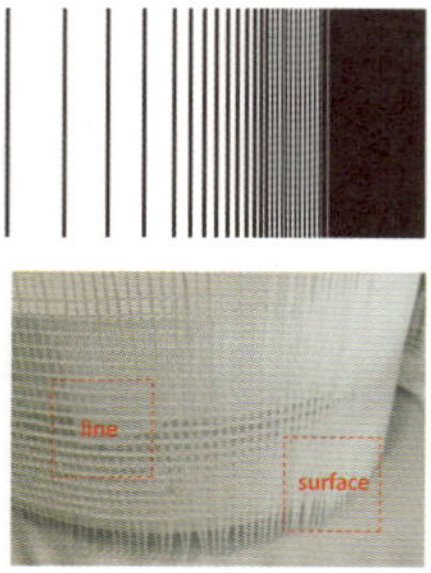

線と面
立体格子は平面的に自由な曲線を描きながら展開する。そのため、連続する縦材に対し見る角度が垂直から水平になるにつれ、線から面へと見え方を変える。その集合により、霧のような濃淡を建築が得る。

基本構造

極力繊細なものとするため構造を具体的に考える。基本は切削加工による槍のような形をした20mm鋼板をピン接合によって支え、梁とスラブを固定することで水平方向に力を流す。階段などの上下動線が斜め材の役割を果たす。

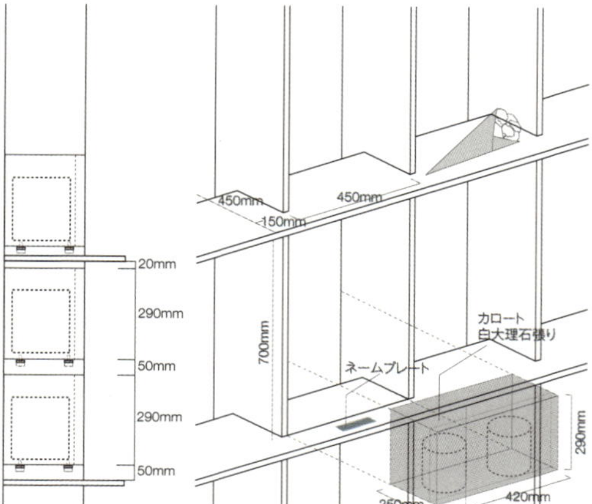

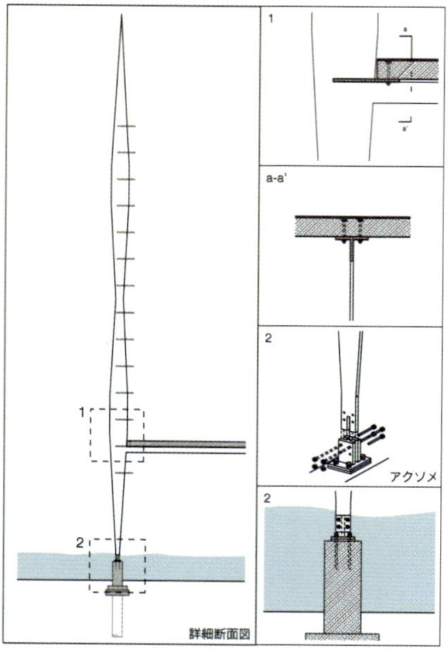

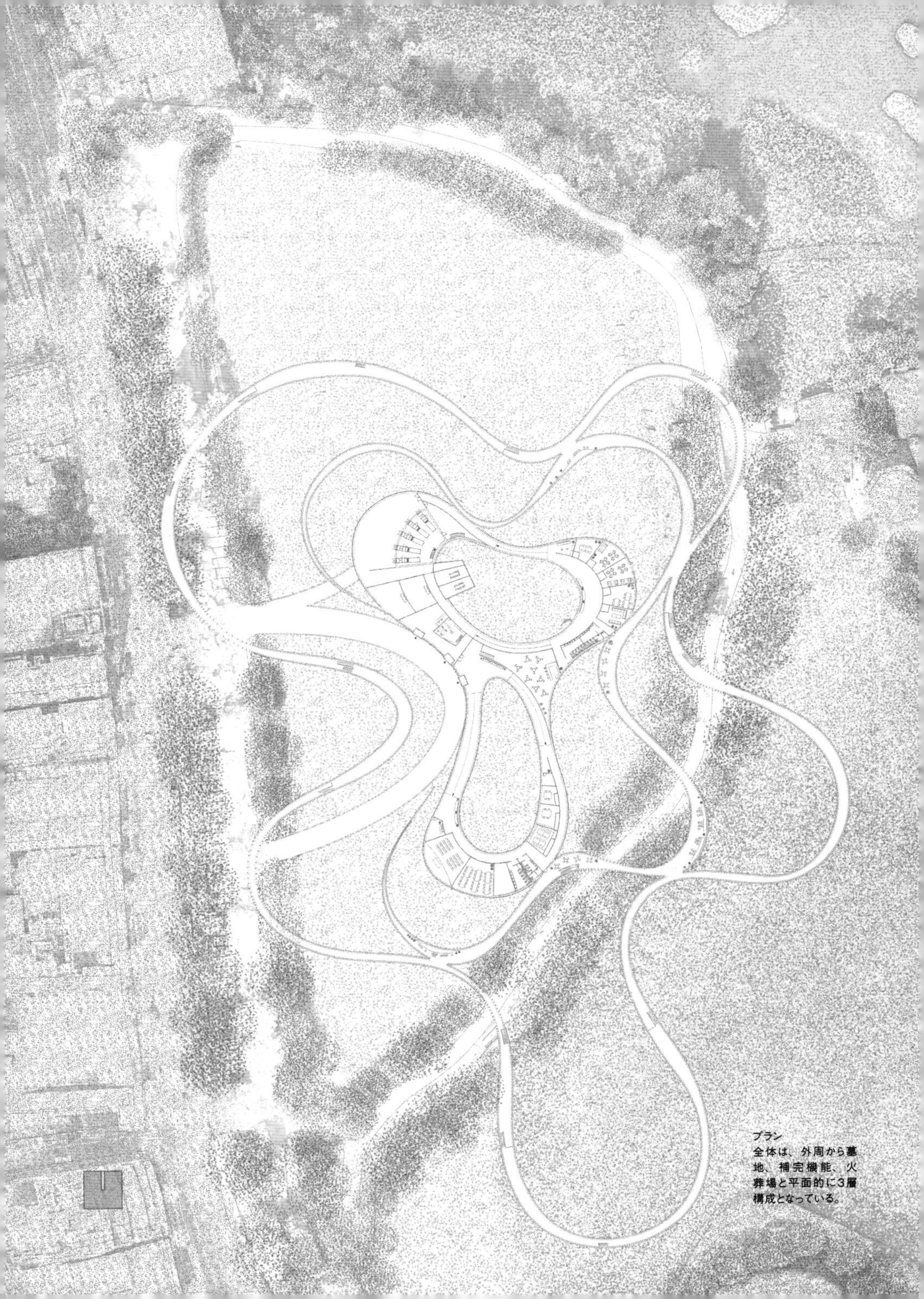

プラン
全体は、外周から墓地、補完機能、火葬場と平面的に3層構成となっている。

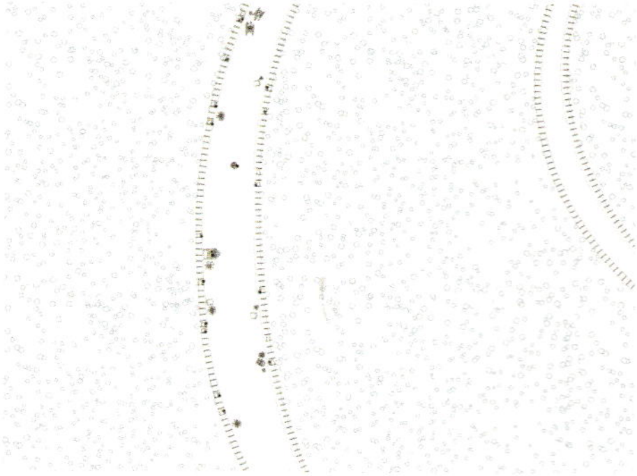

光に満ちた墓地空間
繊細な立面にはお墓のヴォリュームと供えられた花が浮かび上がり、その花に跳ね返った光が白い部材に色をつける。立体墓地の通路に立つと、グリッドを抜けてきた自然光に包まれ、張り出した横材に置かれた花や線香、お供え物だけが見えてくる。

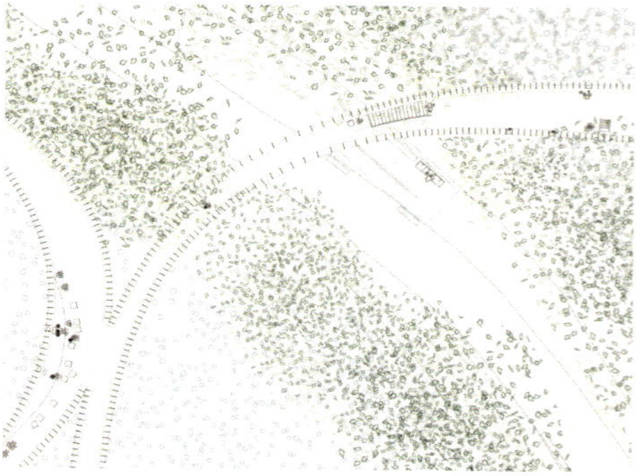

立体墓地と公園のパスの交差
立体墓地は時に公園のパスと交わることもある。構造のピッチが広がり、人が通り抜けられるようになっており、同時に立体墓地のエントランスにもなっている。

バッファゾーンの設置
お墓が小さく個人のスペースが十分に取れない立体墓地でも快適に利用できるよう、バッファゾーンを設け献花台や休憩スペース、管理動線などの機能をもたせる。

斎場

炉前ホール

待合室から収骨室へと向かうスロープ

収骨室

立体墓地

全景

装飾を目指して生まれた小さなスケールや特殊なプロポーションの集まりは、建築と自然の間のような場所をつくる。霧のように漂うように存在し、近づくと建築になり、また建築自身が内部からの景色になる。
これから自然へと還っていく人々の最期の場所としてこの霧のような建築を提案する。

審査員コメント@巡回審査

小野田:普通の建築みたいに普通に部屋を壁で区切っているのが残念。ほかがすばらしいだけに、なぜこんな暴力的なことをしてしまうんだろうとすごく不満です。

小野:すごく迷ったんですが、葬祭場としての機能性をとりました。また、霧の中でどこまで建築を見せてどこまで現象的に見せるかのバランスをとったのと、対比がほしかったのもあります。

小野田:対比がほしかったのは分かりますが、機能はいろいろな方法で担保できますよ。

西沢:「装飾」というテーマに対してプログラムと場所の選び方が安直だったような気がします。

小野:建築が芸術になる可能性はモニュメントと墓地にのみあるというアドルフ・ロースの言葉を参考に、国会議事堂と葬祭場にしぼりました。

西沢:国会議事堂でも、結果は似たものになったのではないでしょうか。形にならないプログラムを選んだ方がよかったかもしれない。美術館が美術館と呼べないものになっていくように、時代が変わればプログラムも変わっていく。未知のプログラムはいくらでもある。

迫:池の水も絡ませつつ光と影をきれいに扱った美しい建築が死者を送る空間になる。すごくいいと思ったんです。しかし立体墓地と聞いて乱暴な印象を受けました。下段に墓がある場合は問題はないけれども、上にある場合は目の前ですぐに献花できないもどかしさがある。

小野:献花に違和感のない高さとするために、アルド・ロッシのサン・カタルド墓地などを参考に寸法や段数などを決めています。

迫:日本の場合は遺骨にお参りにいくという意識がある。死者といかに向きあうかがもっと考えられてないといけない。

内藤:形態として発展性があるが、火葬場として見ると違和感がある。人間の生死の問題、社会制度の問題を掘り下げると出てこない案だと思う。日本では火葬の際に骨が残るようにボイラーの温度を設定している。そういう部分に社会と物質との接点が見えてくるんじゃないだろうか。

小野:本設計を始めるにあたり、昨年の始めは装飾・火葬場を見るためインドに行っていました。インドでは骨も残らないように火葬するんです。灰として還っていくことと、霧のように輪郭がぼやけたプランをリンクさせています。

内藤:そのマッチングが僕には理解できなかった。たとえばボイラーはモダニティ、19、20世紀を代表する機械です。都営の瑞江葬儀所のボイラーの前には1枚の大理石の壁があり、物質としての身体と心理としての人間を隔てている。こうした形態がもつ意味、ストラクチャーのあり方を整理すると説得力がありました。

追賞

小野志門

Ono Shimon

1983年東京都生まれ。2007年日本大学理工学部建築学科卒業、2010年日本大学大学院修了。2010年4月～株式会社久米設計。主な受賞に、赤レンガ祭卒業制作2007銀賞、第3回愛知建築士会学生コンペ「瀬戸グランドキャニオン」優秀賞、第1回21世紀の小国の家滞在コンペティション優秀賞、第16回ユニオン造形デザイン賞大賞

Q: 受賞した感想を聞かせて下さい。

今年は自身も含め、ある種似た意識をもった作品が多かった印象です。なので、その中で評価が得られたのは非常に嬉しいです。でも、それ以上に、自分の思っていたことが自分では思いつかないようなさまざまなかたちで作品へと昇華されていたこと、その作者達に出会えたことが嬉しいです。

Q: 制作にあたって、もっとも苦労した点は何ですか?

なんといっても作業量です。「装飾=線の量?」という考えから通常なら数枚の面でつくられるような空間を何十本、何百本という線に分解して考えました。おのずと作業量は膨大なものとなっていき、考えてから模型やCGなど形として目に見えるまでの時間の長さには、困りました。そんな作業に黙って(はいないけど)付き合ってくれた後輩達には線の量以上に感謝しています。

Q: 大学・大学院ではどのような研究・活動をしていましたか?

学部4年生頃から「建築の物語性」というテーマの下、建築の成立の仕方、設計のプロセスなどに重点をおいています。大学院からはそこに反近代的な意味で「面では無いもの」という縛りを与え設計を行っています。一方、「建築とメディアの関係」にも興味があり、建築のネットラジオ番組を制作していたりもします。

Q: 現在はどのような進路を選び、どのような仕事をしていますか?

いろいろと迷いもありましたが、大きなプロジェクトに関わってみたかったので、組織設計事務所にて設計の仕事をしています。

Q: 来年参加する大学院生へメッセージを…。

常に前衛であってください。修士設計で勝負もなんも無い気もしますが、やっぱり褒められると嬉しいもんです。いっちょやってみましょう。

卒業制作「Hotel Mokumitsu」(2007)

大学院での作品「新訳 東京カテドラル」(2008)

Objet Surréel

〈イエ〉

〈キョウカイ〉

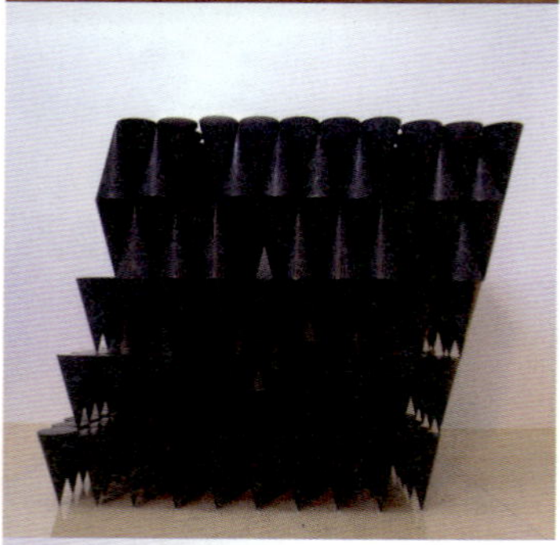
〈オフィス〉

〈トシ〉

20世紀前半にヨーロッパで広く展開された総合芸術運動であるシュルレアリスム（超現実主義）の研究から導かれた設計プロジェクト。作者は、シュルレアリストの制作手法をもとに、オブジェをつくる「オブジェ 職人」、それに名前を付ける「名付け親」、建築機能を当てはめる「ドラフトマン」の３者が共同する設計手法を創出。その手法を用いて、５つのモデル〈レストラン〉〈イエ〉〈キョウカイ〉〈オフィス〉〈トシ〉を制作した。

Name:
湯浅良介
Yuasa Ryosuke

University:
東京藝術大学大学院
美術研究科　建築専攻
ヨコミゾマコト研究室

現実世界で与えられた意味や価値観を剥ぎ取った世界、それが超現実＝シュルレアリスムである。存在するもの全ての価値は等しく、なにものでもない。なにものでもないからこそなにものにもなれる。シュルレアリストたちは目の前に広がる現実の世界を、知識や先入観を捨てて、ただそのものとして見ようとした。建築家は見られる世界をつくる側の人間である。だからこそ見ることに秀でていなければならない。合理性、機能性、空想世界が氾濫した現代社会において、人は見ることを怠り、想像力を失っている。人は人が意図したもの以外のものを見たり感じたりすることができなくなってきている。建築が美術的価値を有すると言える一点があるとすれば、それはその建築を見たり触れたり体感した者が自由にめぐらすその想像力との接点にあるのではないか。その想像力を沸き上がらせる程の建築を、超現実主義建築＝シュルレアリスム建築と私は名付ける。

〈レストラン〉

1. オブジェと現実の出会い〈レストラン〉

現実へのオブジェ 挿入は主体を客体へと移行させる。建築における主体とは使用者、つまり人間である。人間が主体である空間はその機能を人間に奉仕する。合理主義、機能主義は人間を中心とした世界のもとに生まれた。しかし、オブジェはそれらのヒエラルキーには属さない。人間にとって理解できない何かを受け入れるということは、自らの価値判断を問い直させる。ブルトンらシュルレアリストの多くはブルジョワに属す者たちであった。それ故シュルレアリスムはブルジョワの戯れだと揶揄されもしたが、それは戯れのレベルでできることではなかった。全ての動物も植物も、岩も人も、同じだとブルトンやエルンストらは言った。それは生まれもった自分自身の階級を捨てることだった。そうやって理解できないものまでを含む全てを受け入れるべきだと主張するブルトンたちは、現実世界にあてられた価値基準などなにものでもないのだと、ランボーやマラルメやロートレアモンを引き合いに出しながら言及した。そのようなシュルレアリスム思想の反映として、この建築は、理解できないものの出現による価値等化を企む。それはブルトンがオブジェ・レヴェルで期待していた、自らの固有性に執着する「自我」から他者たる「超自我」への飛躍を目論むブラック・ユーモアとも言える。このオブジェは機能性、合理性をそなえず、だからこそ現実空間に現れることでそれは磁場を産む力をもち、周囲の空間と比較、呼応し合いながら空間を超現実空間へと変容させる。シュルレアリスム手法としてはデペイズマン、コラージュ的手法と言える。このモデルではオブジェ 職人は黒の球体オブジェを現実の建築へ挿入した。そして名付け親はそれを〈レストラン〉と呼び、ドラフトマンは建築機能をあてはめるべくペンを走らせた。

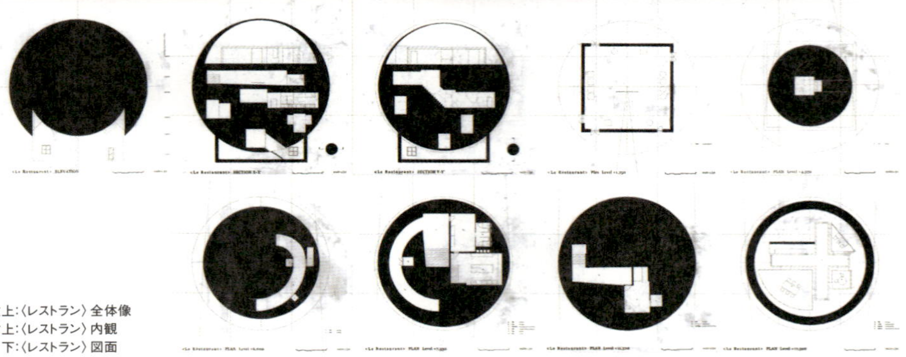

左上:〈レストラン〉全体像
右上:〈レストラン〉内観
下:〈レストラン〉図面

2. オブジェ化〈イエ〉

シュルレアリスムは全てのものを等価に扱う。それは既存の機能、役割、意味を失わせる。意味や役割をもたない、何でもないものは何にでも変容可能になる。それは現実のオブジェ化による超現実の表出を意味する。では何に変容するのか。私はそれを純粋幾何とする。現実世界の建築物がもつ機能形態がその機能を消失したとき、形態はより純粋な形態へと点を探し、結び始める。プラトンはイデアを幾何形態によって構成されるとし、セザンヌは世界を幾何形態として見ることで近代絵画の父となり、ピカソはそれをキュビズム絵画として表し芸術派シュルレアリストの指導者となった。変容を始める現実は、そのシニフィアンを失い概念のみを残し、人はそれにすがってこれを捉える。オブジェ職人が制作した現実のオブジェ変容体に、名付け親は〈イエ〉と名付けた。

左上:〈イエ〉全体像
右上:〈イエ〉内観
下:〈イエ〉図面

3. オブジェ〈キョウカイ〉

1は現実とオブジェの出会い、2は現実のオブジェ化であった。3はオブジェそれ自体を空間として捉える。1で出会った客観的物体自体の空間化であり、オブジェでありながら内部空間を包含する。ここでは逆円錐と四角錐という二つの幾何形態の組み合わせを用いた。四角錐と逆円錐を互いに貫入させ、四角錐を不可視化させることで逆円錐の中に空隙のピラミッドが形成される。これは可視化される物体のオブジェと可視化されない空間のオブジェからなる。この物体と空間が現実世界に現れること自体がデペイズマンである。そこにあるはずもないものがそこにあり、そう使われるとは想定されていないものをそう使ってしまう。氷山のような巨大で遥か彼方にあるものが都市に突然出現する。都市に飛来した時点でそれはオブジェと化す。とてつもない異和を生じながら存在するオブジェに、人は入り込むことで辛うじて空間として認識するが、オブジェにとっても人にとってもそれは異質なものどうしの出会いである。そして都市が現在の現実だと思われるような姿を維持し続ける限り、オブジェはいつまでも異物として存在する。オブジェ職人は純粋幾何を用いたオブジェを制作し、名付け親はそれを〈キョウカイ〉と呼んだ。

左上:〈キョウカイ〉側面
右上:〈キョウカイ〉内観
下:〈キョウカイ〉図面

4. 重力考オブジェ〈オフィス〉

本来オブジェはいかなる制約も受けない存在である。マグリットやダリの絵に登場する宙に浮かぶオブジェのように、重力も例外ではない。しかしここでは、オブジェは合理性や機能性や社会システムには目もくれず、ただ重力のみを考慮する。流体は重力を受けつらら状になり、微粒子は一点から重力によって落ちながら円錐を形作る。物質が重力を受け形成される逆円錐と正円錐を、ミクロのオブジェが重力の影響化で形成されたオブジェ 形態とし、さらにそれらが集まって重力に拮抗しながら積み上がっていく様を、重力考オブジェの姿とする。これは純粋オブジェの建築化とも言える。建築は地上に建つものであり、このオブジェは地上に建つことを目指している。これは手法としてはオートマティスムである。シュルレアリストが文字を書く、または絵を描く、ということだけを決めて筆を走らせたように、オブジェ職人は重力のみを考慮し、建つことだけを目的として積み上げていく。名付け親はこれをオフィスと名付けた。

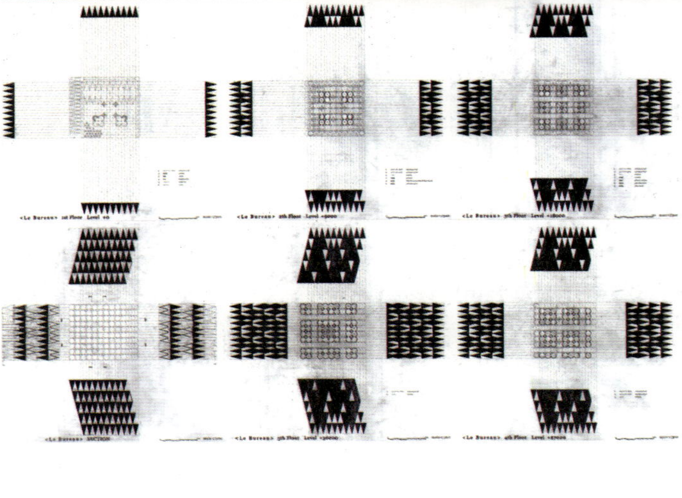

左上:〈オフィス〉全体像
右上:〈オフィス〉内観
下:〈オフィス〉図面

5. 容れ物オブジェ集合体〈トシ〉

都市において人間に建築をつくらせるもの、その欲求や想像力、無意識は都市そのものがもつ超現実性にある。これは絶え間なく多様な変化をなす都市風景のメタモルフォーゼである。オブジェの隙間、それは都市のネガに相当する。オブジェそれ自体、それは都市や街を構成する建物に相当する。そしてその建物は構成する鉄、銅、コンクリート、木、石からなる。それらは固有の時間を有し、朽ちている。全てが死、もしくは死に向かう時間を有するという点で生をもつ生きた物質である。都市はその変容体に過ぎない。これは価値をもってしまった変容体をオブジェ化という価値低下とともに再び変質させた都市のメタモルフォーゼによる超現実の表出である。都市をただそこにあるもの、として捉えることで、目の前の景色は揺らぎ、変成を始める。オブジェが集まって結果的にうまれた空隙は私たちが今いる都市空間と同様のものである。ここでは空間を内包する入れ物の最小単位である正四面体を用いる。都市を構成する建築は“閉じた空間を内包する容れ物”である。その変容過程において、それらはトポロジー的に変化する。三次元の容れ物は次元を飛び越えて変容することはない。つまり、二次元の面、一次元の線分、零次元の点には変容しない。同次元の中で空間内に無数に存在する点は4つの点へと収束し、容れ物の最小単位である正四面体へと変容した都市の容れ物たちは、互いに結びつく点と線を求めながら集合体を作り出す。そのオブジェ集合体によってうまれる空間は超現実空間であり、“トシ”なのである。ドラフトマンはこのオブジェにスケールを与えることでこれをトシとした。

左上:〈トシ〉全体像
右上:〈トシ〉表面
下:〈トシ〉図面

東京藝術大学修了制作展示会会場

審査員コメント@巡回審査

長谷川:私は大学を終えてすぐにフランスに行って、ルーブルの高い壁や、いろいろなものを見て、「なぜこんなに人を強制するような壁を建てたんだ」と、強い空間に反発を覚えたことがあります。それで自分は日本人だなと思って帰ってきました。人に影響を与えるものは、アジアでは自然とか風景とか環境でしょう。こういう強いものが人間に及ぼす影響というものが私には分かりません。

湯浅:こんなに強い形でなくともよいし、何でもよかったんです。これは決して形の研究ではありません。

長谷川:オブジェクティブな建築を目指しているのではないのですか?

湯浅:シュルレアリスムの中で建築という形をつくるのなら、幾何学形態がその流れの中で使えるのではないかと思いました。それが結果的に強い形態になったかもしれません。

長谷川:新しい建築となるかどうかは分からないけど、こういう強い意志をもつことは悪いことではないとは思います。しかし、シュルレアリスム的なる美学が、コンテンポラリーな建築にどれだけ有効かということを考えると私は疑問です。

内藤:他の3つと違って、〈オフィス〉と〈トシ〉は、異なる構成原理をとっているように見えます。どちらかというと、これらはミニマリズムですよね。

湯浅:〈オフィス〉と〈トシ〉に関してはより3人(オブジェ職人、ドラフトマン、名付け親)の連携が密になっていて、オブジェ職人がオブジェをつくる時にドラフトマンが建築機能を収めやすいように少し共作しています。〈レストラン〉、〈イエ〉、〈キョウカイ〉は、純粋にオブジェ職人がオブジェをつくって、次の人に投げています。

内藤:言葉で言ってるだけじゃなくて、形にしたというところが評価できる。それはおもしろいと思いました。

西沢:こういうプロジェクトは、君がつくった世界の必然性というものが、たぶん重要な問題になってくるんですよ。よりおもしろくなるような語り方でなければならないと思うんです。一つひとつのプロジェクトに魅力があるだけに、君の話を聞いて「なんだ、そういうことか」と思ってしまった。「なんでもありじゃないか」と途中から感じてしまって……。

湯浅:形態をつくる上で、何でもよかったかというとそれは違って……。

西沢:それは分かるのですが、何かつくられてる感じがします。君なりの思い入れはあるのだと思うのですが、それが伝わってこなかった。いろんな概念や人間が登場するけれど、「なんでそういうものが出るの?」ということに、答える必要がある。究極的には「なんで?」ていう質問が生まれないような、必然性の社会をつくることが重要なんですよね。

小野田:最後の〈トシ〉がちょっと分からないのだけれど、これはスケールが与えられているんだよね?

湯浅:はい。ドラフトマンがスケールを与えました。

小野田:なるほど。ドラフトマンがスケールだけを与えた……。それは知的ですね。ドラフトマンは、あなたが演じているのではなくて本当にいるんですか?

湯浅:これを実際、手書きで表現したのは僕なのですが、プランニングしてくれた人は別にいます。

小野田:それをあなた自身の作品として発表しているわけだ、ドラフトマンの人格はなしに。

湯浅:そうですね。名付け親もいます。

小野田:僕自身の仕事の職能がドラフトマンのようなものだから思うんだけど、ドラフトマンをもうちょっと大事にしてほしいよね(笑)。

湯浅:いや、ドラフトマンはすごいと思います。本当にすごく感謝しています。今回、ドラフトマンとはたくさん話をすることができました。

小野田:それはおもしろいですね。ドラフトマンのリテラシーがすごく高いと思います。

内藤賞

湯浅良介

Yuasa Ryosuke

1982年東京都生まれ。2008年多摩美術大学美術学部環境デザイン学科卒業。2010年東京藝術大学大学院美術研究科建築専攻修了。2010年4月～ 内藤廣建築設計事務所試用期間中。多摩美術大学特別優秀奨学生。主な受賞に、第4回ダイワハウス住宅設計コンペ最優秀賞、シェルター 学生設計競技2009奨励賞、東京藝術大学吉田五十八修了制作賞

Q: 受賞した感想を聞かせて下さい。

くやしかったですが、今ではよかったと思っています。

Q: 制作にあたって、もっとも苦労した点は何ですか?

模型ではなくオブジェをつくること。

Q: 大学・大学院ではどのような研究・活動をしていましたか?

バイト、コンペ、旅行、課題、など。

Q: 現在はどのような進路を選び、どのような仕事をしていますか?

内藤廣建築設計事務所で試用期間中。

Q: 来年参加する大学院生へメッセージを…。

修了制作は自分が考えていること、感じていることが社会や現実と、どう接点をもてるのかを探すいい機会だと思います。僕は建築を設計することが社会や自分にとってどういう意義･意味があるのかが分からずに大学院まできましたが、修了制作を通してそれが少し見えたように思います。そしてそれは、ほかの誰かではなく、自分が感じて考えたことから生まれたものだと思えています。それが今では自分にこの先も建築を続けてみようと思わせてくれています。自分の頭と気持ちに向き合うのはしんどいですが、そこから逃げなくてよかったと思っています。興味があることや気になっていること、感じていること考えていることをつなげる何かがあるかもしれません。ずっと考え続けていると、ふと何かに接した時にそれらがつながるかもしれません。

卒業制作「きらきらしたばしょ」

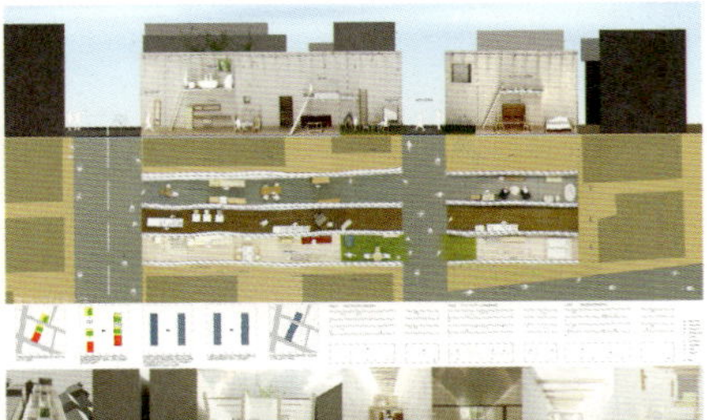

第4回ダイワハウス住宅設計コンペ「限りなくマチに近いイエ」

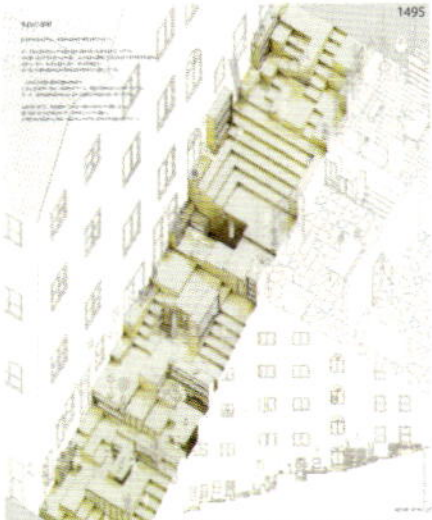

シェルター 学生設計競技2009
「木段の部屋」

西沢賞

身体と建築の関係性について

私は『身体と建築の関係性』について考えることで建築のもつ非物質的な要素に再解釈を与えたい。

建築は人がいて初めて成り立つものである。しかし、なにか、いつもそこからとても遠いところでつくられているように思えてならない。建築はもっと人の肌にまとわりつくような触覚的なものであり、中身が密実に詰まっているものである。私は本当に自分の肌の側から建築を考えることで、身近な、普遍性を持った建築を思考したい。身体という自分自身であり、共通言語である要素を軸として触覚的な身体感覚を空間化する。自分のまわりを取り囲む空気、空間をまとう。

建築は人間を包み込むものであり、両者の関係は密接であるべきである。しかし、現在の建築において、その関係性が希薄になっている。そこで、身体を知覚させる装置として、水平線を強調したフレームをつくり、東京・葛西海浜公園の全域にちりばめた。それらは独立していたり、重なり合ったり、大小さまざまな形状をしているが、視覚や触覚によって線をとらえることで、身体との距離を図ることができ、空間把握が可能になる。

Name:
松井さやか
Matsui Sayaka

University:
東京理科大学大学院
理工学研究科　建築学専攻
小嶋一浩研究室

空に同化する線

霧のように見え隠れする線

私は『身体と建築の関係性』について考えることで、建築の持つ非物質的な要素に再解釈を与えたい。

0

建築は人がいて初めて成り立つものである。しかし、なにか、いつもそこからとても遠く離れたところでつくられているように思えてならない。建築はもっと人の肌にまとわりつくような触覚的なものであり、中身が密実に詰まっているもののはずである。私は本当に自分の一番そばである肌をおおう衣服から建築を思考することで、身体という自分自身であり、共通言語である要素を軸として、身近な、普遍性を持った建築をつくりだす。

建築を衣服的に思考することで見えてくる、身体と建築の関係性 (構成)

1

私という存在を定義する服

私は自分の肌で感じている服の存在は私自身を定義している入れ物だと考える。肌で感じる布の感触は、私自身の範囲を規定し、自覚させる。同様に肌に感じる空気もそうである。暑さ、寒さや周りの感触を感じ取ることで私自身が定義される。ではその空気を取り囲んでいる建築と身体の関係性はどうか。建築を衣服的に思考することで、建築が持つ非物質的な要素、空気という塊でできた私のまわりを意識化し、まとわりつく建築を創造する。

構成要素としての線、線を建築と呼ぶ理由 (手段)

2

面ではなく線で表すということ

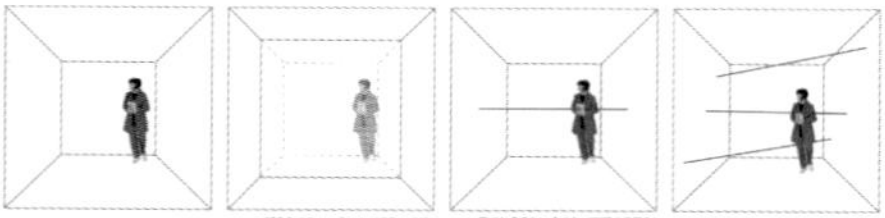

具体的にある空間における建築表面と身体の関係性について考えてみる。表面を面として表すと、向こう側に広がる空間が一気に省略される。次に線で表してみる。すると、向こう側の空間は省略されず、視覚的にも身体的にも向こうとのあいだにひろがる具体の空間が意識化される。これは身体的に意識化される水平線のみが可能にすることで、垂直線は意味をなさない。つまり、水平線を用いることで、密実につまった粒子を視覚化し、身体的に周りを意識化することができる。面で囲まれたある空間ではなく、線のみでまとうを具現化する。

重ね合わさる衣服のあいだ、空気の重ね合わせ (方法)

3

重ね合わさる衣服どうしのあいだ、空間の重ね合わせ

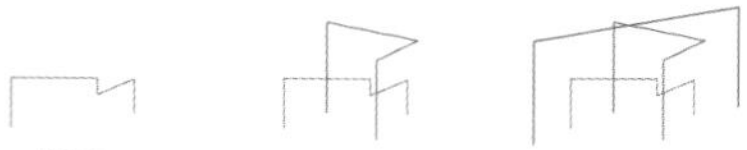

下着、肌着、シャツ、上着と衣服を重ね合わせるように、線を重ねることで空気の層を重ねる。

衣服と身体の関係性　表は表であり、裏である

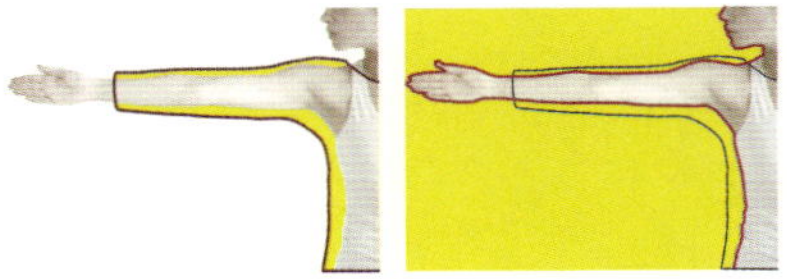

衣服の表面を表面ととらえる

身体の表面を表面ととらえる

衣服と身体の関係性を考えるとき、表面とはいったいどこのことを呼ぶのか。身体にとって皮膚は表面である。しかし、皮膚では衣服の感触を肌で感じていることから、衣服の外側が表面とも言える。つまり、身体にとって衣服の裏は表であり、裏でもあるという両義的な意味を持つ。

身体と衣服の関係性から見えてくる身体と建築の関係性　内に内であり外である

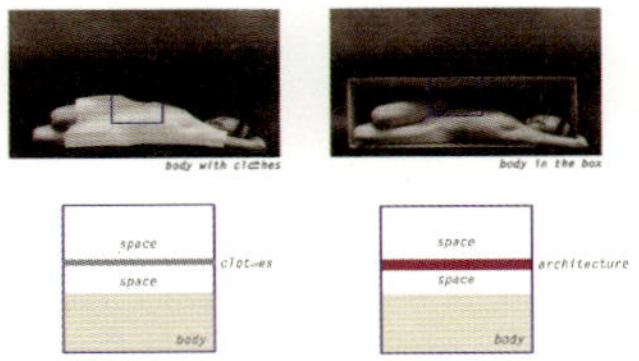

衣服と身体の関係性を建築と身体の関係性に置き換えてみる。すると、身体と建築のあいだに生まれる関係性は、建築表面と自分の身体との関係のみということになる。そう考えると、どのような建築であっても、身体との関係性において同一であり、それは建築の内外に関わらず言える。つまり内は内である外なのである。その表面との間にひろがる空気の塊を意識化し、私の周りに存在する空間、空気をまとう。

線だけが存在するということ

人は何もないと自分のまわりを確定できない。

人はひとつ点が存在すれば点との位置関係で自分のまわりを知覚し、空間を把握する。

人は自分から一番近いものと身体の関係性において自分のまわりを知覚し、空間を把握している。

・の次にミニマルな要素、線で私の周りを意識化する。

線との関係性によって私の周りが現れる。

建築を身体との関係性において考えると先に述べたように内も外もなく、そこに存在する表層、つまり点の集合と身体の関係性のみであると言える。その点の次にミニマルな要素、線でまわりに存在する空気を視覚化し、意識化する。そうすることで、建築と自分の距離を縮め、身体感覚によって知覚される空間を出現させる。

重ね合わせる寸法、身体的スケールからオーバースケールまで

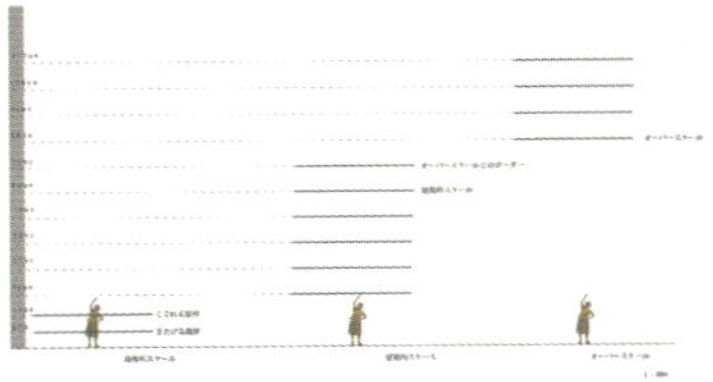

線の寸法

動くたびに変化する衣服と身体のあいだ　線と身体のあいだ

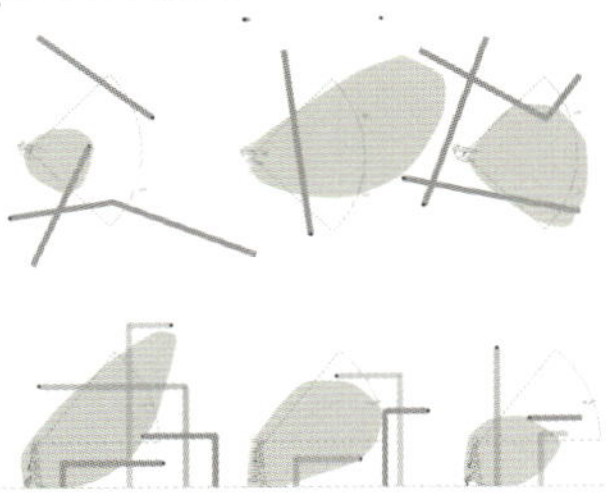

動くたびに、身体に触れる衣服、衣服同士のあいだが変化していくように、動くたびに身体と線のあいだに生まれる周りが変化していく。

敷地、内と外という概念のそと、風景がファサードになる(敷地)

4

葛西臨海公園にある人工干潟、西なぎさに設定する。ここはどこを見ても連続的に風景が広がり、とても心地よい。その感覚は東京という高密度に埋めつくされた街から別の世界に迷い込んだかのような感覚である。このように広大な場所では建築的スケールや建物が持つファサードが意味をなさない。つまり、ここには、風景をファサードに持つ建築的スケールを逸脱した世界が広がっている。内、外という概念のそと、それを可能にしてくれる理想的な状態である。それでいて、風力発電機、羽田から飛び立つ飛行機、東京タワー、富士山、ディズニーランドなど、日本、東京を象徴する全てが凝縮されている。この日常的な風景を非日常的に感じさせてくれる原初的な場所に、私が考える衣服的建築をつくる。

最小限の環境として(プログラム)

5

最小限の機能として、ライフラインを設定する。衣服が最小限の環境という機能を持つように、建築にとってもっともミニマルな機能のありかたを考えた。そこでは、最小限でありながら、多くの機能を許容し得るような状態が実現され、より感覚的な意識からさまざまなものを知覚できるのではないだろうか。

線で建築をつくるということ

6

線は見えないかたまりを意識化するものであり、粒子の視覚化であり、建築をつくり出す一部である。身体感覚によって知覚される触覚的な空間は身体にとって変わらないものとしてそこに存在し続ける。そこに身を置くことで自分の周りを取り囲む空気、空間をまとう。

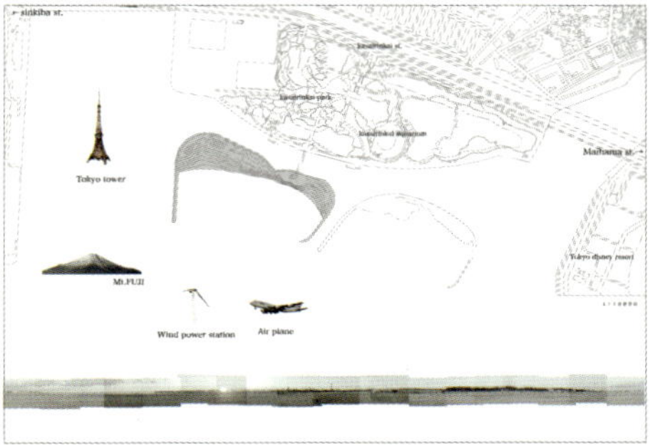

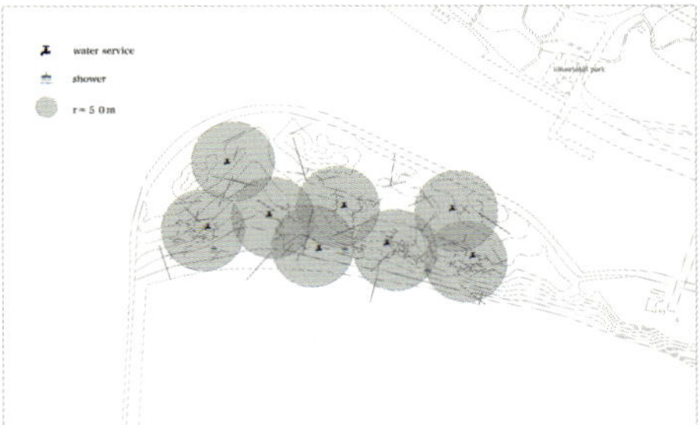

できるだけフラットな条件にするため、５０m以内に１カ所、必ずあるように設定する。また浜辺の側にはシャワーを設定する。

水のかからない全ての線にプラグを設定する。

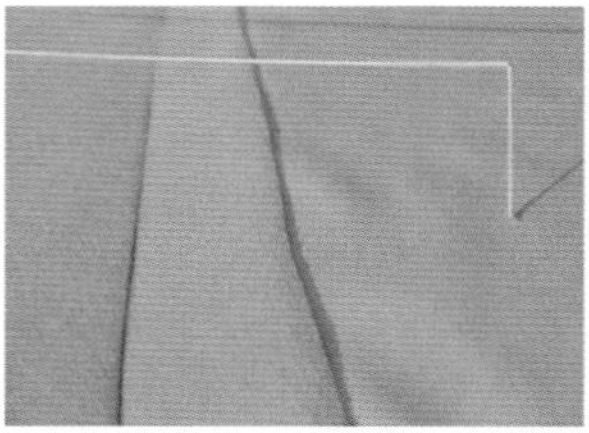
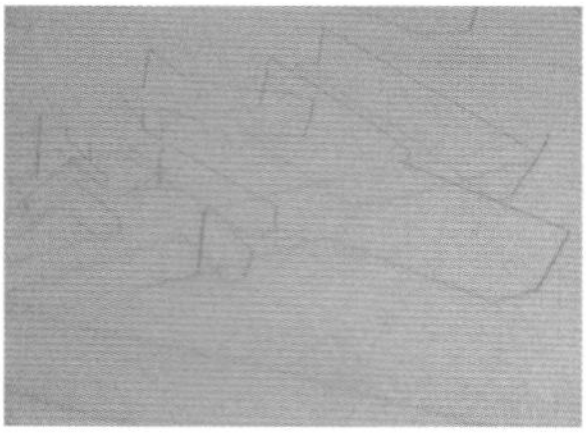
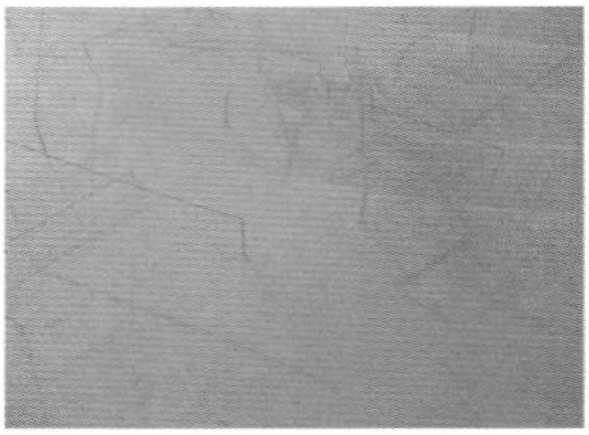
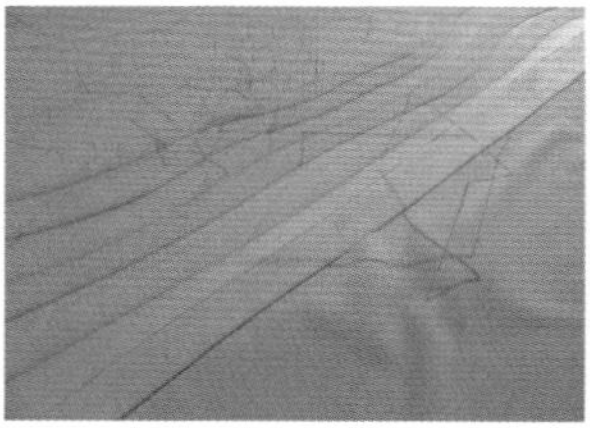
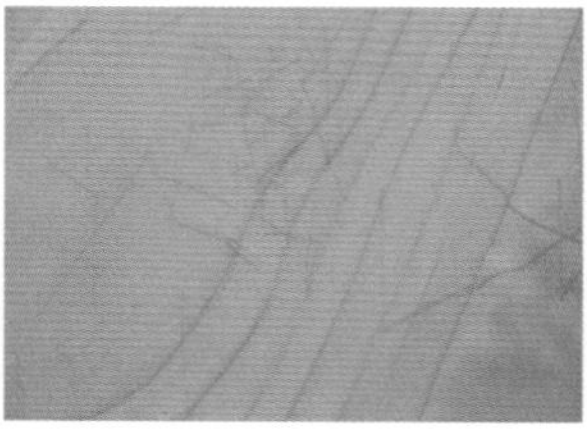
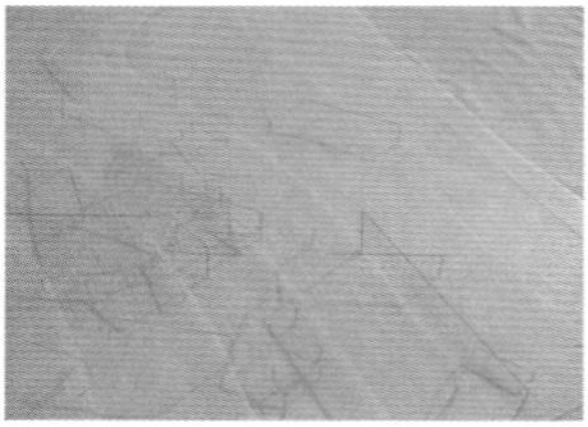
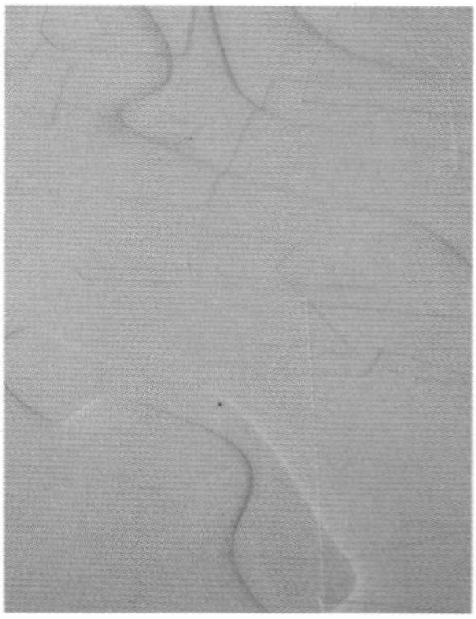

線がつくり出すさまざまな表情

空から見た風景

審査員コメント@巡回審査

小野田:場所のおかげがあるけれど、かっこいいね。それに服というメタファーを使ったのはすごくいい。服を抽象的に線で置き換えているわけですよね。でも、服は汗を吸い取るように生理的なものだよね。

松井:建築に置き換えられる要素を服から抽出していくと、そういうものは削ぎ落とされていきました。

迫:身体とか衣服とか、自分を取り囲んでいる環境に対してコンシャスなところから、どう構築的なものに結びつけていくのかワクワクしながら見ていました。でもきれいに終わりすぎて……。もっと自分の思いを建築で表してほしかった。

松井:私のなかではこれが建築だと思っています。

迫:最後で建築を否定していましたよね。

松井:否定はしていませんが、今の建築は形やシステムをつくることに重きを置きすぎで、人間不在になっている気がしているので、それを伝えるための表現でした。

迫:現実にこれができたとして、用途は?

松井:何かに限定するつもりはないんです。ランドスケープ的な体験として存在できるし、たとえば子どもの遊び場ともなると思います。

西沢:面(壁)は空間を省略するけれど、線は空間を意識させるということかな。服との関係は?

松井:服と身体の間の状態にある触覚を感じたいと考えました。空間を占める空気や粒子は見えないものですが、それを視覚化しました。本当は粒子のようなもので表現したかったんですが、建築化するときに点の集まりである線で表さないと定着できないと思い、線を使いました。

西沢:つまり空間を認識させるための媒体ですね。隙間としているのは自分が感じる空間ですか?

松井:はい。たとえば、歩いているときに自分の周りを認識させるものが連続的に変わっていくことで空間を意識するという体験ができると思います。

西沢:身体的なレベルではよく分かるんです。省略される面に対して、認識を促す線。そういう意味で服は的確な比喩だと思ったんです。ただ、広大なランドスケープとするには、ちょっと繊細すぎるというのかな。小さなフレームがいっぱいあっても、意識化できるほどの差異は生まれないのでは?

松井:建築化する意味で、このスケールまで広げることが重要だと考えたんです。

西沢:配置の仕方にルールはあるの?

松井:自分なりのルールは何となくあるのですが、明確な理論というよりは、自分の身体を軸にして、いかに空間としていいと思えるかという点を重視しています。

西沢:たとえば、果物は、それと意識しないと果物以上ではないけれど、意識するとミカン、リンゴ、オレンジと区別できる。空間も同様。意識が起きると、暗い·明るい、大きい·小さい、開放·閉鎖というタイポロジーが生まれる。意識化によって詳細な価値観が出てくる。そういう意味では、空間を意識の対象にしたことは重要だけれど、「空間の意識化」という、あなたの発明が起きる前と後では空間の認識能力が変わって空間の種別化がいろいろできる、このツール(線)を置くことで空間にもいろいろあるんだと思わせるような方向はなかったのかな。それがあれば、この理論が実証できたのではないかと思いますよ。

内藤:「衣服って皮膚と布の間に空気がどう通っていくか、隙間の設計なんだよ」と三宅一生さんが言っていた。まさにこれですよ。線になるとアブストラクトだから意識の問題になる。だから精神と身体の問題となるはず。その一方しかないのでは? 領域のつくり方はいろいろある。たとえば地鎮祭では竹としめ縄で領域を示す。世界中にあるさまざまな儀式の結界も似たようなものです。つまり結界との距離が、身体的にも精神的にも、すごく大事な意味をもつんですよ。そんなことを考えてみるといい。

長谷川:囲われた線だけで建築を表現するのは感覚としてよく分かる。ただ、もう少し建築化できるといいかなと思います。

西沢賞

松井さやか

Matsui Sayaka

1984年沖縄県生まれ。東京理科大学理工学部建築学科卒業。
東京理科大学理工学研究科建築学専攻修了(小嶋一浩研究室)

Q: 受賞した感想を聞かせて下さい。

とてもうれしいです。そしてビックリしました。この作品に携わって頂いたすべての方々に感謝の気持ちを伝えたいです。本当にありがとうございました。

Q: 制作にあたって、もっとも苦労した点は何ですか?

この作品が建築といえるのかどうかについての思考。毎日ひとつ疑問を解決するたびに2つ以上湧いてくる果てしない疑問への解答、です。まったく建築らしいものが見えてこなくて、不安でしょうがない日々でした。でもそれはとても貴重な時間であり、楽しい時間でもありました。これからもずっと考えていくべきことをみつけられたような気がします。

Q: 大学・大学院ではどのような研究・活動をしていましたか?

大学の課題に取り組むことが中心で、ときどき友人とコンペをやったりしていました。卒業論文では「土」の建築について研究し、土で建築をつくる可能性について探求しました。

Q: 現在はどのような進路を選び、どのような仕事をしていますか?

設計事務所に就職予定です。

Q: 来年参加する大学院生へメッセージを…。

自分を信じてやりたいことをとことん突き詰められたらとても素敵なことだと思います。

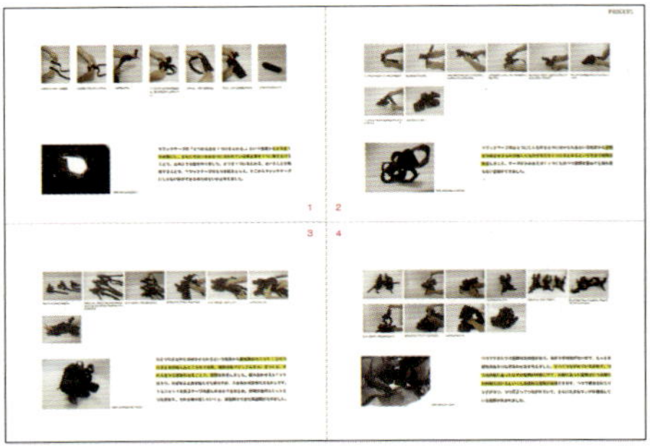

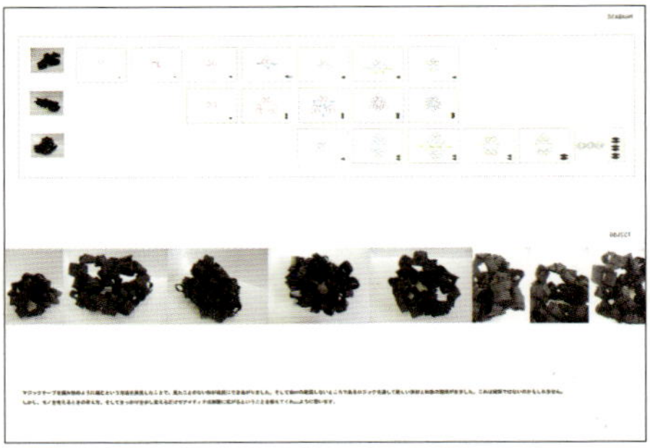

ある素材からしかできない形態をつくる、という修士の課題。マジックテープという素材からしか生まれない形態について考え、今までにない建築の切り口を発見することができました。

輪郭の空間
—Aldo van Eyckの建築思想を通して—

高い低い、明るい暗いなどの対称的な建築要素は、その両方が対になって同時に存在することで、遍く人が求める機能に応える普遍性をもつ。この対の現象と、対の二要素の中間領域の可能性に着目したファン・アイクの概念を援用した住宅設計。アイクが平面で展開した対現象をここでは立体的にスタディし、立体的に表れる対の二要素の中間領域(ここでは「輪郭の空間」と呼ぶ)を、ある個人にとってはかけがえのない空間として実現しようとしている。この中間領域は、機能が固定されていないため、使う人が自由に使い方を決めていくもの。そのような空間で埋め尽くされているこの住宅は誰もが自分の居場所を自分なりにつくっていくことができる。

Name:
石井衣利子
Ishii Eriko

University:
芝浦工業大学大学院
工学研究科　建設工学専攻
堀越英嗣研究室

建築に社会性を保ちつつ個人に還元することがこの設計の目的です。

社会性＝誰もが共有できる建築の普遍的な部分
人間性＝個人の心理・知覚によって異なる部分

アルド・ファン・アイクの作品にその可能性を見出しました。彼の建築手法である「対現象」は個人の知覚が建築の一端を担っており、対現象によって生まれたあいまいな空間は、建築の形態の持つ力によって人間の行為を誘発します。私はこの個人の行為が含まれる余地を残した空間を「輪郭の空間」と称し、そのケーススタディとして住宅を設計しました。建築の形態が個人の知覚・心理にはたらきかけることで、空間に差異を与えていきます。ここでいう「個人」とは人間一人ひとりのことであり、「輪郭の空間」では、家族や他者といった枠組みをはずし、自由に振舞うことができるのです。

行為を誘発する輪郭の空間。
光とスラブの傾斜によって奥へと誘われる。

ファン・アイクが着目した対現象と、その中間領域に生じる空間「輪郭の空間」について

ソンスビークパヴィリオン（設計:ファン・アイク）における対現象の分析

plan

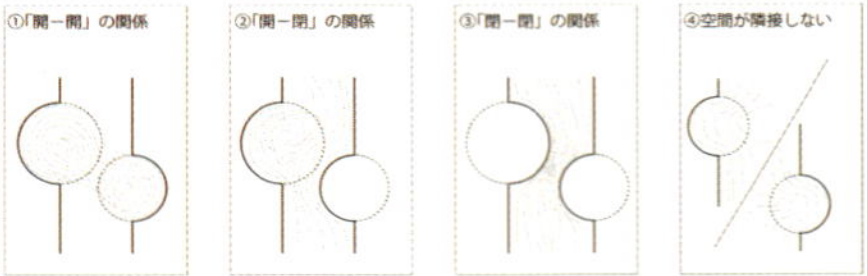

このパヴィリオンでは「開ー閉」という対によって空間がつくられており、対現象による空間が連続している。「開ー閉」という1つの操作から、空間の隣り合う関係性によってそれぞれの場所に差異が生まれてくることがわかる。

輪郭の空間化

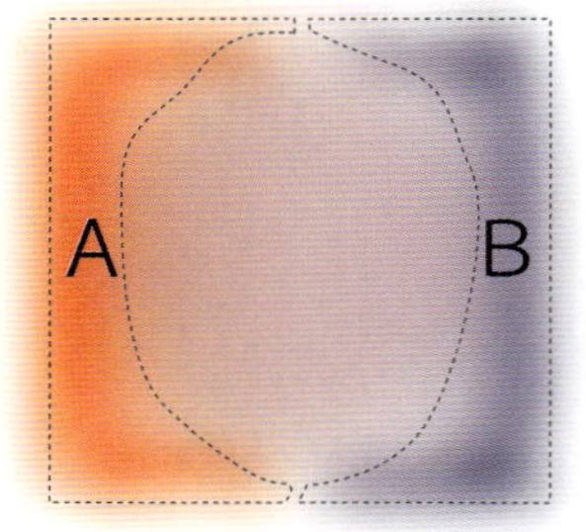

ファン・アイクは「対」という概念に人間誰もが共有できる意識下での「社会性」を見出した。そして空間で「人間性」を獲得しようとしたといえる。ファン・アイクは対現象でつくられた空間を「in-between」という。例えば「開く」と「閉じる」というような、AとBという対となる空間をつくるために建築の操作を行う。しかし対現象ではAとBを用いて空間をつくる。建築の本来の輪郭があいまいな空間になることでその空間をどう知覚するかは個人に因るところとなる。私はこれを「輪郭の空間」と呼ぶことにする。輪郭の空間は個人の心理や知覚に働きかけ、個人の感覚が介入する余地を含む。これは建築に人間性を与える「個人に還元される空間」であるといえる。

対現象と輪郭の空間を立体的に展開するためのスタディ

対現象の立体モデルスタディ

単体

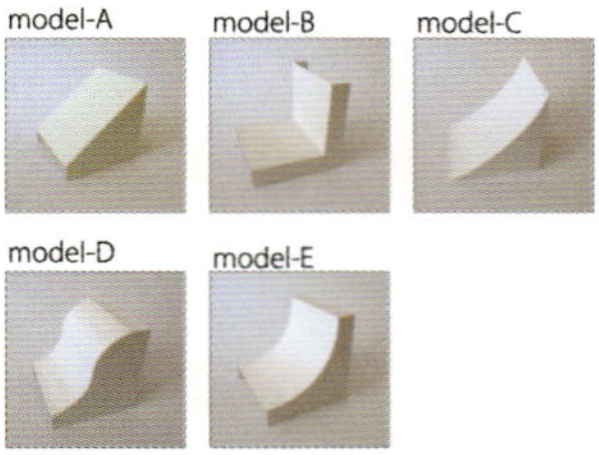

2つのモデルの連続

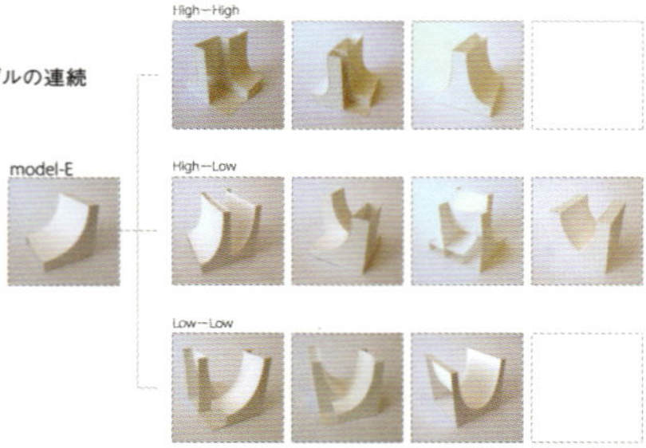

ファン・アイクが対現象を平面的な操作として用いたのに対して、この対現象を立体的に用いて応用する。「高い－低い」という対が立体化に有効であると考え、輪郭の空間のスタディを行った。単体モデルの連続の仕方で1つのモデルから異なる性質をもつ空間が生まれることがわかる。このスタディをベースとして自身のプロジェクトへと進む。

対現象の連続立体モデルから生まれる輪郭の空間のバリエーション

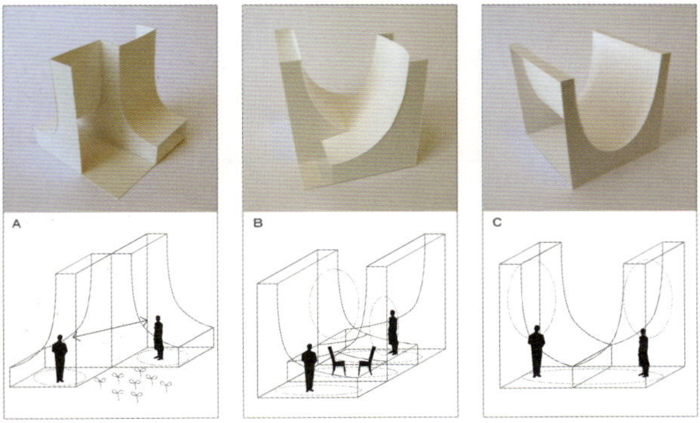

A: 単体モデルが並列するとき
完全に分かれているが、外部を介して知覚する
B: 単体モデルが重なるとき
2つの空間モデルから2つ以上の場ができる
C: 単体モデルがつながるとき
上部では分かれ、下部ではつながっている

1つの対現象のモデルの連続の仕方でさまざまな空間が生まれることがわかる。

輪郭の空間のスタディを住宅に適応した設計手法

輪郭の空間のエレメント

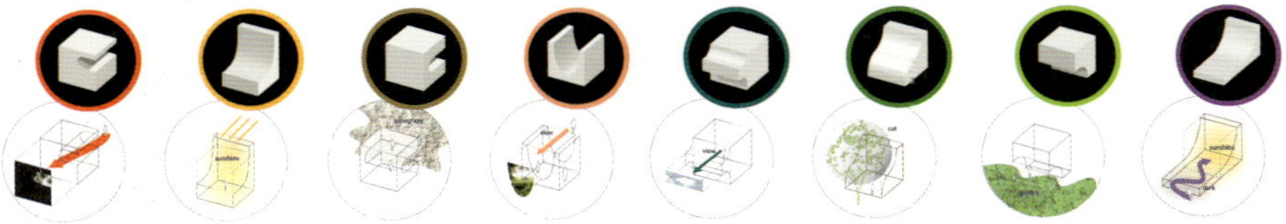

element A
引き込む

element B
たまり

element C
地形の作用

element D
つながっている
プライベート空間

element E
景色を切り取る

element F
既存の樹木の
作用

element G
入り込む庭

element H
奥へと誘う光

自身のプロジェクトに空間モデルを反映させる。敷地条件やプログラムから、対現象の空間モデルスタディをベースに、輪郭の空間の要素を決定する。

輪郭の空間のエレメントのプロット

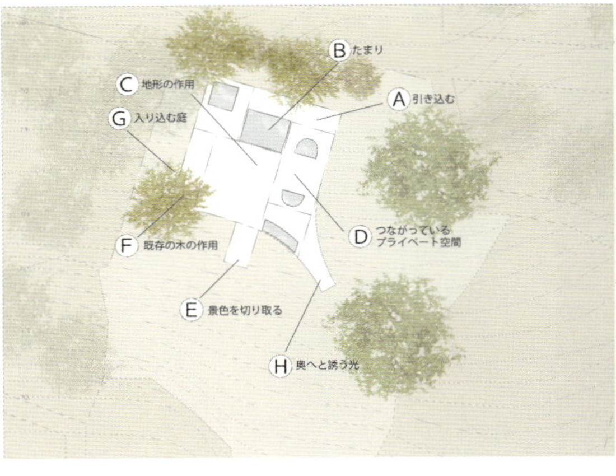

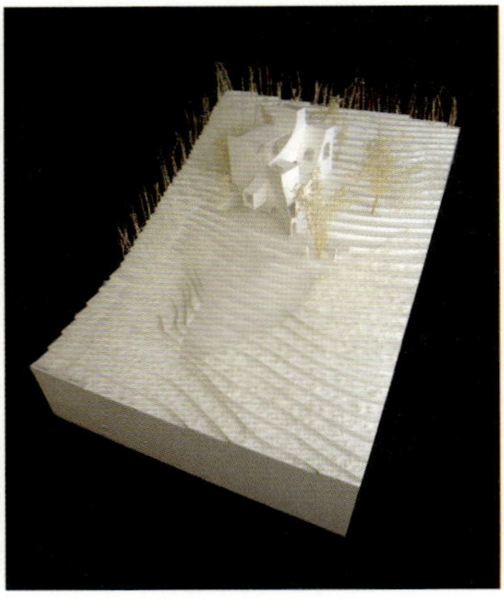

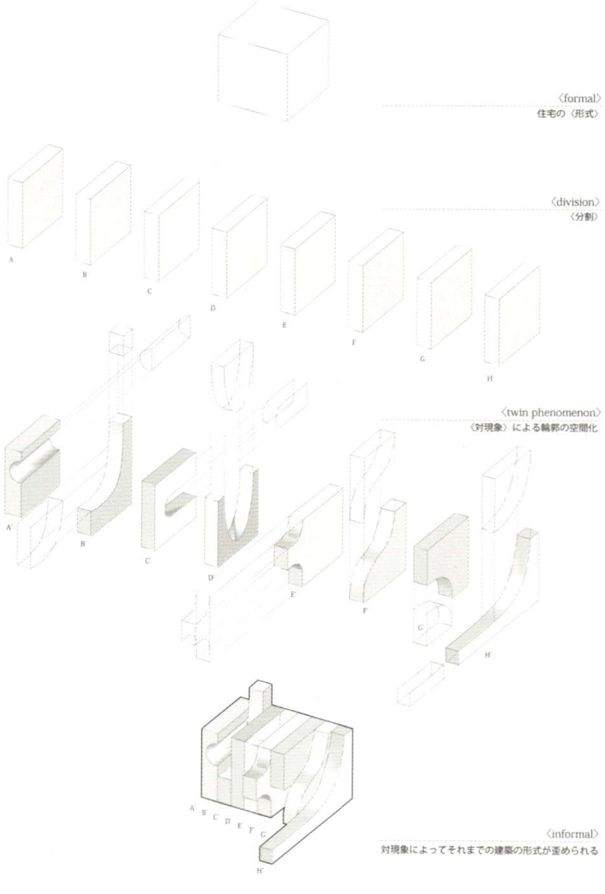

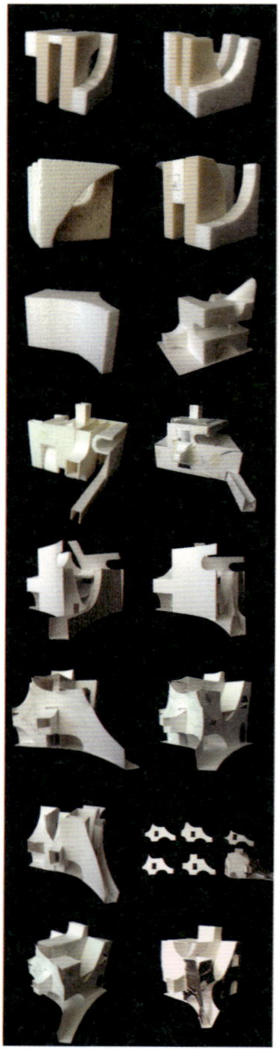

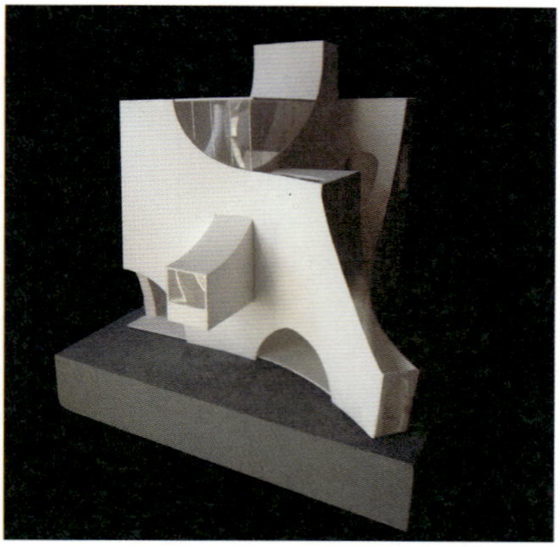

エレメントを住宅のボリュームに与えることにより、それまでの住宅の〈形式〉を歪ませる。敷地や行為を考えてエレメントを整理するスタディを繰り返し、最終的な形態が決定する。

plaza
bath
living
bedroom
〈 public / private 〉

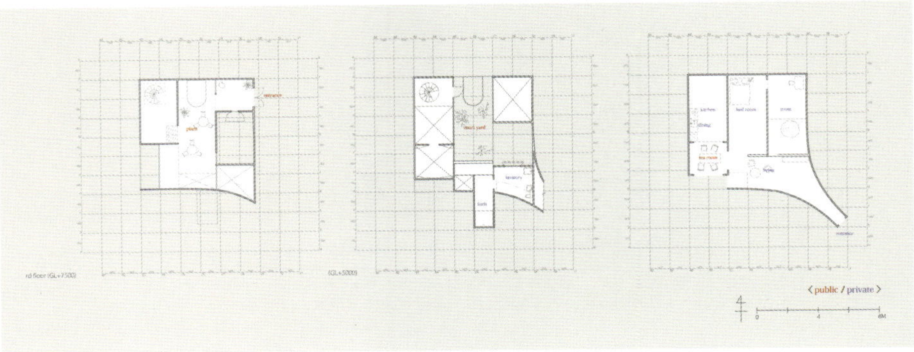
entrance
court yard
lavatory
bath
kitchen
dining
bed room
rd floor (GL+7500)
(GL+5000)
〈 public / private 〉
0
4
8M

繋がってはいるが区切られたプライベートとパブリックな空間。

空間が様々な方向に連続している。

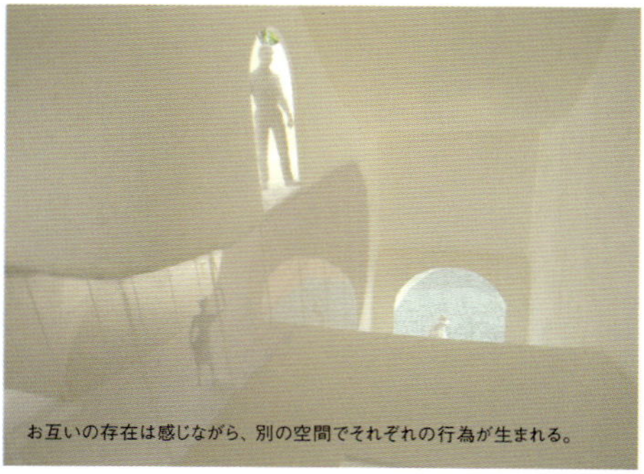

お互いの存在は感じながら、別の空間でそれぞれの行為が生まれる。

プライベートな空間とパブリックな空間が共存する。

内部と外部が入り組んでいる。

それぞれの輪郭の空間で誘発される行為に合わせて、最後に機能が配置される。住宅に住む個人の感覚が入り込むことによってはじめてこの建築が成立する。

審査員コメント@巡回審査

小野田:たとえば、西沢立衛さんの「ウィークエンドハウス」は、分けるのではなく領域化しています。それをわざわざ、断片化して再構築するという手続きをとるのが、何か不思議な気がしました。

石井:ファン・アイクの研究からはじまって、部分からシーンを考えていきました。一般的な住宅というのは、完全に機能で分かれていますが、空間の性質によって最後に機能が入るようにしたかったので、さまざまな空間の質をつくるために、対現象から空間を抽出しました。

小野田:ファン・アイクはダブルグリッドを使ったりしているけど、それは、継ぎ目の問題を気にしてダイレクトに継がないほうがいいと考えているからだと思う。そういう、ファン・アイクがもっと高次な、大きいスケールのところでやっている手続きについて、あなたはどう思っているの?

石井:ファン・アイクは、都市と建築、建築と人間、という関係を考えていて、私はそこから、建築と人間について一年間考えてきたので、細かい部分に執着しました。

小野田:立体化されているところはすばらしいけど、ファン・アイクがいろいろやった大事なところが捨象されているのかなと思いました。

西沢:個人に還元することが社会性を保つことだって言っていましたね、あれはどういうことですか。

石井:ファン・アイクの研究と設計を通して、個人の欲求や行為に対して応えていくことが社会性につながるのではないかと思いました。たとえば民家は、すごくユニバーサルな空間ですけど、人間の古くからの行為やしきたりが入ってくることで、今でも使い続けられています。個人に還元することにはそういう普遍性があるのじゃないかという結論を出して、この設計をやりました。

西沢:それだと、なんだって個人のためにやれば、社会的になると言えてしまう。定義がむしろ逆で、社会性を保つことで、個人に還元されるということなのでは。社会に出ることで、はじめて自分かどうかがわかる——つまり他人とのやりとりが起きて、初めて自分というものが出てくるじゃないですか。それから、たとえば学校って、個人で行くところですよね。でも活動としては集団的だったりする。学校というプログラムにおいて、新しい集団と個人というものを考えたら、このやり方はぴったりのような気がします。よりよい個人とよりよい集団っていうものを考えたくなるようなプログラムのほうが、テーマに合っているのかな、と思いました。

長谷川:ファン・アイクから発想するには、急カーブの床が分かりませんでした。彼は、人の動きやコミュニケーションのことなどを、きめ細やかに計画した人です。床にまで、インパクトをもちこむというのは、建築としてどうなのでしょう。空間の活力にはなったし、視覚的には新しいものを呼び起こすような感じもするのだけど、建築は人が入るものですから、急カーブの造形の集まりが分からない。

石井:上は一応、平らな部分が奥のほうにあって、またカーブになっています。人の行為をする部分は、曲面から、一度平坦になって、また曲面になるという形態を用いています。

長谷川:ファン・アイクから引き出したとは思えないけれど、造形的には美しいものだとは思う。でも建築としては問題ありだなという感じがします。

内藤:林の中から、この建物に入っていくわけですよね。すごく特異な形だと思います。むしろオブジェとして成り立っているのであって、周りの環境がどうっていう話じゃないと思う。周りとのつながりと言っているけれど、それはあくまでこの建物からの問題であって、向こう(周囲の環境)からの問題ではないですよね。むしろ都市的な建物かもしれない。だから、こうした山の中ではなくて、東京みたいなところでこそ、パワーがある建物だなと思いました。

長谷川賞

石井衣利子

Ishii Eriko

1986年長野県生まれ。2008年芝浦工業大学工学部建築学科卒業（堀越英嗣研究室）。2010年同大学大学院工学研究科建設工学専攻同研究室修了。2010年4月～株式会社梓設計勤務

Q: 受賞した感想を聞かせて下さい。

とても嬉しいです。この研究は社会に対しての提案ではなく、私自身が建築とどう対峙していくのか、からスタートしました。だから、私が納得できても他の人がどのように感じるかは分かりませんでした。しかし、客観的な評価を頂き、共感してもらえる部分があると感じられて嬉しかったです。ご指導下さった堀越先生をはじめ諸先生方、協力してくれた研究室のみなさんと後輩たち、スタッフの皆様にこの場をかりてお礼を言いたいと思います。ありがとうございました。

Q: 制作にあたって、もっとも苦労した点は何ですか？

ファン・アイクの研究をどのように昇華するかというところで一番悩みました。彼の手法をそのまま用いて設計してもそれは自分のことばにはならないので。彼の手法の奥にある本質的な部分を考えるようにしました。建築は自分のことばでつくる。けれどファン・アイクに通じる「何か」が存在するような作品を目指しました。

Q: 大学・大学院ではどのような研究・活動をしていましたか？

大学の新校舎の基本設計に参加しました。また、『新建築住宅特集』の企画で、原広司氏の自邸の研究を行いました。原氏へのインタビューの機会も頂け、その時のお話はとても興味深く、修士設計への大きなヒントにもなりました。

Q: 現在はどのような進路を選び、どのような仕事をしていますか？

株式会社梓設計で現在はスポーツ施設の設計に携わっています。

Q: 来年参加する大学院生へメッセージを…。

修士研究では長い期間ひとつのテーマに向き合うことになるので、自分の本当に興味のあることをテーマに選び、楽しんで続けるのがよいと思います。

卒業設計「一織一築地市場跡地計画」

Volume
―空気を含んだ密度に包まれる空間―

空間を分節する方法として、空気を含んだあるヴォリュームを素材に用いた空間モデルの提案。それは壁面をフィンのような面の連続で構成することで、その間の空気も境界を構成する素材ととらえるもの。そうすることで、空間を雲のような曖昧な要素で仕切るとともに、光や音などの環境要素を取り込んだ場を生むことができる。適用例として、京都鴨川と木屋町通りの間の敷地に劇場を中心とした複合施設が計画された。たとえばこの例では、かつて屋外で演じられていた劇空間が失ったものの復権を果たすこととなった。

Name:
バンバ タカユキ
Bamba Takayuki

University:
京都工芸繊維大学大学院
工芸科学研究科　建築設計学専攻
木村・松隈研究室

河原の葦を倒してつくった原始的な空間の記憶。
みんなでダンスを踊った。
そのとき、僕らは演者であり同時に観客でもあった。
そして、そこには空気を含んだ密度に包まれた空間があった。

空気を建材の一つとしてとらえ、空間を分節する境界に空気を含ませてみる。

まるで、雲のように。

すると、境界は光や音の奥行きを獲得し、光や音は装飾や空間を構成する構造そのものになる。

そして、空間が呼吸し始める。

これは、そんなやわらかなヴォリュームに包まれた空間の探求である。

洛中洛外図（舟木本）
出展：京都国立博物館、『洛中洛外図　都の形象—洛中洛外図の世界』淡交社、1997
「洛中洛外図」において、雲は時間や空間を狂わせる道具として用いられ、その存在によって限られた画面の中に京都の風景を圧縮することが実現している。
そこでは、人や建築、樹木や川など、あらゆるものが溶け合った根源的な都市の姿をみることができる。

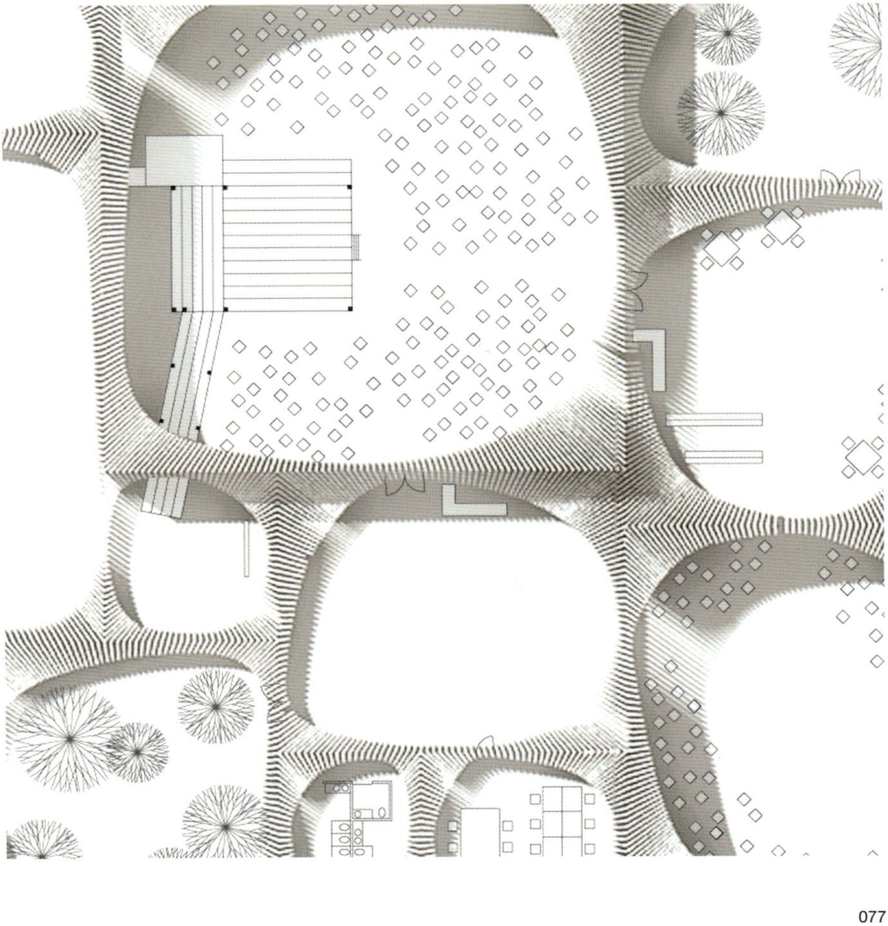

【01.歴博甲本】

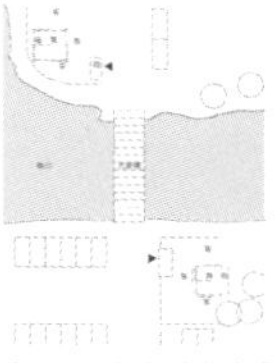

【02.堺市立博物館】

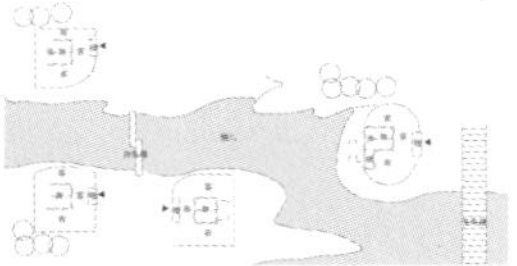

【03.大阪市立美術館】

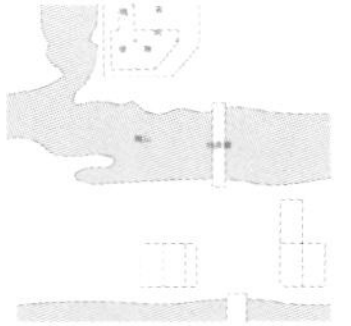

【04.萬野美術館A本】

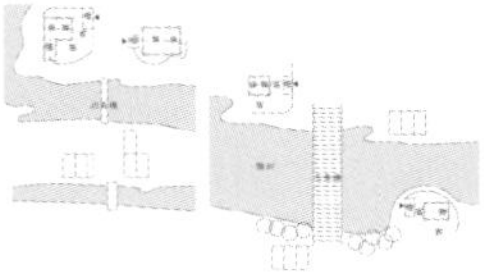

【05.神戸市立博物館】

【06.東京国立博物館】
（舟木本）

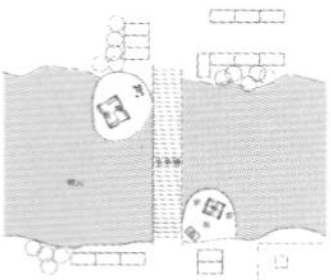

【07.高津古文化会館】

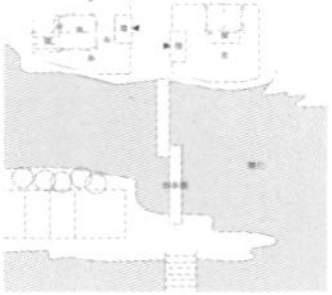

【08.個人所有】

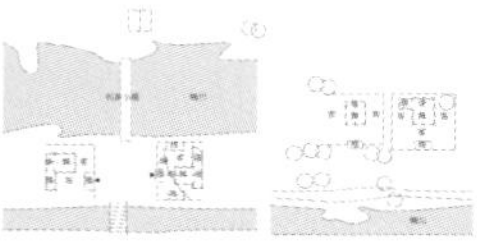

【09.林原美術館】（池田本）

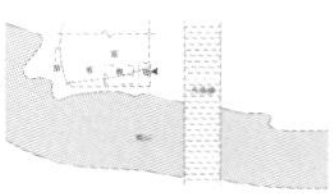

【10.佐渡・妙法寺】

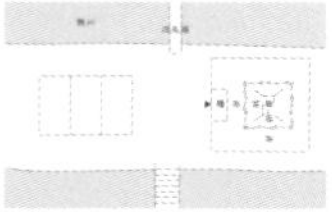

【11.サントリー美術館】

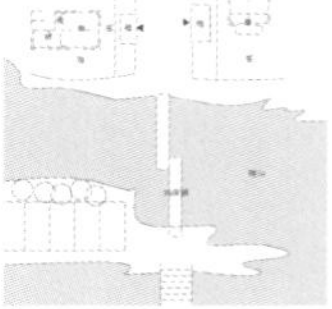

【12.歴博D本】

【13.細見美術財団】

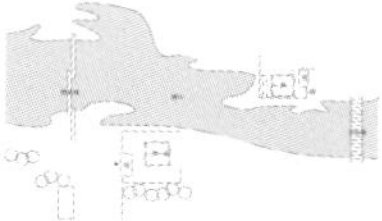

【14.京都民芸館】

【15.京都・寂光院】

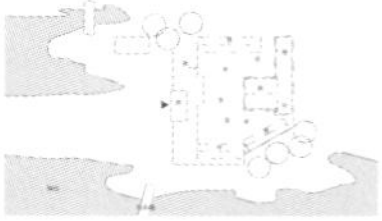

【16.京都国立博物館】

ー洛中洛外図の図式化ー

1994年に国立京都博物館で開催された「都の形象―洛中洛外図の世界」の資料28点を整理し、河原に芝居小屋がみられる16点について、芝居小屋42件とその周辺を配置図に図式化した。そして、入り口の形式、橋掛りの位置、客席の形式、舞台の方位、囲いの素材、櫓の有無、などを分析した上で、まちとの関係を考察した。 また、そこに描かれる芝居小屋にはロビーというような機能的主義的な概念はなく、内も外も広場のように人々の居方がある。

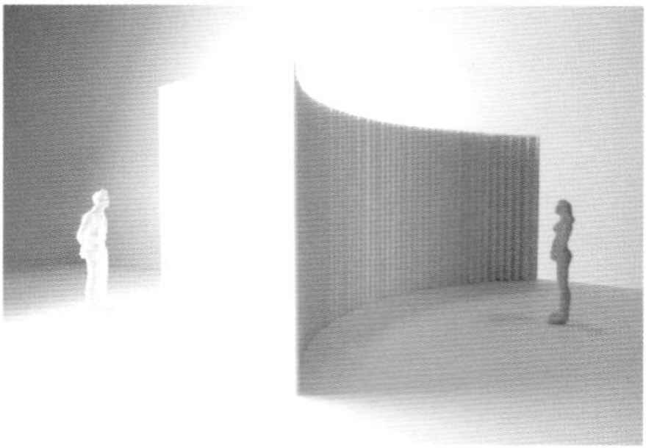

ー空気の内包ー

空気を建築材料の一つとして捉え、空間を分節する境界に空気を含ませる。
すると、境界は奥行きをもった光や音を獲得し、空間が呼吸し始める。
そして、境界の厚みになめらかな変化をつけると、それにともない光や音にグラデーションが生じる。

ー物質性の消去ー

材のエッジに丸みをつけ厚みを消す。
すると、物質性は失われ、そこに現われる光や音が強調される。
さらに、空間の輪郭を丸くエッジをなくすことで、従来の一点透視的な方向性は失われ、まるで雲の中のように、光や音が新たな方向性をつくり出す。
そして、光や音は装飾化・構造化し、空間は現象へと化していく。

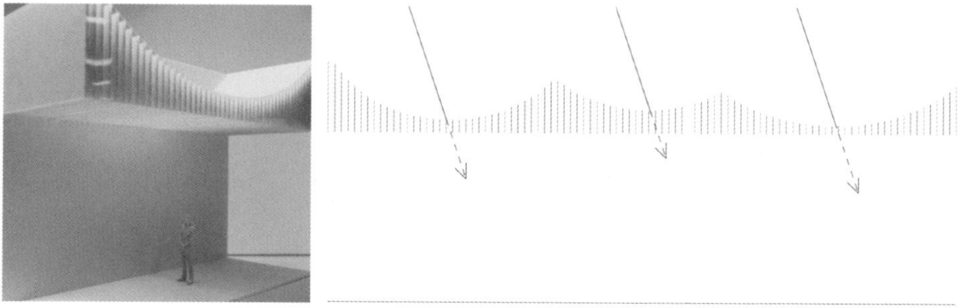

－type 1－

光や音が装飾化され、ワンルームの中に光や音の抑揚がある。空間の形状と境界の厚みが不一致な状態。

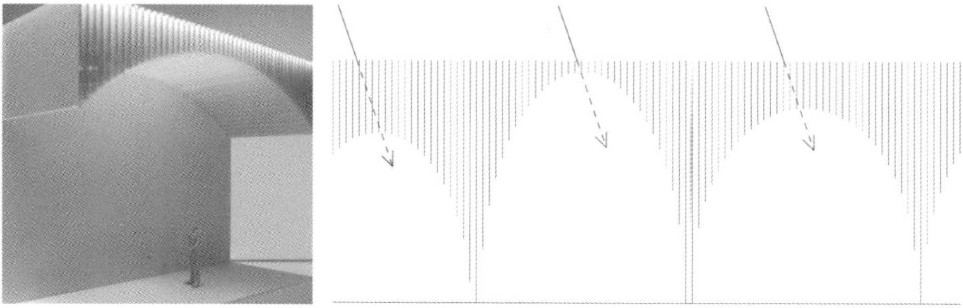

－type 2－

光や音が装飾化され、空間の形状とも一致した状態。上部からさまざまな光や音が射してくる、雲の下にいるような空間。

－type 3－

光や音が装飾化し、空間の形状とも一致。空間を構成する構造そのものになった状態。雲の中にいるような空間。 このモデルを用い、洛中洛外図に描かれるような、都市的な芝居小屋を考える。

能楽堂内部

俯瞰した能楽堂

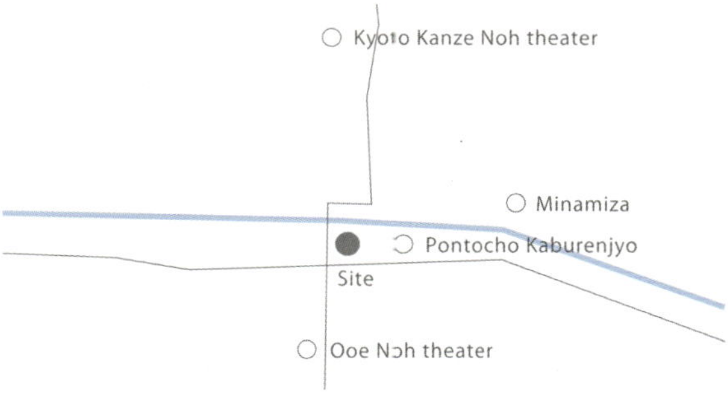

ー広域図ー
京都に点在する伝統芸能劇場のおよそ中間に位置する場所に、まるで洛中洛外図に描かれるような、都市と一体化した現代的な芝居小屋を構想する。それは同時に、今までの古典的な伝統芸能だけでなく、新しい実験的な芸能を育てる、文化育成のための公共空間でもある。

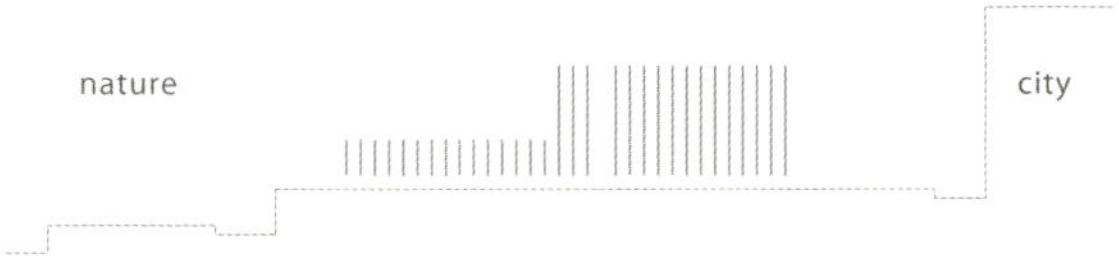

ー敷地との関係ー
敷地は、洛中洛外図に描かれる京都、鴨川の河原。
東を鴨川、西をビル群に挟まれた、自然と都市が唐突にズレをもって接する、いわばエッジのような場所である。そこで、この建築によって都市と自然をつなぎ合わせることを考えた。

雲に穿たれた開口部

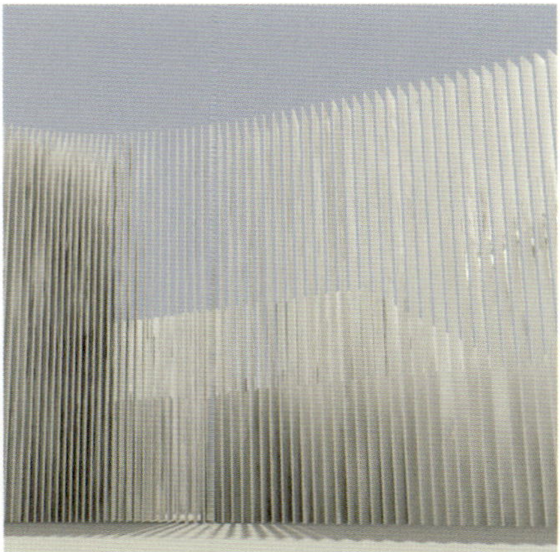

視線の透過を操作するスリットの壁

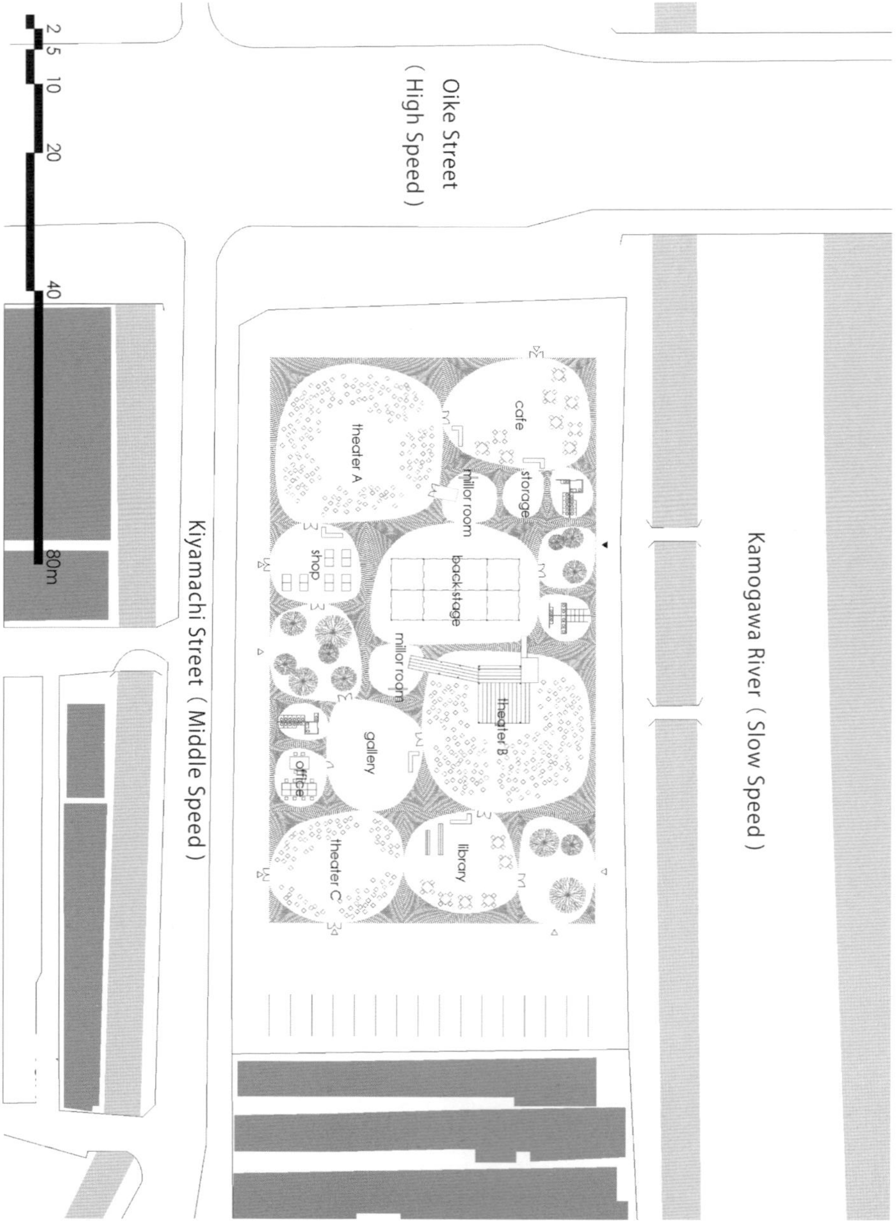

－site plan－

敷地周辺は3つのスピードに囲まれている。一見、均質にみえるこの建築のファサードも、それらのスピードに呼応してさまざまに表情を変化させる。
また、この建築はお芝居に直接は関係のない人でも、ふらっと気軽に中に入って通り抜けていくことができる。そして、中を歩いているとどこからともなく芝居をする声や観客の拍手の音が聞こえてくる。
光や音、人や風……これはそんなあらゆるものが通り抜けていくことのできる、通り抜けの建築である。

審査員コメント@巡回審査

長谷川:洛中洛外図に見られる、建物の間に挿入された雲をデザインに採り入れたのはよかった。間仕切りが雲なんですね。また、能は自然の光、篝火を焚いていたものくらいでよくて、現代劇場にあって、閉鎖的に人を押し込めることがおかしい。
バンバ:能や歌舞伎などはもとは河原など屋外で行われていました。そこで、一度その原点に戻ろうと考えました。また、敷地の京都鴨川沿いは自然豊かな開けた環境から、背後に急激に都市が立ち上がるエッジに位置します。そのスケール感のズレをつなぐ都市的な提案でもあります。
長谷川:ロンドンのシェイクスピア劇場もそんな感じですね。観客は立って舞台を観ていて、周囲に広場があって、後ろに屋根の掛かった空間があって……。和洋問わず、そもそも伝統芸能は外で観るものだったんですよね。
バンバ:そうですね。ここでは空間の様相が変化するきっかけとして雲があります。都市と建築が雲によって一体化して溶け合っているようなものをつくれればと思いました。
長谷川:ただ素材は少しハードかなと思います。木とか紙とか、もうちょっとソフトなものだと良かったのに。金属っぽい印象になってしまったのでは?
バンバ:たしかに。素材自体も空気を含んでいるものにすると、さらによくなるかもしれませんね。

西沢:惜しいのはアイデア的な印象をもつところ。始まりはひとつのアイデアでいいと思いますが、全体として体系的な広がりが出てくるべき。
バンバ:今は能楽も機械化され、舞台だけ明るく客席は暗いという状況にあります。もとは違いました。屋外空間だったため、舞台も客席も等しく明るかったようです。たとえば、京都の大江能楽堂を調査した結果では客席と舞台の照度はとても近く、一体感があります。
西沢:そういう歴史的な変遷を含めて、この建物の必然性を説明すると、よりよかったと思います。先ほどのプレゼンテーションでは手法ばかりが目立ち、洛中洛外図が余計なイントロに見えてしまっていました。実はこれが主役なんですよね。
バンバ:はい。現状の能楽堂のプログラムは単一のものがほとんどですが、ここでは雲の存在によってさまざまなものが混ざり合っている都市的な場を考えています。その象徴が洛中洛外図なのです。

迫:きれいな建築ですね。これは内と外の空気に連続性はあるのですか? あるいはスリット部分にガラスを入れているのですか?
バンバ:円形の内側に必要に応じてガラスを入れています。たとえば、倉庫やオフィスなどあまり音を必要としない場所にはガラスを入れていますが、能舞台は内外が空気で通じています。
迫:屋根が架かっているのですか? これについてもっと意図的に表現すればより具体的な建築に近づいたはずです。もしくは、屋根は掛けないと割り切ってしまうとか。
バンバ:ここでは、都市的な場としての劇場を考えているので、屋根は架かっている場所と架かっていない場所の両方があります。そうした表現をすればよかったかもしれませんね。

内藤:僕が一番評価しているのは、1分の1のスタディ。それから、おもしろかったのは3つのスタディ。きれいな格好をしているよね。でも、壁が折れ曲がっているのは矛盾があるんじゃないの?
バンバ:あえて壁を折り曲げることで音や光だけが抜けて視覚的には抜けない場所や、部分的に深い闇ができています。その方が五感を刺激できると考えました。もうひとつは斜めでかみ合うと構造的にも良いと思いました。
内藤:この作品の場合、いろいろと理屈をつけないで「きれいでしょう?」という、あなたの感覚だけで語る方が良いと思うよ。この建築は実際に体験してみたいと思いました。
バンバ:はい。まさに自分が体験してみたい空間になっているかどうかということは最も大切にしたポイントです。

浮遊する身体
—a floating body—

私は一年間ヨーロッパの小さな国リヒテンシュタインに留学していました。

そこでは家にいるときも、学校にいるときも、いつも近くに大きな山があり、その山は、風景の背後にあるものというより、目の前にどしりと存在するものでした。

そんな山を目の前にする人は、山の向こう側を想像し意識を広げます。

そのとき、意識する領域が山のこちら側と向こう側とで明滅し、その明滅の間に不確かな領域が生まれ、アンビバレントな感覚と共にふわふわと身体が浮遊したかのように感じます。

さらに向こう側からこちら側を想像する人を考えたとき、山を介して離れた人と意識が共有されます。

山には、人の想像力、意識に働きかける広がりがあり、そんな広がりを取り込んだ住宅ふたつとパビリオンを設計しました。

作者の留学先であった西ヨーロッパのリヒテンシュタインの山々をモチーフにした作品。山から感じる人間のさまざまな感覚を手掛かりに、4人家族の住宅、3人家族の住宅、2010年の上海万博リヒテンシュタインパビリオン(提案)の3つの建築を設計した。人工物でありながら自然がつくりだすような空間の質をもち、人の想像力や意識に働きかける体験を生みだすような建築の提案である。

リヒテンシュタインの部屋のベランダから見える山

Name:
池田 俊
Ikeda Shun

University:
東京藝術大学大学院
美術研究科　建築専攻
黒川哲郎研究室

リヒテンシュタインパビリオン

4人家族の住宅

3人家族の住宅

原型モデル

この制作の原型となるモデル。コーン状の２つの空間が、上部でぶつかり破れてつながり、上部の破れを通して領域の明滅と意識の共有が生まれる。またこのモデルは、フィジカルには領域の分節、メタフィジカルには連続がなされる。この構成を用いてまず４人家族のための住宅を設計した。

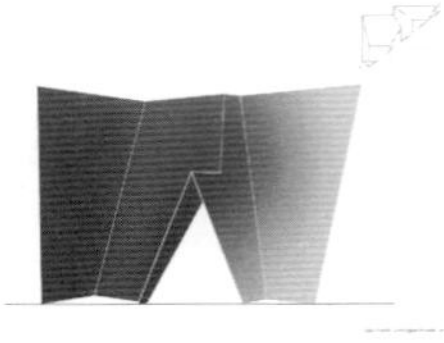

原型モデル（左）と断面パース（右）

4人家族の住宅

この住宅は上部で破れてつながる６つのコーンで構成される。コーンの内側にはそれぞれキッチン、テーブル、ソファ、階段、玄関、水回りが入り、一階全体が共有のスペース、コーンの内側と外側につくられた床が個人のスペースになる。

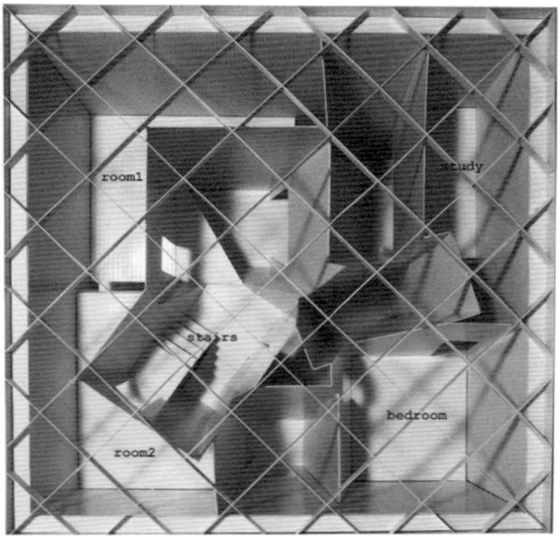

「４人家族の住宅」模型

コーンの内側と外側の分節は光の明暗によって強調され、この住宅では、コーンの中でのこちら側と向こう側、またコーンの内側と外側を、意識の上で、また実際に行き来するなかで、領域の明滅が起きる。家族はそれぞれの場所で、互いの気配を感じながら、一枚の大きなガラス屋根から降り注ぐ光の中で生活する。

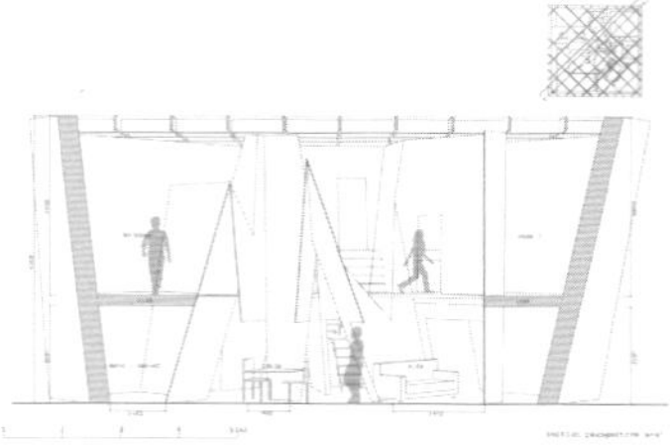

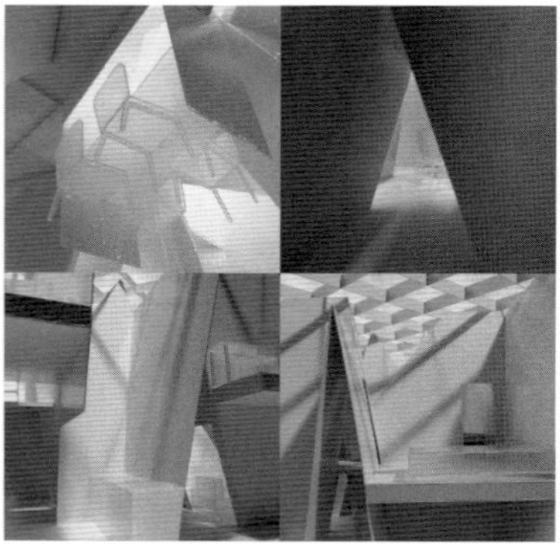

「４人家族の住宅」断面パース（左）と内観イメージ（右）

3人家族の住宅

次に原型のモデルの上下逆、つまりフィジカルに領域の連続、メタフィジカルには分節がなされるモデルを考え、これを用いて3人家族のための住宅を設計した。この住宅は、3つの部屋で構成され、床でひとつづきに繋がりながら、屋根でそれぞれに分かれていく。

「3人家族の住宅」模型

立ち上がりの壁の高さを700から2800mmの間で変えることで、立ったり、座ったり、家の中を歩いたりする中で、コーンの内側と外側とを行き来する。またコーンの屋根がひとつの空をそれぞれに切り取り、家族はひとつづきに繋がったひとつの空間の中で、それぞれの空、光を持ちながら生活する。

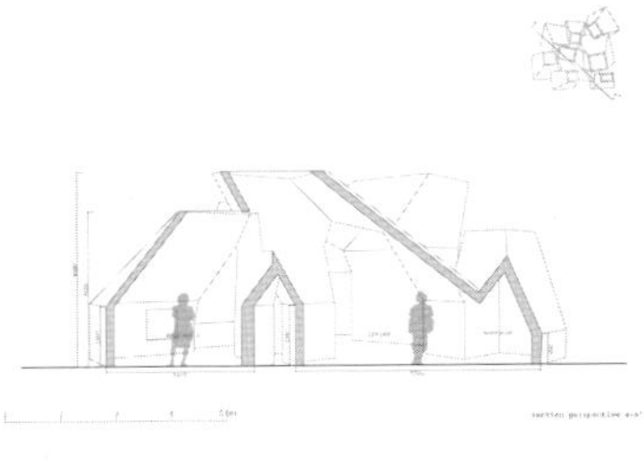

「3人家族の住宅」断面パース(左)と内観イメージ(右)

リヒテンシュタインパビリオン

次に、分節、連続という相反する領域性を、渦のような流れでつなげていくことを考えた。これは2010年上海万博のリヒテンシュタインパビリオンの設計案である。

リヒテンシュタインは東西を高いアルプスに挟まれた谷状の地形をもつ小さな国で、そこには大きな広がりがあり、それがこの国の一つの大きな魅力であると考えた。この魅力は登山をすると感じる山の向こう側の向こう側といった広がりの連鎖によってより感じることができ、このような広がりの連鎖を体験できるようなものをつくりたいと考えた。

上に抜けるところ、広がりのあるところ、壁が迫ってくるところ、木陰のようなところなど、人工物でありながら、自然がつくりだすような空間の質が生まれている。

以上、3つのプロジェクトにはそれぞれ「分節—連続」、「連続—分節」、「分節—連続—分節」と相反する領域性が同時に存在し、山が持つ人の想像力や意識に働きかけるような体験を生み出すことを考えた。この意識的体験の先にアンビバレントな感覚、そして身体の浮遊感があると考えている。

パビリオン模型

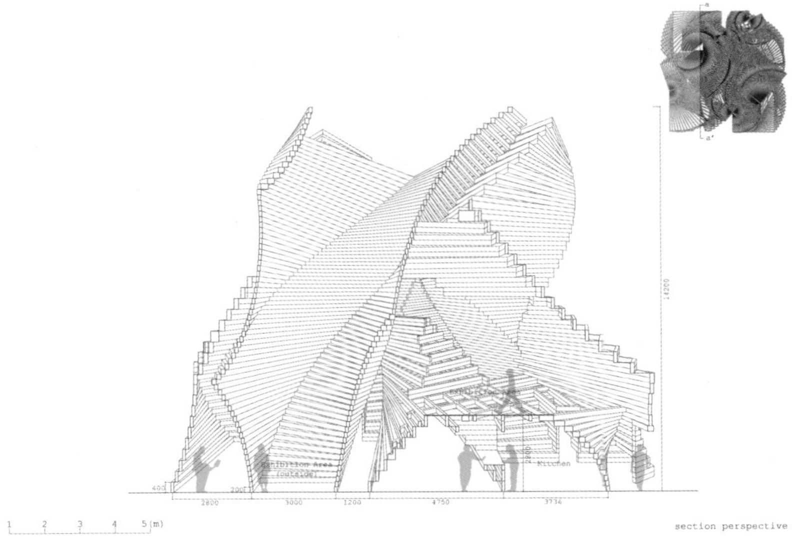

section perspective a-a'

パビリオン断面パース

パビリオン内観イメージ

審査員コメント@巡回審査

長谷川:建築の何を目指してこういうことをしようと思ったのですか?

池田:最終的には空間体験です。

長谷川:見る山とは違って、こういう体験空間はスケール的に厳しいのではないですか?

池田:ある厳しさはあるのかもしれませんが、それによっての豊かさのようなものがつくり出せるのではないかと思っています。すごく狭い場所だけれども上にすごく抜けていたり、狭いところを抜けた先に広がっている場所がある、というようなメリハリを意識してつくっています。

長谷川:行動の体験を集積させるために、山をテーマにしているのですか?

池田:山を目の前にしたときに自分が感じた経験というものを、いかに建築にできるのかを考えていました。

長谷川:それは山登りでの身体的苦痛ではないのですか?

池田:そういう身体的苦痛の先には、ある種の心地よさがあると思っています。

内藤:ひとつでいいのではないかと思ったのですが、この3つはあなたの中で進化していったのですか?

池田:山を前にしたときに感じる「ふわふわと身体が浮遊するかのような感覚」という空間体験をつくりたくて、結果として、3つのバリエーションになりました。

内藤:山の感じと、この幾何学的な造形が、割とピタッときたので、それはおもしろいと思いました。ただ、無理にこじつけない方がいいような気がします。システム化する思想と、造形的な指向というのは、相反するものですよね。そういう観点からすると、造形的なものをもっとやった方がいいと思います。

小野田:パヴィリオンの案のスケールやディメンションはどうやって決まっているのですか?

池田:これは学校の課題で製作したもので、全体の大きさもあるボリュームで収めなければいけない中で考えました。

小野田:それは課題で決められたボリューム?

池田:はい。また、自分自身も、課題に取り組む中で、ある程度凝縮した規模でいかに大きな広がりをもたせられるかということを考えていたので、住宅も含めて、あまり規模が大きくならないようにしました。

小野田:僕がイメージしていたのは、もう少し大きいものだったのですが、意外と小さいですよね。そこに押しとどめたのは課題だからという理由ですか?

池田:課題だからという以上に、山というすごく大きなものがきっかけだったので、大きなもので大きなものをつくり出すというよりは、小さなもので大きなものを内包できた方が、より自分の考え方を見せられるのではないかと思ったからです。

小野田:だけど、人間は大きな空間の広がりの中でこそ、身体をアフォードする力のようなものを感じるわけじゃないですか。それがこのスケールだと感じられないのではないかと思います。

迫:天井の格子グリッドはどうして出てきたんですか?

池田:一枚の大きなガラス屋根から均質な光が落ちてくるような生活像を描きたかったので、その均質さを、ある種演出するものとして、グリッドというドライなものにすることで、そういう空間になり得るのかなと思いました。

迫:でも、45°振ってしまうと、その角度と下の形態との関係性がかなり意味をもつように感じてしまうんですね。均質なものという位置付けだけだったら何で振ってしまったのか。

池田:振らないとコーンの上辺と屋根の格子とが平行になってしまう部分が出てきてしまい、おっしゃるような意味をもつように思い、振ることにしました。そういう中で振る角度は、20°や30°よりも45°が意味をもたず、よりドライなものだと考えました。

少しずつ変わること

私は、「街との境界」そして「建物の覆い」をつくることを建築だと捉えています。ここでは、その境界や覆いは、ただドア一つで仕切られた壁ではなく、人が敷居をまたぐ事を少しずつ体感することができる場として考えています。

それを葬祭場にて試みました。「葬儀に行くまでの、その人の道」の設計です。道は境界そのものであり、そこでは光や形態によってさまざまな空間があらわれ、時には暗くて静かであったり、時には明るくて清々しかったりします。道の表情は、目的地に向かう人の心情と重なりながら、少しずつ移り変わっていきます。

建物の覆い方や外部環境との境界のあり方に着目した設計手法を提案。その手法を用いて動線空間を設計し、回廊をもつ葬祭場を計画した。作者は、葬儀に向かう人の道を設計するため、建物を覆う方法や、光の採り入れ方、その空間に生まれる現象を考察し、動線空間の断片をイメージ。それらの断片をつなぎあわせることで、さまざまな空間が連続するひとつの長い道をつくり、内部空間を覆う回廊とした。

Name:
井上裕依子
Inoue Yuiko

University:
武蔵野美術大学大学院
造形研究科　デザイン専攻
高橋晶子スタジオ

制作過程

process.1　操作に焦点を当てスタディを行った。線であり、面であった外皮は厚みを持ち、空間へと変化していく。高さを変え、幅を変え、近づき、離れる。

process.2　境界を空間化させ、道の結合点に生まれる現象に焦点を当てた。人は回遊することで、境界を体感し、移り変わっていく景色を体験する。

process.3　process.1の操作とprocess.2の現象の考え方を組み合わせて考察した。道の高さを変えることで、結合点から光を取り込む。道の繋がる場所で起こる現象のスタディ。

process.4　道の断片のイメージをスケッチにより具象化した。建物の内部を目的地とするならば、その目的地に向かう人が、内部空間を意識しながら歩くことができないかと考えた。内部から道に入り込む光の取り入れ方に意識し、スケッチを行った。

process.5　process.4の断片のイメージスケッチを、模型により図式化した。形にすることで、形態から生まれる光の表情を再確認する。

process.6　道の断片のイメージをつなぎ合せ、ひとつの長い道をつくる。それは内部空間を覆う回廊となり、目的地へ行くための距離となる。

process.7　これらの考えから、用途を'葬祭場'として考えた。

process.1

process.2

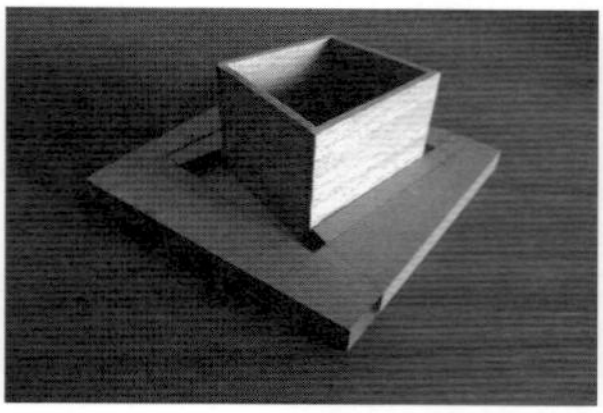

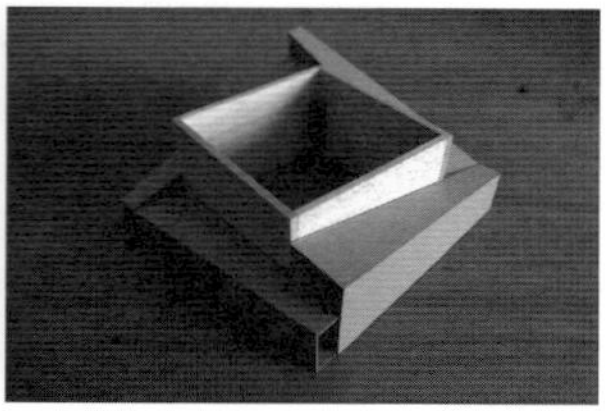

process.3

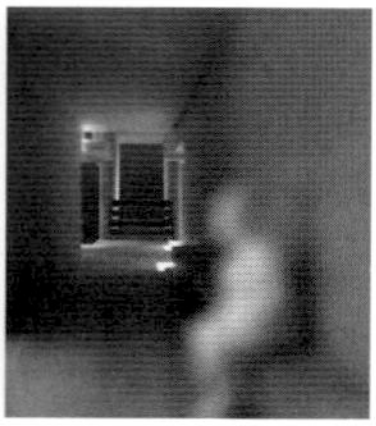

process.4

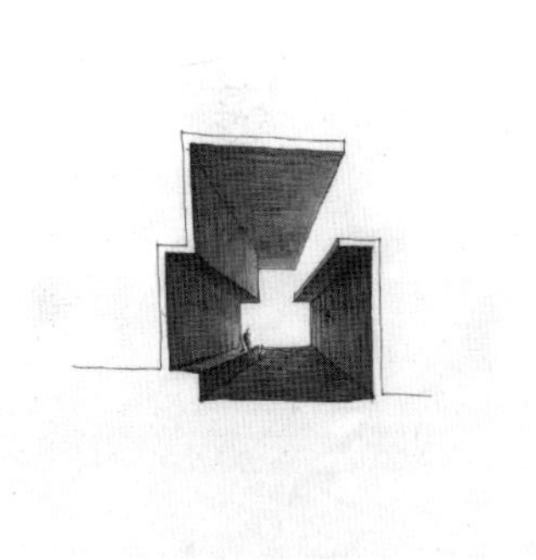

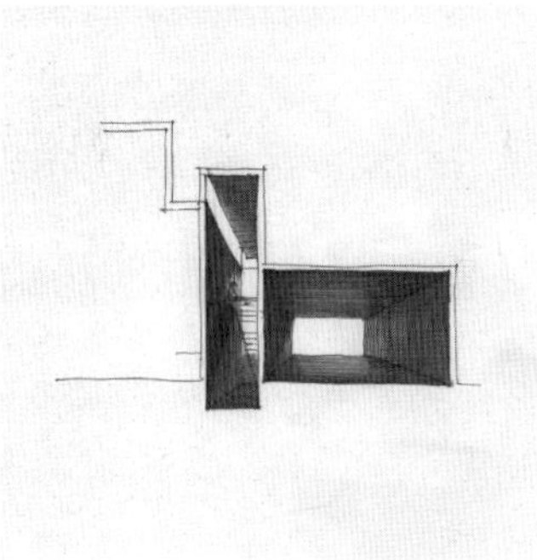

process.5

process.6

process.7

ground level plan N

0 1 5 10m
north - elevation

0 1 5 10m
east - elevation

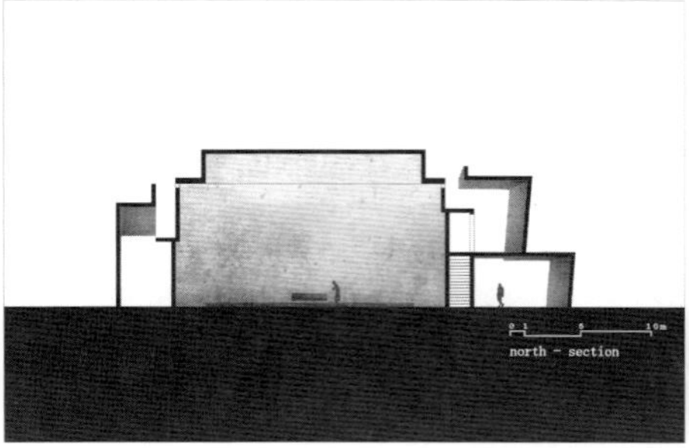
0 1 5 10m
north - section

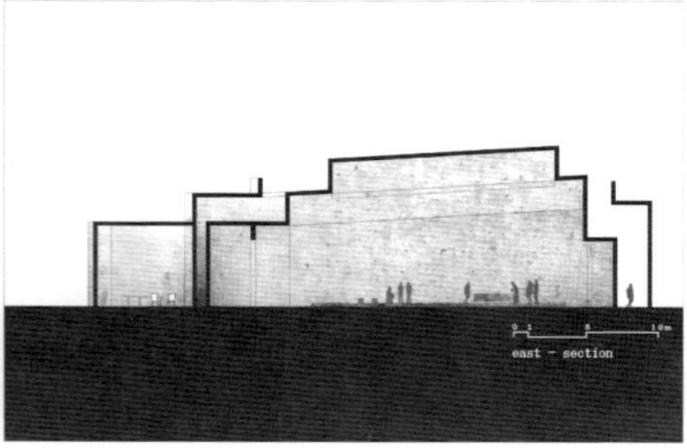
0 1 5 10m
east - section

審査員コメント@巡回審査

西沢:出会いと別れの場ですよね。両者がどうやって別れるのか、あるいはどうやって出会うのかということが一番大きなテーマになると思うのですが、それを瞬間的に考えていませんか? セレモニーの一瞬だけに焦点をあてて建築をつくっているけれども、建築というのは一瞬のためにつくるというよりは、100年、200年のためにつくるものであって一瞬がテーマではない。とくに、このような渦の形態をとるのであれば、そこでの人の流れや、人がどのように集合して、どうやって別れていくのかということを感じさせる提案がほしかった。

井上:確かに、来る方ばかりを中心に考えていたかもしれません。

西沢:出会って、別れるということを、この形は無視していないように見えるだけに、そうした部分が気になります。

井上:たとえば光が亡くなった人の箱にあたった瞬間に何が起きるかというように、光のことを中心にシーンばかりを考えていたということはあります。人がどう出会うかということよりも、現象の方に向かっていました。

西沢:情熱があって時間があれば、一瞬の状況だけではなく、何幕もあるということを表現できたかもしれない。その第二幕だけを建築化したという雰囲気がありますが、もっと全体的なものをここから発展させることができる建築ではないかと思います。

内藤:この回廊はすごく恣意的ですね。あなたが考えた形ですよね。

井上:そうです。私の頭の中にある回廊の断片のイメージを描写したもので、そこから模型にするという過程も、全部私の恣意的なものから来ていて、最終的な形態も環境を意識するというよりは、頭の中にあるイメージがそのまま建ったと思います。用途や環境を意識してつくっていくプロセスよりも、新たな光が見つかるんじゃないかと。

内藤:見つかりましたか?

井上:そうですね。この形態はそうしたプロセスの結果、生まれたものだと思います。たとえば、こうした壁のぶつかり合いや、光の現象といったものが……。

内藤:君自身が発見したものではなく、今までになかった何かが見つかりましたか?

井上:境界というものは、壁一枚で覆われたものだと思っていたのですが、壁の厚みを操作したり、そこでの光の現象を考えることで、外から内部に入ったという瞬間を人間が味わうということを学びました。

内藤:アドバイスとしては、高さに対してもっとスタディをした方がいい。フランク・ロイド・ライトの建築を見てみるといいですよ。たとえばタリアセン・イーストは、ロビーの天井高が1.95mなんです。グッと上から圧縮しているから、そのまわりに開口部があると空間が横にスッと流れる。そのときに、はじめて外部空間のあり方が問題になってくる。人間のサイズに対する高さと幅を考えると、開いた部分の意味がもっと出てくると思います。

長谷川:集合住宅などの都市的な動きのある場所にしてもよかったと思いますが、葬祭場にしたのは、建築としてシンボリックな場所にしたかったということですか?

井上:回廊は日常的なものから、非日常的な空間に連れて行き、それが境界になっているというイメージがあったので、お別れの場所である葬祭場を選びました。

長谷川:光、人の動き、空間、時間の変化を盛り込んで通路をつくるということは、おもしろい。特別な回廊をイメージしていたんですか?

井上:最初、大まかな形態が頭にありまして、内側と外側の空間の間にはヒダのような空間をつくることを考えていました。

長谷川:都市の中にはこういう空間がいっぱいあるけれども、光や空間のリズムを考えないでつくられていて、都市の回廊というのはうまくいっていないことが多い。この作品には、人を結ぶ通路というよりも、都市空間にまで発展できる可能性があるのかなと感じました。

「奥」を知覚する空間の研究

歌川広重の「東海道五十三次」は、絵に登場する要素を対比させることで奥行きを感じさせる、独特の遠近法で描かれている。それらを分析し、空間表現のタイプ別に分類。また、広重と同じ道のりを自ら自転車で旅をしたときの空間体験を類型化。広重が表現した二次元の風景と三次元で体感した自身の経験を照らし合わせて再構築し、6つの日本的な空間モデルを導き出した。

Name:
邊見栄俊
Hemmi Eisyun

University:
大阪芸術大学大学院
芸術研究科　芸術制作専攻
狩野忠正研究室

私は、歌川広重の浮世絵に出会い、旅に出た。東海道五十三次(482km)を自転車で走破したのである。広重の描いた風景は、見た目は違えども、今も変わらない地形や形で存在していることを感じることができた。この計画は、「奥」という日本固有の概念を歌川広重の浮世絵に見出し、絵の中に存在する空間をどのようにしてとらえ、絵の中でしか知覚し得ない現象をどう空間に翻訳するかという試みである。絵のなかにある空間性と私自身が旅で得た空間体験との重ね合わせにより、6つの空間像を抽出し、そのなかのひとつを空間体験のモデルとして立ち上げる。

歌川広重「東海道五十三次（保永堂版）」庄野
出展:「東海道五拾三次之内」（保永堂版）

「穿たれたボリューム」の空間体験モデル。この空間に入ると削り取られた山のヴォリュームがうっすらと知覚でき、分節された外部空間でありながら、内部にいるような暖かく包まれている感覚になった。空間像を1/１モデルとして立ち上げることで実体験をともなった形で知覚できる奥行きの顕在化を目指した。この空間に入った人が想像力をふくらませ、当時の人びとが歌川広重の絵を見たときのような気持ちを想像できればと思う。

歌川広重空間類型図

歌川広重の「東海道五十三次（保永堂版）」の中に存在する空間性を類型化したもの

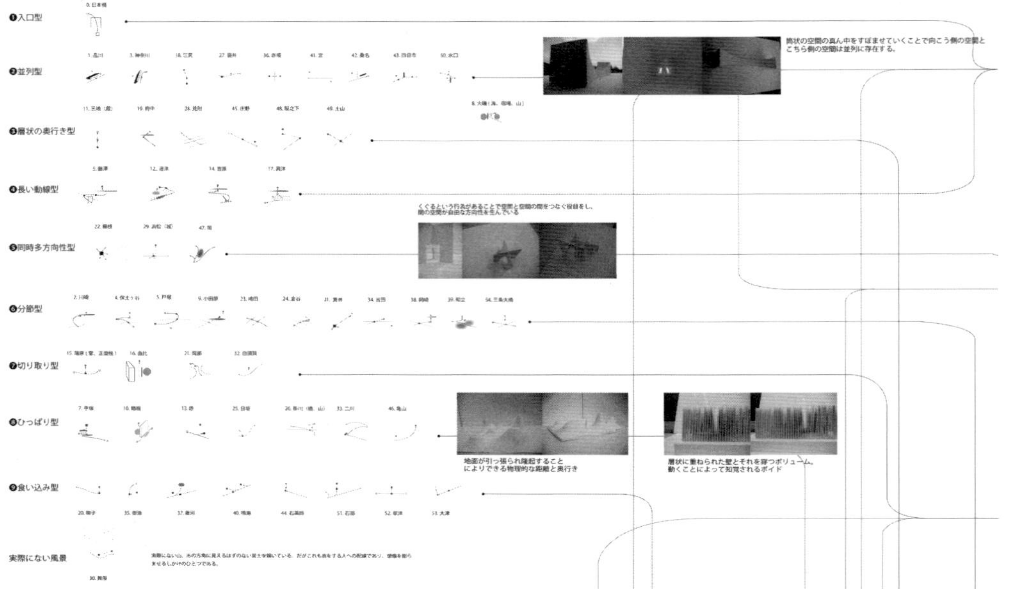

私、空間類型図（現代の東海道でおこっていること）

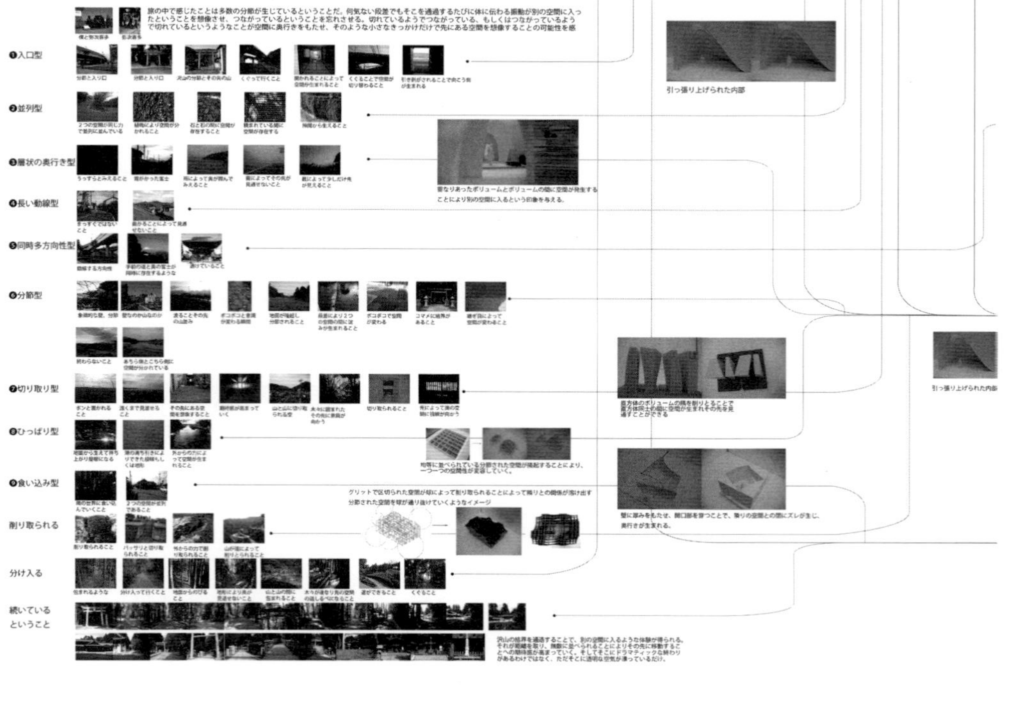

この空間像はこの空間を体験したときに歌川広重のもつ空間性が同時に感じられるモデルであり、東海道を旅する中で得た私自身の空間体験と歌川広重の浮世絵の中に存在する空間とを照らし合わせてできた６つの空間像である。

①引き剥がされた層

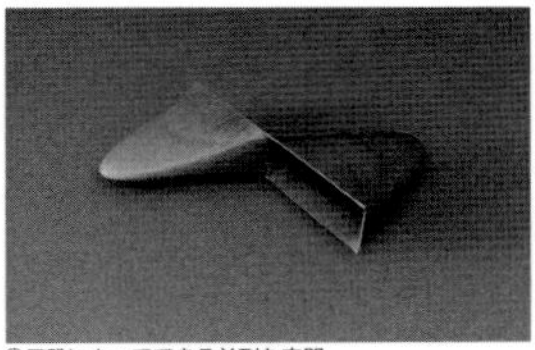
②反発によってできる並列な空間

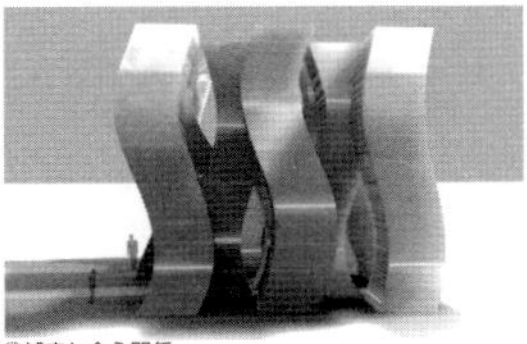
③補完し合う関係

④錯綜する方向性

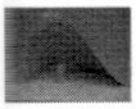

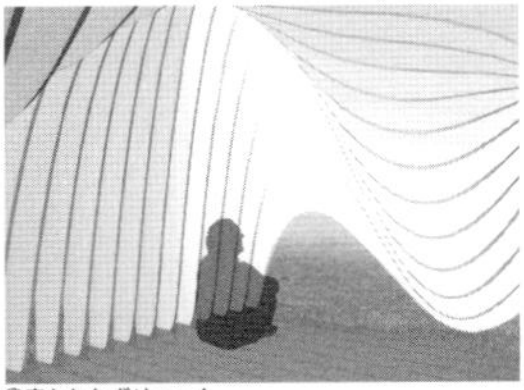
⑤穿たれたボリューム

⑥相互に貫入しあう関係

歌川広重の空間的特徴を9つ空間言語に類型化し、旅の経験との重ね合わせによって導き出した、6つの空間像。

研究の流れ

西洋における絵画と日本の伝統的な描法の歴史の流れ

↓

東海道五十三次（保永堂版）の中に見られる特徴の抽出

↓

浮世絵に描かれている場所と現代の風景を比較して場所について考察する。

↓

絵の中一枚一枚に存在する空間性の分析

↓

分析を通して得られる空間性を図式化し類型化する。

↓

類型化した図式と旅で得られた経験との重ね合わせによって６つの空間像を提示する。

↓

その中の一つの空間像を 1/1 実寸模型として立ち上げ、空間体験モデルとして顕在化する。

遠近法と歌川広重の描法

遠近法で得られる奥行き

遠近法は消失点やアイラインの存在で遠近感を出すのを特徴としているが歌川広重の浮世絵には透視図法では表現できない奥行きをもつ。

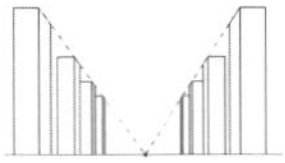
一点透視

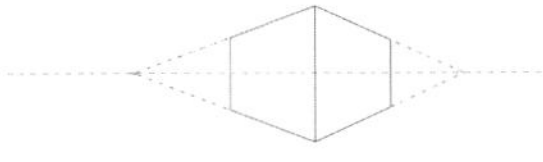
二点透視

歌川広重の描法による奥行き

一枚の絵の中に奥行きを表現する西洋の絵画とは違い隣り合う絵を利用して奥行きと連続を表現している。

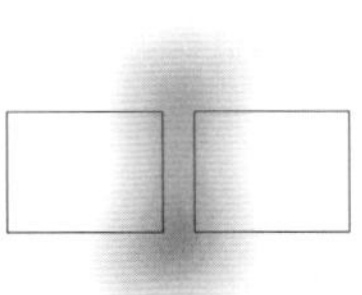
広重の浮世絵の中には一枚では完結しない奥が存在する。一枚一枚の間に存在する。

一枚の絵の中にも奥が存在する。

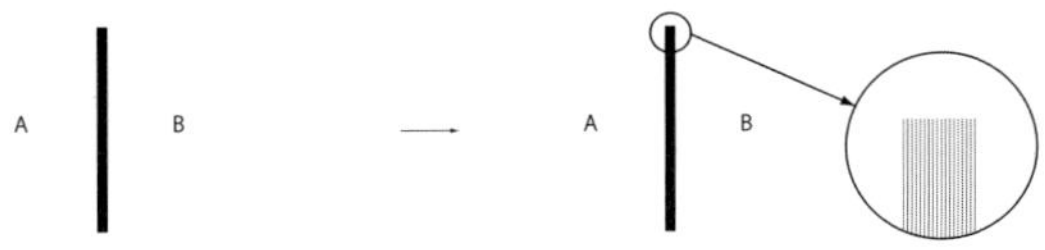

２つの空間を太い線で A.B といった風にわけるのではなく、細い線がたくさん重なることで空間が徐々にわかれていくようなイメージ。

①引き剥がされた層

２つの重なり合った面が引き剥がされることにより空間が発生し方向性が生まれる。
方向性を生むということはそもそもの空間の発生を意味するのではないか。

空間生成システム

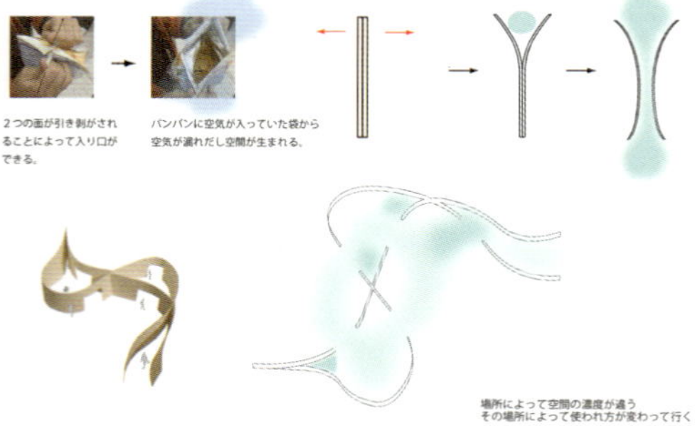

２つの面が引き剥がされることによって入り口ができる。
パンパンに空気が入っていた袋から空気が漏れだし空間が生まれる。
場所によって空間の濃度が違う
その場所によって使われ方が変わって行く

②反発によって生まれる並列な空間

２つの空間が並列に存在するということは、同時に存在するということであり、空間が等価であるということを意味する。

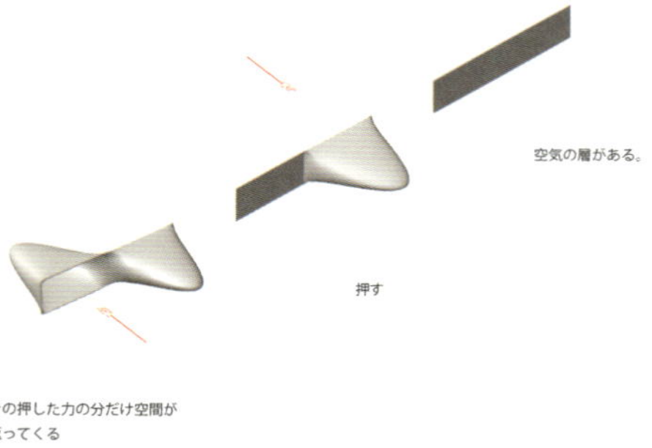

空気の層がある。

その押した力の分だけ空間が返ってくる

③補完し合う関係

林の中を分け入るような空間体験が知覚され、切り取られた景色が突如現れる。

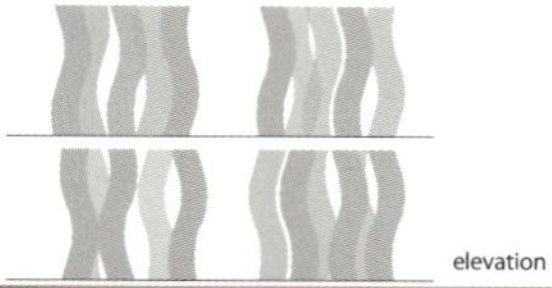

上から見ると上の面は市松模様に見えるが足下は多様な空間が存在する

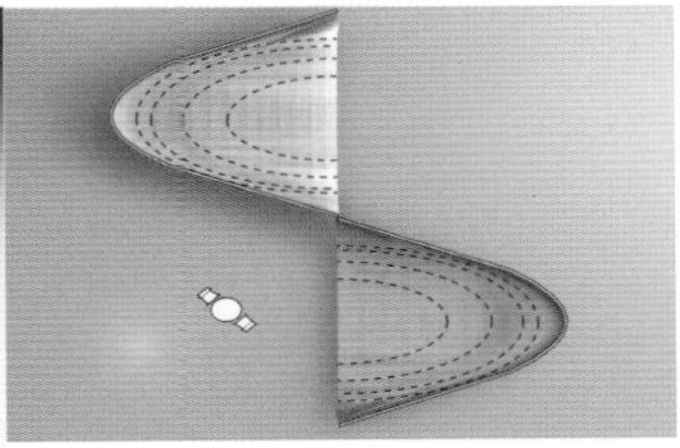

plan S=1/200

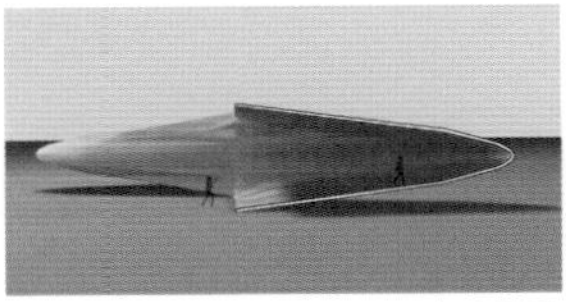

風船を押すとその反動で同じ空気がそのまま返って来るように「押す」という行為と反発、反動という現象によりまったく同じ空間が発生するのではないか。その空間は同時に存在し、並列的に等価な空間を得られる。

section S=1/200

Diagram

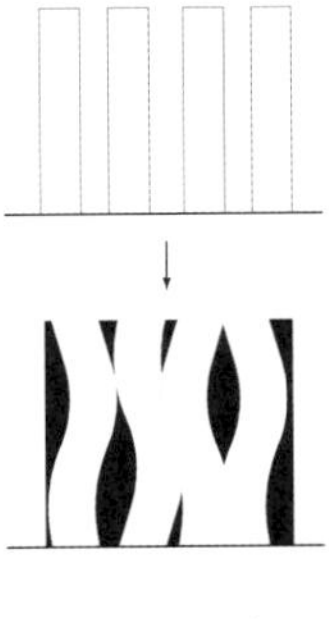

同一の曲率と同一の平面をもつボリュームを市松状に配置する。
ボリューム同士の重なりあいで得られるボイドは切り取られる関係と切り取る関係を越えて補完しあう .

④錯綜する方向性

Diagram

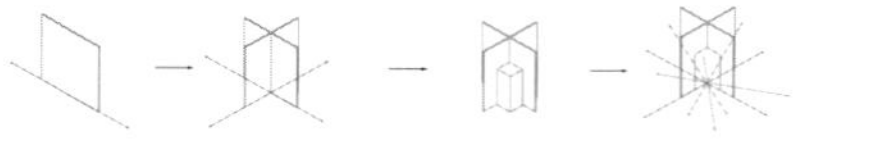

方向性を示す 壁がある。

その間を抜く

抜かれた間の空間は自由な方向性を獲得する

⑤穿たれたボリューム

地面が引っ張られ隆起したボリュームが分節された壁を削り取り内部を作り出す。

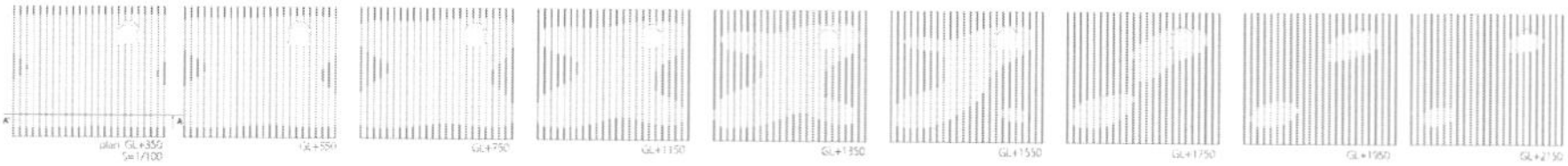

A-A'section S=1/100

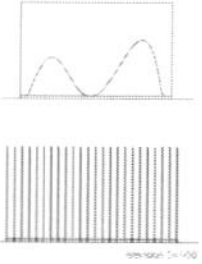

Diagram

２つの空間が徐々につながっていき、一つの空間をなす。その空間がまた徐々に分かれていき、ふたつの空間に戻っていく。このモデルを 1/1 モデルとして立ち上げ、空間体験モデルとして顕在化する。

層状に並べられた板状のボリューム

間に存在する空気の層

地面が引っぱり上げられることでできるボリューム

引っ張り上げられたボリュームが削りとられることでできる空間

⑥相互に貫入し合う関係

多数の方向性が貫入していくことで生まれる視線の食い込みと奥行きの知覚

Diagram

方向性を規定する壁

もう一つの方向性が貫入することで視線が食い込んでいく。

方向性を増やしていく

一つの方向性から多数の方向性を生み出し、向こう側にある空間を想像する

俯瞰イメージ

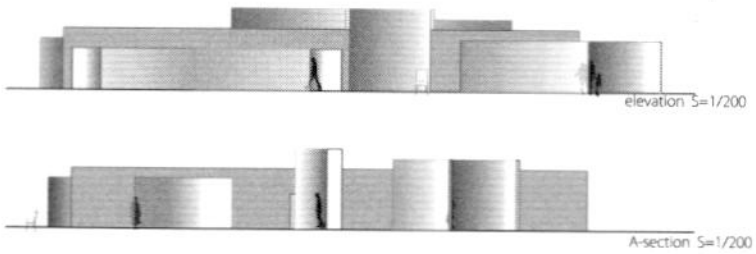

elevation S=1/200

A-section S=1/200

審査員コメント@巡回審査

小野田:人間の知覚は、ギブソン※が言ったように、動きと一体になって初めて成立するもの。これは、自転車で動き、見ながら、知覚がもっている本質を身体化させる一方で、冷静な分析のもと統合しようとしている。学生らしい振り幅がいいね。ただ、どう統合したのかをもう少し知りたい。これはダイアグラムのままですが、空間にはどのように動きが内包されているのか、それとも動きはほとんどない?

邉見:そうです。外側をまわると穿たれたヴォリュームがうっすらと見えるのですが、この形は体験的なもので、機能的な位置づけも与えていません。

小野田:そこが物足りない点かな。

長谷川:東海道五十三次の絵から風景を分析するのは初めて見ました。建築の空間を支える場としてはおもしろいし、分析から現れてくる日本の風景や地形を読み込んでいく作業は有効なことと思いました。ただ最後の形が集大成になっていない。地形は歴史が変化しても変わらず先まで引きずっている、それが重要なことね。

迫:あなたの修士設計では、形態を導くための分析、もしくは論文的なところも重要と考えていますね。

邉見:個人的には重視しています。6つある空間の一つひとつは、歌川広重の絵を図式に分解し、類型化した言葉を東海道での旅の体験に当て込んでいます。絵と同じ状況が空間で起こるようにつくりました。

迫:具体的にどう空間に作用しているのですか?

邉見:山を誇張して向こう側を見通せなくするという描法があるのですが、引っ張り上げて重ねられた板状のヴォリュームを繰り抜くことで、包み込まれるような空間に。旅の途中で自転車を担いで林を歩いたときの感覚にリンクさせました。

迫:どこかで論理の断絶をしているような感じが否めない。果たして広重の描法をここまで引っ張る必然性があったのか。分析の結果できあがった空間に説得力がないんですよ。もう一段階、論理をつなぐ部分がないと分かりにくいかもしれません。空間の魅力をもっとも表現できたのはどれですか?

邉見:機能的なものを与えていないので……。

迫:それぞれが等価にできていて思い入れも等価?

邉見:はい。

迫:そこが散漫なプレゼンテーションになった理由のひとつかもしれない。せっかくの提案が人に伝わらないともったいない。惜しかったですね。

邉見:いずれの空間も「奥」を知覚するもので、基本的には何かと何かの重ね合わせでつくりました。

内藤:槇文彦さんが『見えがくれする都市』で日本建築の特徴を「奥性」と提言したことに対してはどう思いますか?

邉見:共感し、インスピレーションを受けました。自分の考えでは、隣り合う絵が連続することで、次の場面を想像することを「奥」としました。

内藤:「奥」とは違う言葉、たとえば「先」であればよかった。向こう側を想像するというプロセスを繰り返していく体験という風に絵図を読んだ方がよかったと思うんだよ。その先にすごく本質的なものがあって、行けないし実体はないけれど、イメージできるのが「奥」とするんですね。でも「奥」はさほど展開しないものだし、完結すると終わってしまう。だから完結させないデザイン手法を編み出せれば、あなたの「奥」ができたかもしれない。

西沢:模型の材料に意思がないというのかな。一番つくりやすいという基準でスタイロフォームを選んだように思えるし、美しさにつながらなかった。理由が空気をつくっていく——最初に自分のビジョンがあった上でつくり方も決まるのであって、最終成果品として見せるのであれば、素材の選択はすごく重要だし注意してほしい。

※James Jerome Gibson(1904-79)。アメリカの心理学者で視知覚に関する多くの研究を行った。

Urban entropies

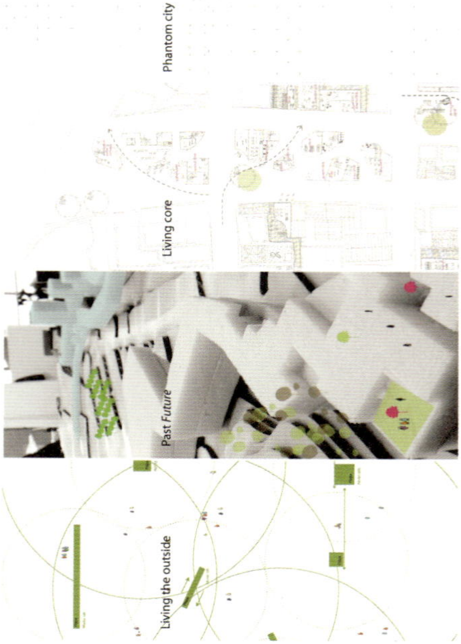

経済の急激な成長を経験した日本の都市は、多様な都市のトポグラフィーを作り出した。これらの空間はカオスに見えるかもしれないが、それらは都市に流れる時間と都市空間がフレキシブルに順応し合う興味深いシステムを持っている。これはもはや、生命組織のように働くシステムといえるだろう。今回、このようなシステムやパターンを説明するため、シティプランニングの新たなパラメーターとして「エントロピー」という熱力学の言葉を借りてみた。4つの提案は過剰成長した都市の組織を発展させたものであり、これらの発展プロセスは「箱の中の箱」のように次へ次へと引き出されていく。これらは明日にでも始められる都市の新しい見方を示すものであり、未だ未来の選択肢として再考されていないものである。これらを、断片的な組織と見なして一旦再構成し、全体のネットワークをつくるものとして動かしていく。マスとして働く顕在化した都市の構造へ浸透していくことができれば、もしくはそれ自身がマスとなり得れば、最終的にそれは、住宅が作っている統合された小宇宙のように都市全体があるまとまりとなっていく基盤となるだろう。

「エントロピー」とは無秩序さ、不確定性の度合いを意味する。本作品は、この概念をキータームにした4つのアーバンデザインの提案である。山手の住宅地、左近山団地、野毛、横浜駅という4つの敷地を背景とする各プロジェクトは、それぞれ独立していながらも、手法上の特徴において連関がとられている。小スケールの断片的要素を設計の基本に用いるその手法によって、既存の環境がもつエントロピーの大小・増減を考慮しつつ、その拡張や変化が操作される。

Name:
トパ・リタ
Topa Rita

University:
横浜国立大学大学院／
建築都市スクール"Y-GSA"

Living the outside

Entropy: in the fields of thermodynamics entropy is a measure of the random ways in which a system may be arranged. Often it is taken as a measure of disorder. Increasing the mix in a system affects entropy proportionally.

In the Housing hill at Yamate, what seemed like chaos suddenly found an order when compared with Italian Villages.

It is possible to say the existing program has very low entropy and the entropic potential is on the topography, which creates the space diversity.

Topography was used to create a network of plazas connecting an urban area , that goes further than the plazas physical space.

Life style concept

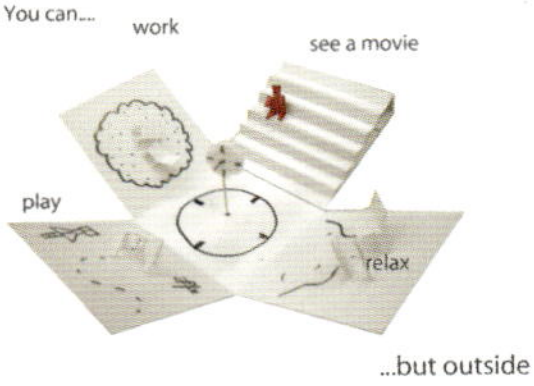

Adding a new colour...

Network Unity - uses natural flow

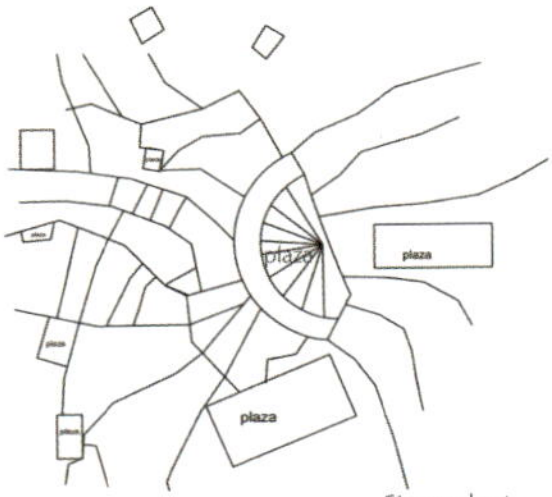

Siena plant

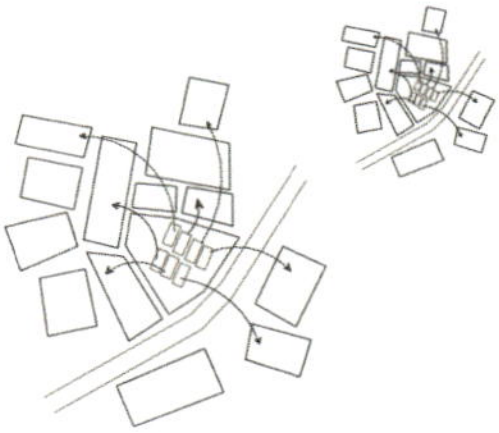

Car parking area is today's neighbours meeting point. The "paleo plaza".

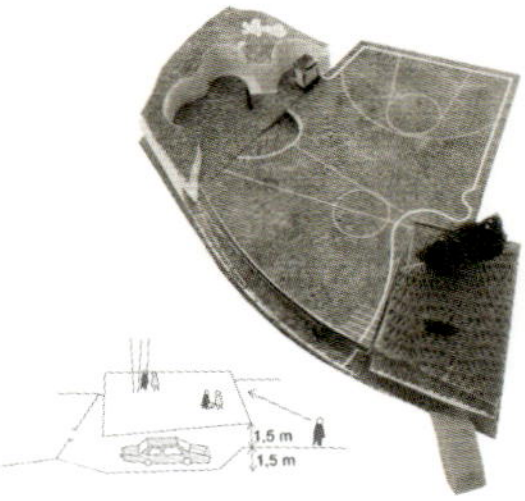

System concept

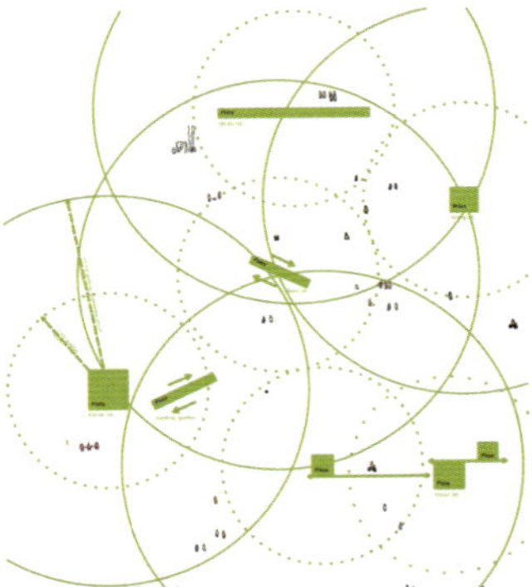

Schools plaza program spreading using park system and topography

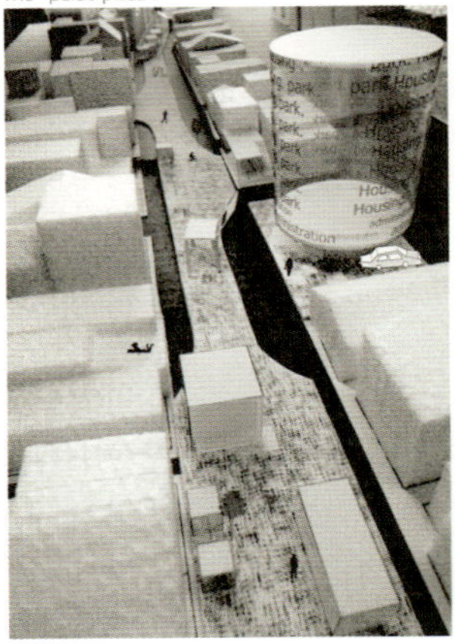

Phantom city

entropy and Microcosm / Macrocosm
Key poing: 4d metabolism, density grid

City is like a neverending story, where each scale is inserted into another one. Being then a reflex, of the ones before. In Yokohama station there is an attempt to mimic this neverending story, giving space to chain reaction with minimal evergy. Topography, building, and core work as a bio organism, made of small unities that create the big mass. Eventually in certain location it is possible to eliminate/change one cell with smooth change in the urban context. Inhabitantes will have that power. Thinking like a box from the city scale to the living room. First step pass by generating a new topography system. Coordinated with a horizontal core to prepare a future base work. Once topography is stabilized it is possible to develop the different microcosms.

The station as an interface

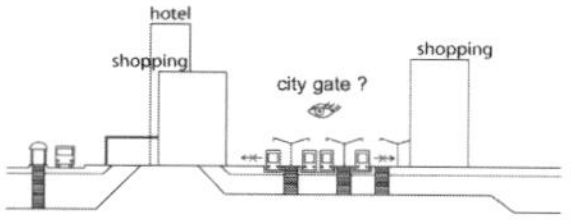

The station as an economic power, incongruent growth

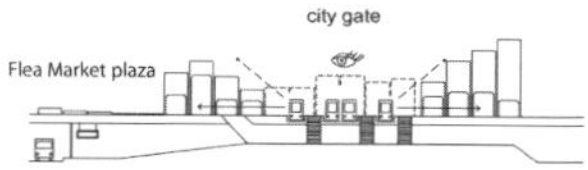

The station as a reflection of the city

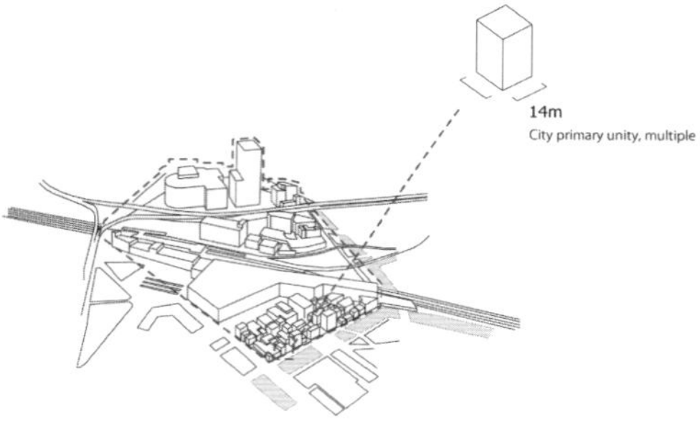

Rethink topography/ density, once the existing one was fake

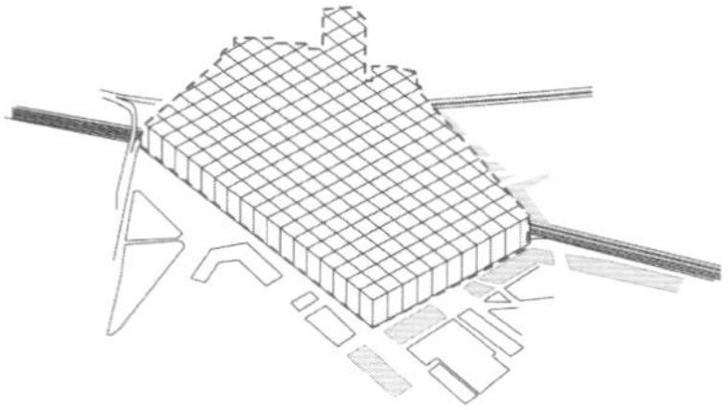

Fragmentary

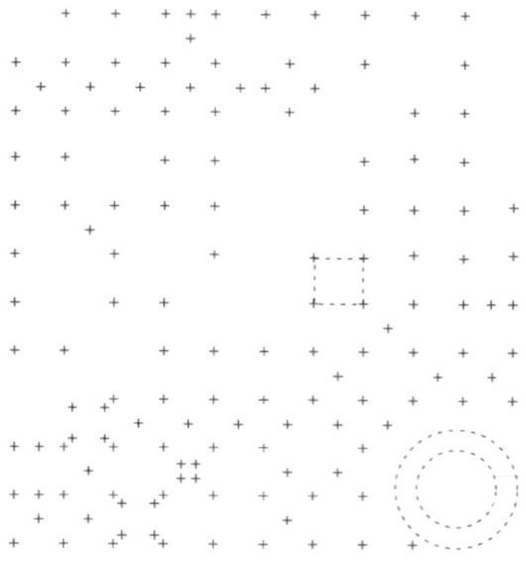

4D Metabolism

Volumes change according peoples life

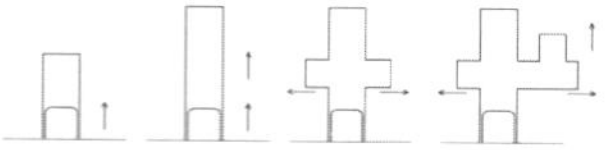

Mass/ Void

Although the volumes have this apparent stactic, they are able to produce different voids, without changing the grid.

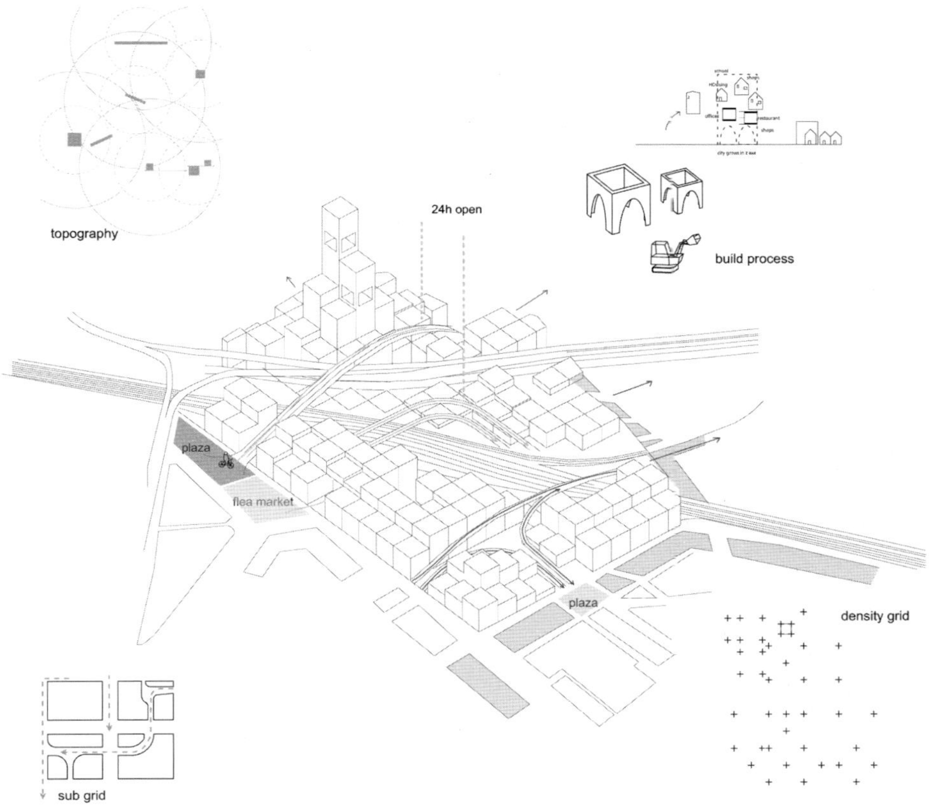

Projects	*Site*	*Size*	*Topography*	*Urban Scape*	*Potential point*	*Urban Flexibility Entropy level*	*Concentration/ Dispersion*	*Grid*	*Fragment Unity*
Living the outside	Yamate	59 ha	hill	Hill housing boom	Hill	Few	Dispersion	organic grid	5 ha *Void*
Past Future	Sakonyama	50 ha	hill/ valey	Dunchi	Sprawl area	Few (inside) High (outside)	Concentration	radial grid	10 ha *Bridge*
Living core	Noge	9 ha	flat	Urban Village	high building density	High	Mix	sub grid	1 ha *sub grid*
Phantom city	Yokohama St.	22 ha	fake	Terminal St.	Highway, and station, long time spam	Too High, time is very dense	Mix	Density grid	14m 22 ha *time*

The projects intend to develop flexibility city tissue, taking adavantage of the existing systens and improving the network wih the help of tools. Being able to give the option to change in time, increase or decrease size according city needs.

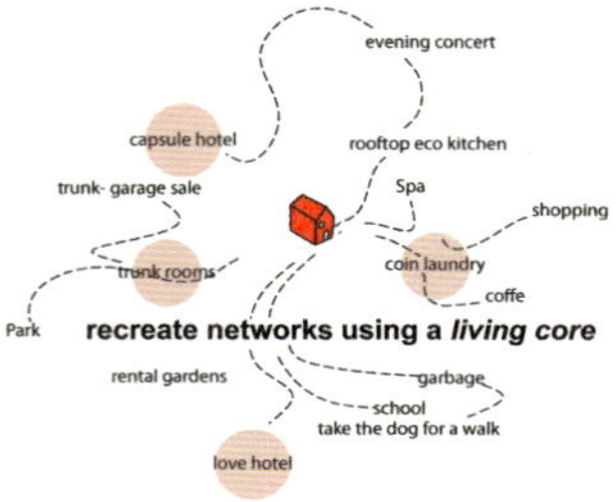

Living core

Entropy as serendipity
Key point: City a result of house space

The Japanese house has the singular ability to divide and subdivide into independent unities. Such property permitted the house unity to become smaller and smaller. As a consequence many private functions appeared in the public space to compensate it. In the form of trunk rooms, coin laundry, love hotel…

Thinking about those house extensions, these semi public programs are used as a social network potential. A sub grid (new geometry) is inserted, creating shortcuts for local occasionally meting points.

Fragmented program » brown fields

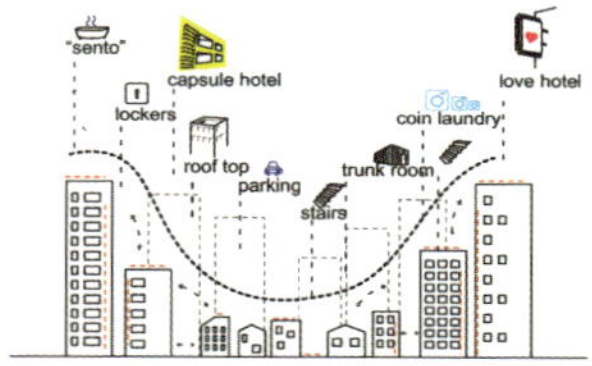

Urban village section

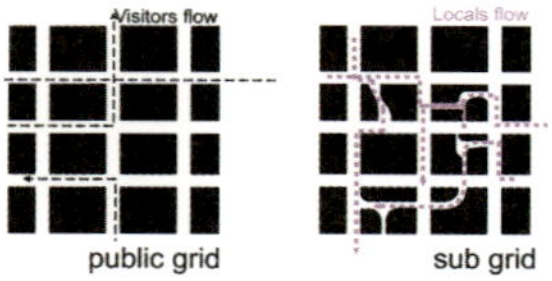

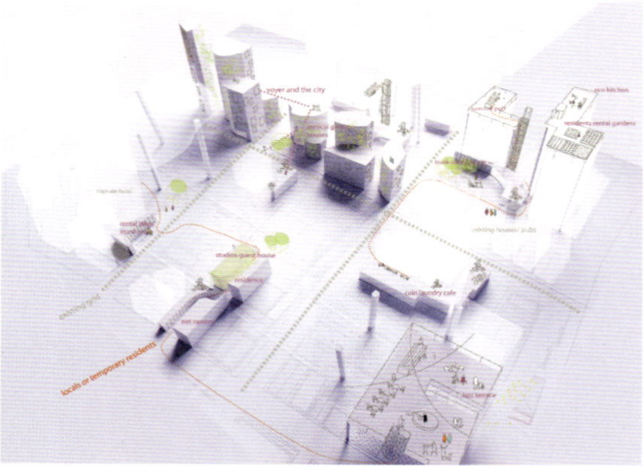

Semi public spaces in a network for a serendipity life

Fragmentary

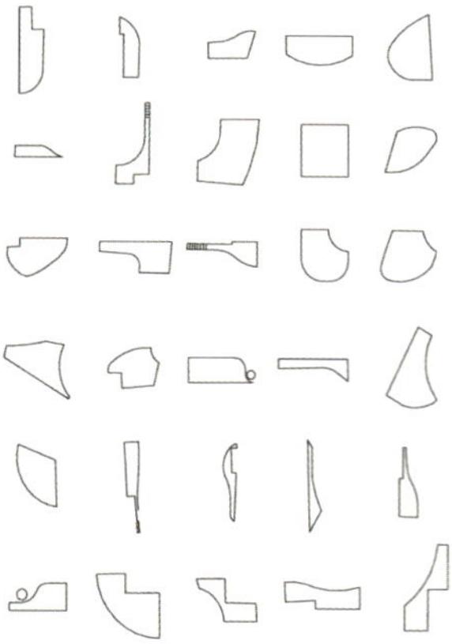

Partial plan where is possible to see how the sub grid works

A serendipity day...

a trunk room...

or a recycle market

urban landscape

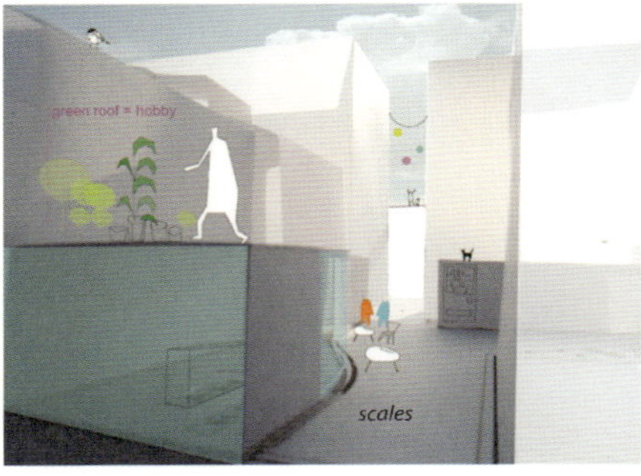

scales

m / shortcut

Past Future

Zooming for entropy
Key point: Danchi frontier

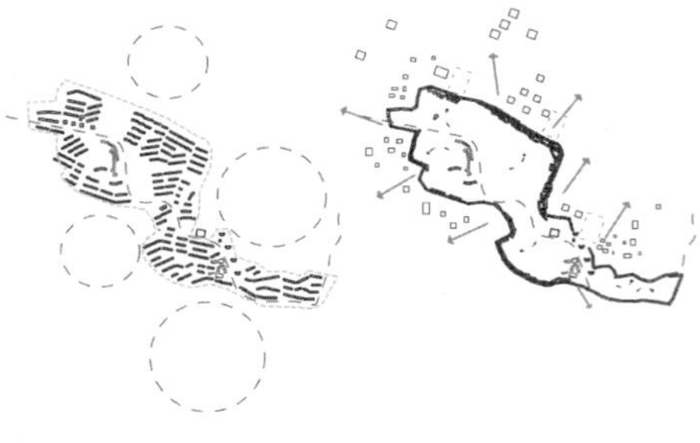

Danchi systems represent cases of very low entropy. This domino system is not flexible and the energy to update such structures may be too high.
On the other hand if we zoom out and realize the surroundings were it is inserted, it is possible to see the sprawl topology diversity (high entropy).
Creating a ring city system, it is possible to generate 40 hectares of agricultural land, and create a new central identity area for the 30 000 people on that urban sprawl.

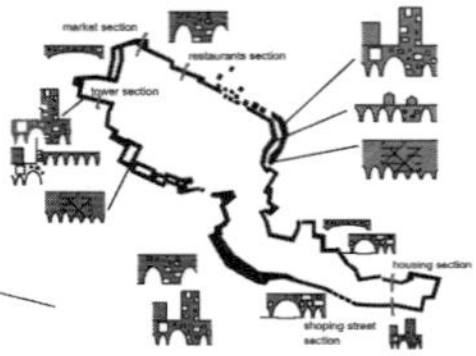

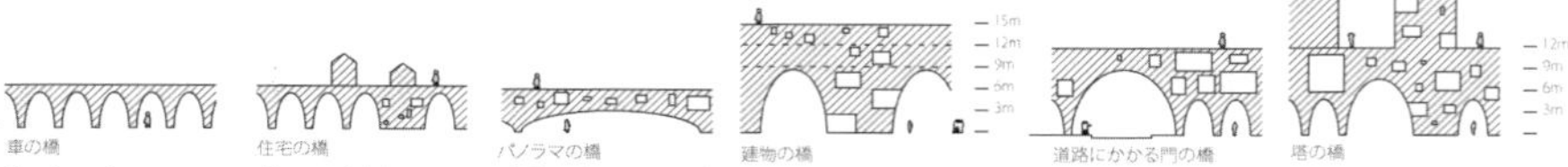

Section changes according neighbors potential and topography

Deconstruction/ Construction across 40 years

審査員コメント@巡回審査

迫:小さなスケールのものを基準に設定することで、建物の変化の起こりやすさを生み、フレキシブルであると。あなたはこれをアジアの都市だと可能だと考えているようだけど、どうしてヨーロッパだとできないの?

リタ:はっきりとは分からないんですが、でも実際にヨーロッパではアジアの都市のようなフレキシビリティがあまりないと思います。アジアの都市はヨーロッパやアメリカのアーバンモデルを真似てつくっているけれど、そもそもライフスタイルが違うから、新しいモデル(アジアモデル)を考えた方がよいと考えています。たとえばタイや韓国だったら、すべて建替えてしまうとか、隣の建物の中に新しく計画した建物を入れてしまうとか、もっとラディカルなものがありますよね。

迫:ただアジアの都市のなかでも、たとえば日本と中国とでは全然違いますよね。だからたとえば、プロジェクトを4つ設定していますけど、それぞれこのタイプはこういう都市に対して有効だとか、そこまで踏み込んだ提案があるとよかったかなと思います。

小野田:どのプロジェクトも非常にインテレクチュアルで興味深いものでした。しかし場所によって異なったセグメントを使っていますよね。それぞれのプロジェクトがどのようにして関連しているのか、読み込むのが難しい。内容は理解しているけど、では、プロジェクトの計画された場所はこのあとにどう成長していくのか。

リタ:断片的な要素を集積させる、という方法をとっているので、よりフレキシブルに、有機的に成長していくと思います。必要に応じてコミュニティの調停や変更を、直接加えることができるからです。つまり住居の延長のようなかたちで、コモンスペースを都市に展開させていくのではないか。

西沢:4つの案に分けてまとめられているけれど、1つでもよかったのでは。なぜこの4つなのか。

リタ:4つはプロトタイプとして、山の手や丘、駅など経済増殖(economic overgrowth)によって生まれた場所にそれぞれ計画しています。そこに建築と経済の関係する新しいコミュニティをつくろうと考えました。都会における問題は複雑です。なので簡潔で、かつ必要な情報を損なわずに問題に取り組む方法を提案するために4つに分けています。

西沢:ただ、このプロジェクトは「与えられたもの」のようにも感じますね。あなたではない誰かから与えられた課題のように感じてしまって、それが多くの人が理解に苦しむ理由のひとつになっていると思う。計画地としていろいろなところを選んでいますが、それらが順序立てて選んだもののように見えない。僕にはこれらすべてを統合した状態で見ることがすこし難しかったです。

リタ:エントロピーの問題はフレキシビリティの問題と関係しています。たとえば左近山団地のプロジェクトでは、「ドミノ」のようにつくられた団地はそもそもエントロピーが少なくできているからアップデートするのも難しいけれど、その周囲は逆にエントロピーが高いからフレキシビリティが生まれていて、だからみんな建て替えたり、浸食したりするんです。都市においてエントロピーが増えすぎるということは危険ですが、かといって少なすぎるのもつまらない。

内藤:それは共感します。(イリヤ・)プリコジンの本は読んだことある? 全体としてはエントロピーは増大していく、だけど部分的には生命現象が起きているところはエントロピーが減少している、と言っている。あなたがやってるのはそういうことだと思います。読んでもらいたいですね。

住宅地の集合住宅
～住宅地の状態を考えて～

住宅地の状態を集合住宅に構築する。

住宅地の分解、要素の解体、要素の構築、住宅地を理解し、再解釈し集合住宅へ構築する。

住宅地はいろいろな要素で作られ、多様で豊かな場所である。人と人の関係も築けていて、

そんな状態がすごくいい。

住宅地の状態を集合住宅に構築する。

外部との距離感に注目し、戸建ての住宅地らしい距離感を密集型集合住宅で実現しようとする計画。既存の住宅地を観察し、そこで見つけた要素（屋根、路地、隙間）を再構築する手法をとる。各住戸は地階+地上２階建てで、階ごとに隣家や路地など、周辺環境との距離感が異なる。戸建て住宅地の多様さを援用した、集合住宅の提案である。

Name:
渡邉 譲
Watanabe Yuzuru

University:
東京都市大学大学院
工学研究科　建築学専攻
手塚貴晴研究室

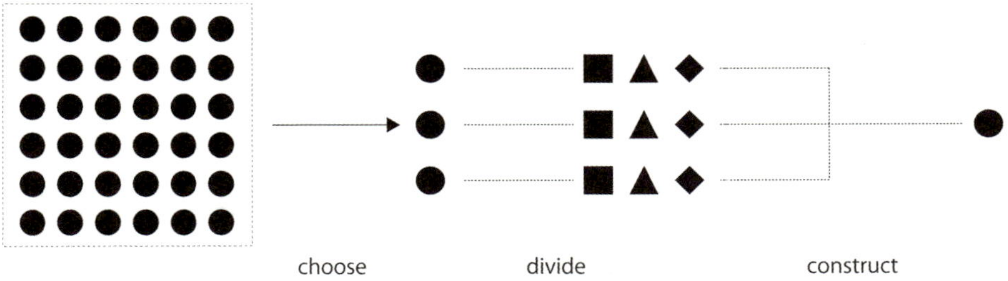
choose
divide
construct

住宅地の分解

住宅地(まち)は色々なもので溢れている。住宅地は多様でいて豊かなところであると考えている。集合住宅にはない多様で豊かな関係が築けているのではないのか。

スケール分解

住宅地から離れた状態から徐々に近づいていき住宅地を観察する。徐々に家の中に入っていくように観察した。

図式化分解

住宅地の単純化を目指し、この方法を行った。
住宅地は地形があり、そこに道がひかれ、敷地境界線が現れ、建物ができる。敷地境界線にはなにもない場合または塀ができる場合がある。建物が現われると自ずと家と家の間が生まれる。

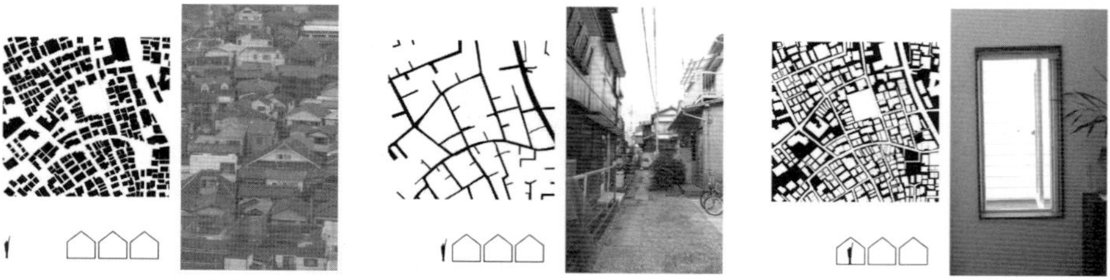

要素の解体

住宅地の作っている要素をそれぞれ解体し、3要素の解釈を進めた。
解体の仕方としては自分が住宅地で感じたことを中心的に考えおこなった。
要素の機能的なことや視覚的なに感じることを考えた。

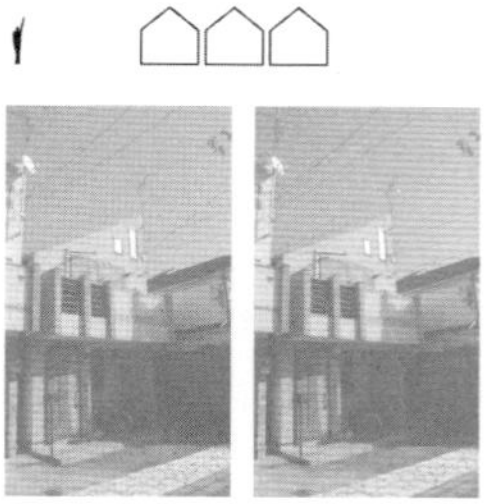

光をとる　空に近い

互いに傾く　連続・個の現れ

遊び場　小さな庭

洗濯干場　生活の道

空に開く　光を入れる

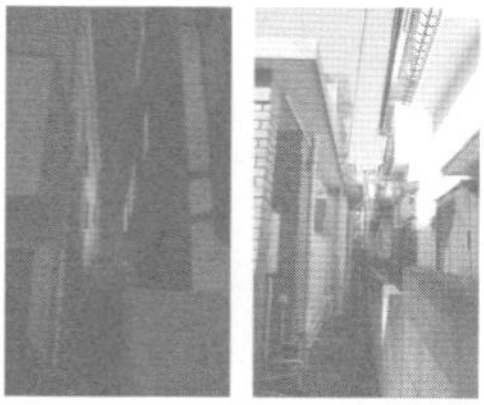

明かりが洩れる　塀がある

要素の構築

集合住宅を3つの要素を軸に再構築する。分解でのキーワードを使い集合住宅に用いる。
徐々に3つの要素をひとつの建築に落とし込み、スタディを繰り返す。
始めはバラバラに考えていくが徐々にひとつになることで秩序が見えなくなる。

[家（屋根）]

[道（路地）]

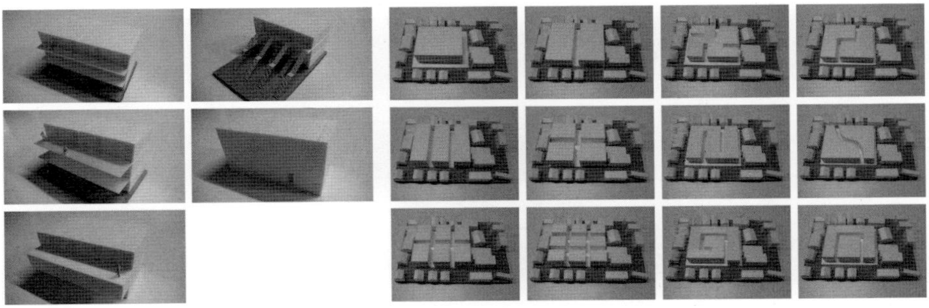

[間（隙間）]

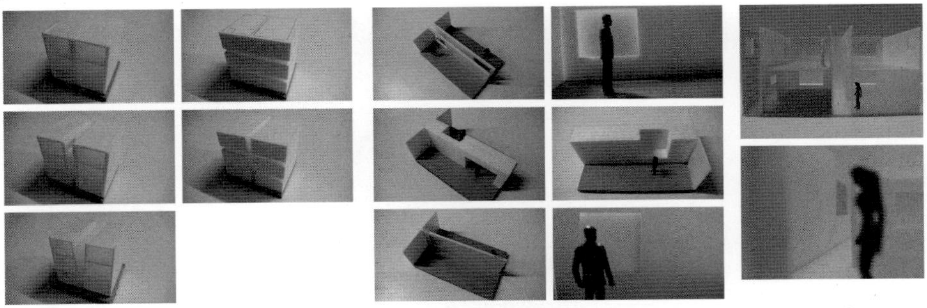

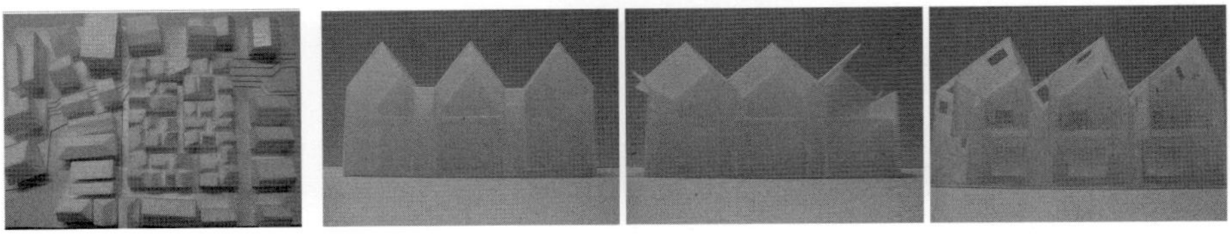

計画　最終的に出来たものも見るスケールによって現れてくる要素が変化する。
遠くからは屋根の群れに見え、徐々に住宅地の路地に入り、そして奥行きのある隙間が現れる。
住宅地の状態が建築に現れ、集合住宅を構築する。

[家（屋根）]

家（屋根）

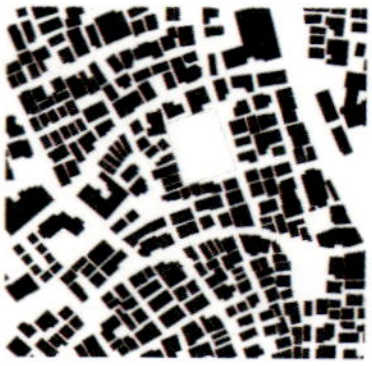

[道（路地）]

道（路地）

[間（隙間）]

間（隙間）

3つの要素はお互いに関係し合いながら構築され、各階に影響する。
各階ではそれぞれ違った人と人の関係性が作られている。
人と人の関係性にちょっとした厚みを生む。
また、各階で空間の室が3つの要素によって変化し、質の違う部屋になる。
戸建てや住宅地のように多様で豊かな生活を生む。

2nd floor

1st floor

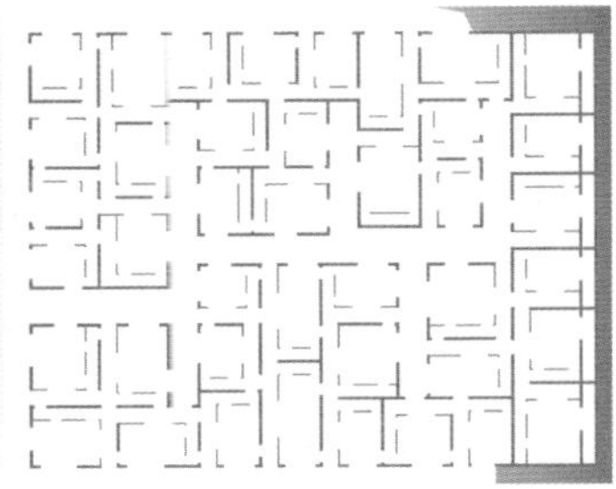

basement

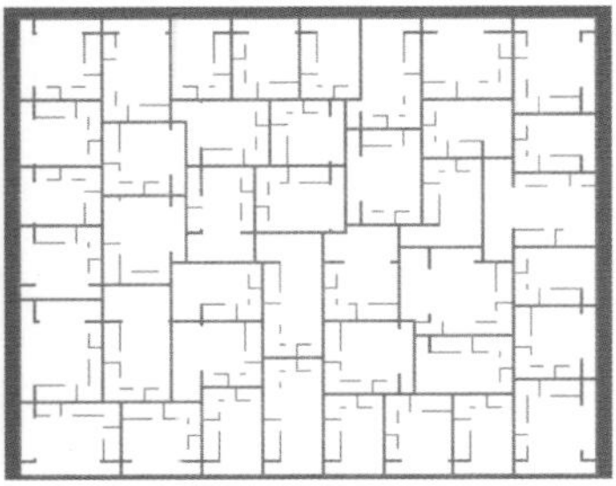

審査員コメント@巡回審査

長谷川:集合住宅には、光や隙間といったあなたの言う戸建てのよさが、なぜ欠けてしまうのでしょうね。それは経済活動や利潤を追うためのつくりだからです。私も経験がありますが、戸建てのよさを集合住宅に取り込もうとすると不経済なことが多いためにクライアントが納得しない。だから集合住宅では、ちゃんとしたシステムが必要です。ここにそんな提案があればよかったなと思いました。日本の集合住宅の原点はなぜか一戸建てで、集合といっても一戸建てを連結しただけのものが多いと感じます。もっと根本的な集合の形式・システムを新しく提案することが大事だと思っています。

迫:ポートフォリオ見ているときに一番魅力的だなと思ったのは、この左側の写真(p.116-117)です。屋根の下の隙間でどんな生活が営まれるのだろうと想像力をかき立てられるようなものだったので評価しました。容積率は周辺の建物に比べてどうですか?

渡邉:容積率としては超えていますが、緩和分を含めて法規はクリアできています。

迫:許容範囲限界まで高密度に計画されているのですね。かつ、より優れた空間を生み出している。集合住宅はなかなか解決方法が見い出せていないビルディングタイプだと思いますが、これは単身者向けですか?

渡邉:ファミリー向けです。

迫:ファミリーとなるとまた関係が変わってきますね。単身者向け賃貸のあり方を変えていこうという提案だったと思ったのですが、読み違えていました。単身者の住宅はバラバラに存在してもおもしろくない。それらが集中することで地域を変えるような新しい環境が生まれると思います。機会があればそんなことにも取り組まれるとよいと思います。

小野田:いいと思いました。ですが、1階が切り取られて、まちに対して隔絶感があるのが気になっています。どうやってエッジを決めたのですか? 粒子が都市をつくっている本体であって、粒子性を建築の中に取り込んで再表現したい、という君の見立ては知的だと思うけど、その割には周辺との境界はあっさり決められていますよね。それから、実際に住むことを考えたら、君の提示する空間は狭くて過酷だね。このスケールはどうやって決めたのですか?

渡邉:これはギリギリの小ささを追求してつくりました。

内藤:これだけの住戸数が必要でしたか?

渡邉:与条件は35戸。それを多くして41戸にしました。ちょっと多すぎて環境が悪くなった部分もあると思います。

内藤:集合住宅としては大事な与件として通風の問題があるけれど、それについてはどう考えましたか? 特に地階について教えてほしい。

渡邉:ドライエリアも部分的にありますが、通風の悪さは否めません。ここは1住戸内で性格の違った環境をつくろうとして設定したのでした。

内藤:光の話ばかりしているけれど、実際は通風の話もある。東南アジアなので通風は重要です。地階でも、工夫の仕方はいろいろあります。たとえば通風用のブロックなどを使って地階の空気を屋上に吸い上げるということも考えられると思います。

窓外への／からの
―接地型低層集合住宅研究―

東京の郊外に計画された低層型高密度集合住宅。外部空間との関係から、5つの設計手法を提案。そのなかから、階ごとに建物と空地の関係を操作できる「層間関係モデル」を選び、接地型の集合住宅として設計案を展開させた。従来の固定的で完結的な住宅から、計画範囲の外へ、「窓外へ」とはたらきかけ る住宅のあり方を探求。また「窓外からの」の光の入り方も精緻に検討、敷地全体に適度な光が行き渡る快適な都市居住を提案した。

Name:
高瀬真人
Takase Masato

University:
早稲田大学大学院
創造理工学研究科　建築学専攻
古谷誠章研究室

都心の再開発や湾岸に次々に建ち上がる超高層アパートメントによって、その特異性が浮き彫りになった東京全域に広がる住宅地。これらの住宅地の主要な成分である個々の建物＝戸建住宅は今更新の時期にある。これらを更新していく視点は、都市の各所に潜在する空間を虫の目的に見いだし、さまざまに活用し、新たに付加するべき空間を発想することのできる視点ではないか。そうして都市の部分を改良しながらできあがる有機的関連性をもつ高密都市居住のあり方を模索した。その手がかりとして「接地型低層集合住宅（タウンハウス）」に着眼し、集合している建物同士の関係性や密度に対してのスタディーを行った。さらに建物と敷地の関係を流動化させることで生まれる居住環境を観察するため、建蔽率と空地率を50%とした上で15戸の住宅を集合体として設計した。

小さな自然をインテリア化する

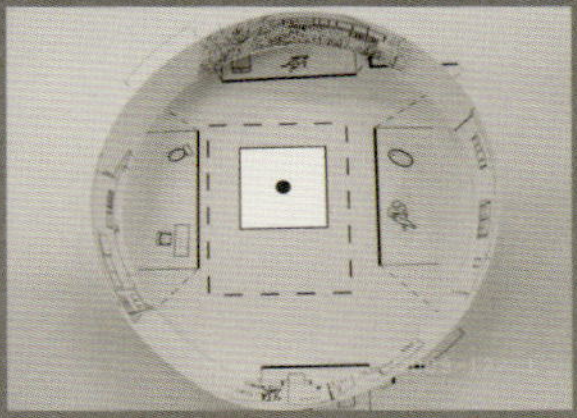

住宅地で形成する周辺環境のイメージ

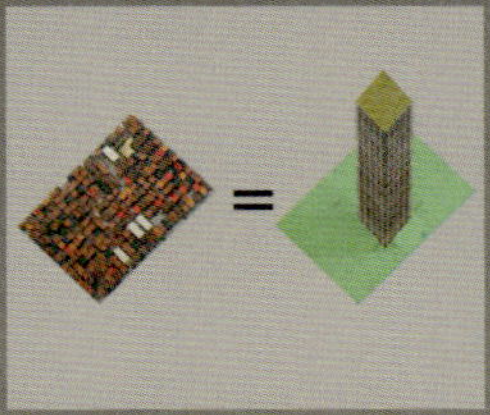

木密住宅地をタワーマンションに置き換える。我が国の都心再生で進められた「コンパクト化」のロジック。

タウンハウスからの要素抽出

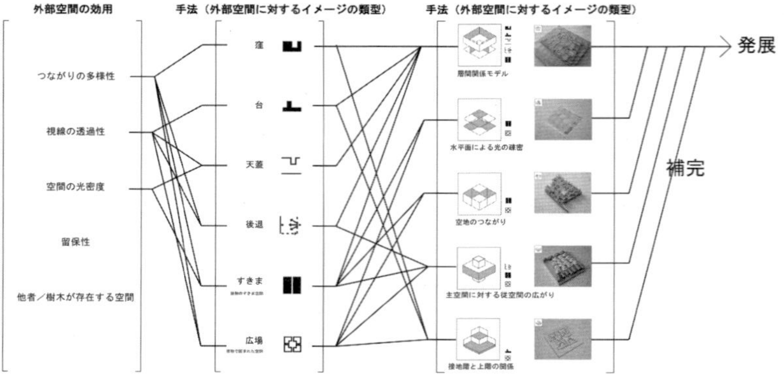

外部空間の効用とモデルの相関図：建物同士の関係性や密度のスタディを行うための、5つのモデルの提案を行った。5つのうち、「層間関係モデル」が最も網羅的に要素を扱えるものとして、設計へと発展させる。この際、他の4つのモデルを用いて、他の要素を補完することができる、有機的構成の抽出。

接地階と上階の関係：建物の上階を中庭を囲む「台」のように捉える。すりばち状にくりぬかれた空間がつながるポーラスな構成を操作する。

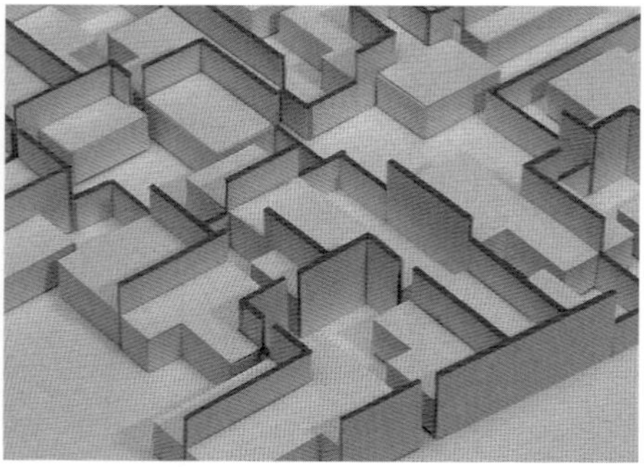

主空間に対する従空間の広がり：等間隔に置かれたメインボリュームに対してサブボリュームを付加していく。対面する棟との距離をスタディする。

空地のつながり：隙間や中庭が錯綜しながらつながる。街区に入る入口ひとつに対して複数の出口がある状態をつくる。

水平面が落とす影：重複するレイヤーが落とす影、水平面に対する光の様子を観察することで、とくに下階への光の運び方をスタディーする。

層間関係:上下階の建物と空地の関係を個別に操作することによって、上下階のつながりにバリエーションを持たせる。

建物と敷地の関係を流動化させる:「層間関係モデル」における下層と上層の関係は、従来の敷地と建物の関係として置き換えて考えられる。敷地のあるエリアと同等の敷地面積、建築面積を持たせながら、7つの集合形式を取り出した。

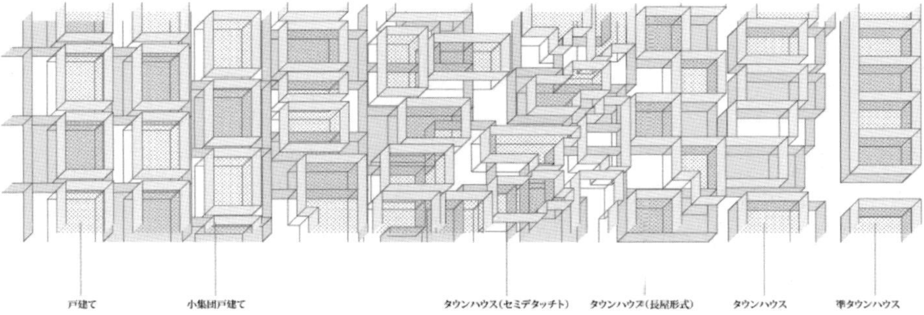

かつての雑木林と敷地:建物の輪郭を白く塗りつぶすと、それ以外のほとんどが豊かな緑であることに気づく。図のエリアはかつての自由学園の敷地であり、武蔵野の雑木林が広がっていた。1950年代に敷地を分譲住宅地として売り出したが、うっそうとした森林なので買い手がつかず、しかたなく1区画を広くした。虫食い的にミニ開発を受けたかつての周囲の田園地帯に比べてゆるやかに宅地化が進み、現在でも多くの樹々が残っている。

細分化された森

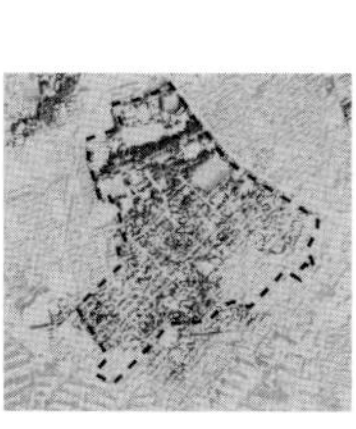

航空写真。建物と緑が入り交じるエリア

敷地周辺の開発の変遷

1955 駅前に初の大規模住宅地

1971 巨大団地の登場、一気に宅地が広がる。小学校等の公共施設が整備される

1989 巨大高層アパートメント、宅地の高密化

2009 駅前に超高層アパートメント。団地一斉建て替え、高度成長期の開発を受けた巨大な敷地が再び更地に戻される

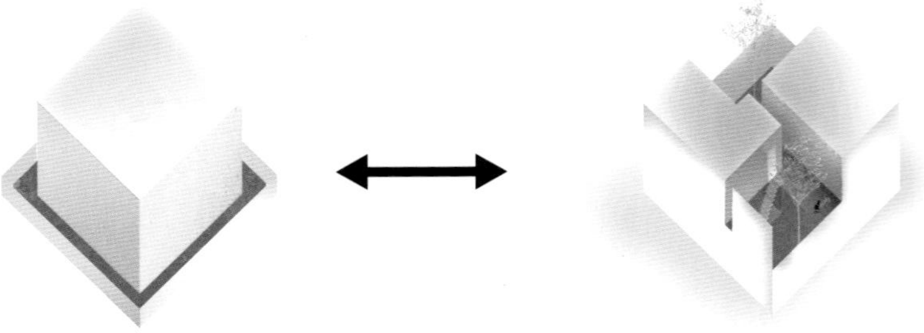

「お屋敷型」：従来の戸建住宅が踏襲している形式。

「包含・被包含型」：「お屋敷型」に対する代案。建物と空地の両方を同時に思考し、両方を相互補完的に計画する。層間関係モデルから取り出される。

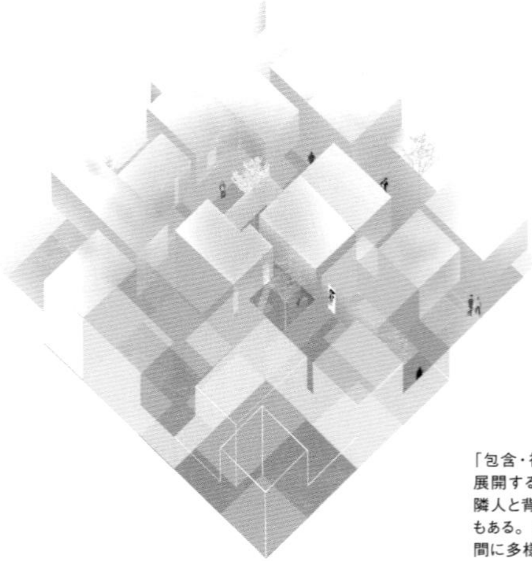

「包含・被包含型」の展開：同じ条件を持った住戸を展開する。ひとつの建物を複数世帯で共有する。隣人と背中合わせの一般的なアパートメントのようでもある。建物間の隙間は中庭に供出され、それらの間に多様な関係が生まれる。

1階平面図

2階平面図

模型写真

A-A' 断面図

B-B' 断面図

中庭の立体壁面日影モデル

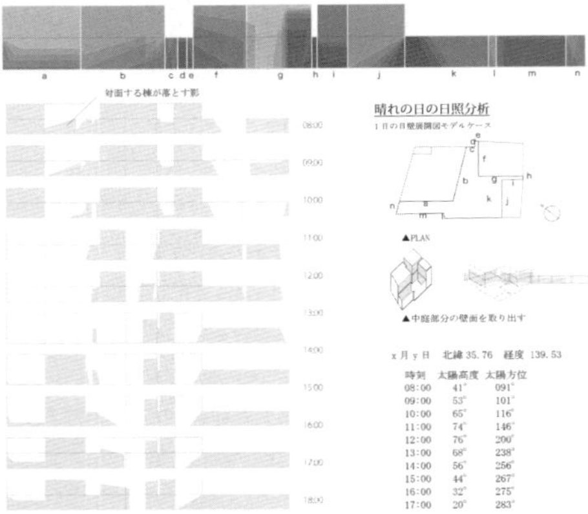

中庭の立体壁面日影モデル：光環境を把握するためのツールとして使用する。対面する棟の壁面の反射を利用できるのがこの形式のメリットである。

壁面日影図：中庭の展開図上に日が当たる部分と当たらない部分をプロットした「壁面日影図」を作成する。この塗り分けを1時間ごとに行い重ね合わせることで、1日の太陽の動きを濃度の分布として記述できる。これを立体化し、中庭に面した壁面における開口計画のツールとして使用することで、内部空間に、多彩な光環境をもたらすことができる。

プライベートな中庭に向かって広がる空間

外部が折り込まれた接地階。上階は、接地階に光を導くポーラスな層としてある。

小さな庭がつながってできる共有の中庭

路地空間

審査員コメント@巡回審査

長谷川:敷地は郊外でしたね。もっと都心で提案するとよかったと思いました。

高瀬:選んだのは建ぺい率が50%ぐらいの場所で、そういう所にある建物が実は豊かな空間をもっているのではないかと思い、このプロジェクトをやってみました。

長谷川:都心で高層化せずにタウンハウスを選択するというのは、とても重要なことですが、なかなか行われない。でもアジアの各都市がタワー化していくなかで、東京だけはそうならないでほしいという気持ちがあるんですよね。そういう提案をすると、とてもいいのになと思いました。

内藤:分かりにくいプランですね。

高瀬:一住戸に建物と空地が50m^{2}ずつ入っていて、全体はその割合を保ちながら15ユニットあります。

内藤:これのどこがいいんだろう?

高瀬:大きさと形状が周囲にあるものと同等でありながら、空地のでき方が全然違います。床面積以上の広がりをもった住まい方ができるというのががいい点です。

内藤:こういうプランの事例は、ほかにないの?

高瀬:僕が行なった事例収集ではありませんでした。

内藤:じゃあいいのか。要するにタウンハウス的に壁を共有しながら、2階では離れている部屋もあると。模型を見たら代官山ヒルサイドテラスみたいだと思った。

高瀬:そうですね。この会場で展示できたのは、僕としては本当にうれしいことでした。

西沢:どうして、このギザギザとしたパターンが出てくるのですか?

高瀬:敷地を15に分けた上で、空地と建物とが50:50になるように決めています。それから建物の隅を取ることになどよって、空地をもっとポジティブなものに利用しようと考えました。

西沢:どうして四角じゃなくてギザギザなのか、という質問なんだけれど。

高瀬:それは一つひとつの住戸ユニットがどういう風にあればいいのかを、模型を用いながら丁寧にスタディして形状を決めました。

西沢:普通は長方形にとりますよね? この形にしようと思ったら、これじゃないとできない理由というのを必ず聞かれるはずです。この案の個性は、このカギ形パターンにあるので、どうしてこのパターンなのかをきちんと考えておくとよいですね。

小野田:これは上の階と下の階で違うルールがあるのですか?

高瀬:そうです。2階は空地をもっているのですが、1階では住戸同士が隣接しているような状態です。

小野田:日射の入り方を計算しながら関係性を決めていったというのは、どういうところに現れていますか?

高瀬:「立体壁面日影モデル」と呼ぶ模型で、1日の日射の様子を詳細に把握することを可能にしました。ファサードとしては、透明、半透明、不透明という3種類のものを用います。半透明や透明材を用いると、室内に光を直接導くことができるのですが、不透明を用いた場合には、反射光を利用して向かい側の棟に光を運ぶことができます。また半層ずらした階を設けて日射上の不利をなくしています。

小野田:なるほど。上手だね。

迫:素材については、何か特別に考えたことはありますか?

高瀬:透明、不透明、半透明の3種類を使い分けてファサードにしています。素材自体については、きちんと決めていません。

迫:これはそのまま建ってもいいかな、という感じで見ました。

高瀬:そうですね。僕も実現性はあると思っています。大学院でプレゼンテーションしたときも、石山修武先生に「これは模型見た瞬間に儲かると思ったよ」と言われました。

迫:(笑)なるほど。

高瀬:住まい方を変えるだけで空地を十分に活用できるということが分かったので、同じ床面積でももっと広がりのある豊かな空間ができるんじゃないかと思ってます。

迫:その通りだと思います。

Homage to Xenakis

現代音楽作曲家であり、ル・コルビュジエのもとで「フィリップス館」を担当したことでも知られるイアニス・クセナキスを主題として、音楽と建築のあいだを行き来する作品。音楽と建築という相容れない両者に通じる公式を設定することにより、音楽を建築空間化するだけではなく、同時に建築を記譜する試みがなされている。扱われた作品は前者（音楽→建築）が「Eonta」、後者（建築→音楽）が「ラ・トゥーレット修道院」である。

Name:
佐河雄介
Sagawa Yusuke

University:
多摩美術大学大学院
美術研究科　デザイン専攻
平山 達研究室

音楽家で建築家でもあったイアニス・クセナキス。

政治囚として死刑を宣告され、ギリシャからフランスへと亡命した彼は、ル・コルビュジエのアトリエに、始め構造技師として雇われ、のちに設計士としていくつかの物件を担当した。その一つが「ラ・トゥーレット修道院」である。

間違いなくコルビュジエの作品ではあるが、多くの資料からもわかるように、この建築へのクセナキスの介入度は高い。

研究の途中で美しい逸話に出会った。

立面のデザインを任されたクセナキスは、図面を描いては鼻歌を歌い、リズムをとっては図面を描きなおしていたという。つまり、ラ・トゥーレット修道院には音楽が隠されているはずなのだ。

もしそうであるなら、それを聴きたい。

それがこの作品の始まりであった。

この作品では、音楽と建築の両方に共通して見出せる数式をまず導き出し、それを公式化した。その公式をもとに、音楽を建築に、建築を音楽に記述していった。

それぞれのもとにした作品は、音楽→建築には「Eonta」（1964年）建築→音楽には「ラ・トゥーレット修道院」（1959年）を選んだ。

この二つの作品が浮かび上がらせるものは、音楽と建築をつなぐアナロジーの一つとなるだろう。

ドローイング

モデル展示風景

建築から音楽へ

G major

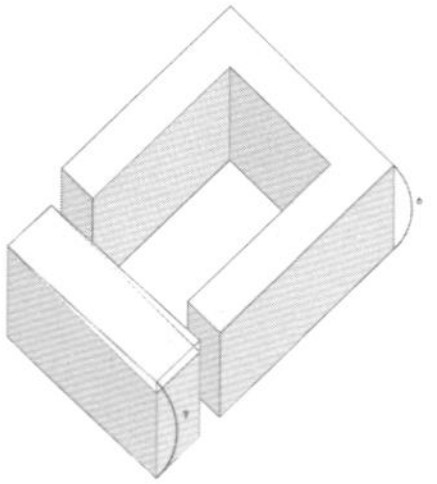

Volume

教会のボリュームが、谷側に向かって
7:6でわずかに高くなっている。

Volume

教会のボリュームが、谷側に向かって7:6でわずかに高くなっている。

Binary measure

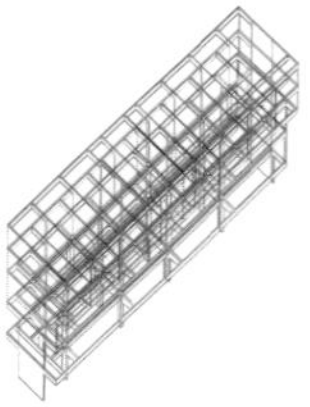

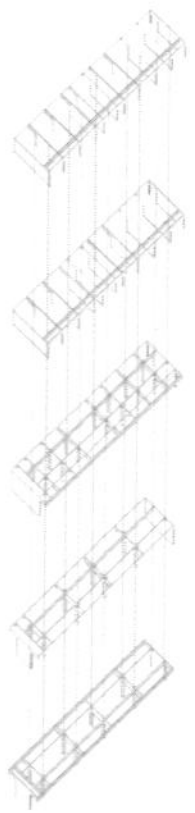

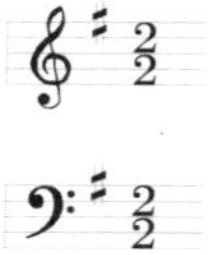

Structure

約8500のピッチで柱が通りぬけている。

Structure

約8500 のピッチで柱が通りぬけている。

Note

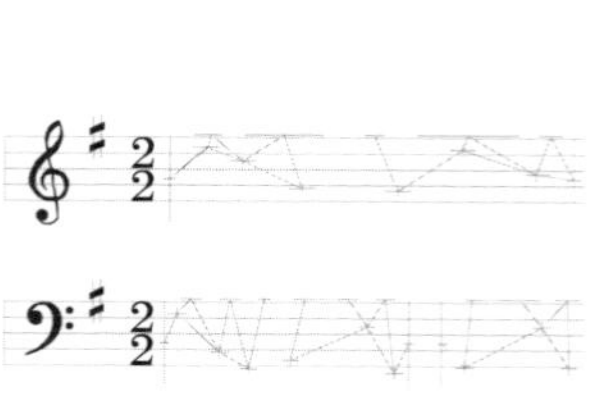

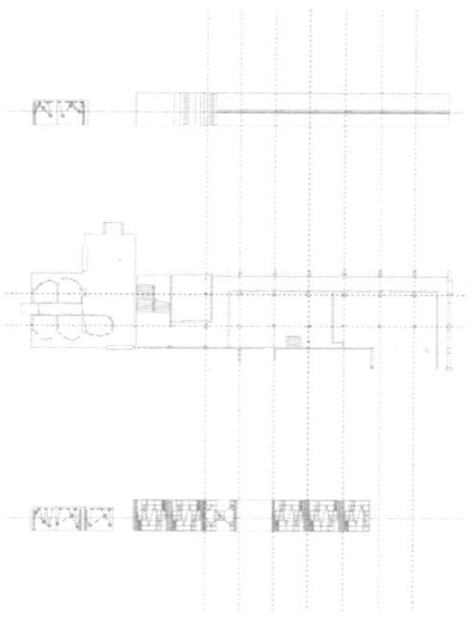

Plan, Elevation

プランから音の量、エレベーション
Fl+1500を基準に音の高低、強弱、
長短が決められる。

Plan . Elevation

プランから音の量、エレベーションFL+1500を基準に音の高低、強弱、長短が決められる。

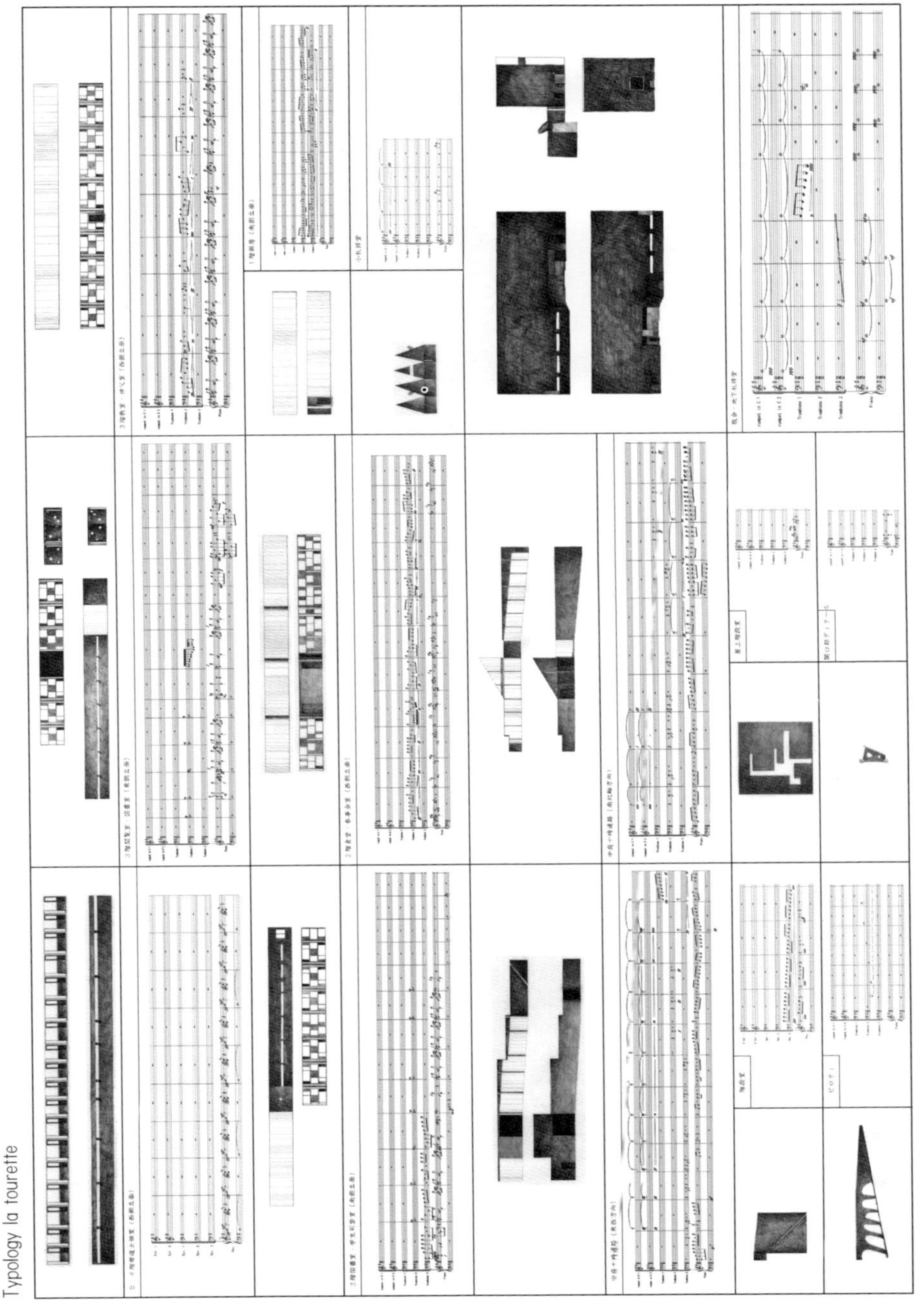

ラ・トゥーレットのタイポロジー

音楽から建築へ

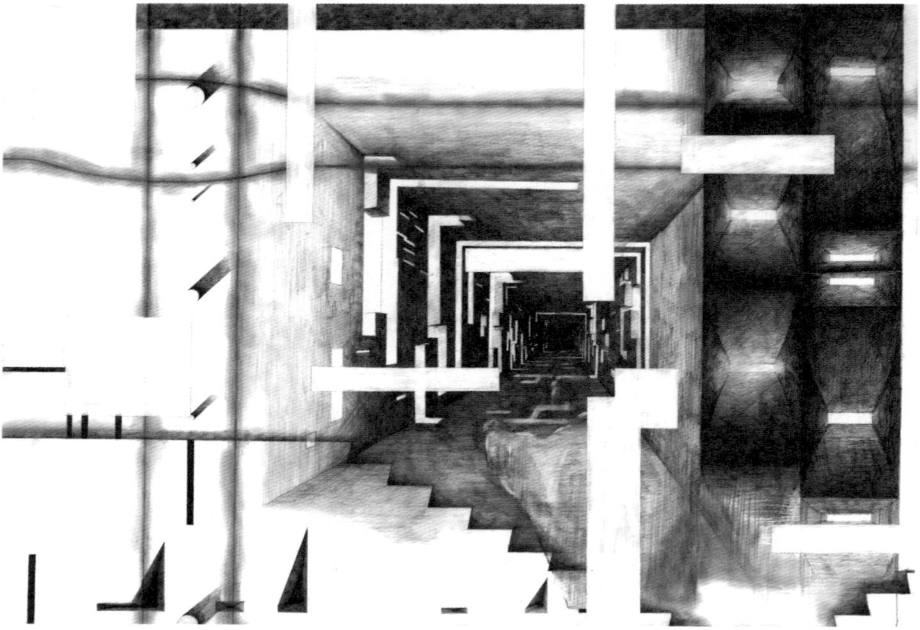

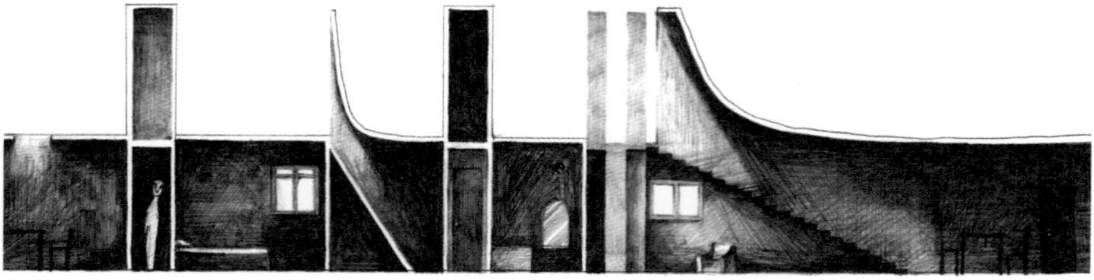

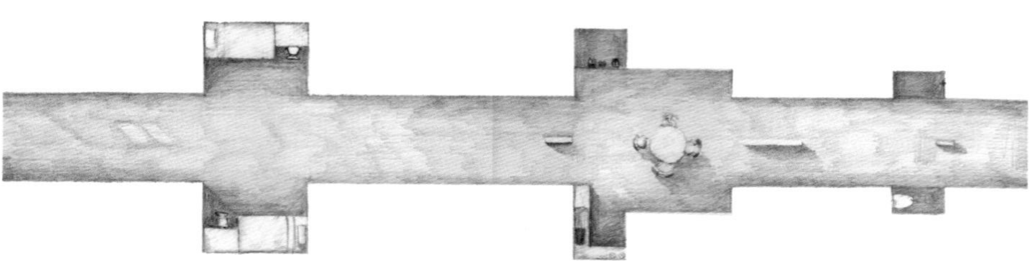

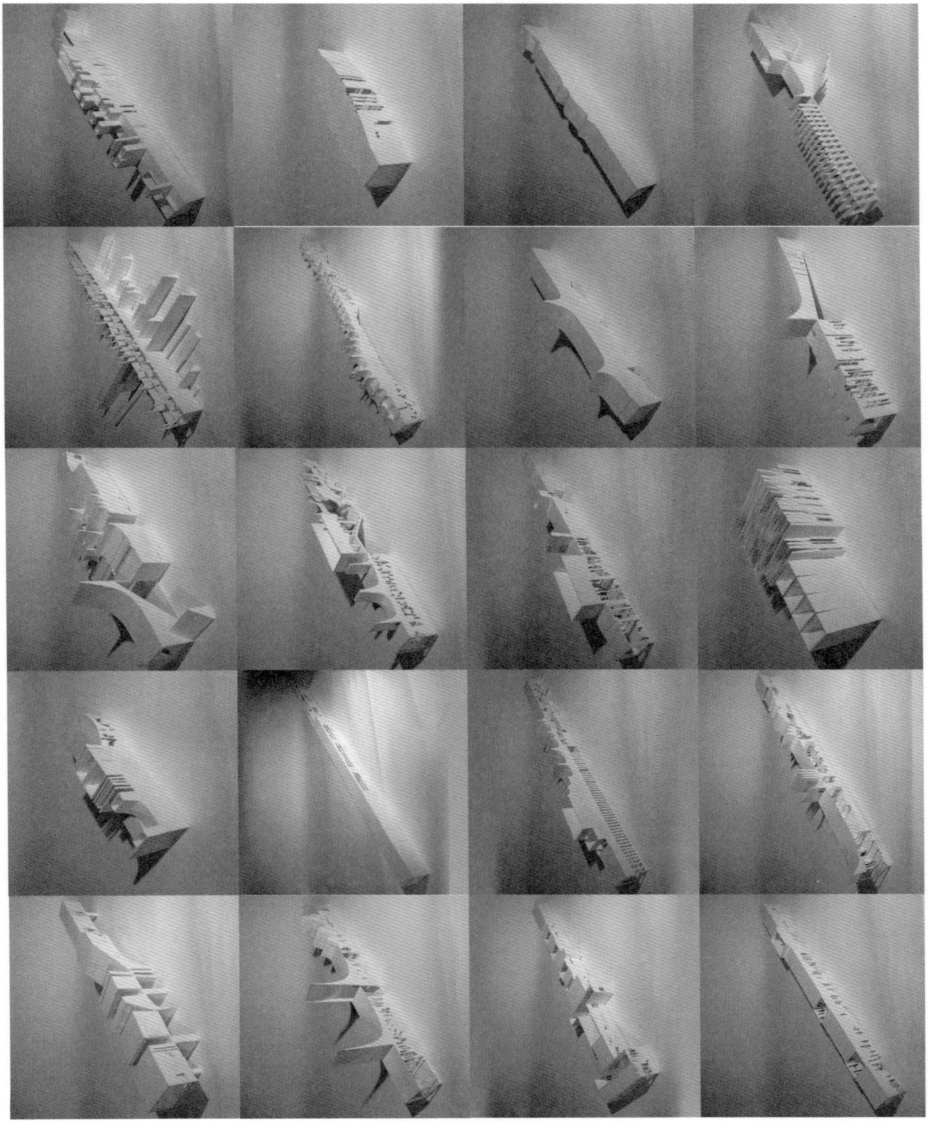

全 481 小節のモデル

公式

Note

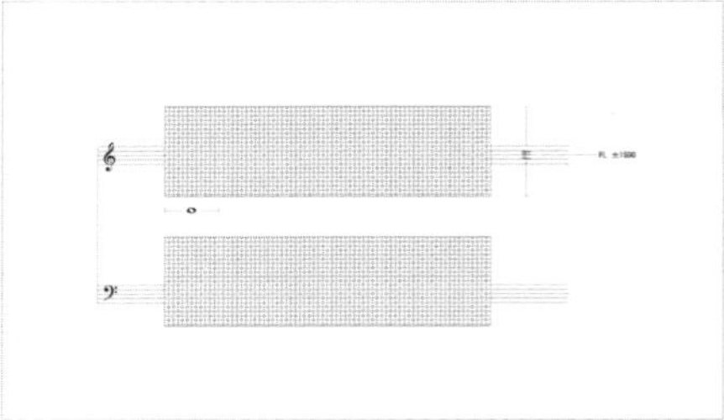

Window Scale

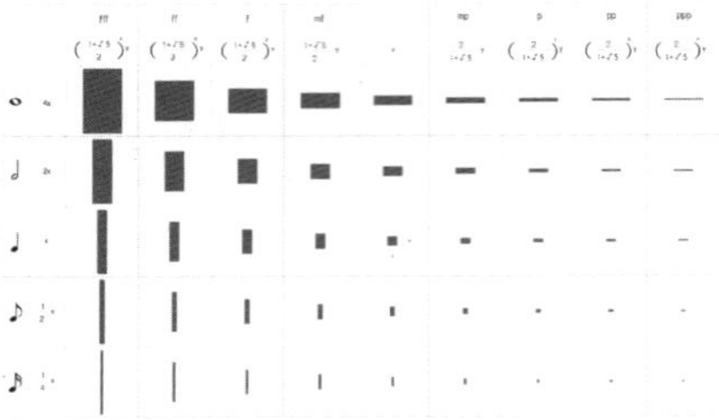

Major

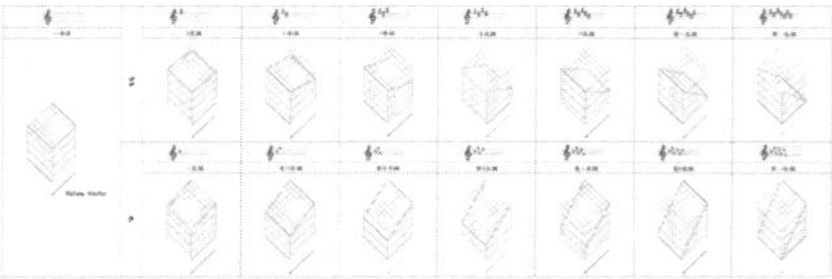

Pilotis Scale

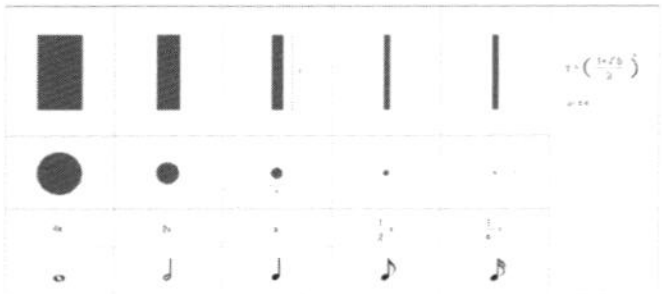

Plan Scale

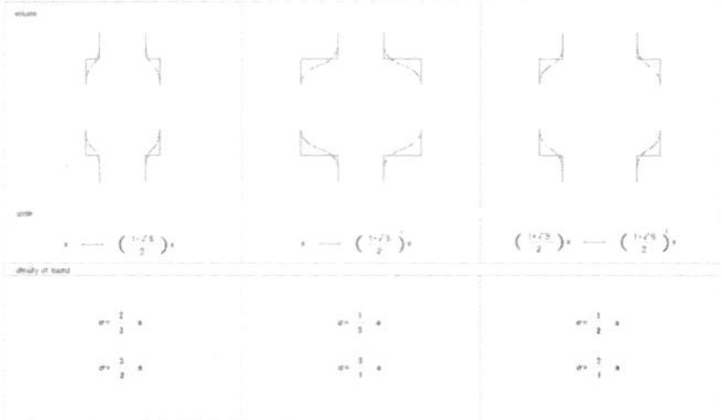

Void scale

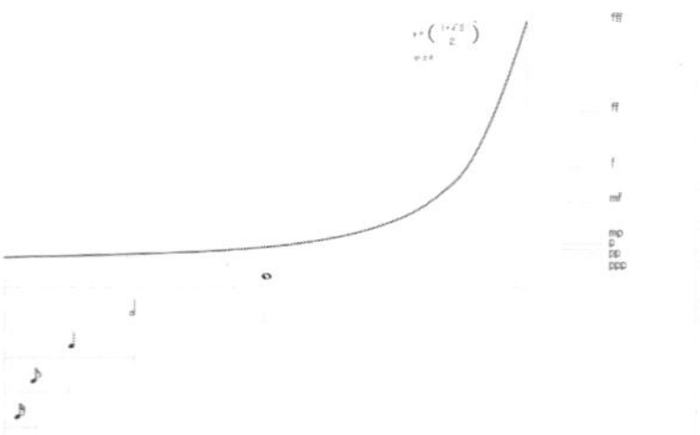

審査員コメント@巡回審査

長谷川:私も東工大に居たとき、これに似たようなシステムでやろうとした思い出があります。もっと大きな空間に置き換えていこうとすると収集がつかなくなって難しくなるのかもしれないけれど、ライン状の空間に置き換えていったのがおもしろいですね。

西沢:この建築の中には、特にプログラムを想定していないのですか?

佐河:プログラムはありません。実はスケールもないんです。だからたとえば1:50にしたら住宅にもできるし、あるいはテキスタイルのパターンにももっていくことができる。公式化することで要素を抜き出したので、応用していくことができると考えています。

迫:(展示では音楽が鳴っている)この音楽が「Eonta」ですか。これを建築に翻訳して、ラ・トゥーレット修道院を音楽にしたんでしたね。建築を翻訳した音楽は?

佐河:今は楽譜しかないんです。出てきた曲自体は、正直言って聴けないところも多くて聴いていられないし、つまらない。ですけど、部分的にものすごくクセナキスっぽい音の弾き方とかをしているところが出てきて、それは収穫でした。

迫:要は実証実験でしょ。音楽から建築の空間の発想を得るっていうのはとくに新しくないけれど、もう一歩踏みこんで、ちょっと無謀な実証実験までやってみようとしたところはまあ勇気があるなと(笑)。でも僕がこれを評価したのは、空間自体も綺麗にできていると思ったからです。

小野田:すごくいいと思ったんだけど、あえて「ノンスケール」と言ってしまうのはなぜか。音楽も比例だけでできているわけではないでしょう? 人間がいて、波長がちゃんとあって、そのスケール感で音楽の質が変わる。建築の質もスケールによって変わると思うんだけどな。このモデルの寸法はどうやって決めたの?

佐河:どの時点で恣意性を入れるか、ということがテーマでした。音楽と建築というつながりそうで絶対につながらないものをつなぐ上で、最後の最後に自分が入っていくことが、クセナキス研究としても形になるかと考えて、スケールは最後にしたんです。だからむしろ、そこは自分の感覚で入れたサイズになっています。

内藤:「音楽を建築に変える」というのは、クセナキスに関しては2、3回みたことがあるんですよ。クセナキス以外の現代音楽でやろうとは思わなかったですか? たとえば武満徹などはポピュラーミュージックが大好きで映画音楽も書いて、っていうふうに彼の中では、いろいろなものが混在してるでしょう。武満とかでやってもらいたかったな。

佐河:クセナキスを選んだのは、もともと自分の趣味というか、自分の体験とクセナキスが合うっていう個人的な理由です。最初はクセナキスでしたが、公式化することで、たとえば武満もそうだし、いろんなことが可能になるかもしれない。音楽と建築をつなぐこと自体がおこがましいし、できないかもしれないですけど、エッセンスみたいなものは、もしかしたら出せるのじゃないかという思いがあって、公式化したんです。

内藤:音楽は時間に沿って流れるものだから、それが建築として、線的な空間展開になるっていうのはすこしシンプルすぎる。次はプラトン的なキューブとかを与えて、音楽がどう関与するかっていうのを考えてほしい。

佐河:現代音楽のなかには空間的に図面をかいている作家もいるし、僕も音楽の体験が絶対に線的ではないことは分かっていました。流動体というか、もっとそういうものを含んだものであるはずなんですけど、それをずっと出せなくて、ドローイングを多く描いていたというのはあります。

トワイライトな言語が僕らの心に残すもの

言葉は時に感情的に、時に理論的に私の思考を導いてきました。

始まりは意味からこぼれ落ちる想いのもどかしさ、伝えられる事の微妙なずれから。

しかし、不完全であるが故に、言葉は想像力を誘発し、完結された意味を超える事が出来るのだと思います。

そんな、言葉と建築の関係を巡る長い長い旅のマイルストーンとして、私の言葉と建築に対する思考の断片を作品化しました。

ここで扱う言葉とは、メタファーや空間記述に対する文字通りの「言葉」と、建築を構成する要素、つまり「建築言語」という二種類の言葉に対して試行しています。

「言葉」に対しては、詩のフレーズから作られる形態をイメージの解像度に置き換えることで言葉的なものへ近づけようとしています。

「建築言語」については、「言葉」の時に用いた手法を発展させ用いることで、近代に分解された建築言語を、立体をつくり出す一つの要素にオーバーレイし、建築言語の再構築を試みました。

言葉を、意味を伝達するための単なるツールとしてではなく、曖昧性を含んだ多義的なもの（ピクセル数の落ちた写真のような）と見なし、その概念の建築モデル化を試みるコンセプチュアルな作品。形態をグリッド化するモデルは3つのステップでつくられる。最初は詩からイメージされる空間を、最後にはモダニズムの自律独立した建築言語を、融解させ再構築する。このとき、形態のぼやけた輪郭は相互干渉を生じさせ、多様な様相を見せている。

Name:
北條 匠
Hojyo Takumi

University:
東京藝術大学大学院
美術研究科　建築専攻
黒川哲郎研究室

展示インスタレーション。形態の移り変わりをそれぞれ抽出し、印刷したものを並べることで、解像度と言語の意味を再構築する。
そこには、差異・反復・時間が圧縮され、秩序化された空間を崩し横断する言葉の密度が現れている。

この薄暮の写真において、ものの輪郭、色の輪郭は曖昧になりながら、その意味がグラデーションのなかに沈んでいる。それは、イメージの多様さと、矛盾を許容する言葉の性質を表している。

言語学者のソシュールは言葉とは記号であり、thisと名付けられたものがnot thisを規定する差異の体系であると、定義した。しかし、言葉とは、核をなす第一義の意味は持つものの、意味の総体としては、その人の生まれや育った環境、人生経験によってそれぞれ形成される。つまりthisとnot this に対して曖昧なものであり、そうして言葉は多読性を獲得している。

右にいくにつれて、人はある特定の人物から人というものにシフトし、さらに風景もある特定の場所から広場にシフトしている。そこには、thisとなづけられたものは存在しない。それは、人かもしれないし、ひょっとすると人ではないのかもしれない。モヤモヤとした感情とともに、そこに読み手の解釈が加わってくる。

上のような解像度の操作を形態に与え、言葉としての形態化を試みるため、マッスである空間の形態をグリッドに変換する。このグリッドは、空間の形態・機能を維持したまま、形態に透明性や干渉性を深し、言語的な想像を可能とする。

形態言語に多読性を与える__1

詩的イメージ+解像度による
言語の輪郭の曖昧化

「結晶の涙」

この空間は「結晶の涙」(篠原星 作※)という詩の一フレーズをもとに空間形態を作り出したものである。スタディ時のマッスで作られた空間の原型(図版左下)は、空間形態のフォルム的な意味合いしか持っていない。詩からイメージされた空間はグリッドに変換されることで、形態の解像度を低下させること以外に、格子状の各部材は構造として機能し、空間を作り出す言語(柱・床・壁.....etc)の境界を曖昧にしている。

※『みどりの断章』土曜美術社出版販売、2004に所収

形態言語に多読性を与える＿2

詩的イメージ＋解像度＋各空間の重なりによる輪郭の曖昧化と視点による読み方の変化

「水の結び目」
この空間は「水の結び目」（星乃真呂夢 作※）という詩の１フレーズをもとに空間形態を作り出したものである。ここでは解像度の変化を垂直にではなく、水平方向にモデル化した。垂直方向のモデル化の場合、モデルの内部に人がいると仮定し、視点の移動を行っても、形態自体は１つのイメージ、１つの場所としてしか存在しない。水平方向にグリッドとなるように解像度を設定すると、形態の持っているイメージや空間的な性質に加え、光・音などを通すことができる。

※『詩と思想 詩人集2009』詩と思想編集委員会編、土曜美術社出版販売、2009に所収

言語のオーバーレイによる建築言語の再構築

解像度を設定された3つの形態言語のオーバーレイと、それに伴う建築言語の脱近代化

最後のモデルでは、近代で分離独立した建築言語を１つのシステムのもと統合し、干渉し合う状況を作ることで、建築言語の再構築を図る。まず３つの形態を用意する。

(左) ファサードとなる緩やかに湾曲する２枚のシェル。

(中) その内側に半外部として設定される凹凸の連続した形態。

(右) 最後に上述の２つの間でかたちづくられるヴォリュームの内側を削り取るように配された内部としての形態。

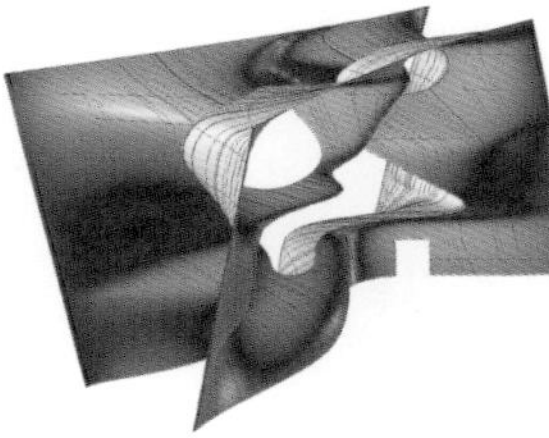

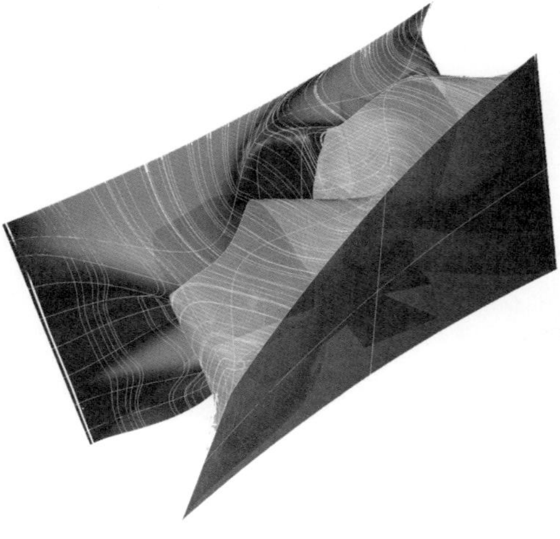

３つの形態を外観として、半外部を作り出す空間として、内部空間として、それぞれの独立した形態言語を保つように設定する。

３つの形態により形作られたヴォリュームに水平方向の解像度を与える(右図はその断面である)。左ページのモデルでは単一形態言語内の視覚的変化であったものが、ここでは、グリッドの視覚の透過作用により、それぞれの形態言語のアイデンティティを保ったまま言語的干渉を生んでいる。近代に独立していた建築言語は、このモデルにおいては干渉・再統合されることで、脱近代化が図られている。

視点移動に伴って生じる一連の形態言語の干渉の度合いの変化。ここでは、視点移動に伴う視覚的変化は、見える見えないといった、感覚的・空間領域的な意味あいを越え、形態と形態、空間と空間の重なりの度合いの変化、つまり、言語と言語の干渉の変化にまでその意味を増している。

審査員コメント@巡回審査

迫:僕がちょっと残念だと思ったのは、こういう感じの住宅のプランに、ちょっと既視感がある点。かなり複雑な手法でつくっているというのはプレゼンから強く印象づけられただけに、最後にできてくるのがなにかに似てるのは、ちょっともったいない。十字架があるけれど、これは教会なの? プレゼンテーションのときは教会って言ってなかったよね。

北條:一応、想定としてはそれくらいのスケールをつくっていますが、機能はあまり考えてません。

迫:最後に用途を当てはめるというのは、自分のつくったものに説得力を与えようとするときの、まあ言い訳めいたところがある。それに頼らず、純粋に自分が思考している空間で勝負しようといったところは、頑張っているなと思いつつ聞いていました。ここまで本当に抽象言語だけでやり切ったというのは相当な思考力というか、思い入れというか、ちょっとついて行けないところもあったけど(笑)、でも最後までそれで突っ走ったところはよかったと思います。

内藤:一次審査のときに僕は票を入れました。重なり合ってモアレがみえてくるこのモデルがおもしろい。きれいですね。

北條:時間変化であったり、ちょっとずつ変化する差異だったり反復だったりみたいなものを、一気に圧縮して視覚化できないかということを考えていて。建築というよりはインスタレーションに近い感じなんですけど。

内藤:ただ(3つの球体が並んだ図式を指して)こいつが違うんじゃないかと思うんですよ、図像として。いちばん左にあるべきなのは、無限分割された球体なのではないか。実体があるかのように見えているんだけども、要するにそれは無限に微分化されたもので、だから図像としては細かい線がここに描かれてるという方がイメージしやすかった。その分割が荒くなっていって、最後に出てくるのが、分割も何もないぼわっとした図像という、その2つがあったほうがよかった。だから造形はきれいだと思うんだけど、その手前の詰め方がもうひとつかな。この図式の変化のプロセスで何が失われ、何が獲得されるかっていうことを、この写真をベースにして厳密に詰めるべきだった。

長谷川:はじめにあった旅行の写真はきれいですね。

北條:ありがとうございます。わざとぼかしたものです。

長谷川:建築を線とかグリッドでつくっていくと、壁や柱でつくったりするものとは違ったものになるんでしょうね。建築は、なかなか時間の変化を組み込むのは大変なんですが、線だけで組み立てると変化が生まれ、変化を建築に取り込める。ポエティックだけれど、そういった建築があなたの説明を聞いていると作れそうな気もします。そんなに不可能じゃないなと思いました。

横断への記述

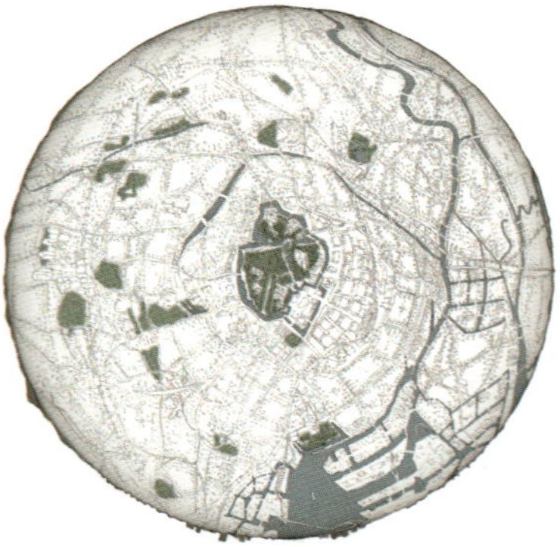

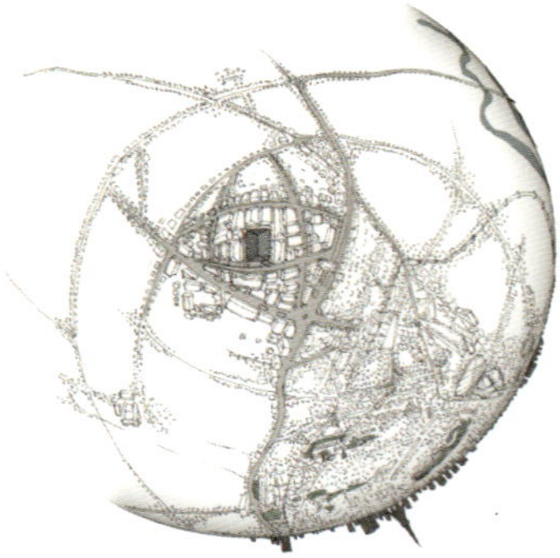

東京を記述する：皇居を中心とし東京の地図と、家を中心とした東京の地図。一方は安定した地図となり、他方はいびつな地図となった。

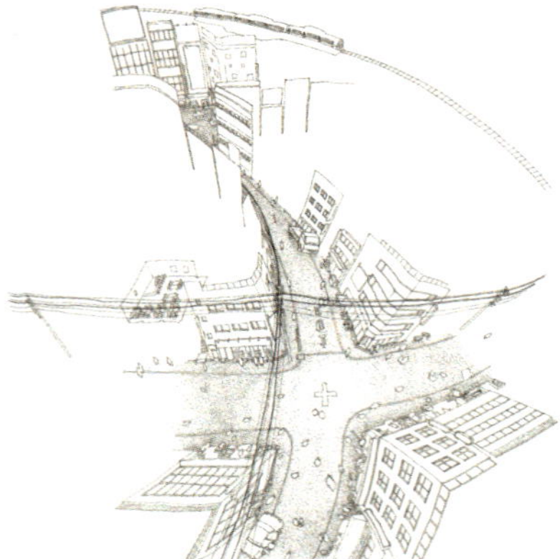

断片化する街：視界に入るものだけを描き、そうでないものは捨象された世界は街の断片である。

電気部品の街、家電の街、パソコンの街、アニメ・マンガの街、オタクの街、IT企業の街などと変転を繰り返してきた東京・秋葉原。そこに計画された複合商業施設で、レンタルオフィスからフロア貸しのギャラリーまで、さまざまなスケールの賃貸スペースを収める。外部の都市空間を内部に畳み込んだような形で構成しており、主観的な街の体験を建築化することが目指されている。

Name:
鈴井良典
Suzui Yoshinori
University:
早稲田大学大学院
創造理工学研究科　建築学専攻
入江正之研究室

内包されたランドスケープ：同一視点上に描かれた建物の内外。ある人々には立体的なランドスケープと認知されるような、選択的な風景。

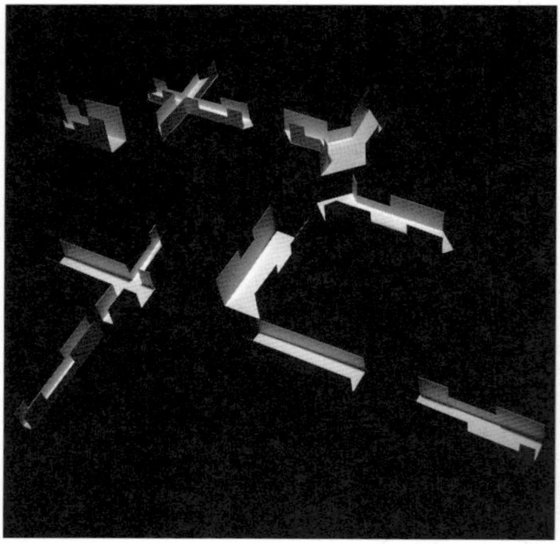

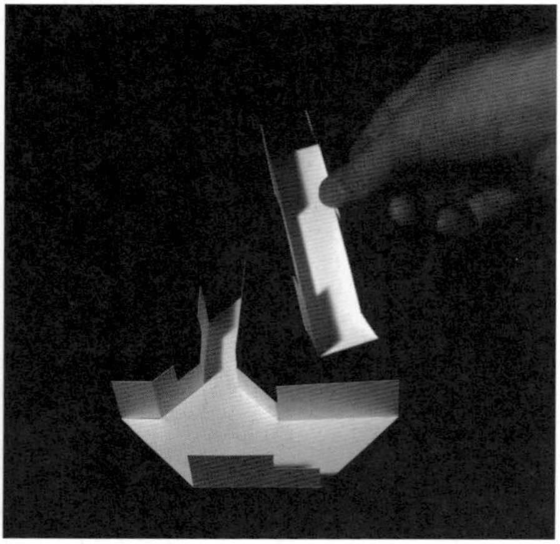

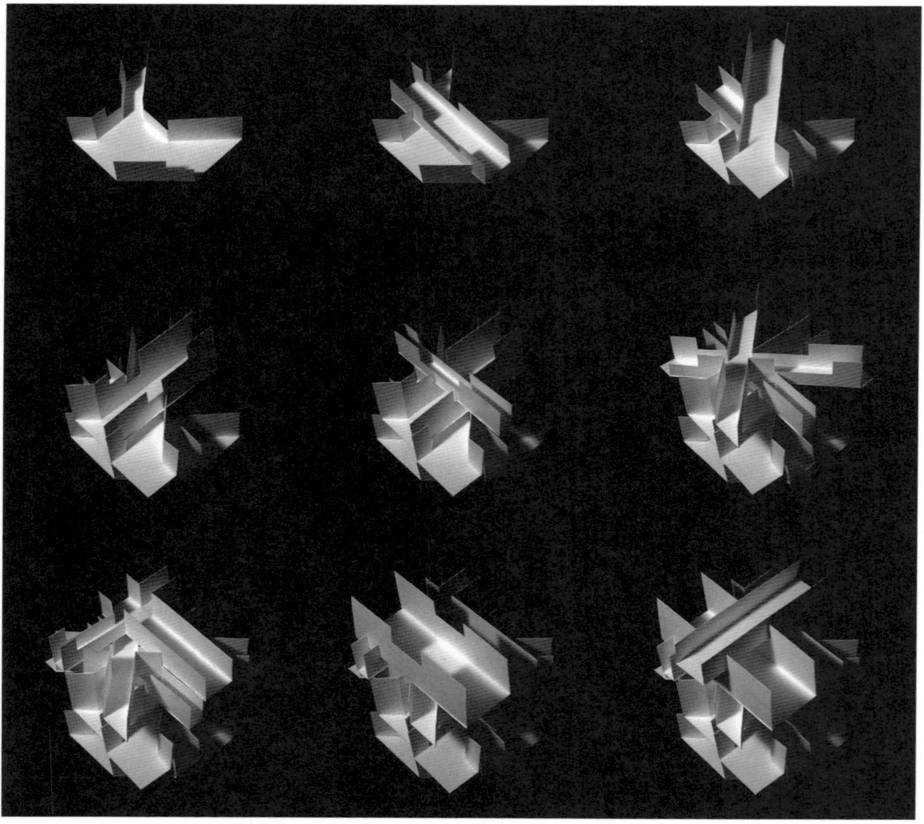

ある街の写像 ／ 断片を積層する：断片化した街のモデル。バラバラになってしまった街を、
縦に積層する。

街を横断する建築:積層された断片ゴひとつの建築として立ち上がった。
それはまるで、 街を横断していくような建築である。

都市とは全体を見通す視野を欠いた部分の集積である、という認識は、今日の都市でも無視できないものであり、近代の都市論の枠組みでは語ることのできないものではないだろうか。本計画は、今日の都市の様相を克明に記述することで、都市における建築の、“これから”への視座を提示する試みである。

都市の全体像を把握する視座が失効しつつある今日、都市とは、人々やある種族それぞれの内にある、断片的なものとしてしか捉える事ができない。それは、幾つもの世界が並置されながら共存するような状況だろう。それらは一つに統合する事はできないし、関係づける事さえ難しい。幾つもの都市の断片が浮遊したような今日の状況を、むしろ積極的に横断していくという感覚が、今日の都市における処方箋となるかもしれない。

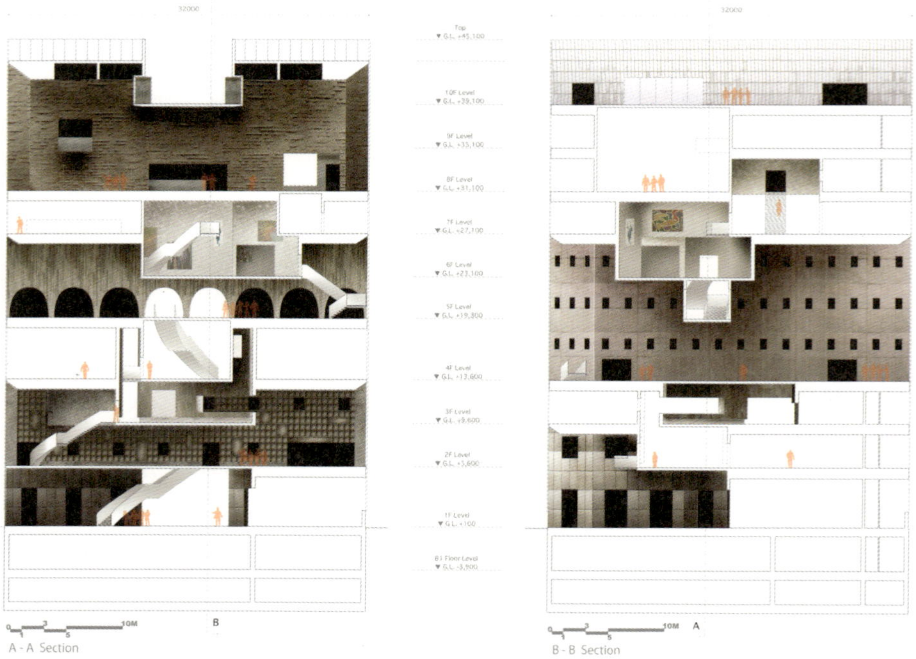

断面図

立面図

10F Photo
Roof Deck
G.L. +43,100

8F Photo
Rental Hall
G.L. +31,100

7F Photo
Sky Restaurant
G.L. +27,100

6F Photo
Picture Gallery
G.L. +23,100

5F Photo
Rental Office
G.L. +19,300

4F Photo
Rental Gallery
G.L. +13,600

3F Photo
Shop & Advertisement
G.L. +9,600

2F Photo
Rental Showcase
G.L. +5,600

1F Photo
Inner Street
G.L. +100

内観写真

外観パース

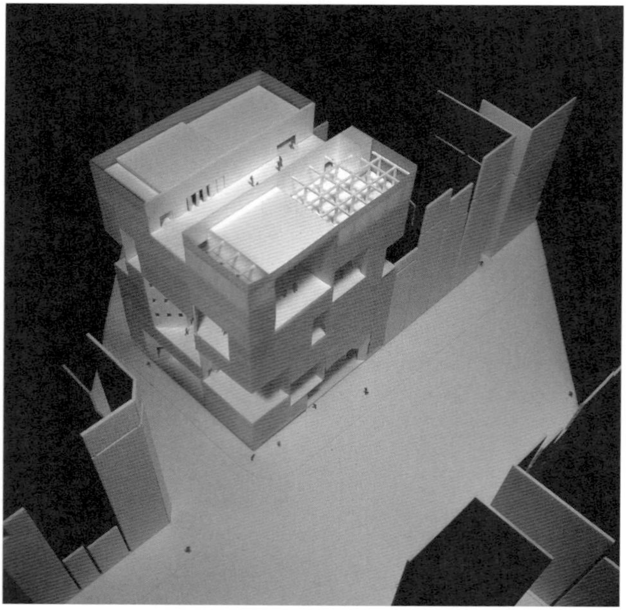

俯瞰図

審査員コメント@巡回審査

長谷川:敷地は秋葉原ですね。水平にあった都市を垂直化してるんですか?

鈴井:はい。都市の状況として、いままで語られていないものがあると考えて、その状況を知らしめるものとして設計しました。

長谷川:都市の中ではこれからますます集約化が起こるのですが、単に床をたくさん集めればいいというものではなくて、従来、平面的な広がりのなかで楽しく過ごしてきたことを、どうやって集約化するかということでしょう。そういう意味で興味深くて、しかも美しい作品でした。

内藤:この魚眼地図は懐かしいな。昔、吉阪隆正先生がつくっていたやつですね。これをよせ集めていくとこうなると?

鈴井:まず建物というのは断片的で、表皮のように映っている像があると考えました。その像は自分の断片であったり、誰かの断片であったり、いろいろあります。それを集約させることで、断片の中を横断していくことができないかと。

内藤:エレベーションの中に現れた多様性のことを断片化と言っているのですか。

鈴井:個人の視点によって見えた風景を描きたかったんです。

内藤:プレゼンではオートマティックな流れの結果として、こうしたかたちが出てきました、という言い方に聞こえた。でも本当は、結論があってさかのぼっているだけではないだろうか。もしシステムに準じたら、自分の嫌いなもの、すごく醜いものが出てくるかもしれない。その覚悟が必要なんじゃないかな。建築家としての才能は、十分にあると思います。

西沢:中身は店舗ですか。

鈴井:一応、商業施設として考えています。

西沢:商業ビルの中にレタッチを加えていますが、その形というのは、まちに対する分析からつくったんですか?

鈴井:まず風景を抽象化して、それを都市に加味する意味で形を決めています。

西沢:表面だけに着目して?

鈴井:はい。利用する人によって開かれる風景が違うということを表したいと考えました。このように透けて見えることはありえないですが、利用する人からすると、このような風景が認識されているんじゃないかと考えました。

小野田:構成はおもしろいけど、実際の動線はどうなっているんだろう?

鈴井:たとえばこのレベルから見た時に、1階からの階段が見えないというような操作をして、それを繰り返しました。

小野田:なるほど、いったん切り離してまた空間に入れてみたいな。おもしろい捉え方だね。表層にはいろいろなテクスチュアがあるんだけどこれは?

鈴井:主に内部の機能を参照して決めています。

小野田:最初にある2つの地図は何を意図しているんですか。表象される空間と生きられた空間ということ?

鈴井:そうですね。個人的な意見ですが、計画というと全体の視点からつくられたものが多い気がして……。

小野田:それでこれは逆に、生きられる空間を極限化して再構成しているわけだ。

迫:街の解析の仕方にもアイロニーが含まれていて、すごくおもしろい手法だと思います。ここはガラスのファサードがくるんですか?

鈴井:ここはガラスです。

迫:秋葉原には外部との関係が要らない店がたくさんある。そうしたことからも、ここはむしろ不透明な壁の方がいいのかなと思いました。たとえば「ビーナスフォート」では夜空が描いてあったりしますが、この外部的な内部空間で、天井はどうなっているのですか?

鈴井:天井は仕上げていません。躯体を露しにして、照明器具がそのままぶら下がっています。実際に秋葉原を歩いてみて、内側でも外側でもどちらでもいいような曖昧な状況があるような気がしたんです。そういう感じを出したいなと思いました。

田園と建築
―散居集落における体験型宿泊施設―

砺波平野の散居村(提供:となみ散居村ミュージアム)

富山県砺波平野の散居村を新たな社会資産として活用した宿泊施設の提案である。散居村の用水の流れや位置を分析し、家々の位置や田んぼとの関係性を読み解き、水の文脈から計画地域を選定。散居村の美しい風景や風土を体感するための場として、「フレームの屋敷」、「ルーバーの屋敷」、「地の屋敷」、「縁側の屋敷」、「風呂の屋敷」という5つの宿泊施設を計画した。美しい四季と稲作で世界中の人を魅了する場を目指した。

Name:
土田純寛
Tsuchida Atsuhiro

University:
東京都市大学大学院
工学研究科　建築学専攻
手塚貴晴研究室

【テーマ】全身の細胞が震えるような感動を創出

【提案】富山県砺波平野の散居村の特異性に注目し、新たな社会資産として活用する方法として宿泊施設

【目標】散居村の美しい四季の風景と稲作文化で世界中の人々を魅了し、私の故郷に希望と誇りを取り戻す

私は散居村の美しい風景や風土を体感するための宿泊施設を計画した。それは散居村の文化や風土、風景を全身で体感してもらうための５つの屋敷である。散居村とは家々が点在した農村のことで、四季の景観が美しい集落である。計画は散居村の成り立ちや田んぼ、あぜ道を分析から始めた。用水の流れと位置を分析することで家々の位置、田んぼとの関係性が読み解けることを発見し、その水の文脈から計画地域を選定した。そして選定した地域の歴史から敷地と各屋敷の特徴を決定した。私は、訪れた人々に散居村の美しい四季の風景や人々が築いてきた風土で、心が洗われていく経験を感じてほしい。

屋敷林に囲まれた宿泊施設

俯瞰パース。点在した集落に五つの宿泊施設を計画

夏の散居村。一面緑の世界が広がる

屋敷林に囲まれた散居村の民家

フレームの屋敷

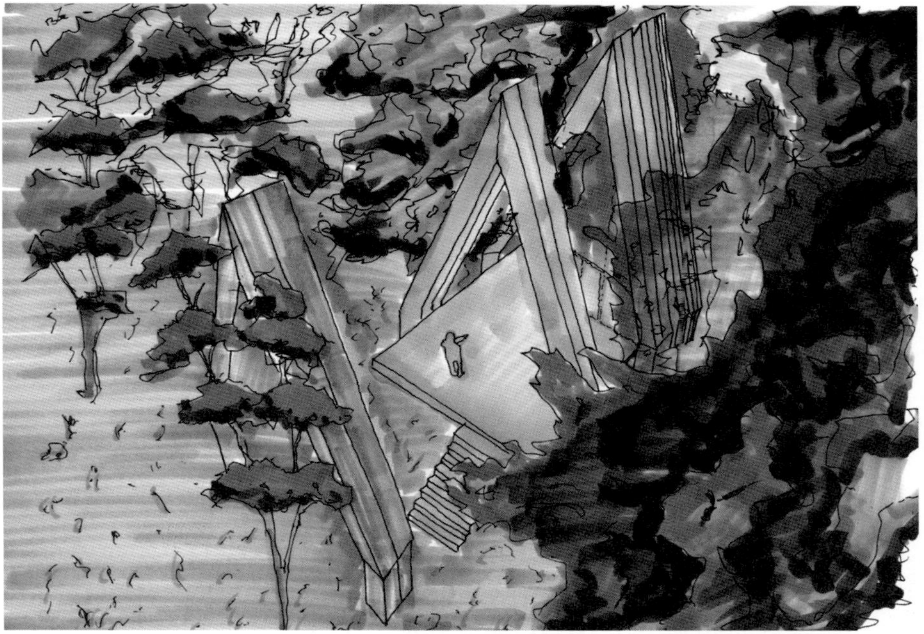

屋敷林とギリギリで共生する屋敷

フレームの隙間から屋敷林が進入するスリリングな屋敷

ルーバーの屋敷

散居村を眺めるための屋敷。水平に景色を切り取る

上階は散居村の風景を、下階は植生を眺められる

敷地内を探索しながらアプローチを見つける

部屋。壁から根や地下水が湧き出る屋敷

縁側の屋敷

150mのアプローチの先に縁側だけの屋敷

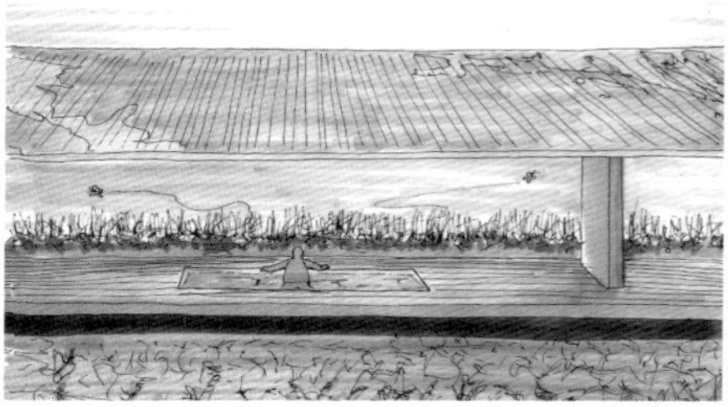

外部環境の心地よさに依存した屋敷

風呂の屋敷

湯けむりが誘う屋敷

審査員コメント@巡回審査

小野田:水利権や、汚水などの流し方を考えることで、この散居村の形が決まっているということが非常に大事なことだと思うのですが、最終的に『となりのトトロ』みたいな表現になってしまうのは、ちょっと問題だと思います。たとえばブルドーザーでまちを壊すような、あなたが敵だと思うような人たちは、心に痛みを感じるからその心を癒すためにトトロを見るのではないか。だから極端に言えば、トトロが増えるということは、そういうことがもっと増えるということかもしれないですよね。

土田:私はこのような計画が、それらの抑止力になり得ると思います。

小野田:ただ、修士設計としては、地形的に距離がどうなっているかとか、水系がどうかとか、地図を描くとかというように数値で示してほしかった。たとえば、木の高さが圧倒的に違うわけじゃないですか。断面でもディメンションを取って、どれくらい違うのかとか、それはどうすれば復元されるのかという数値をこのトトロ的な表現との間に入れてくれると説得力があったと思います。

土田:私もこの分析からこの後、何をつくればいいのか迷った時に、自分はなんとしても希望が枯渇しつつあるこの場所に、誇りを取り戻したいと考えました。

小野田:それはすごくよく分かります。ただ、自然を壊す人も家でトトロを見ているということを、僕たちは忘れないようにした方がいいと思うんだよね。

長谷川:富山での仕事が多いので、この場所はよく知っています。昔から日本は中心に山があって、平野は川でしたから、たとえば新潟の町屋なども、古くは全部水路が通っていて、それを渡って家に入っていました。そういう町はたくさんあって、都市の生活と水は、農業だけでなくいろんなところでかかせないものでした。そうしたものが美しいまち並みとなっているわけですが、それを全部埋めて近代化を計ったことで駄目にしてしまった。この散居村は、変わらずに農業をやっていたから、水路を消さなかったわけです。うるおいだけではなく、散水栓に使うとか、洗濯に使うとか、さまざまな自然の機能として使っていたわけですけれども、そういうものを取り戻そうということは重要なことで、積極的にやるべきだと思います。

土田:私は、最初この散居村が水の文脈でできているとは思っていませんでしたが、道路を歩いている時に、いろいろな高さの用水があることに気がついて……。

長谷川:お米をつくるときに行くと分かりますよ。近くに水路があって、水を入れている様子がよく分かります。このような場所はどんどんなくなっているから、こういう提案は有意義なことだと思います。

西沢:プレゼンテーションで見たものが、計画としては、すべてですよね?

土田:はい。エリアを選定した際に、空き家やハウスメーカーの建物が建っている敷地を５つ発見したので、敷地ごとに少しずつ違う歴史性や文脈を探りながら５つを計画していきました。

西沢:その５つは家ではないわけですね?

土田:基本的にはホテルのような個室を考えています。

西沢:半屋外ですね?

土田:半屋外ですが、途中から家の中のような空間が広がったり……。

西沢:つまり宿泊施設なんですよね。ほとんど外のように見えますが、室内化するのですか?

土田:はい。ほとんど外ですが、一部室内化できます。パースを描く際には表現したのですが、一応、室内化できるように計画しています。

西沢:嫌々囲んでいるように見えますね(笑)。

全国修士設計展｜公開審査会

審査員:
小野田泰明 Onoda Yasuaki
迫 慶一郎 Sako Keiichiro
内藤 廣 Naito Hiroshi
西沢立衛 Nishizawa Ryue
長谷川逸子 Hasegawa Itsuko

新しい建築か現実社会のリアリティか

小野田泰明(以下、小野田):グランプリと各審査員賞を選ぶ協議を行ないます。建築家は単なる芸術家ではないので社会をどう発展させていくかが常に問われます。ですので卒業設計とは違って修士設計では、社会的な責任に対する芽が出ているかどうかが重要となります。審査員の先生方に、そのあたりも含めて全体の印象をうかがっていきましょう。

迫　慶一郎(以下、迫):最終的に残った17作品はかなり見応えがありました。一方で似た傾向の作品が多いと思いました。

西沢立衛(以下、西沢):どれも非常に明解で力作がそろっていました。理論と建築設計を一体にしようとする案、もしくは建築芸術の創造と社会性を分けずに一緒に考えようとする案に共感をもっています。

内藤　廣(以下、内藤):ふたつの傾向が見て取れました。ひとつは論理や思考の力をもって建築の抽象的な面、純粋な面を引っ張り出す試み。もうひとつは身体を投げ出して現実の問題に取り組み修士設

計としてまとめるもの。精神か身体かという構図が極端なかたちで現われていた。

長谷川逸子（以下、長谷川）:新しい建築の組み立て方を求める人と、現実社会のリアリティを求める人がいました。たとえば、エチオピアを扱った鈴木茜さんの「影の縁側」の場合、実際に現地に赴き調査を行ないエチオピアでの生活のリアリティを前提にして快適さを延長するような作品です。しかし日本人という立場で新しい構法やマテリアルを積極的に設計に盛りこむということはしていない。それでよいのかどうか考えさせられました。

小野田:なるほど、まずは段々に絞り込んでいくこととしましょう。それではグランプリ候補にふさわしい作品を３つほど挙げていただきたいと思います。

迫:石井衣利子さんの「輪郭の空間」は高いレベルで形態操作が行なわれていてチャーミングな形をしています。また、小さな住宅でありながら、立地条件を活かしてまちとの関係をつくっていく姿勢も評価できます。次は鈴木さんの「影の縁側」です。都市を復興させる際に、日照と衛生と健康という固定化した評価軸をもとに近代建築をつくっていく方法に僕は違和感をもっているのですが、この作品ではまったく違う方法でスラムを扱っている。通路部分と住宅の内部空間を反転することで、全体がコモンになっており、コモンは拡張性をもっている。スラムから出ていかずとも住人がハッピーな共同体になる可能性を秘めている。次に小野志門さんの「不忍池霧の葬祭場」は、全体のデザインのレベルが高くきれいな建築が立ち上がるのではないかと期待させてくれます。

西沢:いきなり３つに絞るのは難しいので、実際に話を聞いたうえで共感する部分があったものを挙げます。石井さんの「輪郭の空間」、鈴木さんの「影の縁側」、松井さやかさんの「身体と建築の関係性について」です。佐河雄介さんの「Homage to Xenakis」も作家の姿勢に共感と疑問の両方を感じていて非常に印象深い作品です。実際に見て印象が変わってしまったのは土田純寛さんの「田園と建築」です。でもまあ好きです。

内藤：湯浅良介さんの「Objet Surréel」は時代錯誤的ではあるがシュルレアリスムを取り上げ、形態研究としておもしろい。抽象化、純化に向かう方向性です。それから鈴木さんの「影の縁側」。この手の取り組みの場合、現実が勝って作品が負けてしまうことが多いですが、きちんと自分の頭で考えている。村口勇太さんの「『数寄』屋／もしくは『檻』」は身体的な取り組みです。原寸大で考えることは卒業設計ではなかなかできない。しかし和風に見えるのはいかがなものかと。様式に閉じ込めた途端に可能性は薄れてしまう。

長谷川：まずバンバタカユキさんの「Volume」。私は劇場をよく設計するのですが、音響効果が最優先で設計はがちがちに縛られている。野外劇場のような状況を組み込むのが劇場設計の課題になっています。この作品では雲と呼んでいるシースルーの間仕切りで空気が通るような場をつくっており、劇場の新しい可能性をもっています。次に石井さんの「輪郭の空間」です。ファン・アイクの研究にとどまらず、自分で住宅の提案をしており積極的な提案になっています。次は、佐河さんの「Homage to Xenakis」。スケールを与えてリズムを刻みクセナキスの音楽と建築を組み立てており、非常に魅力的だと思いました。もうひとつ、松井さんの「身体と建築の関係性について」は、線で身体空間をつくる作品です。模型は非常に美しく、プレゼンテーションにも感激しました。

小野田：僕は邊見栄俊さんの「『奥』を知覚する空間の研究」を。広重の絵に描かれた空間の奥行きを抽出する一方で、実際に自転車に乗って感覚をなぞることで、抽象的なものと身体的なものの両極を統合し、作品を生み出そうとしたことは高く評価したい。湯浅さんの「Objet Surréel」は、つくり手と名付け親とドラフトマンの三者を置いてストーリーを組んでいて仕掛けが巧妙です。トパ・リタさんの「Urban entropies」は、４つの課題からひとつにしぼって、それぞれのフラグメントを設計することで全体をつくる試みです。最後の課題だけで全体を表象しようとしているのが、ちょっと強引かなと思いました。池田俊さんの「浮遊する身体」もよかった。ただしスケールの与え方が小さかったのが残念でした。ということで、湯浅さんと邊見さんに１票を投じたいと思います。

いままで触れられてない作品についてはいかがでしょうか。

西沢：井上裕依子さんの「少しずつ変わること」は、実際話を聞いてみてすごく魅力を感じました。ただ最終的に票を入れるに至らなかったのは、死者と遺族の出会いと別れの場を設計しているにもかかわらず、具体的に死者がどのように登場してどのように去っていくのか、変わっていく空間全体を描いていなかったからです。

迫：渡邉譲さんの「住宅地の集合住宅」は、家族単位の住居だったのが残念でした。ワンルーム・マンションで、狭間の空間がうまく活かされ、積極的に

人々が集まりたくなるようなものにできればよかった。むしろ家族単位の低層集合住宅であれば高瀬真人さんの「窓外への／からの」を評価したい。ただ、反射を考えて光を採り入れる方法をていねいに解いているにもかかわらず、素材に関しては深く考察していない。接地低層型集合住宅という具体的なビルディングタイプに踏み込み、都市の中で成立させようという意気込みが感じられたので残念です。

内藤：北條匠さんの「トワイライトな言語が僕らの心に残すもの」は、言語について考えていておもしろいし作品もきれいです。解像度を3段階に分けて、モザイクのグリッドを大きくしていくと、何が獲得され何が失われていくのか。言語の問題を建築というフィールドに落とし込んだときの関係性にもっと意識的になっていれば、よりおもしろかったと思います。

迫：鈴井良典さんの「横断への記述」で行なわれている都市を包含する手法自体は目新しいものではないですが、秋葉原のまちの特性と床面積の関係に着目した切り口はよかった。せっかく都市の問題に踏み込んでいるので、もう少し拡張性をもたせたかった。

小野田：どうやら審査員のみなさんが候補として挙げられたバンバさん、石井さん、湯浅さん、鈴木さん、邊見さん、小野さん、佐河さん、土田さん、松井さん、村口さんの10作品に絞られそうですね。よろしいでしょうか。では、このなかから、ひとつかふたつ作品を選んで頂きましょうか。僕は湯浅さんの「Objet Surréel」は議論の価値ありと見ています。それから邊見さんの「『奥』を知覚する空間の研究」ですね。

長谷川：まずは石井さんの「輪郭の空間」です。それからバンバさんの「Volume」にします。西沢さんに、土田さんの「田園と建築」を推す理由を質問していいですか？　最終的な提案はあれでいいのでしょうか。

西沢：本当はもっと期待していたんです。卒業設計などで脈絡なく敷地として函館や軍艦島を選ぶ人がいます。でも、その場所に対する必然性が見出せない場合がある。最初に僕がこれを見た時には、環境に対する等身大の理解があって、美しい富山の散居村に対する愛を感じ、たまたま選んだとは思えなかった。土田さんは実際に住んでいるわけですよね？ しかし実際にプレゼンを見るとパビリオンでしかなかった。きちんとリサーチをして建築と環境が一体化した有機的な関係性をもった理論的なモデルを出してほしい。ですから僕は鈴木さんの「影の縁側」を選びます。扱っている問題に確かさがある。

内藤：僕はやはり湯浅さんの「Objet Surréel」を推したい。研究とか実験と呼ぶにふさわしい。もうひとつは鈴木さんの「影の縁側」ですね。実際エチオピアに行った強みを活かして設計に落とし込んでいる部分を評価したい。

小野田：村口さんの「『数寄』屋 ／もしくは『檻』」はよろしいですか？

内藤：欠点があるとすると、去年の出品作品に近い取り組みがあったとことです（新雄太「Villa Palladio」内藤賞受賞）。

小野田：僕もこれは、すごくいいと思ったんです。でも意匠が寺山修司の舞台装置みたいな感じがするんですね。本人にも言ったのだけど、今の若い世代からこういうのが出てくると、新鮮な驚きとともに、どう評価すべきか難しくもありますね。

迫：先ほど選んだなかからグランプリを決めるために小野さんの「不忍池霧の葬祭場」を外します。死者とどう向きあってどう送るのか、また墓地であればどうお参りするのかを、完成度が高いからこそ、もっと求めたくなる。

小野田：松井さんの「身体と建築の関係性について」はよろしいでしょうか？

西沢：面と線という空間にアプローチするための基本的な２要素を抽出して、線を選択したんですね。

非常に共感しました。ただし最終的に推さなかったのには理由があります。線を引くことで空間を意識し把握できるようになると、どのような種類の空間があるのかというタイポロジーの問題が現われる。多様性についても描くべきです。

個人と社会との関わり

長谷川：私だけ鈴木さんの「影の縁側」を推してないので質問させていただこうと思っているんです。たしかに、スラムではインフラの整備さえあれば、バラックの方が快適かもしれない。しかしインフラを整備してスラムを見直す方法では、スラム化を繰り返してしまうのではないか。トタン、コンクリートなどハードシステムよりやわらかなシステムを、あるいはやわらかなテクスチャーなど、積極的な提案でないことが私には不満です。

迫：実は１次審査の時に、人々はスラムから出ていきたいはずなのに、どうしてまたスラムみたいなものをつくるのだろうという疑問があったんです。ですが今日の巡回審査で直接話をしたときに、長谷川先生がおっしゃられたシステムが見えていないという部分まで含めてきちんと解かれているように感じました。敷地境界がはっきりしないスラムという状況のなか、システムのルーズさを残しているところがいい。

西沢：僕は逆で、インフラとして壁を建てる一方で、残りを可動壁にして自由に変えられるようにしているあたりがシステム的でつまらない。それから既存のプランがすごくおもしろいのに、いきなり変えてしまうと再開発的な感じがどうしても出ちゃうんですよね。どこから手をつけてどう改造し、どのくらいのグループでつくっていくのかを、現実のスラムのパターンやコミュニティのあり方とつなげて説明するともっとすばらしかった。

内藤：コモンとプライベートをひっくり返してみることは、ひとつの方法としてあると思います。ただし、ディベロッパーが手がける高層アパートとどう違って、どういうアドバンテージがあるのかという点に疑問が残る。スラムは基本的にはセルフビルドですからセルフビルドの思想がないとディベロッパーの思想に負けてしまうのではないかという気がします。

小野田：そのほかに、これは議論すべきだという作品はありますでしょうか。

西沢：石井さんの「輪郭の空間」は議論されるべきだと思います。ひとつは個人と社会との関わりという根本的な問題が、建築の設計の中心に据えられている点。もうひとつは建築を理論的に捉えながら同時に設計という実践を行なおうとしている点。

小野田：僕もファン・アイクをこれだけきちんと分析しながら作品に統合しているのはすごいと思いました。ただ、ファン・アイクの場合は、都市にどう直結するかという大きなテーマがあるので、それが抜け落ちて山の中の住宅に押し込まれているのはどうだろうかと思うんです。

西沢：そうなんですよ。社会性と個人性は対峙するのではなくて、同じなんだという認識はすごく重要だと思う。ファン・アイクは集団と個をテーマにしています。建築をつくるときにすごく重要な問題なんですよね。別荘はプライバシーとか社会との関わりにおいて、すでに決まった感があるタイポロジーです。未知のプログラムを考えたほうがよかった。

長谷川：ファン・アイクが集団と個人をテーマに設計した際は、学校と集合住宅が主な仕事でした。個人や家族をどう扱うかは、建築がこれまでもち続けてきた問題です。「輪郭の空間」はなかなか美しいですけれども、社会とか集団という問題が別物になってしまっているところが一番大きな問題だったと思います。

内藤：方法論を模索する非常に純粋な思考、いわゆるメタフィジカルな意味での建築というと「Objet Surréel」になる。論理的に展開して、もう一回建築に戻してみるというプロセスをとっているので、かなりいいと思っています。同じ意味で石井さんの「輪郭の空間」も形態という純粋なところから再構成している。このふたつは極めて建築的な修士設計なのではないかなと思っています。

西沢：湯浅さんの「Objet Surréel」が特別な作品であることは間違いないと思います。周りと違うアプローチをしていて雰囲気がすごい。でも手数が多い。もっとストラクチャーの部分を考えてほしかったし、題材も全体的に古い感じがする。コンピュータの時代になって現実のあり方が変わったのだから、シュルレアリスムを語る場合にも、まったく違う道具

立てで、まったく違った結果を招くものでないとだめだと思うんです。

迫：僕も湯浅さんの力量に関しては疑いはないと思っています。しかし修士設計とは、社会に出て行く前に、建築の設計を通して社会の問題を極める最後のチャンスです。だから社会性をより引き受けた作品に対して高い評価をしたい。

小野田：石井さん、湯浅さん、鈴木さん、いままでに出たコメントに対して発言いただけますか。

石井衣利子：なぜ住宅かについてお答えします。ファン・アイクは、都市と建築、そして建築と人間について考えてきた建築家です。私の研究は後者に焦点を当てて研究をしました。したがって前者には触れていません。誤解があったと思うんですが、別荘ではなく日常的に使う住宅ですし、敷地は住宅地というほど都会ではないものの社会に属しています。次になぜ集団と個が明確になるプログラムではないのかというと、ファン・アイクはソーシャル・ハウジングや小学校をつくっていますが、私のなかではそれをつくるのはあからさますぎた。私は住宅も社会と個の関係を解くべきプログラムだと思っています。

湯浅良介：今の社会ではいろいろなことが平均化されていると感じています。たとえば、インターネットの書き込みなどでは、あたかも自分の意見のように書いているけど実は大勢の意見であったりするんですよね。そういう平均化されたものを基盤にしてつくってはいけない。シュルレアリスムでは「すべてのものの価値は同じ」です。価値観はそもそも誰かが与えたものだし、絶対的なものではないはずなのに、みんなそれをどこかで当たり前に受け入れて、絶対的な評価だと思ってしまう。ですから今シュルレアリスムをやることは古くはないですし、社会性もあると思います。

鈴木 茜：先ほど内藤先生から、セルフビルドの思想がないといけないというご指摘がありました。駆体壁や屋根は変わらない。変わらない部分をつくってあげることで、変わる部分が強調される。それが住居部分です。住居部分が拡張することで集落としてのコミュニティが生まれることになるので、セルフビルドだけでつくるものではないんです。

世界の問題に対して取り組む

小野田:ではグランプリを選んでいきましょう。僕は湯浅さんの「Objet Surréel」を選びたいと思います。名付け親という資本家、ドラフトマンという計画者・運営者、つくり手である建築家の三者の関係で読めるのは秀逸です。表象としての新しさはないけれども、仕組みとしての新しさあると思いました。彼が言ったような人々の考えが平均化している状況とは、ポリティカル・コレクトネスの呪縛がある状況と言い換えられると思います。そういう状況にあって自分の創作者としての立ち位置を掘り起こすプロジェクトとして修士設計を立ち上げたのは、さすがではないかと思います。

長谷川:私は石井さんの「輪郭の空間」にします。彼女はファン・アイクという人物を研究しながら、最終的に安易に踏襲したくないという強い意志をもっている。学校や集合住宅でなくても、住宅は建築のあらゆる問題を含んでいるという前提で、ファン・アイクの論理を展開していただければもっと評価ができたと思います。

内藤:湯浅さんを推したいと思います。彼はシュルレアリスムという狭い範囲でやっていますけれど、直感的に捉えて勇気をもってやろうとしている点がいい。

西沢:鈴木さんの「影の縁側」です。建築単体ではなく「群」というものを考えながら、しかし建築設計として答えを出そうとしているところに共感しました。問題へのアプローチの仕方が自然で、なぜあえてアジスアベバでやるのかという違和を感じさせない。プロジェクトの大きさや深さ、密度など修士設計として大きな力をもっています。

迫:日本の修士の学生が世界の問題に対して取り組む姿勢は、日本の修士設計のレベルの高さを示している感じがします。ですのでやはり、鈴木さんの「影の縁側」を推したいと思います。

小野田:2票ずつ入った湯浅さんか鈴木さんの一騎打ちという図式でよろしいでしょうか。

西沢:建築ひとつの形の良し悪しでなく、通りやまち、環境と一体となって考えないといけない。もちろんファン・アイクもすばらしいテーマをもっているし、住宅だって社会的なものになり得ると思うんですけれども、たとえ彼女が「そうじゃない」と言っても僕にはやはり別荘にしか見えない。湯浅君のもすばらしいと思いますけれども、建築物であると同時に造形物であって最終的に形の問題に思える。たとえば、原始人が住まいをつくろうと原始人なりのアプローチをしたら、やはりストレートに環境をつくるでしょう。そういうところで建築の物体的な側面だけ捉えても片手落ちだと思うんです。自分の基本的な設計姿勢とも関係して、鈴木さんを推します。

小野田:ほかの先生方どうでしょう。……(沈黙)……どうも膠着状態で、これでは朝になっても決まりませんね。困りました。では、今の西沢さんのコメントに応じる形で僕が票を動かしましょう。迫さんがおっしゃったように、日本の若者がもっているポテンシャルで世界の問題を解くべきことは明らかですし……。鈴木茜さんの「影の縁側」は、2010年における修士設計の方向性を見るのにふさわしい性質をもっているということでグランプリでよろしいでしょうか。

会場:(拍手)

小野田:ありがとうございました。では、個人賞に移りたいと思います。

長谷川:石井さんの「輪郭の空間」です。

内藤:僕は湯浅さんの「Objet Surréel」ですね。

西沢:松井さんの「身体と建築の関係性について」にします。

迫:「輪郭の空間」と「影の縁側」の両方がすでに選出されていますので、最初ベスト3に選んでいた小野さんの「不忍池霧の葬祭場」にしたいと思います。

小野田:では僕は、村口君の「『数寄』屋 ／もしくは『檻』」を選びたいと思います。一時はどうなることかと思いましたが、ある方向性は示せましたね。お疲れさまでした。

アンケート回収箱

全国修士論文展

「全国修士論文展」開催概要

今年度の「全国修士論文展」は、「伝える」をテーマに、専門性を超えることを目標とし、全国から芸術分野・工学分野を問わず集められた修士論文の中から、コメンテーターによる一次審査で選ばれた9点の論文の展示と公開討論会が行われた。

展示は3月2日（火）～3月7日（日）までヒルサイドフォーラムにて行われた。3月5日（金）にヒルサイドプラザにて開催された公開討論会では、すべての出展者によるプレゼンテーション、建築業界の各分野で活躍するコメンテーターを交えた討論を行った。討論終了後には懇親会を行った。

専門分野を越えて出展者とコメンテーターが活発な議論を行うことで、大学や専門分野ごとに完結してしまいがちであった論文を、建築のフィールド内で相互に「伝える」だけでなく、社会へ向けて研究の価値を「伝える」場になることを期待した。

論文展コメンテータープロフィール

秋元孝之 Akimoto Takashi

1963年東京都生まれ。1986年早稲田大学理工学部建築学科卒業。1988年同大学院修士課程修了。清水建設勤務を経てカリフォルニア大学バークレー校環境計画研究所に留学。関東学院大学工学部助教授、同大学工学部教授を経て、2007年より芝浦工業大学工学部教授を務める。博士(工学)、一級建築士。建築設備工学、建築環境工学。ISIAQ(国際室内空気環境学会)アカデミーフェロー。主な受賞に、空気調和・衛生工学会学会賞 技術賞(2007、2010)、空気調和・衛生工学会技術フェロー(2006)、日本建築学会奨励賞(2002)ほか。

池田昌弘 Ikeda Masahiro

1987年名古屋大学工学部建築学科卒業。1989年同大学院修士課程修了。木村俊彦構造設計事務所、佐々木睦朗構造計画研究所勤務を経て、1994年池田昌弘建築研究所/mias設立。2004年株式会社Masahiro Ikeda設立。2004年「Natural Ellipse」がポンピドゥーセンター 永久保存コレクション(フランス)に、2005年「Y HOUSE」がArchilab 永久保存コレクション(フランス)に選定される。2007年株式会社R.O.I代表取締役就任。2009年池田アトリエ設立。2010年「Masahiro Ikeda School of Architecture」を開校。

今村創平 Imamura Souhei

1966年東京都生まれ。1989年早稲田大学工学部建築学科卒業。1990～1992年AAスクール在籍。1993～2001年長谷川逸子・建築計画工房勤務を経て、2002年atelier imamuを設立。2003年アトリエ・イマムに改組。現在ブリティッシュ・コロンビア大学大学院、芝浦工業大学大学院、工学院大学などで非常勤講師を務める。主な作品に、「ボルタンスキー・ミュージアム」、「神宮前の住宅」、「ふたば幼稚園」、「大井町の集合住宅」ほか。主な共著に『現代住居コンセプション』、『Archilab Japan 2006』、『ヴィヴィッド・テクノロジー』など。

中谷礼仁 Nakatani Norihito

1965年東京都生まれ。1987年早稲田大学理工学部建築学科卒業。1989年同大学院修士課程修了。清水建設設計本部勤務ののち、早稲田大学大学院後期博士課程修了。早稲田大学理工学部助手を経て、同大学理工学総合研究センター 客員講師を歴任。1999年大阪市立大学工学部建築学科建築デザイン専任講師(建築史担当)、2005年同助教授を経て、2007年より早稲田大学理工学術院創造理工学部建築学科准教授。2000年度建築学会奨励賞(論文)。主な著書に『セヴェラルネス事物連鎖と人間』、『国学・明治・建築家』ほか。

本江正茂 Motoe Masashige

1966年富山県生まれ。1989年東京大学工学部建築学科卒業。1993年同大学院工学系研究科建築学専攻博士課程中退、同助手を務める。2001年宮城大学事業構想学部デザイン情報学科空間デザインコース講師を経て、2005年より東北大学大学院工学研究科都市・建築学専攻准教授。博士(環境学)。システムデザイン作品に「時空間ポエマー」、「MEGAHOUSE」ほか。主な著書に『プロジェクトブック』、『Office Urbanism』、『バーチャル・アーキテクチャー』、訳書にW.J・ミッチェル『シティ・オブ・ビット』など。

鉄道施設と先行都市の重合・対立・同化
～鉄道の形態決定条件からみる東京論序説～

Name:
宮地国彦
Miyachi Kunihiko
University:
明治大学大学院
理工学研究科　建築学専攻
青井哲人研究室

はじめに

今日都市に住む我々にとって、鉄道はあまりにも日常的なものとなり、その姿を気に留めることもない。しかしひとたびその姿に目を向けると、それはときに町を分断してしまうほど巨大で暴力的であり、その他の構造物とは全く違う特異な形態をしていることに気がつくはずだ。ヒューマンスケールを大きく越えたこの土木構築物は、都市の構造を歪めてしまうほど異様な存在であるにも関わらず、ごく当たり前のように東京の日常的な風景に溶け込んでいる。

ヨーロッパの都市では、鉄道は市街地の周辺部に頭端式のターミナル駅を設けて、郊外へと伸びていくのが一般的であるが、日本の都市鉄道は市街地を貫通するように建設され、都市交通としての地位を確立した。そのため日本の都市では道路ー建物の系と鉄道の系とが、一つの都市空間に織り込まれるように共存している。これまで建築分野から見た都市論は道路ー建物の系に特化してきたが、日本都市論とりわけ東京論には、鉄道のように原理の全く異なる系を含めた、複合的な議論の構築が必要なのではないだろうか。そしてこのような都市論の試みはこれまでのところほとんど行われていない。

本研究は東京という大都市を構成している諸要素の中から鉄道に注目し、その形成原理を読み解き、それをふまえた上で鉄道と都市との関係を空間的・都市的に考察を試みるものである。

山手線の変遷

本研究の研究対象として、現在の山手環状線を構成している東海道本線／山手線／東北本線を取り上げた。その変遷には鉄道施設と先行都市との関係性が顕著に表れている。今日我々が「山手線」として認識している環状線は、はじめから環状線として構想されたわけではない。国土レベルで構想された2つの幹線鉄道が長い年月をかけて段階的に接続していき、現在の体系となったものである。新宿から東京西部にかけて営業していた甲武鉄道が、外濠に沿って市街地内部にまで延伸してきたことを皮切りに、東京では市街地を貫通するような鉄道網が構築された。後続の私鉄や地下鉄は、この山手線を基盤として形成されている（図01、05）。

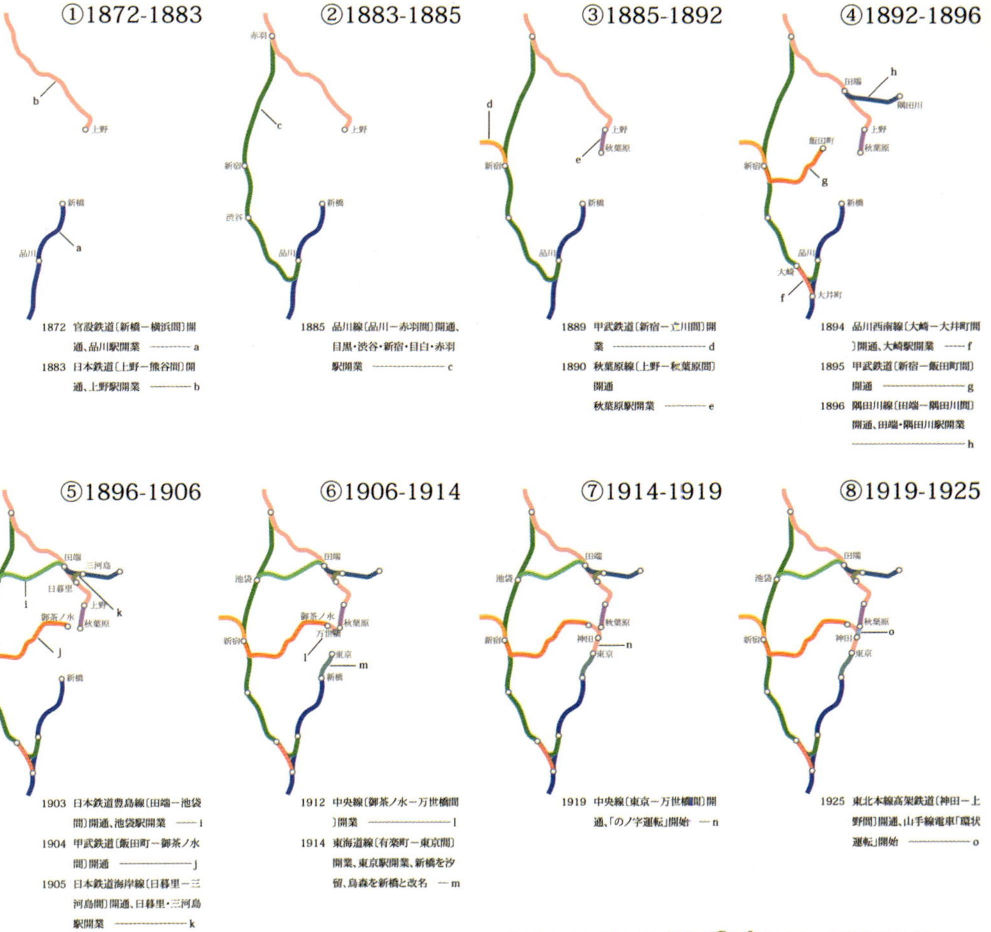
①1872-1883
1872 官設鉄道〔新橋－横浜間〕開通、品川駅開業 ---------- a
1883 日本鉄道〔上野－熊谷間〕開通、上野駅開業 ---------- b
②1883-1885
1885 品川線〔品川－赤羽間〕開通、目黒・渋谷・新宿・目白・赤羽駅開業 ---------- c
③1885-1892
1889 甲武鉄道〔新宿－立川間〕開業 ---------- d
1890 秋葉原線〔上野－秋葉原間〕開通
秋葉原駅開業 ---------- e
④1892-1896
1894 品川西南線〔大崎－大井町間〕開通、大崎駅開業 ---- f
1895 甲武鉄道〔新宿－飯田町間〕開通 ---------- g
1896 隅田川線〔田端－隅田川間〕開通、田端・隅田川駅開業 ---------- h
⑤1896-1906
1903 日本鉄道豊島線〔田端－池袋間〕開通、池袋駅開業 ---- i
1904 甲武鉄道〔飯田町－御茶ノ水間〕開通 ---------- j
1905 日本鉄道海岸線〔日暮里－三河島間〕開通、日暮里・三河島駅開業 ---------- k
⑥1906-1914
1912 中央線〔御茶ノ水－万世橋間〕開業 ---------- l
1914 東海道線〔有楽町－東京間〕開業、東京駅開業、新橋を汐留、烏森を新橋と改名 ― m
⑦1914-1919
1919 中央線〔東京－万世橋間〕開通、「のノ字運転」開始 ― n
⑧1919-1925
1925 東北本線高架鉄道〔神田－上野間〕開通、山手線電車「環状運転」開始 ---------- o

図01　山手線の変遷

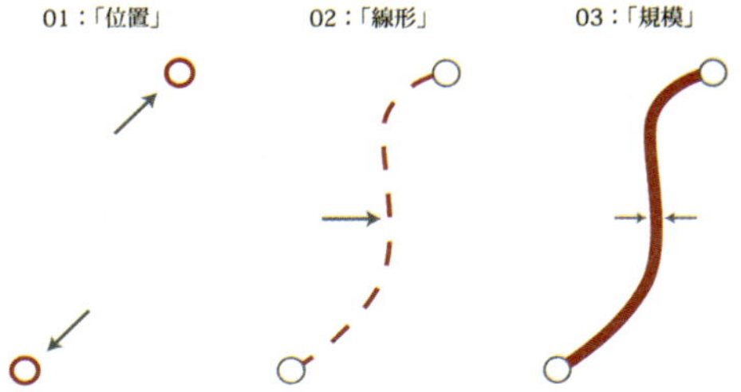
01：「位置」
02：「線形」
03：「規模」

図02　鉄道の形態決定原理

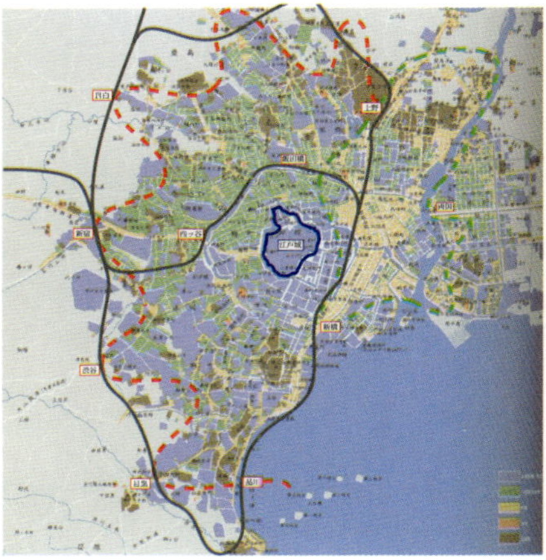

図03　江戸の土地利用と初期の鉄道網の位置関係

鉄道の形態決定条件

本研究では、鉄道の形態決定条件を「位置」「線形」「規模」という3つの視点から整理した。これらは国土レベルから始まる鉄道建設計画が、どのように実際の都市に埋め込まれ実体化していくのかを、段階的に示したものである（図02）。

・「位置」：どこに建設するのか

東京では都心部の東西南北の四辺に4つのターミナルが建設され、都心部の外形を縁取るように現在の山手線の西側が形成された（図03）。停車場の位置としては主に官有地(もと武家地、境内地など)や農地が転用され、線路の位置としては河岸地や堀などが用いられることが多かった（図04、05）。これらはできるだけ用地買収費を抑え、人家の立ち退きをしなくて済むように配慮された結果であるが、いずれにしても初期の鉄道施設の建設は、江戸時代の土地利用に大きく関わっていたのである。

・「線形」：どうやって結ぶのか

線路には鉄道が効率よく曲がることができる曲率が工学的に導きだされており、その区間の列車の通過速度によって最適な曲線半径が採用された。品川線(現・山手線)の品川ー大崎間では、当時最小曲線半径とされた半径400mのきれいなカーブを描いている（図06）。分岐駅においては、方向転換のためにスイッチ・バックと呼ばれる反転・切り返しを行わなければならず、これを回避する

図04　東京・新橋両駅の位置と堀の利用

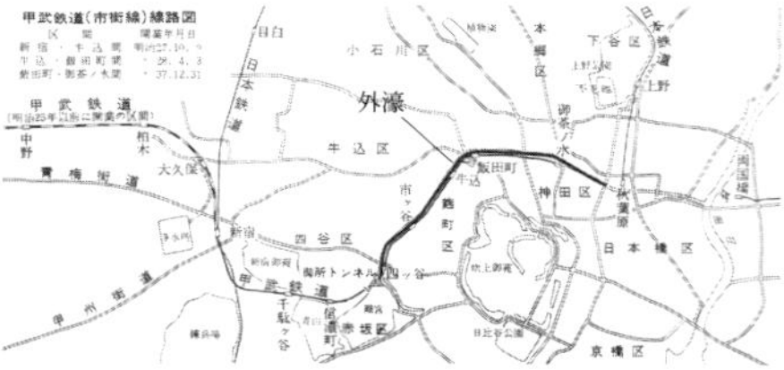

図05　甲武鉄道(現・中央線)の市街線と外濠

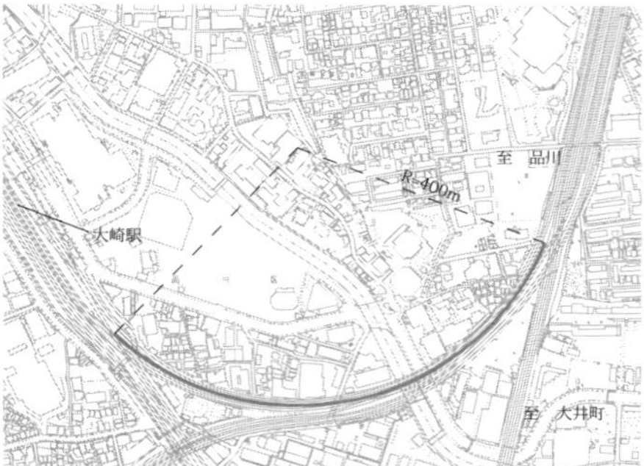

図06　大崎ー品川間、半径400mのカーブ

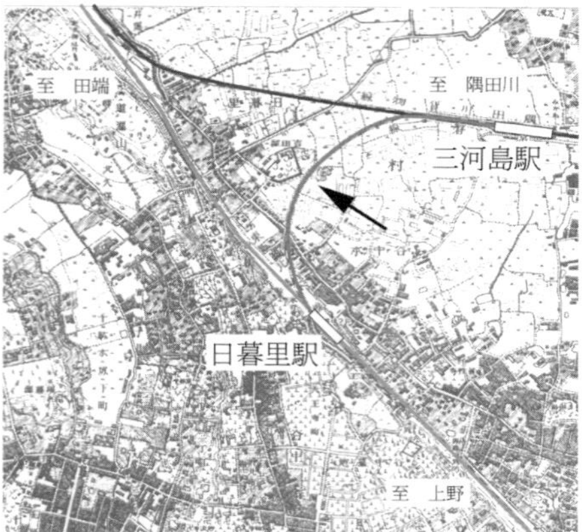

図07　日暮里ー三河島間の短絡線

ために短絡線が建設された(図07)。鉄道はその特性上、急に止まることも曲がることもできないため、取得した用地を結びつける際には、鉄道独自の工学的条件が働くのである。

・「規模」:その実体化

鉄道線路の最小幅は、建物その他の構造物がその内側に入ってはならないとする「建築限界」によって決められているといえる。1908(明治41)年に定められた「停車場外建築定規」によれば、その最小幅は24.6フィート(約7.5m)である。また鉄道創業当時は一つの駅で旅客・貨物の両方の業務を扱い、さらには整備・点検などの施設も内包していたが、次第に旅客・貨物ともに需要が大幅に増大して当初の施設では管理しきれなくなり、徐々に機能分立が進行してゆく。特に旅客と貨物を別々の施設で扱うことを「客貨分離」と呼ぶ。このとき車両の仕訳・組成などを行うために生まれたのが操車場である。無数の線路群を必要とするために、その建設用地は数十万㎡にも及び、品川では海を埋め立てて、その他では市街地ではない農地などを用いて新鶴見・田端・大宮などに建設された(図08)。

ケーススタディ/ 鉄道施設と先行都市

本論文の後半ではケーススタディとして、実際に都市の中に見受けられる様々な様態をタイポロジカルに代表す

図08 1949(昭和24)年当時の品川操車場
出展:『汐留・品川・桜木町駅百年史』東京南鉄道管理局、1973、付録p.51

るように、3つの場所を取り上げた。「空白」「重合」「残余」と名付けたそれらの場所からは、それぞれに異なる形成過程と周囲の都市との関係性を抽出することができた。

・「空白」：品川

国内最初の鉄道である官設鉄道が1872年(明治5)年10月に正式に開業したとき、品川ー田町間の線路は用地取得が困難であったため、海上に築堤して線路が敷設された。「東京の南の玄関口」としての役割を果たすようになった品川は、やがて海を埋め立てて巨大な操車場が建設された。結果として今日この場所では長さ約2km、幅約300mの巨大なヴォイドが街を分断している(図09、10、11)。

・「重合」：神田

神田駅周辺を地図で見ると、江戸時代から続く既存の町割りと斜めに走る鉄道がレイヤー状にきれいに重なり合っている。一般的な町屋の構造は、正方形街区の中

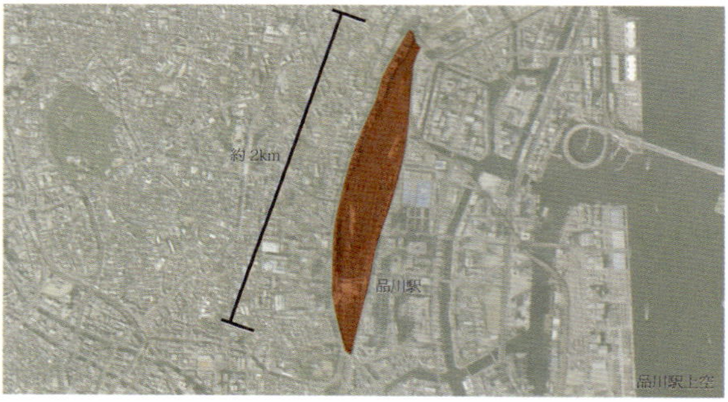

図09　品川駅上空

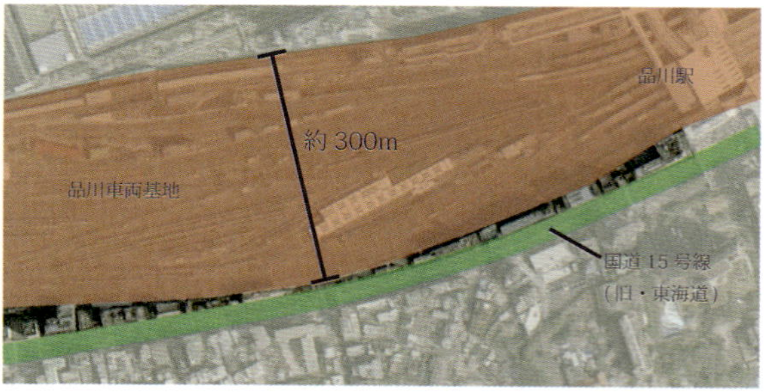

図10　線路と国道に挟まれた細長い土地

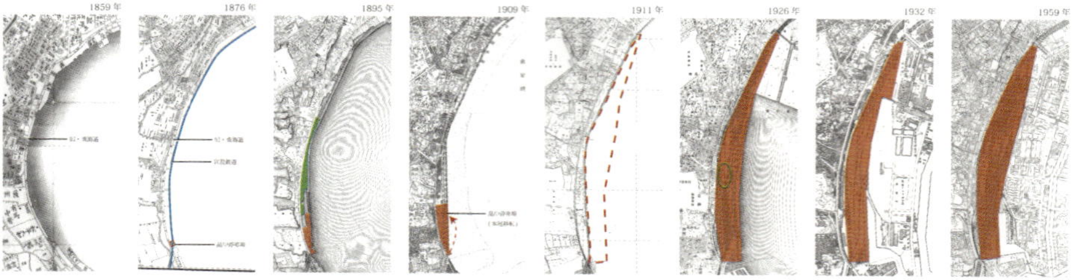

図11　品川駅の変遷

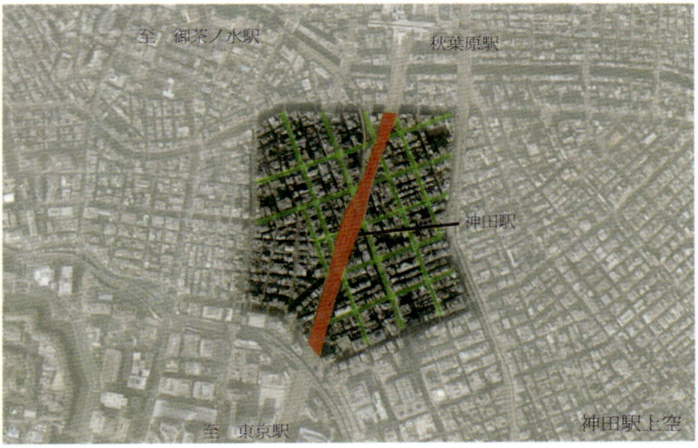

図12　神田駅上空

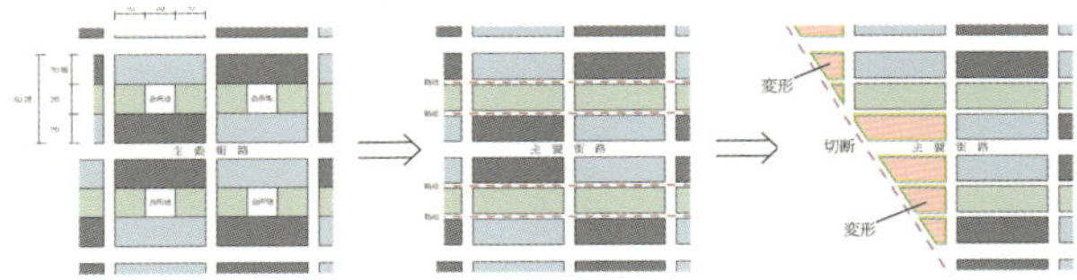

図13　町割りの変化

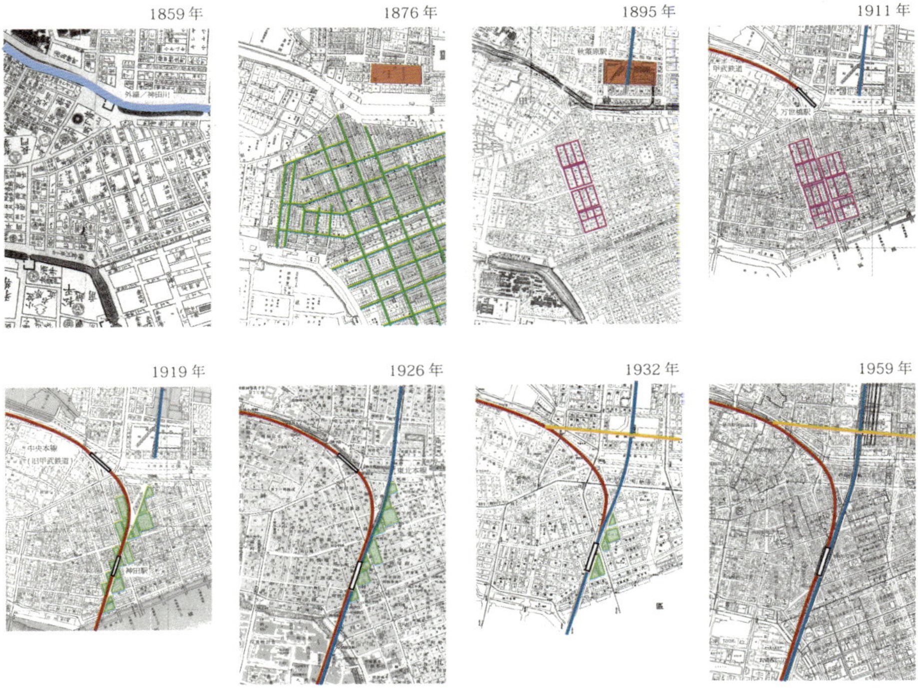

図14　神田駅の変遷

心に会所地と呼ばれる空地を設けていたが、都市が高密度化してゆくにつれて、路地を用いて細分化されていった。神田駅周辺では、既にこの細分化がなされており、町割りが高架鉄道によって切断されても、その切断面の土地や建物の形態が変形するだけで対立が許容された。

図15　大井町駅付近上空

図16　日暮里駅付近上空

図17　神田付近上空

ここに都市が本質的に持っている“自己修復能力”を見ることができる（図12、13、14）。

・「残余」：大井町・日暮里

様々な方向の線路が交錯する大崎・大井町付近や日暮里周辺では不整形に土地が細分化されており、一部では分岐点の末端まで建物が立ち並んでいる（図15、16）。神田駅付近には複数の線路の間のわずかな亀裂に小さな建物が立っている（図17）。鉄道独自の形態決定条件により暴力的に切り取られた土地は価値が低く利用されにくいが、しかしそれでも都市の一部として利用されている例を見ることができる。

東京論序説として

本研究のテーマとして鉄道施設を取り上げたのは、それが一般的に都市論として扱われるような建物ー道路の系とは全く異なる原理を内包し、都市の中で非常に大きな構築物としての存在感を示しながらも、これまで都市論あるいは都市空間論としてほとんど議論されてこなかったことによる。しかしその姿は巨視的に見ても近視眼的に見ても、他の構築物に比べて明らかに異質であり、その具体的な形態は独自の工学的条件と先行都市の状態によって、極めて合理的な判断の集積として実体化したものであった。さらに驚くべきことには、鉄道施設の形態決定原理が他の構築物と異なるために生じる様々な空間の断絶や歪みは、周辺都市が自己修復・適合することによって、都市の一部としてのみ込まれていたのである。

ここに日本の都市、とりわけ東京における都市の本質を見ることができる。すなわち都市とは、幾多の小さな合理性の集積であり、ある範囲内におけるその合理的な判断を原動力としながら、先行する都市の状態と絶えず整合性を図りつつ成長するものである。それは、世代を超えた異なるものが相互に整合性をとりながら混在する「生態系」であると同時に、局所的な合理性を維持するための自己修復能力をもった「生命体」でもある、といえるのではないだろうか。本研究を通して得られたものは、こうした日本の都市／東京がもつ「生命力」への視座であり、その意味で本研究を『東京論序説』と位置づけることとしたい。

コメンテーター・コメント@公開討論会

本江：鉄道の形態決定原理は平面の話が多かったと思いますが、鉄道は勾配に弱いから、なるべく水平に移動しようとするので、かならず切り通しができますよね。そういう断面方向の話を聞かせてほしい。

宮地：断面形状というのは確かにいろいろあって、とくに山手線の西側半分のほうなどは、山手の地形をそのまま横断するような操作がされているのですが、今回は先行する都市との関わりについて述べたかったのであまり深く触れませんでした。

中谷：たとえば大阪は平地だから、グリッド状に鉄道が敷かれることが多い。地形に高低があるというのは、非常に重要な問題になってくると思うんだけど。

宮地：市街地においては高架鉄道がけっこう一定の高さで決められていたりするので、あまり考慮しませんでした。平面のほうに特化したのは、工学的な理由で形が決まってくる点に興味をもっていたからです。そうやって決められたものがそのまま都市に現れてくる、というのは凄いことなんじゃないかと。

本江：もうひとつ聞きたいのは、一般的には既成市街地のはずれに駅をつくるのに、東京はなぜ街中に鉄道が突っ込んでしまっているのか。蒸気機関車の煙が嫌だとか反対があったと思うんだけれど、そういう議論は当時なかったのでしょうか。

宮地：当初は先行する市街地の周辺部を走らせていたんですが、旧江戸城の堀という線状の空白を使って市街地の中まで鉄道を通す、という発見を当時の甲武鉄道（現・JR中央線）がしたんですね。それから市街地の中に鉄道を走らせた方が、都市交通として有効だとなった。反対論は相当ありました。とくに銀座の辺りがそうで、だから銀座を避けるように路線が歪んで建設がされています。この時も堀に沿わせることが基準になっています。

中谷：鉄道や駅の場所なんかを決める時には、いろんなファクターがありますね。単に地形的な問題だけでもなくて、経済的な理由がとくに大きいと思いますが、さまざまな人間の欲望が渦巻いてくるじゃないですか。その時の決定プロセスみたいなものも、鉄道を考える時には当然入ってくるだろうと思うんですが、その辺に関してはどうですか?

宮地：たとえば秋葉原駅周辺は、貨物専用の駅として神田川の水運と結ぶために、住民の反対を押し切り、強引につくられた経緯があります。おそらく用地買収をできるだけ抑える経済的な理由だったり、あとは秋葉原のように拠点として建設しなければならない理由があったりとか、そういう鉄道側の論理は大きいと思います。

中谷：結論に、都市というのは切り刻まれても合理的に自己生成していく可能性をもっている、とありますね。恩師の言葉を継いで非常にいいことを言っていると思うのだけれど、ただそれがなぜ東京論なのか。東京論とつけなくてもよかったのではないか。

宮地：東京論と言うとおおげさになってしまうかもしれませんが、江戸時代がもっている土地や都市のあり方に矛盾する部分がたくさん存在しているところを取り上げたいという思いがありました。建築を学んでいる人間って、「都市は建物の集合」みたいな見方をしていると思うのですが、本来はもっといろんなものが存在していて、そういうものを全部含めないと本当の（東京の）都市論とは言えないのじゃないかと考え、つけました。

今村：都市を考えるとき、その評価の仕方はいろいろあるんですが、公共交通機関に関しては密度と安定性において東京はどの国と比べても圧倒的に優れている。ですから、東京を研究するときに、そこに着目するというのは当然大切ですね。人びとの生活のスケールと全然違う、暴力的なスケールが都市に発生している状況に説得力をもたせるとき、普通だったら写真を分析に使うと思いますが、それを一切やっていない。だからこれは平面において線がどんと引かれてしまうということに意図的にフォーカスを当てた研究なんだと、そう思いました。

パトリック・ゲデスによるインド バローダBarodaにおける都市計画に関する研究
―保存的外科手術の実践と定着―

ガネーシャ祭りに溢れる群衆

牛の横たわる街路空間

Name:
鮫島 拓
Samejima Hiraku

University:
滋賀県立大学大学院
環境科学研究科 環境計画学専攻
布野修司研究室

序章

本研究では、英国の都市計画家であり近代都市計画の父と称されるパトリック・ゲデス Patrick Geddes に焦点を充て、その計画が実践された都市としてインド バローダ Barodaに着目する。

ゲデスの都市計画は、伝統的な都市空間の「診断的調査Diagnostic Survey」に基づき、大規模なクリアランスを行わず、既存の要素を最大限生かしながら都市機能と生活環境の改善を図るもので、「保存的外科手術 Conservative Surgery」と呼ばれる。英領時代のインドにおいて、1914～1922年の間に、ゲデスによって50あまりの都市計画報告書が作成されたことが知られているが、ゲデスの都市計画の実践と都市空間への影響に関する論文はほとんど見られず、ついては「保存的外科手術 Conservative Surgery」の実態もほとんど明らかにされていない。

英国での資料収集において得られた、ゲデスによるバローダ都市計画報告書には、建物配置まで描かれた旧市街南西ブロックの1916年当時の詳細な現況地図(縮尺約1/1900)と、ポルと呼ばれる街区から構成される旧市街の具体的な改善計画が示されている(図01、02)。他の都市における都市計画報告書においてこれほど詳細な計画図が添付されている例はほとんどない。

そこで、本論文ではゲデスによる都市計画の事例として、インド、グジャラート州のバローダを対象とし、都市計画の実態を報告書の内容とその付図から明らかにし、それを現在の都市空間と比較することにより、計画の実現状況を実証的に明らかにする。さらに、実現状況と計画案を比較することで、ゲデスの都市計画がどのように都市に影響を及ぼし、また都市計画が実際の都市活動の中でどのように作用し、計画理念との間にどのような差異を生んでいるのかを明らかにすることを目的とする。

第1章　インドにおける活動と都市計画理論

ゲデスが最初にインドを訪れたのは、1915年にインドで開かれた「都市と都市計画展Cities and Town Planning Exhibition」主催の為である。その後約10年に渡りゲデスはインドで仕事をし、1914〜1919年に各地を精力的に訪問し、詳細な報告書を製作している(図03)。

バローダ以外の都市における都市計画報告書によると、ゲデスは「保存的外科手術」の理念と実践について、インドの都市における重要な問題を、暑い気候の土地での公衆衛生、中心部の混雑と人口過密、都市成長に対応する新地域の配置と捉えていた。

また診断的調査は、保存的外科手術の事前調査だけでなく、都市改善運動の提案のために行われていた。

第2章　バローダの都市形成と都市構成

2−1　バローダの都市形成史

バローダは、グプタ朝、ラーシュトラクータ朝、チャルキヤ朝時代に周辺地域の中心的都市であったとされ、ソランキ朝時代に大きく繁栄したといわれている。その歴史は、グジャラート王朝期以前、グジャラート王朝期、マラータ統治期、イギリス統治期に分けられる。

2−2　バローダの都市構成

現在まで、都市の中心施設として、ムスリムによる最初

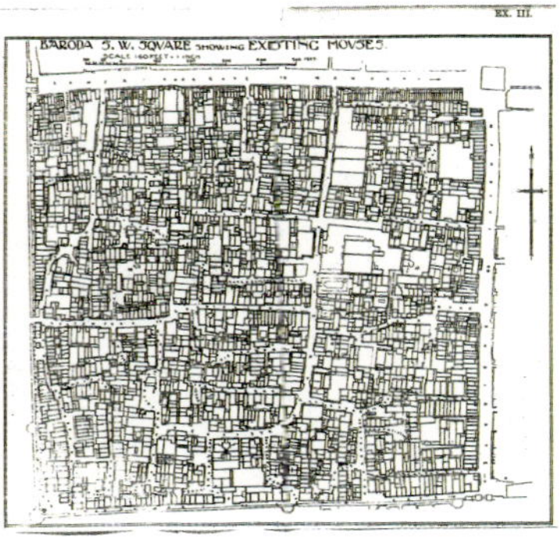

図01　South West Square Existing Houses(出展引用:A Report on the Development and Expansion of the City of Baroda by Prof. Patrick Geddes, Gcvernment of Baroda, 1916)

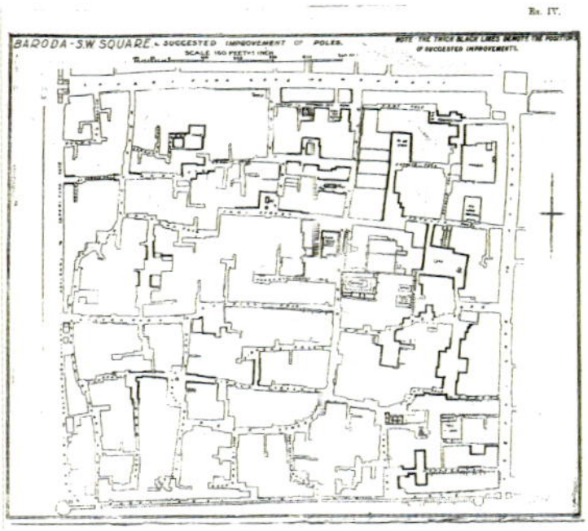

図02　South West Square Improvement Plan(出展引用:A Report on the Development and Expansion of the City of Baroda by Prof. Patrick Geddes, Government of Baroda, 1916)

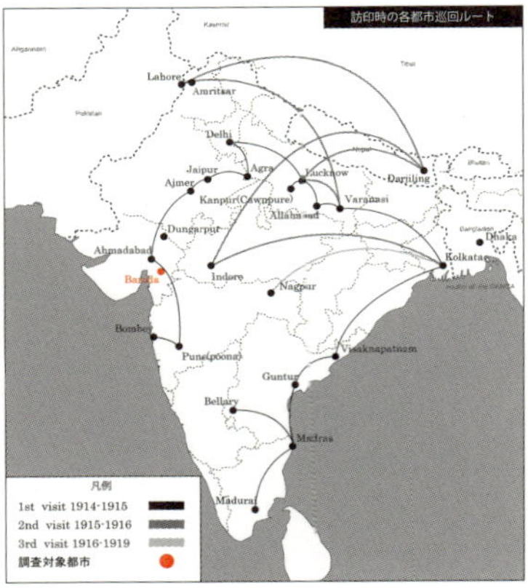

図03　訪印時の各都市巡回ルート

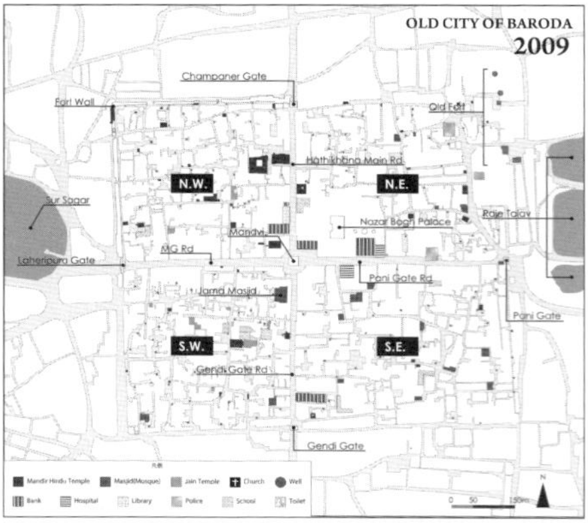

図04　旧市街の施設分布

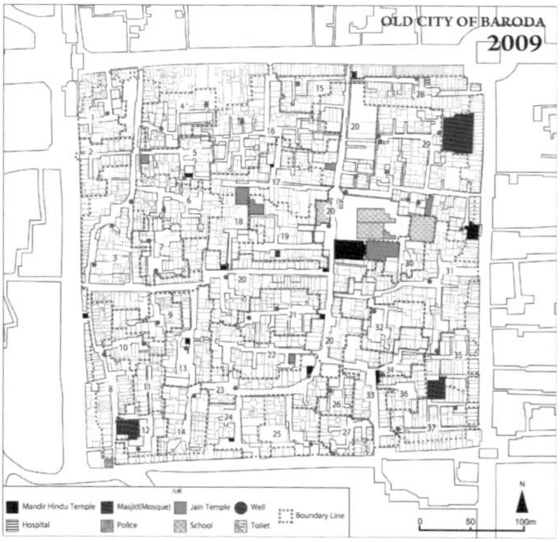

図05　旧市街南西S.W.ブロックの施設分布

の城砦が、次にガイクワードGaekwad家による2つの宮殿が建設されてきた。

旧市街は、急速な都市化がマハラジャ・サヤジ・ラオ3世によって行われ、旧市街の西に、市役所、裁判所、大学、鉄道駅などの近代的施設が建設され、市街地は西へ拡大した。旧市街では現在、市政府による改善計画ですらほぼ進行していないが、新市街では現在も開発が進んでいる。

2−3　バローダ旧市街の都市構成

旧市街は、正確に東西、南北を向く二本の大通りで正方形を四等分したような、非常に整然とした形態をしている(図04)。

市街地四辺のほぼ中央に四つの市門、市門同士をつなぐ市壁(一部のみ残存)、広場状の交差点となっている市街地の中心に四層の楼門がある。

旧市街の4つのブロック内は、細い路地が縦横に走り、3〜4階建てを中心とする住居が密集する、高密な集住空間が形成されている。

多くの寺廟には、各々の地区の住民が集まり、談笑する姿やお祈りをする姿などが見られ、現在もコミュニティ施設として機能していることが分かった。

南西S.W.ブロックの街区構成としては、街路はポルpol、プラpura、モハッラmohallaなどと呼ばれ、それぞれの街路が一つの街区を形成していると考えられる(図05)。

街路門がブロック内に数多く分布し、外部の人間が多く行き来する地域で居住空間のプライバシーを守ろうとする意識が高いことが伺える。

第3章　バローダにおける都市計画の実践と都市空間の変容

3−1　バローダ都市計画報告書

バローダ都市計画報告書の記述部分の内、「第1章(Ⅱ):バローダ城砦地区」と「第2章:ポルの改善」に主に着目し、内容を検討した。

第1章(Ⅱ):バローダ城砦地区においては、マンドゥビMandviの改善、4つの市門への助言、中央エリアへの提言、色彩についての4つの提言が確認できた。中でも特に多くのページを割いていたのが、色彩についてであり、color washingという住居外壁の塗り替え技法が、住民参加を伴う改善にとって最も効果があり、また改善への事前調査にもなりえるとしている。

第2章:ポルの改善においては、凡そ13の項目について記述があり、計画案に関するものと、その他の問題に関するものに大別される。

計画の骨子は、適度な費用で実質的なオープンスペースの増加と路地の連結を行うことであると明言されているが、その他の記述は、瓦礫の再利用や住民参加の意義など、具体性に欠けるものであった。市壁については、

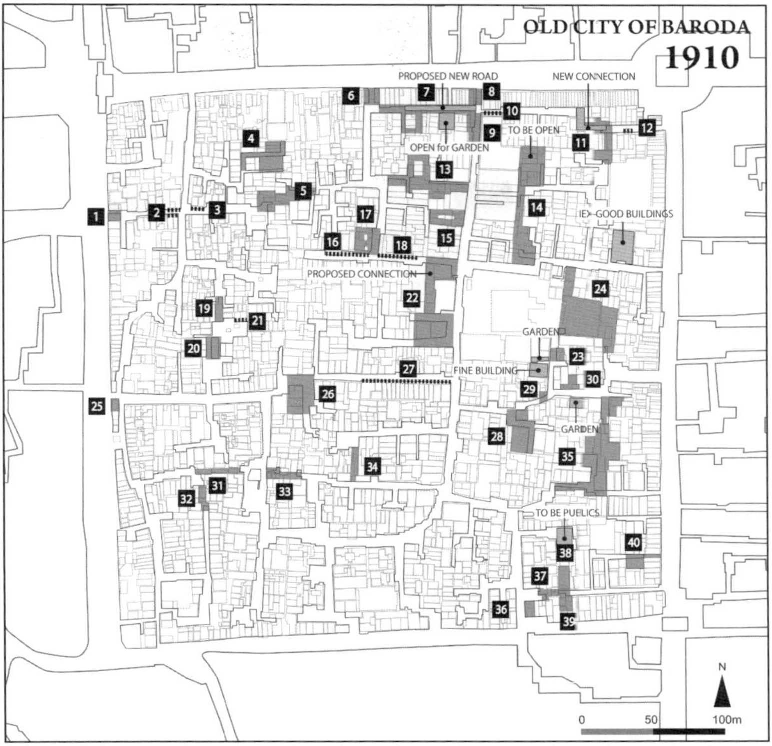

図06　計画案の概要

都市の品格と性格を考え残すべきであると記されている。

その他の内容は、どれも都市計画というよりも社会運動の一部として記されたものであった。

3−2　計画案の内容（1910）

報告書に付されている2つの図（図01、02）を用い、他の報告書に出てきた計画案の内容についてのキーワードを基に分析を行った結果、南西S.W.ブロック内40箇所において、69案が確認された（図06）。

続いて、規模や対象とした建物などに注目して、さらに詳細な分析を行うと、報告書に見られた「段階的な改善」を行う上で、優先順位が高いと考えられる第１ランクの街路に対する提案が多く見られることが明らかになった（図07）。

さらに、他の報告書で頻出していた“除去すべき”として「選択された不要な建物」が、計画図に「描かれていない」ことに注目すると、計画図に示された太線（図02）が、1910年当時の既存住居とピタリ一致したことにより、ゲデスの計画の新たな特徴として、「複合的計画」と「雁行した形態」が浮かび上がった。

「複合的計画」の特質として、多くの建物を取り壊す必要がある地区に、いくつかの要素を複合した計画を行うことで、合理的かつ、様々な場所が生まれる計画としている点に、ゲデスの計画における創造的側面が見られる。また、恣意的な線を一切引かずに、「不要な建物の選択」による計画の結果として「雁行した形態」が現れていることが分かった（図08）。

つまり、「雁行した線」の正体は不要な建物の“メタファー”であると言える。恣意的な線を引かず、不要な建物を選択することで、バローダ、及びインド諸都市で古くから根付いている街路形態が保存され、既存街区空間

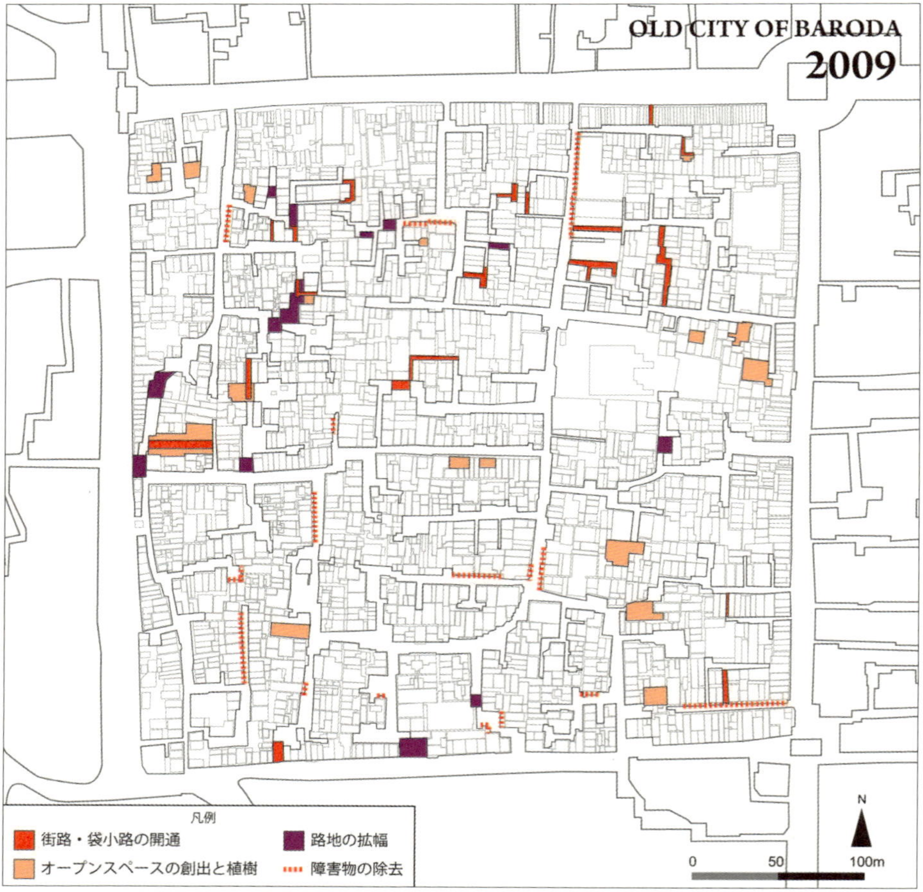

図07　計画外の街区空間の変容

図08　複合的計画の一例（左から選択前、選択された不要な建物、変容後）

実現したオープンスペース

不要物の除去によるオープンスペースの創出

によって導かれた線によって、計画が違和感無く都市に馴染み、新たな空間が提示されていることが「保存的外科手術」の本質的な特徴であると考える。

3−3　計画の実現状況と街区空間の変容(2009)

ヒアリング調査によれば、バローダにおける改善計画はゲデスの計画を基に市当局によって改善計画が作製され、その後段階的に実施されたという。

■実現状況

フィールドサーヴェイで得られたデータと報告書に付された1910年の都市図より、実現した計画、実現しなかった計画、計画以外の変容の３つの視点から比較考察を進めた結果、ゲデスの提案70に対して、実現した計画は全部で26案と４割以下であることが分かった。

これらの特徴から、政府はよく使用される街路を連結させてより多くの動線を作り、さらに障害物の撤去を行うことで改善されると考えていたことが伺える。

■街区空間の変容

計画外の街区変容とは、1910年の地図から2009年の都市空間に至るまでの約100年間の都市の変容である。

計画以外の変容個所は66箇所に及ぶことが確認できた。計画の実現状況と計画以外の変容を比較したところ、大きな差違は見られず、共通した内容であることが確認できた。

さらに、前節で明らかにした「複合的計画」、「形態における特徴」、「不要な建物の選択」という特徴を念頭に置いて比較検討すると、全ての変容箇所においてゲデスの計画案との共通点が見られた。

結章

本論文で明らかにしたことは以下の通りである。

・バローダ都市計画報告書の内容：報告書の付図における改善計画の詳細さとは対照的に、本編においては空間的な計画について具体的に提案が行われていない。都市改善運動を促すことも目的の内であった。

・バローダでの保存的外科手術の具体的内容と特質：計画の骨子は、適度な費用で行う実質的なオープンスペースの増加と路地の連結であった。優先順位が高いと考えられる第１ランクの街路に対する計画が積極的に提案されていた。「複合的計画」によって合理的かつ多様な空間を創造していた。「不要物の選択」によって「雁行する形態」が生まれていた。

・計画の実現状況：実現率が4割以下であった。第１ランクの街路への計画が優先的に実行され、特に障害物の除去、次に街路・袋小路の開通が積極的に実現された。オープンスペースの創出や、(第１ランクの街路に対する提案であるにも関わらず)路地の拡幅、第2ランクの街路の開通に消極的だった。

・街区空間の変容：計画外の変容箇所が多くみられる。ゲデスの計画の特徴と計画外の変容の特徴に共通点が見出される。

・ゲデスによる都市計画が都市に与えた影響：住民の自発的な都市改善運動の促進に寄与した。100年もの間都市の変容に対応しうるサステイナブルな手法を植え付けた。

おわりに

ゲデスの保存的外科手術を評価する際、100年という長大な時間のフィルターを通して見ることは非常に有効であったと言える。なぜなら、ゲデスの保存的外科手術の目的は、現在起きている都市の問題を解決することのみにあるのではなく、その継続、もしくは「保存的外科手術」という改善運動の人々への喚起によって、市民が自発的に都市に目覚めるようにすることだからである。つまり、ゲデスによる都市計画の成果についての本当の評価は、この長く厳しい時間を経ないと分り得ないものであり、今、その成果をここに発表できたであろう。

秩序と混沌、喧騒と静寂、微細と疎雑、幾何学と非幾何学、光と影、、、インドにはいくつもの矛盾があり、そこに住む人々のエネルギーが凄まじく渦巻いていた。

臭い、暑い。

鼻が利かなくなりそうなドンヨリ重たい匂いと、肌がジリジリと焼ける程の熱気。

「たまらン」

ゲデスがインドの地を最初に踏んだ時、こう思った、だろうか。

ワタシはインドの地を最初に踏んだ時、そう思った。

私は、100年前にゲデスが踏んだ地面を踏んだ。

コメンテーター・コメント@公開討論会

中谷:おもしろかったです。すこし気になったのは、パトリック・ゲデスが介入する以前のバローダの都市の計画があまり明瞭でないんですよね。プレ=ゲデスの部分をもう少し考えるとよいんじゃないかと思いました。たとえばバローダは真四角の城塞ですが、インドの古代都市づくりのセオリーがまずあって、ゲデスはそれを認識していたのか。あるいはゲデスの方法に対して、インドの本来もっていた姿勢といったものがどう対応していたのか。

鮫島:本文の最後にも書いたんですが、インドの都市理念でできあがったゲデス以前の都市とゲデスの関係は資料からもはっきり分からないんです。ただ僕自身の感想では、たぶんあったんじゃないかと。というのは、バローダはインドの都市理念でつくられた方形のなかに、細部が入り交じった迷路状の街区というイスラム都市に特徴的な街路形状となっています。ゲデスが細部を選択しながら都市を更新する手法を採ったのは、イスラム都市であるバローダが同じように細部からできているからではないか。

秋元:僕は環境系が専門なものですから、ゲデスの計画によって衛生とか保健とか、そういったことがらに関してなにか劇的に変わった点があったら教えてもらいたいと思います。

鮫島:ゲデスが調査したインドの20世紀初頭は、ゲデスが書いているところによるとペストが流行っていたり、ボウフラによるマラリア感染というのが問題にされていた時期です。こういうことに対しては都市改善運動などでも解決しようとしていたのですが、都市計画のほうの活動では、ものすごい交通量に対して道が狭かったのを拡幅することによって、マラリアやペストの問題を改善しようとしています。

本江:さきほど中谷先生がプレ=ゲデスについて質問をされたので、僕はポスト=ゲデスについて聞きたいと思います。ゲデスの都市計画の実践とか方法がどういうふうに残されていったのか。本文の3−3.のところでは、割とあっさり書かれてしまっているのですが、しかしゲデスの計画を元に改善計画がつくられたあと、インドは独立していますよね。植民地と独立国とでは都市計画はやっぱり違ってくると思うし、ゲデスの活動はどのように独立したインドに接続されていったのでしょうか。

鮫島:弟子の一人にルイス・マンフォードがいますけど、理念に関してそういう弟子たちに多分に受け継がれていると思うんですね。都市改善や衛生改善運動という面では。ただこのバローダ計画自体に関しては、あまり大きな影響が見られるわけではないと思っています。というのは、当時のイギリスの近代都市計画で見られるようなものとはまったく異質な計画を行っているからです。これはゲデスの反骨精神なのか何なのか分からないのですが、ゲデスに目をつけた理由のひとつでもあります。

本江:このバローダ都市計画は(エドウィン・)ラッチェンスがニューデリーの都市計画をした時代と完全に同時期ですね。ということは、ゲデスのしたことも20世紀前半の大英帝国のインド植民地化プロセスの中に組み込まれていると考えられる。だから今回はけっこうゲデスを褒めている感じになっているけれど、そんなに単純に「いい人」ではないという話もしないといけない。

今村:100年前と現代では、イギリスとインドの関係は政治的に全然違っているので、それを抜きにして単純に現象を比較するのはけっこう難しいかなと思う。ラッチェンスなどがインドに行って都市整備をしようというのは、やはり植民地化という思惑がかなりあって、社会階級改善を目的とした単純な話ではない。ゲデスがこれだけのエネルギーをかけて都市計画をして報告書を出すということも、なんらかの思惑があったわけで、そのあたりの関係性の捻れみたいなものが見えるとさらによかった。

非力学的性能を考慮したシェル構造物の形状最適化

第1章. 序

優れた建築の実現のためには、力学的合理性に加えて、意匠性や施工性などの数学的定量化になじまない非力学的性能も考慮する必要があり、このことが設計行為をより難しいものにする。

特に、建築形態と力学的合理性に強い相関があるシェル構造物においては、設計者の経験と直感によって実構造物として実現可能な形状を決定することは困難であるため、シェル構造物に対し、力学的指標としてひずみエネルギーなどを採用し、数学的根拠に基づいた理論的手法により形状決定を行う研究が成果を挙げており、実設計にも応用されている。

一方で、非力学的性能は数学的定量化が難しいため評価指標の確立には至っていない。本研究では、シェルに対する従来の構造最適化手法に加え、非力学的性能を考慮した新しい形状決定手法を提案する。

第2章. スプライン関数による形状表現

本研究では図01(a)(b)に示す2種類のパラメトリック曲面を用いて形状表現を行う。図の黒点は制御点と呼ばれ、制御点座標を操作することで様々な曲面形状を表現可能である。

図01　ベジエ曲面と制御点ネット

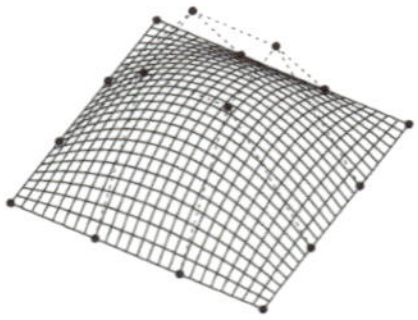

(a):テンソル積ベジエ曲面の例

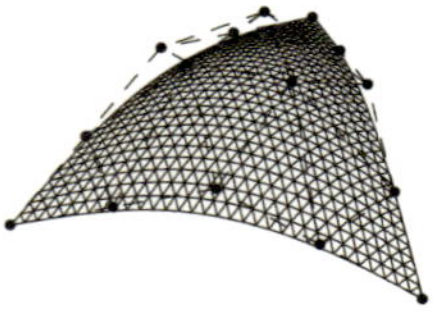

(b):三角形パッチベジエ曲面の例

第3章. 微分幾何学と曲面の代数不変量

本研究ではパラメトリック曲面から抽出される6つの代数不変量を非力学的性能の評価指標として用いる。代数不変量の値により曲面形状を次のように特徴付けることができる(図02)。

$\beta_2 > 0$:等高線は楕円状。さらに

$\beta_1 > 0$:曲面は局所的に凹(ex:(A))

$\beta_1 < 0$:曲面は局所的に凸(ex:(B))

Name:
藤田慎之輔
Fujita Shinnosuke
University:
京都大学大学院
工学研究科　建築学専攻
大崎 純研究室

$\beta_2 < 0$:等高線は双曲線状(ex:(C))

$\beta_2 = 0$:1つの主曲率が0

$\beta_0 = 0$:1つの主曲率が0(ex:(D))。さらに

$\beta_1 > 0$:0でない主曲率は正

$\beta_1 < 0$:0でない主曲率は負

$\beta_1 = 0$:曲面は局所的に平面

$\gamma_2 = 0$:勾配ベクトルと1つの主曲率方向が一致。さらに

$|\gamma_1| < |\gamma_3|$かつ$\gamma_3 > 0$:曲面は局所的に凹の筒状(ex:(H),この形状を谷と呼称)

$|\gamma_1| < |\gamma_3|$かつ$\gamma_3 < 0$:曲面は局所的に凸の筒状(ex:(I),この形状を山と呼称)

曲面全体で$\beta_2 = 0$:曲面は平面に展開可能(可展面)

曲面全体で$\alpha = 0$:曲面は球の一部

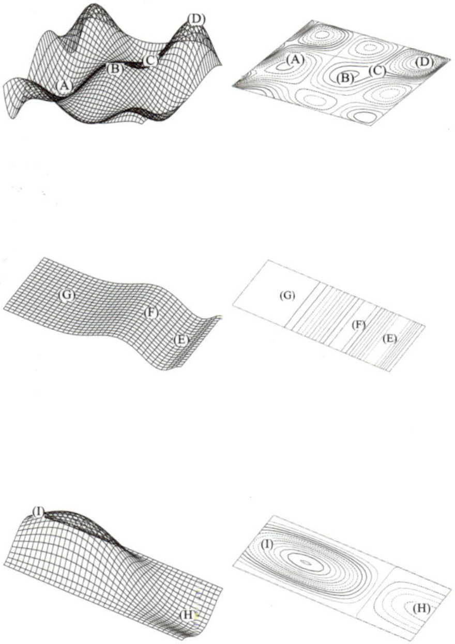

図02　代数不変量と曲面形状の関係

第4章. 最適化手法

最適化とは、ある制約条件下において、設計変数と呼ばれる可変の選択肢を調節し、目的関数を最大(最小)化することをいい、次のような形式で表わされる。

$$\begin{aligned} &\text{minimize} && f(\boldsymbol{x}) \\ &\text{subject to} && \begin{cases} \boldsymbol{g}(\boldsymbol{x}) \leq 0 \\ \boldsymbol{h}(\boldsymbol{x}) = 0 \end{cases} \end{aligned}$$

本研究では、設計変数$\boldsymbol{x}$を制御点座標とし、目的関数$f(\boldsymbol{x})$にひずみエネルギーを、不等式、等式制約条

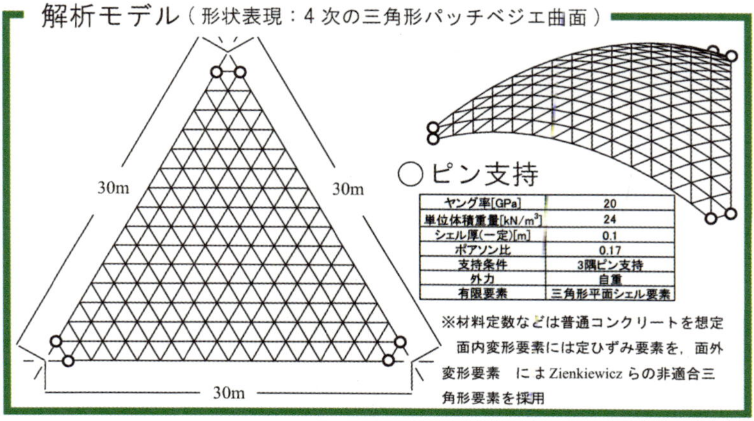

ヤング率[GPa]	20
単位体積重量[kN/m^3]	24
シェル厚(一定)[m]	0.1
ポアソン比	0.17
支持条件	3隅ピン支持
外力	自重
有限要素	三角形平面シェル要素

図03　解析モデル(形状表現:4次の三角形パッチベジエ曲面)

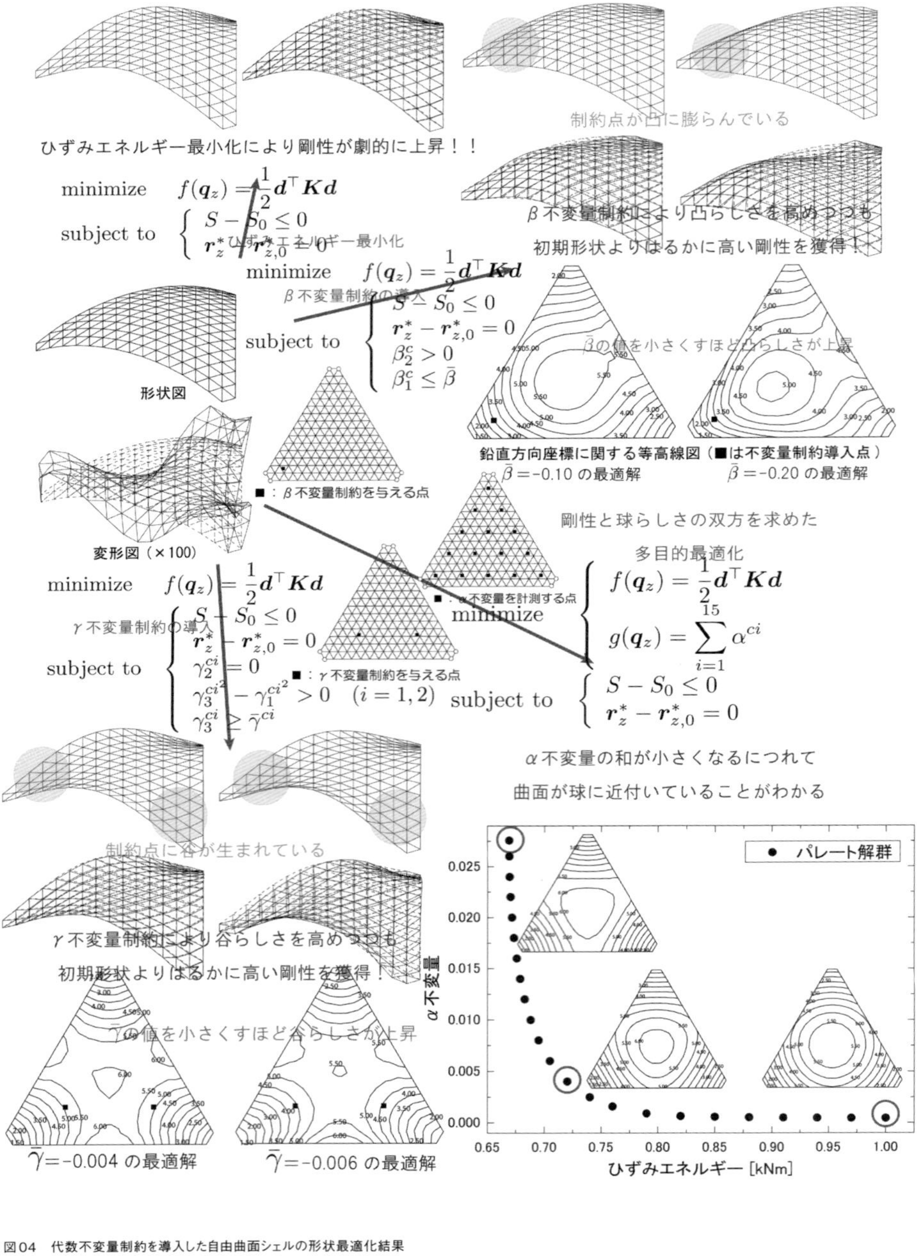

ひずみエネルギー最小化により剛性が劇的に上昇！！
minimize $f(\boldsymbol{q}_z)=\frac{1}{2}\boldsymbol{d}^\top\boldsymbol{K}\boldsymbol{d}$
subject to $S-S_0\le 0$, $\boldsymbol{r}_z^*-\boldsymbol{r}_{z,0}^*=0$
ひずみエネルギー最小化
形状図
変形図（×100）
制約点が凸に膨らんでいる
β不変量制約により凸らしさを高めつつも
初期形状よりはるかに高い剛性を獲得！
β不変量制約の導入
minimize $f(\boldsymbol{q}_z)=\frac{1}{2}\boldsymbol{d}^\top\boldsymbol{K}\boldsymbol{d}$
subject to $S-S_0\le 0$, $\boldsymbol{r}_z^*-\boldsymbol{r}_{z,0}^*=0$, $\beta_2^c>0$, $\beta_1^c\le\bar{\beta}$
■：β不変量制約を与える点
$\bar{\beta}$の値を小さくすほど凸らしさが上昇
鉛直方向座標に関する等高線図（■は不変量制約導入点）
$\bar{\beta}$=-0.10 の最適解
$\bar{\beta}$=-0.20 の最適解
剛性と球らしさの双方を求めた
多目的最適化
■：α不変量を計測する点
minimize $f(\boldsymbol{q}_z)=\frac{1}{2}\boldsymbol{d}^\top\boldsymbol{K}\boldsymbol{d}$, $g(\boldsymbol{q}_z)=\sum_{i=1}^{15}\alpha^{ci}$
subject to $S-S_0\le 0$, $\boldsymbol{r}_z^*-\boldsymbol{r}_{z,0}^*=0$
γ不変量制約の導入
minimize $f(\boldsymbol{q}_z)=\frac{1}{2}\boldsymbol{d}^\top\boldsymbol{K}\boldsymbol{d}$
subject to $S-S_0\le 0$, $\boldsymbol{r}_z^*-\boldsymbol{r}_{z,0}^*=0$, $\gamma_2^{ci}=0$, $\gamma_3^{ci^2}-\gamma_1^{ci^2}>0\quad(i=1,2)$, $\gamma_3^{ci}\ge\bar{\gamma}^{ci}$
■：γ不変量制約を与える点
制約点に谷が生まれている
γ不変量制約により谷らしさを高めつつも
初期形状よりはるかに高い剛性を獲得！
$\bar{\gamma}$の値を小さくすほど谷らしさが上昇
$\bar{\gamma}$=-0.004 の最適解
$\bar{\gamma}$=-0.006 の最適解
α不変量の和が小さくなるにつれて
曲面が球に近付いていることがわかる
● パレート解群
α不変量
ひずみエネルギー [kNm]

図04　代数不変量制約を導入した自由曲面シェルの形状最適化結果

件関数$\boldsymbol{g}(\boldsymbol{x})$、$\boldsymbol{h}(\boldsymbol{x})$に先に説明した代数不変量制約などの非力学的性能を評価する種々の制約条件を導入することとなる。最適化問題の解法には、感度解析に基づく理論的手法である逐次二次計画法を用いる。

第５章．ひずみエネルギーと代数不変量を考慮した自由曲面シェルの形状最適化

自重作用下におけるひずみエネルギーを目的関数とし、様々な代数不変量制約を導入した形状最適化問題を解く(図03)。 なお式中の、

$n,\ \boldsymbol{d} \in R^n,\ \boldsymbol{K} \in R^{n\times n},\ \boldsymbol{q}_z,\ S,\ \boldsymbol{r}_z^* \in R^6$はそれぞれ自由度、弾性変位ベクトル、弾性剛性マトリクス、制御点z座標、シェル中央面の面積、支持点z座標を表し、下添え字の０は初期形状での値を表す。

本研究ではシェル厚は一様としているので面積制約は体積制約と同義である。

解析結果から、純粋にひずみエネルギーを最小化すると、飛躍的に剛性が上昇していることがわかる(図04)。さらに、単純なひずみエネルギー最小化問題に様々な代数不変量制約を導入することで、凹凸や山谷、球らしさといった幾何学的特性を数値的にコントロール可能となった。

第６章．ひずみエネルギーと展開可能性を考慮した自由曲面シェルの形状最適化

次のように、曲面全体に十分多くのj個の点においてβ_2を０に制約する最適化問題を考える。

$$f(\boldsymbol{q}_z) = \frac{1}{2}\boldsymbol{d}^\top \boldsymbol{K}\boldsymbol{d}$$

$$\begin{cases} S - S_0 \leq 0 \\ \beta_2^{ci} = 0 \\ {\scriptstyle (i=1,\cdots,j)} \end{cases}$$

これは、３章で説明したように曲面全体でβ_2を０にすることで可展面の創生を狙ったものである。

３つの解析モデルに対し上記の最適化問題を解いた

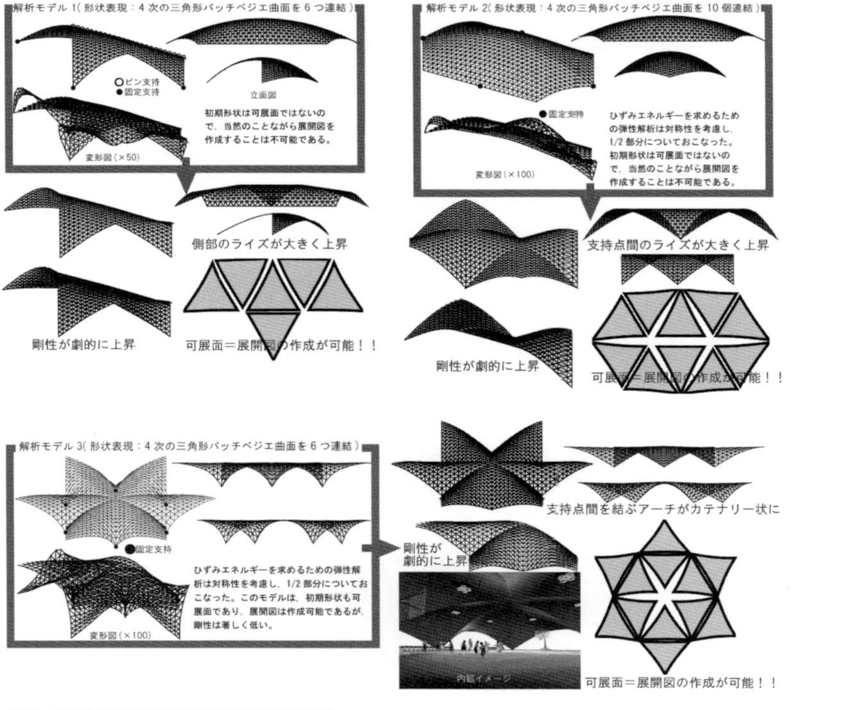

図05　可展条件を導入した最適化問題の解析結果の例

結果を示す。図のように高い剛性を有しつつも展開図を作成可能な形状を得ることができた（図05）。本手法により、ひずみエネルギー最小化により高い剛性を有しつつも、型枠作成が容易である面において施工性に優れた形状を獲得可能である。

第７章．ひずみエネルギーと代数不変量を考慮したラチスシェルの形状最適化

第５章で示した手法は、ラチスシェルにも適用可能である。単純に弾性解析における有限要素がシェル要素から梁要素に変わるだけであり、手法のアルゴリズムは全く同じである。図06に示すようにラチスシェルに対しても曲面の幾何学的特性を定量的に評価可能である。

なお、ラチスシェルの部材断面はすべて一様な円形鋼管とし、形状諸元は右上の表のとおりである。

解析モデルの形状諸元	
ヤング率[GPa]	210
ポアソン比	0.17
単位体積重量[kN/m^3]	77
引張強さ[N/mm^2]	235
外径[mm]	135.2
厚さ[mm]	4

第８章．ひずみエネルギーと部材長一様化を考慮したラチスシェルの形状最適化

第６章において、連続体シェルの施工性について展開可能性に着目したが、ラチスシェルの施工性については部材長一様性に着目し、すべて同じ長さの部材で構成されるラチスシェルの創生を試みる。部材断面が同一であれば、すべての部材が同一となるため施工管理が容易となると考えられる。部材長一様性の評価は部材長の平均部材長からの差の２乗和

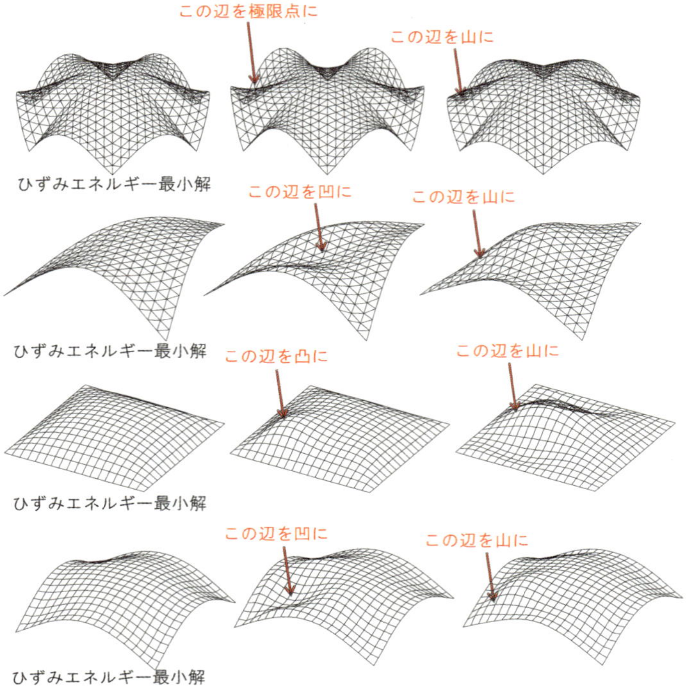

図06　５章の手法を隅角部固定支持ラチスシェルの適用した例

$$g(\boldsymbol{q}_x, \boldsymbol{q}_y, \boldsymbol{q}_z) = \sum_{k=1}^{m} (l_k - l_{ave})^2$$

により行い、次のような最適化問題を考える。

$$\begin{array}{ll} \text{minimize} & f(\boldsymbol{q}_x, \boldsymbol{q}_y, \boldsymbol{q}_z) = \dfrac{1}{2}\boldsymbol{d}^{\top}\boldsymbol{K}\boldsymbol{d} \\ \text{subject to} & \left\{ \begin{array}{l} L(\boldsymbol{x}) - L_0 = 0 \\ g(\boldsymbol{x}) = 0 \end{array} \right. \end{array}$$

なお、設計変数は制御点x, y, z全方向の座標$\boldsymbol{q}_x, \boldsymbol{q}_y, \boldsymbol{q}_z$とし、$m$, l_i, l_{ave}, Lはそれぞれ部材数、i番目の部材の部材長、平均部材長、総部材長であり、本研究では断面を一定としているので総部材長制約は体積制約と同義である。この最適化問題を解くことで、すべての部材長を揃えることが可能である。図07～10に3,4,6角形グリッドで構成されるラチスシェルに本手法を適用した結果を示す。なお、図中に最大部材長と最小部材長の差を$l_{max} - l_{min}$として表わしている。シェルの規模から考えて、$l_{max} - l_{min}$が1mm以下であれば完全に部材長は一様化されていると言える。

解析結果を見てみると、３角形グリッドは部材長を揃えると部材角も60度で固定されるため形状表現の自由度は小さく、シリンダー状とならざるを得ないことがわかる。4角形、6角形グリッドは３角形グリッドと比べ形状表現の自由度は高く、部材長を一様化しつつも剛性の極めて高い形状が得られた。特に6角形グリッドのモデルは設計変数を選考して複数の節点の移動を拘束した場合でも部材長一様解が得られており、部材長の完全一様化という極めて厳しい制約条件下においても様々な形状を創生可能である。

第９章．鋼構造設計規準の応力制約を考慮したラチスシェルの形状最適化（略）

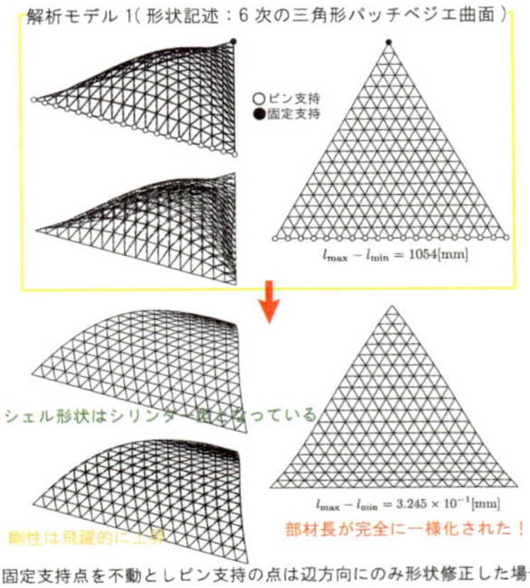

図07　部材長一様条件を導入した最適化問題の解析結果の例1

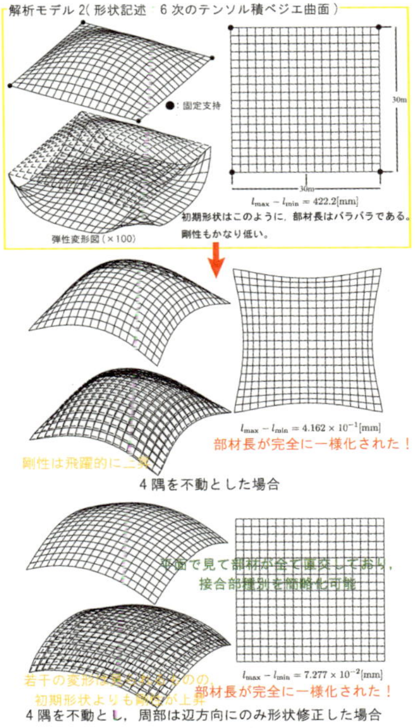

図08　部材長一様条件を導入した最適化問題の解析結果の例2

第10章. 結論

まず、5章や7章で示した手法により、ひずみエネルギー最小化問題に代数不変量制約を導入することで、凹凸や山谷、球らしさといったシェル曲面の幾何学的特性が定量的にコントロール可能となった。デザイナーのイメージする曲面を定量的に再現したり、内部空間の確保のために曲面を膨らますといった現実的な条件に対応するためには適切に不変量制約を導入する必要があるが、本研究で提案した代数不変量は座標系によらない普遍的な量であり、汎用性を持っているため、様々なシェル構造物に対して適用可能である。

6章では、自由曲面シェルの施工性を考慮した形状最適化手法として、可展面を創生する手法を提案した。一般に、線織面が型枠が線材で構成されるために施工性に優れていると言われているが、可展面は、線材ではなく面材で曲面を構成可能であることから、少なくとも線織面以上の施工性を有していると考えられる。

8章では、ラチスシェルの施工性を考慮した形状最適化手法として、部材長を一様化する手法を提案した。部材断面が一様ならば、すべてシェルの構成部材がすべて同一となり、施工管理が容易になると考えられる。

また、x, y, z全方向を形状修正して最適化を行った場合、極端に長いもしくは短い部材が得られる現象が起こるが、これを防ぐ上でも効果的である。今後の展望として、将来的には部材角を一様化する手法の開発にも取り組みたい。

以上、本研究の成果により、従来理論的手法によるシェルの形状決定問題に取り入れられてこなかった非力学的性能を、具体的な数式として定義し定量的に評価することで、力学的性能と非力学的性能の双方を勘案したシェル構造物の形態創生が可能となった。

本研究が、最適化手法の実務への更なる適用に向けた一助となれば幸いである。

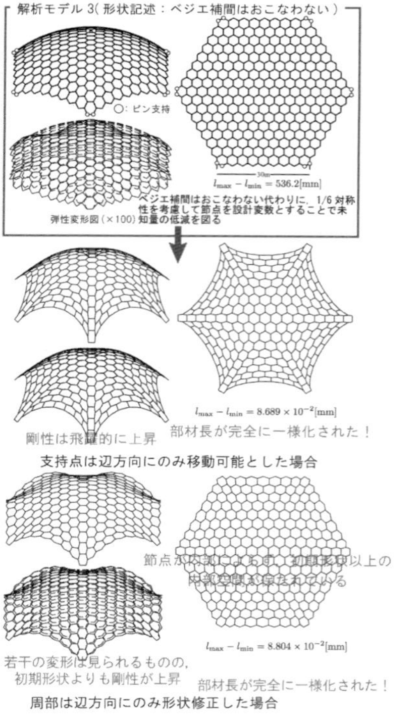

図09　部材長一様条件を導入した最適化問題の解析結果の例3

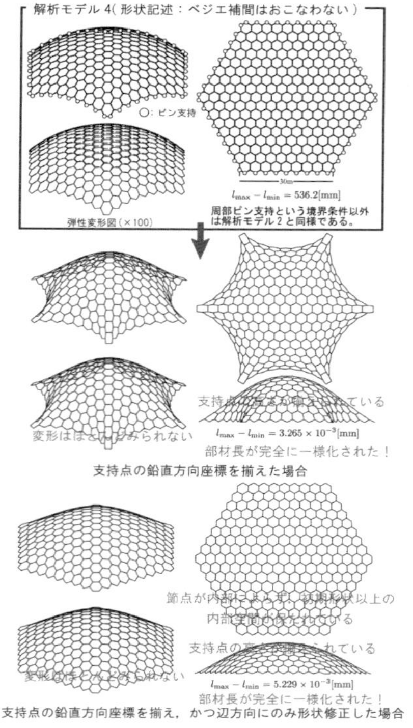

図10　部材長一様条件を導入した最適化問題の解析結果の例4

コメンテーター・コメント@公開討論会

今村:ふたつほど、うかがってみたいことがあります。私の大ざっぱな理解ですが、基本的にはこの研究は、通常は定量化に向いていないような意匠と経済の要素を組み込んで、今回はシェルというものを使って最適化をするものですね。そのときにほかの構造形式であっても同じ研究ができると思うんですが、なぜシェルを使ったのか。もうひとつは、力学的要素以外を入れて考えるということで非常に興味深く聞いたのですが、意匠性に関してはどうなんでしょう。やはり感覚的なものなので、経済性とか施工性のように単純化しにくい要素だと思うんですね。

藤田:まず最初の質問についてですが、シェル構造は箱形建築と比べて、形のもつ強さによって大スパンを可能にしてきた構造形式ですので、その形がある程度、構造的な理由から決められます。この研究はあくまで力学的に不合理であれば意味がなくて、かつその上でほかの経済性などの要素も考慮していこうというプロセスだったので、構造的な法則によって形が決まるシェルを扱いました。2点目なんですけれども、たしかに意匠性や建築計画というのはかなりデリケートな部分なので、難しいことは承知の上だったんですが、自問自答していました。逆に、たとえばある建築家がドローイングを描いて「こういう曲面形状をやりたい」というような時に、その曲面の不変量を計測して、それに近い範囲の中で力学的剛性を高めていくというプロセスも可能です。それから単純に「この辺をちょっとホールにしたいから膨らませてくれ」という時などに、どれくらいの数値を入れると、どの程度膨らむかというのが自分で値を変えていってコントロールすることができるので、設計者と一緒になって、対話的にできるんじゃないかというふうには考えています。

本江:建築家が曲面をどんなふうに注文してくるかが問題ですよね。「もっとふっくらした感じにしたい」とか「もっとにゅるってなってる方がいい」とか、そういう言葉ではどうなんでしょうか。

藤田:具体的に絵でもらえれば可能なのですが、口で言うイメージをこちらでつくるのは難しいところがあるとは思います。

池田:僕も曲率を決めて設計するのは比較的好きなので、今回の代数不変量のとり方には共感しています。また、ほかの研究室とくらべても独自なものがあって、すごく意匠的に可能性があると思いました。ベジエをとり上げたのにはすごく共感して、だから代数不変量がリンクできるわけですよね。ちなみに大崎先生の研究室では、これをほかの人たちともいろんなテーマでやっているのですか?

藤田:今、在籍している学生の中では、私以外やっていないです。僕は学部が名古屋大学の大森博司先生のところで、そのときからシェルをテーマにしていたんです。学部の時は構造的な要素だけを扱っていたんですけど、大学院で京都大学に移って、それ以外のものをやりたいとずっと思っていたので、大崎先生に相談して進めていきました。

池田:その意匠的にデザインをしていくときに、ベジエによるカーブのとり方とか曲率のとり方はすごくいいなと思うんですけれども、たとえば型枠で展開面をつくるということは、ほとんどひずみエネルギーとは逆の発想になるので普通はやらないと思うんですね。それとやはり、建築家が細かい形を要求してくるときに、その経済性とか施工性の話は、今の設定ではおそらく現実的ではなく基礎的な研究になると思うんです。可能性はもっていると思うので、どんなものが要求されるかとか、たとえばモデルの限界みたいなものを展開していくとおもしろいと思いますが、たとえば型枠だけじゃなくて鉄筋とかコンクリートとか、現実にやってると非展開面でもすごく合理的に安くできたりするんですね。だから、構造以外の人と何かリンクをするかたちで話を進めていけると、本当にひずみエネルギーを求めることが最適なのかという点も含めて、いろいろ考えていけると思います。

商業用途におけるテンポラリースペースに関する研究
―滋賀県のロードサイドを対象として―

Name:
桑山 竜
Kuwayama Ryo
University:
滋賀県立大学大学院
人間文化学研究科　生活文化学専攻
佐々木一泰研究室

1. はじめに

1－1. 研究の背景

商業用途において仮設的手法を用いた空間（以下、テンポラリースペースと呼ぶ）は、現代社会の1つのモデルとして確立し、非常に大きな役割を果たしている。この空間はその歴史的背景から、これまで歩行者空間に存在することが多かった。

しかし時代は流れ、テンポラリースペースはロードサイドという自動車空間にまで溢れている。なぜ、歩行者空間でなく自動車空間にも存在するのか？ また、自動車空間における特殊性はあるのか？ このような疑問に対する答えはテンポラリースペースの将来性を探る上で大きな手がかりとなるはずである。

1－2. 既往研究の検討と本研究の目的・意義

商業用途のテンポラリースペースに関しての研究は、これまで屋台という形態を除き、ほとんど扱われていないうえ、本研究のテンポラリースペースはもっと広義なものを対象としている。

一方で、ロードサイドに関する研究は様々な角度から行われてきたが、大規模商業施設を対象としたものが中心であった。テンポラリースペースのような小規模な店舗は現状さえ把握されておらず、さらにミクロな視点の研究が必要である。

本研究では、滋賀県のロードサイドを対象とし、テンポラリースペースについてどのような意味や特徴をもつのかを調査・考察から明らかにすることを目的とし、今後のロードサイドにおける空間利用や小規模な商業行為への新たな指標としたい。

1－3. 定義と研究方法

・テンポラリースペース：成立に関わる諸条件の変化に対し、可動・移築・組立て・解体といった仮設的および可動的手法を用いる空間。

・ロードサイドの設定：本研究では滋賀県内を走る国道全線、主要道である県道2号、湖岸道路に接道している敷地を本研究におけるロードサイドと定義する。

・研究方法：フィールド調査、実測調査、ヒアリング・アンケート調査を行い、都市レベル・空間レベル・使用実態や経営者の考えといった視点から記録・考察を行う。

図01　類型化のダイアグラム

1－4. 対象地について

滋賀県は琵琶湖を中心に近江盆地を形成しているが、湖東・湖西・湖南・湖北の４つの地域に分けられる。人口分布に関しては県全面積の湖南から湖北の平野部に人口の約70%が集中している。また自家用車の平均保有台数が高く、パーソントリップ調査においても自動車の占める割合が高いことなどから自動車社会が確立している。

2. 都市・地域レベルの考察

2－1. 類型化

フィールド調査で抽出したテンポラリースペースに関して類型化を行った（図01）。類型化の指標は以下の通りである。縦軸は、テンポラリースペースが敷地に対して「独立しているか、独立していないか」、横軸は、テンポラリースペースの立地が「市街化調整区域内にあるか、区域外にあるか」を示す。

図02　テンポラリースペースの分布状況

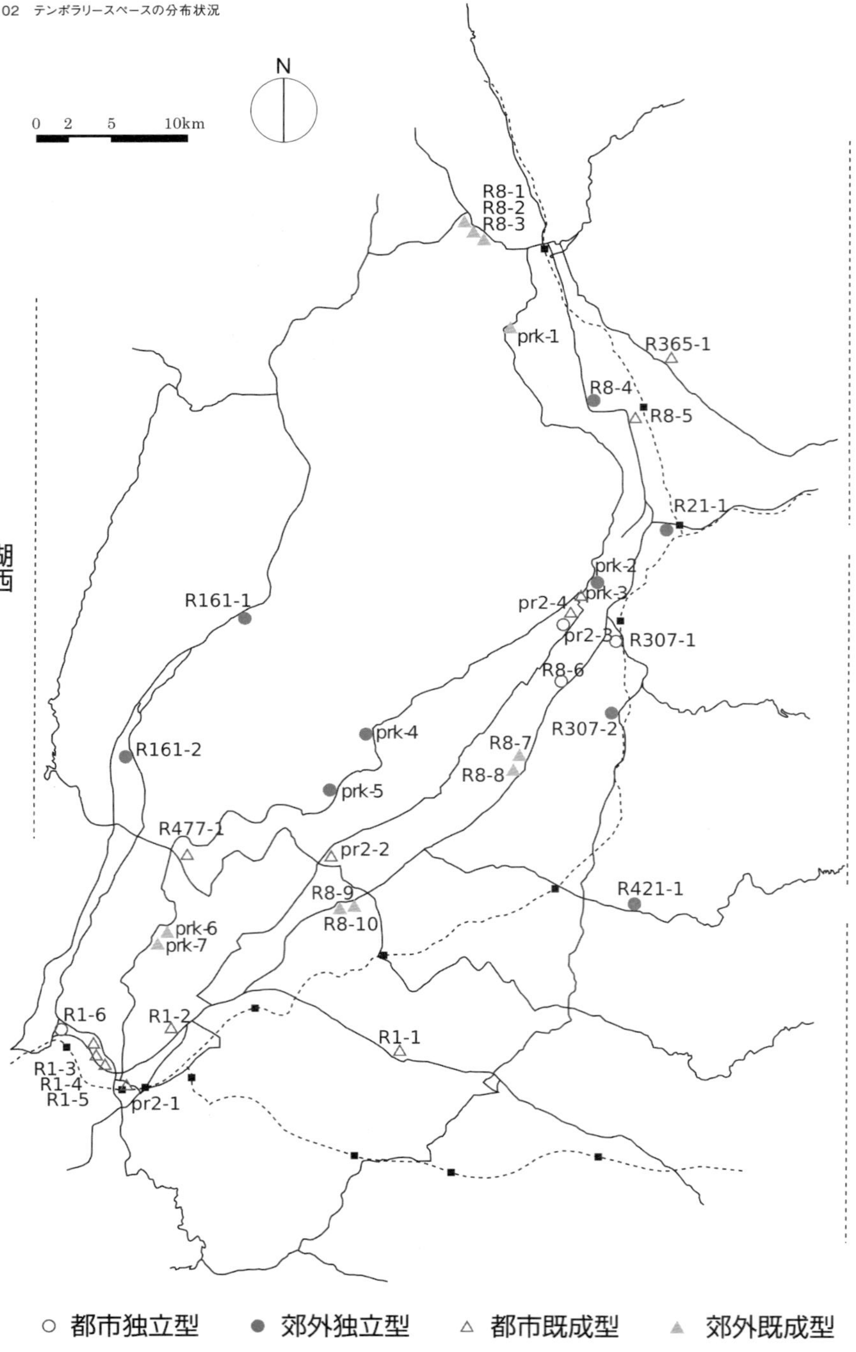

2−2. フィールド調査の結果

テンポラリースペースの分布は図02のようになる。特徴としては、道路の広がりは異なるものの湖西に少なく、湖北・湖東・湖南を中心に分布が見られることである。これには、滋賀県の人口分布が大きく関係していると考えられる。さらに、国道1・8号線沿いといった特に重要な幹線道路（交通量や店舗の集積も高い道路）に多く分布している。

類型化を考慮して分布（図02）を見ると、湖北・湖南に既成型が多い。交通量が少ない湖北では建築形態のロードサイド店舗でも集客が難しく、既成型として公共施設などに依存していることが考えられる。また、湖南では交通量が多く、好立地であるがゆえにテンポラリースペースが独立して敷地を確保することが難しい。そして、コスト負担も大きく、財政的リスクも高いことから、既成型にしてコスト・リスクを減らすことが考えられる。

一方、湖東・湖西には独立型の分布が多い。これはどの対象道路も交通量を見込むことができ、湖南よりも建築形態の店舗が建ち並んでおらず、敷地の確保がしやすいことが考えられる。

また、類型化で分類したテンポラリースペースには以下のような特徴が見られた。

・都市独立型：歩道環境が良好で歩行者の利用も考えられることから、駐車スペースの確保をそれほど重要視していない。そして、自動販売機の設置など常設的な経営がうかがえた。

・郊外独立型：敷地を確保することが都市独立型よりも容易であるため、広い駐車スペースを単独で使用しているものが多い。さらに、道路環境にも余裕があることから、路肩部分を占有しているものも確認された。

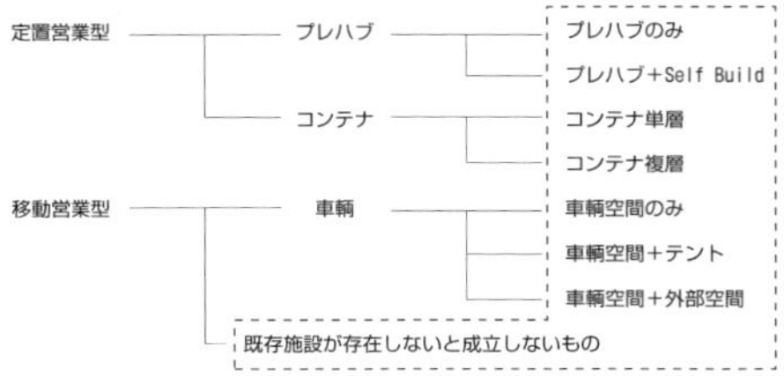

図03　空間構成の概念図

・都市既成型：都市部の既存施設にオープンスペースが少なく、営業場所の確保が難しい。主にスーパーやショッピングモールなどの商業施設内で営業を行う。

・郊外既成型：既存施設の駐車場が広いため、幹線道路から視認できないものが多い。ここから、道路利用者よりも既存施設利用者のためのものといえ、利用客に関して特に既存施設に依存している傾向がある。

3. 空間レベルの考察

3−1. 空間構成パターン

テンポラリースペースの形態は、いくつかの空間構成に分類できる。

まず、敷地に対して常設的に設置される定置営業型、移動を前提としている移動営業型に分類できる。フィールド調査の結果からほぼ定置営業型は独立型、移動営業型は既成型に属することが確認された。さらに細分化すると図03のようになる。

3−2. 空間構成からの比較

・プレハブのみ：テンポラリースペースで最も多い空間形態である。空間構成は単一なものがほとんどで、利用客との動線は明確に分けられる。

・プレハブ+Self Build：プレハブの場合、面積を広げる一般的な手段で、壁面を作り出すことが可能なことから、空間構成に制限がなくなる。また、プレハブ部分の屋根が片流れであるので、連結は比較的容易である。

・コンテナ単層：プレハブと比較すると、耐久性・耐荷重性に優れていることから、内装を施すことができる。そのため客席空間を作ることができるが、面積あたりの客席数を考えるとカウンター席の設置が一般的である。

・コンテナ複層：1つの大空間が欲しいときに非常に有効な空間形態である。しかし、重量も大きくなることから移動性は低い。単層と同様に屋根の形状は陸屋根であることから、耐候性にも強いことがわかる。

・車輌空間のみ：テンポラリースペースの中でも最小の空間であり、移動性に優れている。面積が小さいためストック・設備・従業員動線を最小限に抑え、作業効率を高める。

・車輌空間+テント：車輌の場合、面積を増やす最も容易な手段であり、車輌とテントの配置によって空間構成

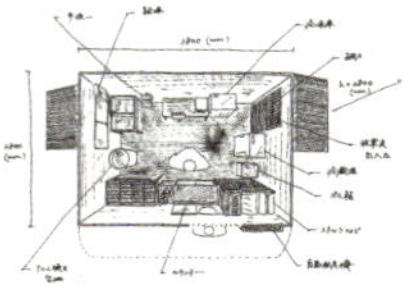

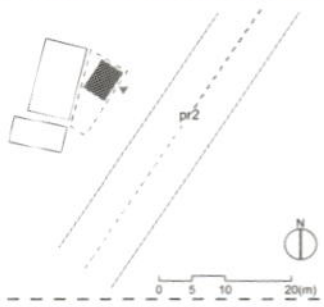

プレハブのみ
pr2-3

彦根市平田町（近隣商業地域）
県道2号線沿い
敷地面積：50㎡
占有面積：10.6㎡
駐車場状況：単独使用（2台）

調査データ（pr2-3）

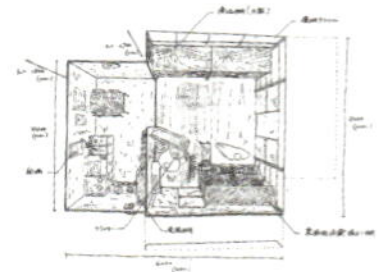

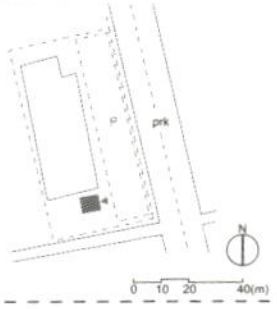

プレハブ＋Self Build
prk-4

近江八幡市大中町（市街化調整区域外）
湖岸道路沿い
敷地面積：2600㎡
占有面積：30.5㎡
駐車場状況：共有使用

調査データ（prk-4）

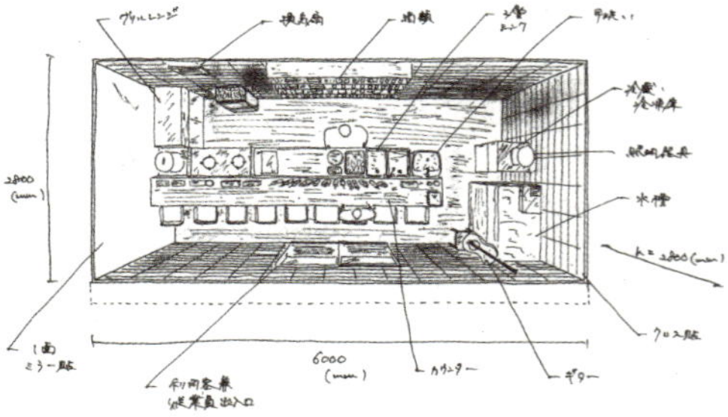

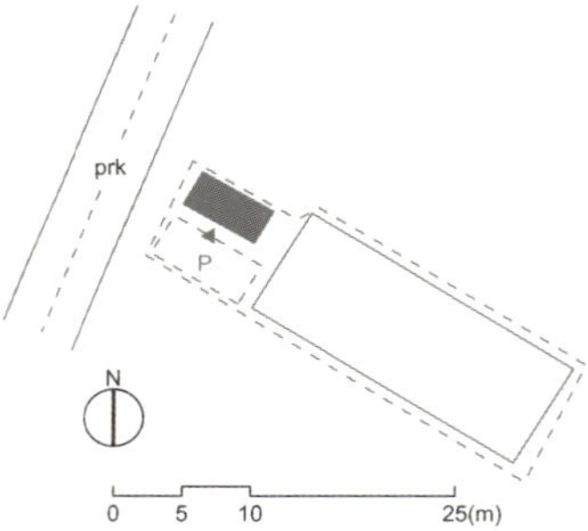

コンテナ単層
prk-2

彦根市松原町（市街化調整区域外）
湖岸道路沿い
敷地面積：300㎡
占有面積：16.8㎡
駐車場状況：単独使用（3台）

調査データ（prk-2）

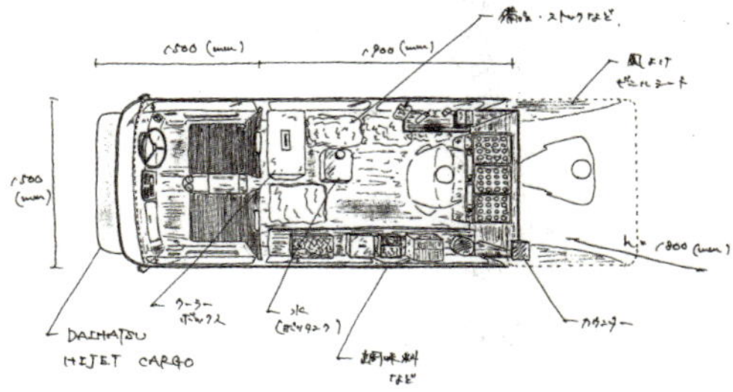

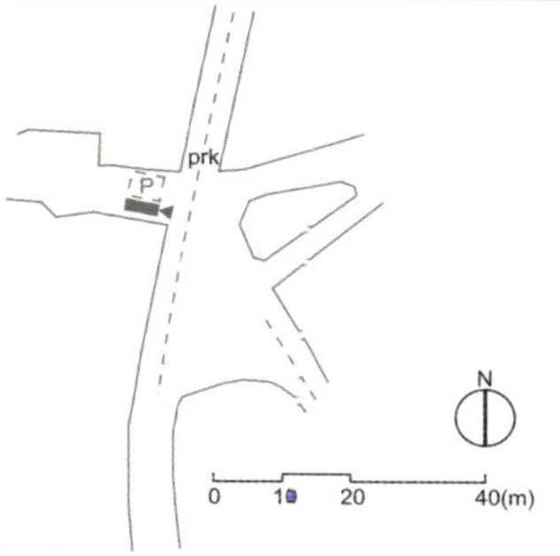

車輌空間のみ
prk-5

近江八幡市中の庄町（市街化調整区域外）
湖岸道路沿い
敷地面積：—
占有面積：5.1㎡
駐車場状況：単独使用

調査データ（prk-5）

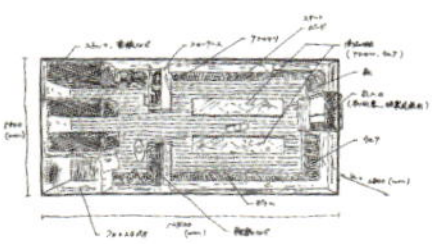

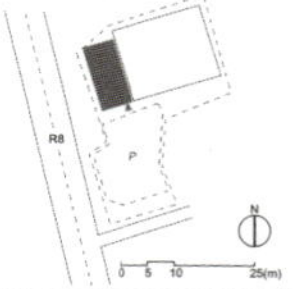

コンテナ複層
R8-4

長浜市曽根町（市街化調整区域外）
国道8号線沿い
敷地面積：1200㎡
占有面積：72.0㎡
駐車場状況：単独使用（8台）

調査データ（R8-4）

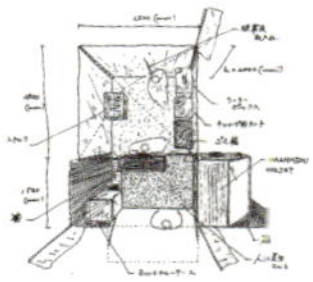

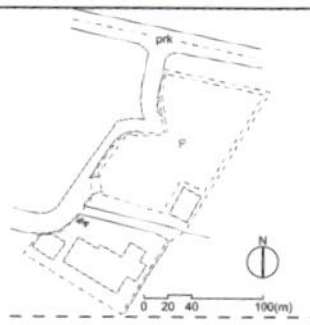

車輌空間＋テント
prk-7

草津市下物町（市街化調整区域外）
湖岸道路沿い
敷地面積：8000㎡
占有面積：12.3㎡
駐車場状況：共有使用

調査データ（prk-7）

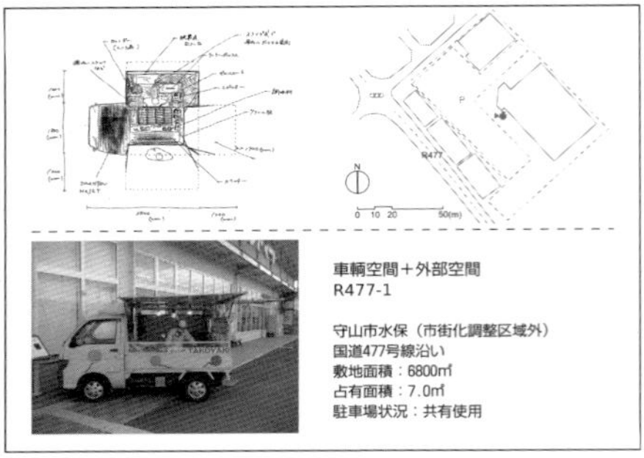

調査データ（R477-1）

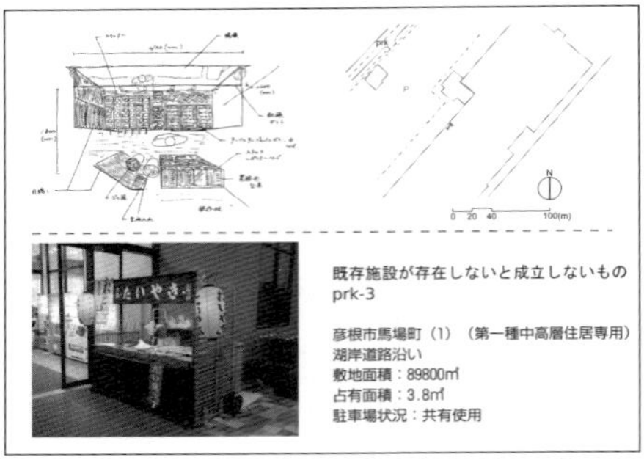

調査データ（prk3）

が広がる。テント部分の耐久性は低く、外観にも配慮が必要である。

・車輌空間＋外部空間：車輌空間からハコ型の空間を引き出すことによって、面積を広げる。作業効率が高く、1つのパターンとして規格化されている。

・既存施設が存在しないと成立しないもの：テンポラリースペースの明確な境界線がないため、面積に多少の増減が生まれる。既存施設の屋根を利用するため、屋根があるところでないと営業できない。

4. ヒアリング・アンケート調査

営業期間が20年以上のものは全体の23%であった。テンポラリースペースが周辺環境に対応していく中で、一時的なものから恒久的なものへと変化していることがうかがえる。

5. まとめ

5−1. テンポラリースペースの可能性

・ライフサイクルの長期化

テンポラリースペースはその歴史的背景などから機能性ばかり追求され、これまでデザイン性はほとんど求められてこなかった。しかし、移動して他の場所でも営業できることから、何度でも再利用が可能である。したがって今後は、長寿命化が予想される。

・テンポラリースペースの特異性

テンポラリースペースのもつ多くの機能は別の手段で代用することが難しい。しかし、現代の一般的な認識は、建築物ではなく便利な道具というものであり、文化的・芸術的に価値のあるものとしてはアプローチされていない。こういった点においても今後デザインの領域が踏み込んでいかなければならない分野であり、機能性が充実しているからこそデザインとの相互関係が必要なのである。

5−2. おわりに

本研究で考察を行った結果、テンポラリースペースの特徴は敷地環境に左右される。これは、移動に特化するのか、常設的にするのかといった空間形態を決定する要因となるほか、駐車スペースの規模やテンポラリースペース自体の配置関係にまで大きく影響する。また、周辺環境が変化しやすいロードサイドに存在することで、大型店やチェーン店とは異なった独自の進化を見ることが出来る。そして、ロードサイドが重要視される今だからこそテンポラリースペースの問題点や可能性を整理し、建築と同様にデザイン的・地域的なアプローチが必要だと考えられる。

コメンテーター・コメント@公開討論会

中谷:西山夘三さんみたいなことをやっていて、おもしろいと思ったんですが、結論が少し収束していったような気がします。もう少し展開できる研究だったんじゃないかな。道と敷地の間の巷に店ができて、それが貴族の敷地を食いつぶすように中に入っていく、っていうかたちで中世の京都はできているけれど、「店」というのはそういう意味で「まち」の初源という問題をもっている。だからこれはテンポラリーなものだけど、お金ができたらそういうふうに展開していく可能性があるかもしれない、とか。営業期間20年のテンポラリースペースっていうのがあるみたいだけど、これなんかまさにもうテンポラリーではなくて、まさに店、まちへの展開の第一歩なんじゃないか。また結論を読むと、テンポラリースペースは大規模店やチェーン店とは違うおもしろさがあると書いてある。だけど大規模店ほどテンポラリーなものはむしろないですよね。ここまで実測をしていると、むしろ両者の親衛性、比較可能性といったものの方が湧き上がってくる気がするんですけどいかがでしょうか。

桑山:まずあとの質問から答えさせてもらうと、たしかにその通りだと思います。営業年数など考えてみると、実はテンポラリーなものが恒久的で、先ほど言われたように大型商業施設がむしろテンポラリーなものになる。ロードサイドの逆転というか、そういう部分はもちろんあると思います。最初のほうの質問に関しては、先ほどグラフも出したんですけれども、一番営業期間の長いもので40年以上、同じ場所で営業しています。しかも車両形態であるにもかかわらず、路肩部分を占有して、移動しないでずっとやってきた。もちろん今からそういう同じような営業を始めようと思ったら当然、法規的にアウトになると思うんですけれども。経営者の方にヒアリング調査を行った上で感じたのは、場所を含めてひとつの店の特徴というか、場所を変えないことによって逆にひとつの名物スポットというか、そういうものとして利用客にとっては認識されている部分はあると思います。

本江:僕の感想も中谷先生と似ていて、結論がやや物足りない。それはたぶん「テンポラリースペース」と規定をしたのが自縄自縛になっているんじゃないかなと思う。20年以上つづいているものをテンポラリーなんて言えない。「場当たり建築」とか、確認申請を出してないから「未確認建築」とか、違う定義の仕方があるんじゃないか。定義の仕方を変えれば、指標とか分類もまた全然違ってくると思うんだよね。あとサイトプランの調査がないようだけど、ロードサイドの特徴はそこに出るから、ぜひやるべきとは思いました。

今村:フィールドワークの範囲を滋賀県として扱っているけれども、エリアというのが便宜的に滋賀でたまたま切ったように思えるのが少し残念。また、それぞれのテンポラリースペースがどのような力学で配置されていて、お互いにどう関係があるのか。その広域性と、その単体のものをどう分析するかをお聞きしたい。たとえば「越後妻有アート トリエンナーレ」は東京23区より広いところにアートを300くらいばらまいていて、一個一個のアートを見るという経験は同じでも、その広大な敷地で順番にアートを見るっていうのは、300個のアート作品をいっぺんに見るのと全然違う経験をもたらしますよね。

桑山:論文中では空間レベルでの単体の考察と、広域な都市的レベルでの視点をもってはいたんですけれども、両方には実際のところ、関係性があまり見えませんでした。今のところ恣意的にたまたまある、みたいなふうにしか言えないんですが、ただもちろん関係性がなにかしらある可能性は十分にあると思うので、まだまだ詰めていかなければいけない部分だと思います。

影を用いた建築や都市の密度感に関する考察

Name:
藤本健太郎
Fujimoto Kentaro

University:
東京大学大学院
工学系研究科　建築学専攻
千葉 学研究室

0_はじめに

高密化されていく都市を体験するとき、ビルに囲まれていると同時に、その影に囲まれているという感覚がある。それは、建物が高密であるということを、その影によって知覚しているということではないだろうか。我々にとって都市の体験とは、路上も街区に建つ建築も、ある形態の表層(テクスチャ)を認識して知覚することであるが、光のテクスチャを媒介にして、対象世界、すなわち都市の中に入ることが目的であったとすれば、それは影への注目によってはたされるのではないだろうか。本論は都市の影を分析することで、都市の密度感を記述することを目的とする。

1_用語の定義

「影」:光を遮ってできる影と、対象面の光が当たらない面としての陰がある。上空からの日影図には前者しか記述できないが、本論では体験を記述するため、陰も同様に影として扱う。

「密度感」:本論文で扱う密度感とは、都市の外部空間における体験を記述する指標とする。密度感の高い都市とは物理的に高密化(集約)されているだけでなく、街の表情が多様であり、そこでの体験も多様なものになり得る都市であるといえる。

一般的に都市の密度は、建物の密集度合(建ぺい率)、立体的な密度(容積率)、人の集まり具合(人口密度)などの指標で数値化される。一方で密度感はその街によるものであり、また時間帯(朝、昼、夜)などによっても変わる指標として定義する。

2_分析対象

対象は東京の以下の都市を取り上げることとする。

1.西新宿、2.渋谷、3.銀座、4.汐留、5.神田

いずれも用途地域が商業地域であり、建ぺい率が80%、容積率が800-1000%の高密度な都市である。

3_アイレベルからの影像の分析(地点変化)

3Dモデルを使って都市の地点を変化させたアイレベルでの影像を記述する。(図01、02 描画時間14:00 10/7)

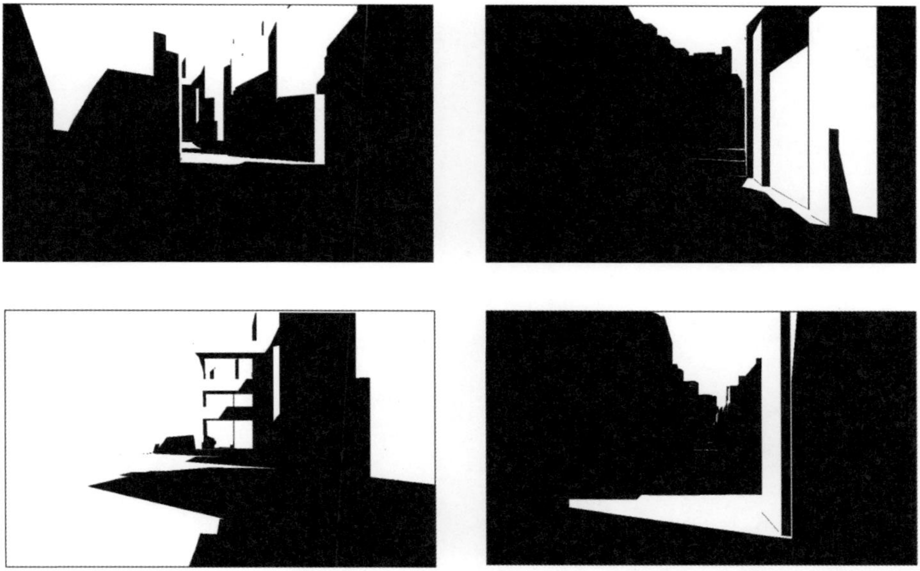

図01　渋谷の影の変化

図02　銀座の影の変化

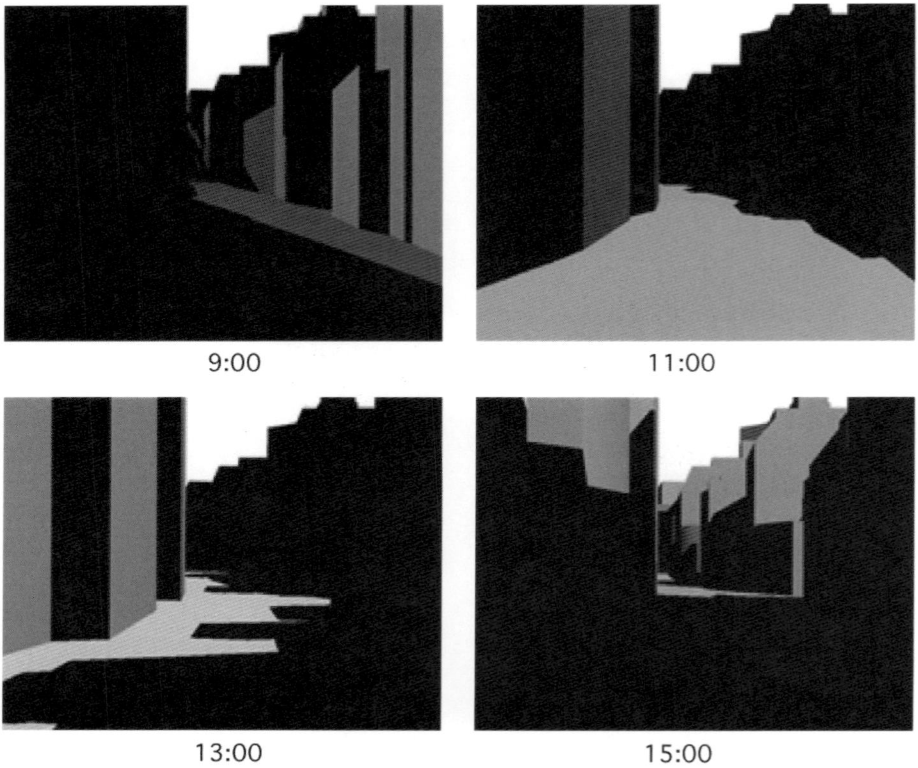

図03　渋谷の影の時間変化

4_アイレベルからの影像の分析（時間変化）

建物は動かないが影は動く。時間による影像の変化が都市の体験にどのような影響を与えるかを分析する。方法は3Dモデルによるアイレベルを各都市1地点にて9:00から18:00まで10分毎に影を描画する。（図03、04）

5_考察

各都市における影の変化の総体を記述する。壁面や路上、側壁など要素毎では細かな変化は記述できないので画面をピクセル化して、9:00 ～ 18:00までの変化の数をピクセル毎に数え上げる。光の当たっていた部分が影になったときに1回、その逆も1回としてカウントする。（図05、06）同様に9:00～18:00の影の時間をカウントしてプロットしたものを示す。（図07、08）

6_都市の密度感

分析してきた都市の影の記述から、影の役割は建物の建っている部分とそうでない部分、両者をつなぐ媒介であるといえる。影の領域は建物内部でもなく、完全な外部でもない両者の中間領域としての役割を果たしているのではないだろうか。密度は建物の建っている部分とそうでない部分の関係だとすれば、それらが作り出す影による中間領域が時間や体験者の動きによって生じる変化の総体を都市の密度感であると定義し直したい。建物の建ち方や、抜け具合は1つ1つの都市によって違うが、それらが影になって変化していく様子こそ我々が感じる都市の密度感であると考える。都市の体験の多様性は影の量ではなく、その分布状態と変化によって示された。

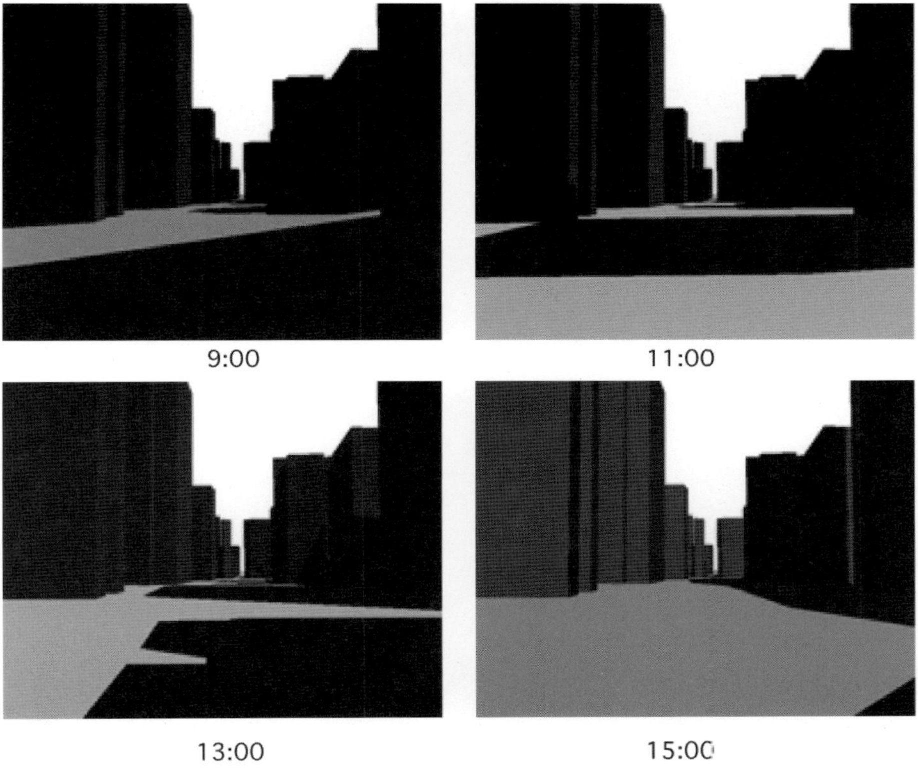

図04　西新宿の影の時間変化

7_日影規制と問題点

都市計画上、影は規制の対象となっている。しかし、日本の都市部、特に東京のように10m以下の低層建築から中高層建築、そして30mを超えるような高層建築物が混じりあう特異な状況下では影のでき方と、その複合の仕方は極めて複雑であり、隣地への日照を目的とした日影時間の制限は極めて効果が限定的で、良好な環境を作り出すための自由な建築計画を返って阻害していると言える。本論において、影と都市体験の密度感の関係を記述したことによって、影を単なる日照を阻害する否定的なものではなく、都市を都市らしいと感じるための重要な要素として扱う視点を獲得した。そのような高密な都市の影を積極的に利用することで、より濃密な都市を設計することはできないだろうか。

8_商業地域の日影規制

本論文の調査・分析対象となる都市は全て日影規制の適用範囲外である商業地域である。近年こうした商業地域に高層集合住宅が林立している。これらの高層住宅は日影規制を受けないので近隣の日照を奪うだけでなく、周辺都市の密度感を大きく損ねている。高容積化と用途の混在化によって商業地域の密度感は大きく変化している。これらの高容積化に対応しながら、街の密度感を連続させるための影の規制を提案する。最初に、これからの商業地域における影の規制を考える上で前提となる点を挙げる。

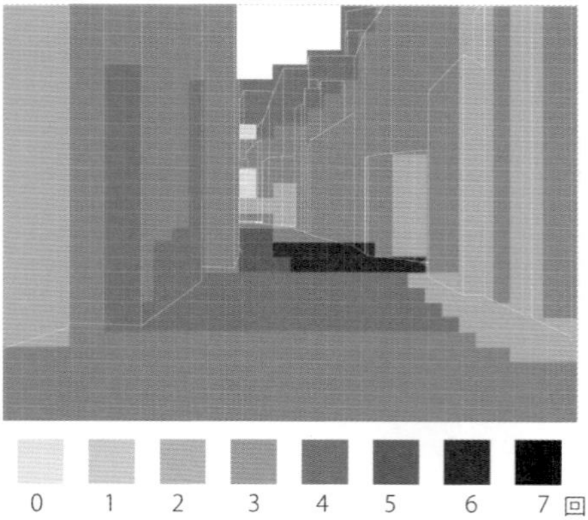

図05　渋谷9:00-18:00の影の変化回数

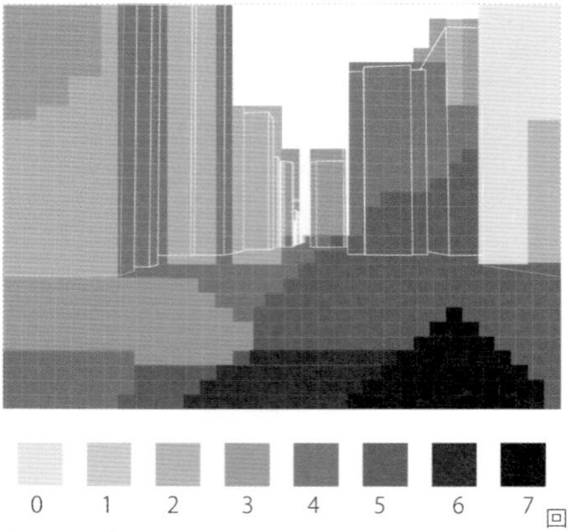

図06　西新宿9:00-18:00の影の変化回数

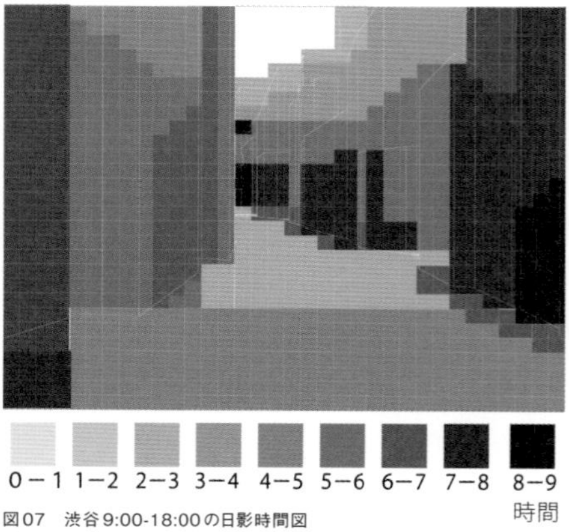

図07　渋谷9:00-18:00の日影時間図

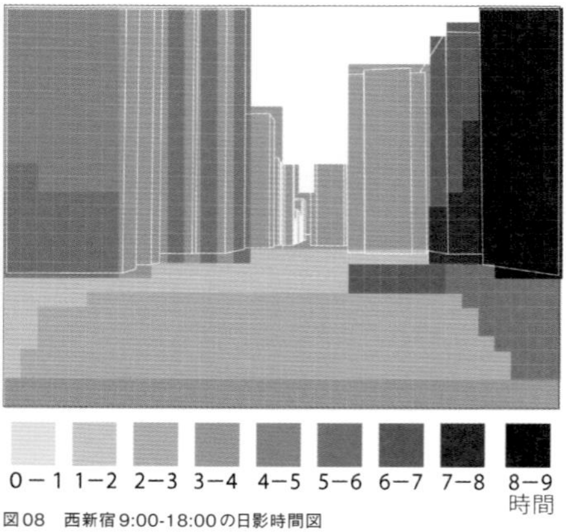

図08　西新宿9:00-18:00の日影時間図

1.建ぺい率が非常に高い地域なので現行の日影規制は意味をなさない。
2.高密（あるいは高密化）であることが前提なので住居系地域ほどの日照は望まない。
3.単体の規制ではなく複合化と時間変化（密度感）を考慮する。

以上の前提を踏まえて新しい日影規制の提案を行う。
1.影の複合性→対象建物の影が周囲の建物と複合して動くか、あるいは独立した状態で動くのかを制限する。
2.立面の影の動き→対象建物の影が前面道路にしかかからないのか、あるいは反対側の建物にまでかかるのかを制限する。
3.立面の影の動き2→立面の影の変化が光が当たるか当たらないか（陰か光）の状態による変化なのか、他の建物の影を受ける面となるのかを制限する。

この一般的な規制項目に従って、各都市の密度感を考慮した規制を作成することで、高容積化と都市の密度感の継承を両立することが可能となる。

9_ケーススタディ　渋谷の日影規制

上記の規制を具体的な都市に適用してみる。まず、渋谷における商業地域の日影規制は以下のようになる。

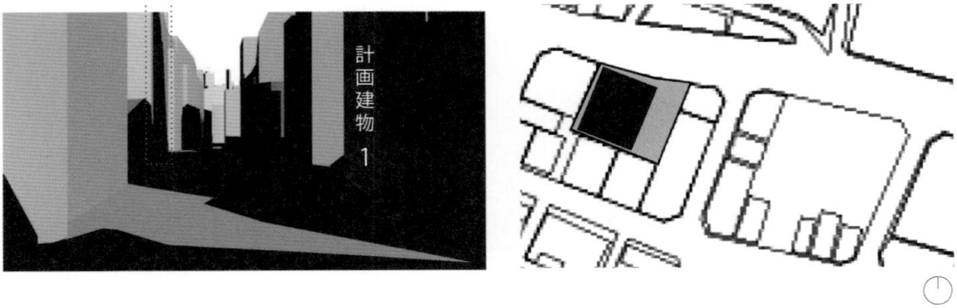

図09　計画建物1（建ぺい率70% 容積率800% 建物高さ42m）

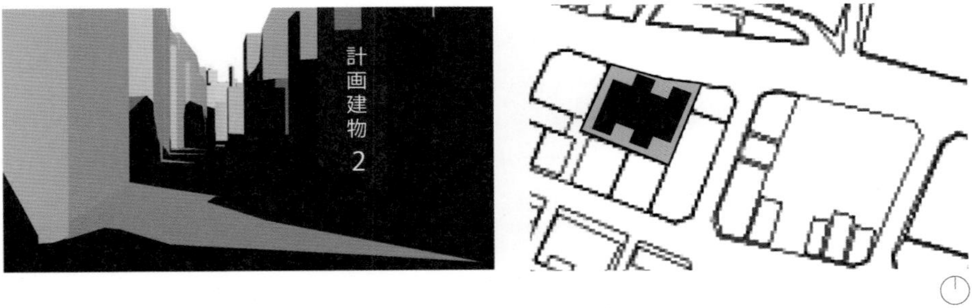

図10　計画建物2（建ぺい率80% 容積率800% 建物高さ32m）

1. 路上の影が複合する時間帯には計画建物の影も複合する。
2. 敷地の道路境界線から反対側の建物高さ半分以上の立面に影を与えない。
3. 壁面の影の変化は一定でなく、面の中で光と影が分かれるものとする。

これらの規制は、渋谷の宇田川町周辺における日影規制として作成したものである。上記の規制1、2、3は8_で作成した一般的な規制に対応する。渋谷における街の体験上、重要と考えられる影の分布から導かれた規制である。

ケーススタディとして図09,10に示した敷地について実際に計画建物を代入、日影図の作成を行って規制の妥当性について検討してみる。検討した各ケースの内、規制をクリアしたものとクリアしないものを1つずつ選び、分析する。

計画建物1（図09）容積率を最大のまま、建ぺい率を使い切らず、東側に空地を設けた案。空地を設けつつ容積率を使い切ったため、建物高さが高くなり、前面道路と反対側の建物に大きな影を落とすため、前述の渋谷の規制を違反している。

計画建物2（図10）容積率を最大のまま、建ぺい率ともに最大のボリュームを雁行させながら配置したもの。2つの建物のうち、計画建物1は規制に違反し、計画建物2は基準を満たしている。これら2つの案について、日影時間図を用いて現況との比較を通して考察する。まず、図13と比較すると図11,12ともに影の時間は増えていることが読み取れる。これは現状（500%程度）の容積率から容積率一杯まで（800%）使い切ったことに起因する。しかし、ともに容積率最大で計画した図11,12を比べると図11は大きく現況（図13）から異なることが分かる。この現況の日影時間図から外れることがどれだけ悪いかという議論はここではしないが、明らかにこれまでの体験とは違う場面になっている。このことは、比較的低層な商業地域が建変わったり、再開発されるときに街の密度感に連続性を持たせられるかどうかを左右する重要な要素となる。高密化を避けられない都市的状況において、街の密度感を継承していくのか、あるいは変化させていくのかを影の形態の規制を通して考えることはその都市空間の公共性を考えることにもつながるだろう。

図11　計画建物1の日影時間図

10_結

近年問題になっている高密化、多用途化していく商業地域において作り出される周囲の街並と不連続な影はその街の雰囲気を一辺させ、もともと持っていた街の魅力を奪う可能性がある。本論文の考察と商業地域の日影規制の提案を通して、影を居住環境だけでなく都市環境そのものを支配する重要な要素としての視点を獲得できた。景観法などによる1つ1つの建物の色や高さ、形を規制することは、歴史的な環境を持つ街においては有効だが、確固たる基準や歴史を持たない都市ではその効果は疑問である。しかし、1つ1つの建物の形や歴史、用途がバラバラな都市でも影は複合し1つの現象として体験者の前に現れる。そして、その現象が我々の都市への印象を決定している。その現象への眼差しこそが我々が都市を考え、建築を設計する上で重要なのではないだろうか。

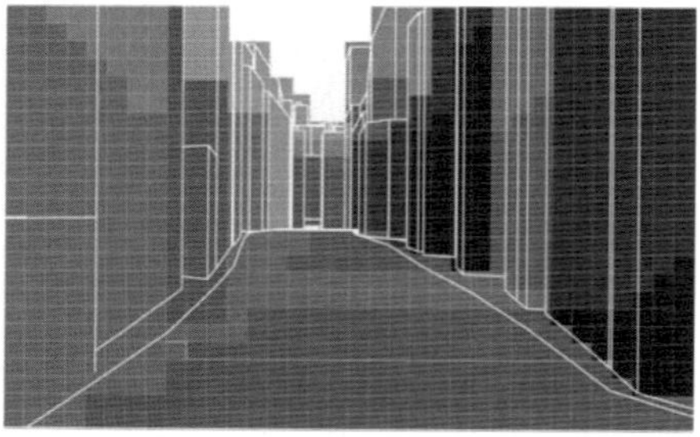

図12　計画建物2の日影時間図

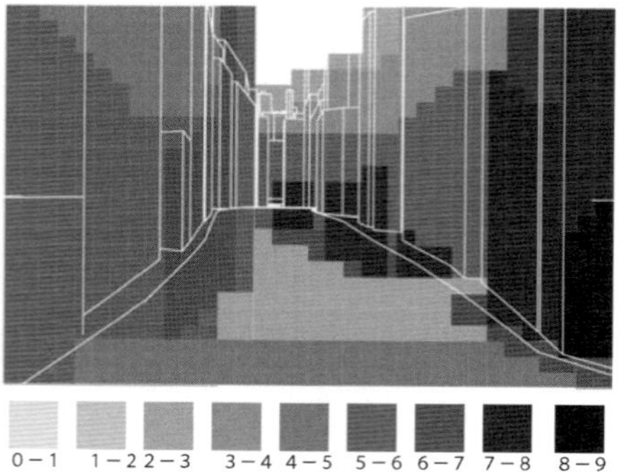

図13　現況の日影時間図

コメンテーター・コメント@公開討論会

池田：まずひとつめの質問ですが、密度感、という言葉の定義をもう少し丁寧に説明してください。

藤本：論文のはじめの方で、密度と密度感という、ふたつの言葉を出して説明しました。密度は建ぺい率や容積率など数値で示せる指標です。一方で僕が取り上げた密度感という言葉は、人間が実際の建物をどう感じるか、という主観によるものです。論文ではまずはじめに「体験と現象を記述する指標」と定義していますが、最終的には時間や体験者の動きによって生じる影によってつくられる空間の変化の総体、としました。学内の講評では、大野先生から「そもそも乗せるプラットフォームが密度と密度感では違う」と突っ込まれました。でも僕は密度だけで都市をドライに分析することにちょっと疑問をもっていたので、似たような言葉ですが、人の視点から感じられる建物の混み具合を表わすために"感"をつけたんです。

池田：実際に建物をつくっていくときの実感に近く、その点で非常によい試みだと思います。ふたつ目の質問ですが、日影規制を出していますが、天空率との関係をどう捉えているのか教えてください。

藤本：本論では補足として付け加えているのですが、僕個人の感想としては、天空率ができて従来の斜線制限では建てられなかったものが建築可能になったことで、地道に斜線制限でやってきた都市計画を放棄したのではないか、というのがあります。天空率により道路斜線、隣地斜線、北側斜線の緩和を受けられますが、日影規制は緩和の対象になっていません。ただし法の施行翌年に東京都では8つの区域で日影規制の緩和を行っています。それには行政側の土地の高度利用促進という思惑があると思うのですが、そうした土地の効率化だけを前提とした都市計画は街の特徴を一瞬で奪う可能性があります。

今村：日影規制がない都市も多いんです。都市を成立させる絶対条件ではありません。その問題をどう考えるか、ということですが……。あなたの密度感は、都市空間の経験を扱っています。さらに自分で法規まで提案しているので、論考が厚みを増していておもしろいと思います。また日本の集団規定は、道路のような公共空間に対する規制は基本的にはないので、日影規制とあなたの法規は根本的に違います。日本の法規においては盲点のようなところなんですよね。日影規制の方向を変えただけではなく発想も転換している点が、深読みかもしれませんが、すごくおもしろいと思いました。

本江：影がこうなるように建物をつくって下さい、という規制をかけるのは実際問題としては難しいですね。窓の反射や人口密度によっても変化します。規制対象を現象にシフトする視点はおもしろいのですが。

秋元：産業エネルギー利用の研究論文のようにも捉えられますね。今、2020年までに1990年比で25%のCO_2削減、という政策があります。そこで建物の屋上や壁面に太陽光発電や太陽熱利用のパネルを設置する動きがあります。たとえば太陽光発電の場合には、装置に影ができると発電できないので、影がかからないようにする研究、というのを僕らはよくやっているので共通する部分があります。もう1点。商業地域で日影規制が掛けられたところは、日射が当たる箇所が多くなるため実は冷房負荷が多くなります。「影がある=その分冷房しなくていい」という側面をもっているんです。

藤本：僕は意匠の研究室ですが、途中からやっていることが環境の視点に近いと気づいて環境系の先生にアドバイスをもらうことも考えました。大変になりそうなので、結局行かなかったのですが。また影が多い方が冷房負荷が少ないということですが、僕自身も影があるほうがよい都市空間になると思います。ただ個人的には、1日を通して影の動きが少ない街も大切だと感じています。影の動きがあることで、自分がいる空間が表なのか裏なのかよくわからなくなるので。

中谷：これまでの日影は、内部生活者の健康という衛生上の、近代初期的な問題に由来しますが、あなたの観点は外部散歩者の美的体験です。ここを理論的に構築したことはとてもおもしろいと思うんです。それをどう数値化するか、というところまで展開すると、もっとおもしろいですね。気持ちのよい論文でした。

建築グループ スペース'30の特質とその存在意義について

Name:
椙山哲範
Sugiyama Akinori
University:
東海大学大学院
工学研究科　建築学専攻
渡邉研司研究室

1. はじめに

本研究は、1960年代～70年代にかけて活動していた建築グループ スペース'30の特質を明らかにし、当時の時代背景下において、いかなる存在意義を有するものであったのかを検討するものである。

これまで多くの建築運動が取り上げられてきた中で、スペース'30は、他のグループが行なったような刊行物を含めた声明の発表がほとんどないためか、触れられずにきた。しかしその動向を概観すると、後述のように、当時において個性的性格を有しながらも、比較的早い年代にポストモダンの性格を持つことが認められ、建築運動史の中で、看過できない存在であると考えられる。

本研究では、テクストだけでは知り得ない多くの不明瞭な点を埋める有効な手だてとして、メンバーへの直接のインタビューを実施した。

2. グループ結成経緯および活動の概略

スペース'30は、建築評論の長谷川堯、建築家の相田武文、渡辺武信、木島安史、都市計画の高瀬忠重という建築系の人間を中心に、美術評論の有馬宏明、絵画の岸田幸吉、彫刻の綿引孝司、グラフィックの高田修地、藤井進を加えた10名によって構成される。結

酒を交わしながら議論するスペース'30
（出典：スペース'30「散開漂流期　下」『近代建築』1967年12月号、pp.55-62、近代建築社、p.62より）

スペース'30 集合写真。左から岸田幸吉、木島安史、高田修地、渡辺武信、長谷川堯、相田武文、綿引孝司、高瀬忠重（渡辺武信氏提供）

成への直接の契機は、1960～61年に『国際建築』に連載された長谷川の卒業論文に相田が感銘を受け、出会ったことにある。スペース'30は、この2人を中心に活動を続けた。

彼らの主な活動として、月2回程度の勉強会があげられる。内容は、毎回の発表者が各自自由に設定するという形式で行なわれていたが、自身の専門性を外れたテーマでの発表が多くなされた。しかし他方で、木島の海外での経験談、長谷川が『神殿か獄舎か』の骨子や大阪に残る明治大正建築の紹介など、彼らの後の功績と深く関わる内容の発表も見うけられる。特に、長谷川はインタビューの中で、明治大正建築の紹介時に建築家の3人が喜んで聞いてくれたとき、眼を開かれたのだと回想し、自身の身の置き場を歴史分野からの評論家への転身を図ろうと思い立ったことを告白している。その意味で、スペース'30の勉強会は、彼等自身もとい建築界においても重要な意味合いを持っていたと指摘できる。

解散については1980年頃の自然消滅とされており、その理由としてメンバーそれぞれの繁忙が上げられるが、彼等自身、「同盟は処女にかぎる」との姿勢をみせ、結成時すでに後の解散を見据えていた。

3. グループの特質にみられる都市的趣意

ここでは、スペース'30のグループとしての特質を明示する。

長谷川は、著書『建築―雌の視角』の中に収録された論考「建築の士農工商」の中で、スペース'30内で行なった「商売みたて」という遊びのエピソードを引き合いに、現在の建築界において、建築家は本来の「工」ではなく「士」に身を据えようとしていると疑問を投じた。そして、元来、都市を形成するのは「士」の立場とはかけ離れた「商」なのだと述べ、この「商」の立場こそ我々は憧れるのだと表明した。この「商」に対し「士」と名乗る者

バラツキハウス：散開漂流期㊤　スペース'30

'67年の／まぶしい闇の中に／私たちは／マリリンのように白い裸を横たえる／すると／'30年代に生まれた私たちは／コカコーラの海に漂いながら／はてしなく／ばらついていき／ばらつくことによって／不可視の１点で出会い／今／バラバラ・ロックに踊るのだ／oh BARA BARA！

●自然原自然＝（複雑な仕掛け）今日人間にとって自然はただ消極的にあるだけのものになりつつあるのではないか管理をして人間の口にあう自然が与えられる波のあるプール昔ー自然をcultivateこれから一都市をcultivate 都市生活が基本にあって自然の中へ"帰った"というときにはそれは疑似自然であろう原自然を契機として「脱ー世界ー存在」となるとすれば？都市生活者はアブラムシになれ！つまり都市を自然と考えるようにすればよい（→フーテン）"ゼン"の"宇宙"と自然の関係自然とは何か？自然をデザインすることはできるのか？デザインされた自然は疑似自然とならないか？完全無欠に無自然な世界を考えられるか？ほんとうの自然をとりもどすとことは一自然によって自分がながめられているという恐怖を再生させること気ちがいピエロの最後に映る海は非常にイヤであり安易である（映画そのものはたいへん重要）地球的視野と宇宙生物的次元の視野とー現代は自然に対して人間は死にに帰る場所と考えているのか・生きるためによるものと考えているのか環境への調整ー芸術家が一体何が出来るというのか地球上の原＝自然を保護せよ月に建築をたててみたい地球上どこへ行っても人間のにおいがする都市筒以外はすべて自然・自然だけ・余暇はすべて原始人的に生きること現代文明が発達すればするほど自然に対する文明のシェアは小さくなる海中都市・空中都市・地中都市ーどういうものにリアリティがあるか現代で人間が自然に対して真に参加できるか（手がかり）東京は最も生きやすい生がいのある所１億からの人間がこんな小さな国土に生きていられるなんて不思議だ・もっとこの事実をみつめる必要がありそうだ世界に何万本かの都市筒が立ち人間はその筒に生活する時間を１年の中１月にして後は原始生活（皮肉だね）人口の都市集中によって自然を再びかちとれるか？週間的・季節的サイクルにおける都市←→非都市の人口流動をとらえること●マイホーム主義家つきカーつきババぬきから今後は何かフォークソングによるマイホーム主義批判なぜ東宝はもうかるか！"家"の崩壊から"ホーム"の隆盛小単位家族・大家族主義と住生活の変化●芝居芝居とはそこにあるものがすべて完全に「物」になること日常から非日常へのカワリメの構造を明らかにすること（芝居的時空間の発生へ）日本の小劇場運動は定着するだろうか？遊戯とはお芝居をするということなのか？日本の演奏のまわり持ち制（演者と観者の交替）と宴会（ゆうぎ心！）の関係日本の流行歌（ポピュラーではない）をつかったミュージカルをつくるべきである非日常的空間における「板」の存在・山崎正和に指摘されて現実をドラマとみなす視点はほんとうは抽象的な視点にすぎないのではないか？〈てなもんや三度笠〉の本格的喜劇に注目せよ小劇場演劇の流行花道・ヒッコミの美学（タケノブの手紙から）ドラマを演ずる人間とドラマを見る人間とどちらが阿呆か？ドラマの中に生きて勝手に動くものがあったらやり切れない悲劇の要素ー（空間）悲劇の条件ー（生きる）●レジャー労働時間短縮コンピューター未来ぼくたちに夏やすみはもう来ないのか？（休暇の思想化を試みたい）フリーセックス自動車産業の発展はかぎりないか？コンピューター文明が作りだすものは人間の余暇なのだろうか？仕事をするため食うためあらゆる「ため」をしなくてよくなった人間にとって・はて「愛」とは純粋な陶酔だけになるのではないか？働くことが最小になった世界の男と女はもっと性的特徴を露わにするかそれとも特徴を失うのか？老人対策をどうするか今日の文明が志向しているものは今までの人間が欲しがっていたものを最少の代価（時間）で得させることではないか労働時間が短縮されたらどうなるか？プロ野球はいつまでつづくか大量の有閑者の出現にそなえること労働をしない人間の自由とはどんな自由なのか？コンピューター文明が作りだすものは労働をなくすというだけのことではないか？よろこびの要素ー（空間）よろこびの条件ー生きる）これからのレジャーとは何か・文明が進むとレジャーは必要なくなる生産より分配を重視する風潮・第３次産業のさいたるものは予測したプログラムを組むことは出来ない・いくら生産したかを計測しえまい従って分配に目がむく●虚実イメージを持たない作品はそれだけで素晴しいと思れないか？包装の時代オブジェが実はもっと実体を失ってイメージがオブジェであるという仮説実体を追い求める"影"高松次郎をみて石川淳はやっぱりエライ！現代における虚と実体との関係 Virtualな世界を構築する人々ネガチーブなオブジェだけで造型はできるか？マリソールの彫刻を１つ欲しい！オブジェを見て感じようとしたり感じたりするときは人間が生きようとするときの錯覚である→主体性が失なわれたとき→自己崩壊薬品の効用と広告の効用●芸術論人間の手が物を創りたがらない時代をほんとうに信じられるか？今日の美術は人間の手が物を造りだすことをやめたがっている方向にあるらしい人間は物を動かす運動をしなくなった現代では動くということは「運動」ではなく「感覚」になった！物を造ったりこわしたり造ったりこわしたり人間はよくよく消費的動物らしい職人万才！芸術家を死刑にせよ芸術家といわれているものを全部否定したときは一体何が残るだろうか宗教芸術の崩壊は芸術のアクセサリーとしての機能を葬ったバロックの建築絵画彫刻と音楽の一体性宗教芸術を今日のわれわれはどう見るか？芸術は人間の精神的アクセサリーとしての抽出機能をとりさったら原始状態しか残らない００７みたいな大人の紙芝居が思わず実現する夢幻性はチャチなポップアートを越えている創造とは何か機能→形態→表現・以上に何を提示しているか？芸術は結局は文明に対したえず原始を持ちこむ作業なのではないか？アクセサリーとしての機能を失った現代芸術は陶酔という機能を持つ原始状態以外に道があるか？科学の面においては新しい素材新しい技術とによって一つの発展を示して来たが芸術の面においてそれに対して何をおし進めて来たであろうか？純粋陶酔としての芸術にルールはあるか？美術機能は今後商品であり得るか？絵画でもなく彫刻でもなく建築に附属するものではなくそれ自体が完結してどこにあっても周辺を完結させる美術よ！現代における対話は一体何を意味するためだろうか・芸術においては●建築論建築工事費における設備費の増大機能主義を超克しえてるか?メタボリズム批評建築に regionality が必要か建築の量産と一品生産シュールレアリズムの時代建築家はなにをしていたか？量として測れる人間を容れる器として建築を考えるアーキテクト奴コマーシァル建築においてコンクリート壁（かたい壁）→ガラス壁（すけた壁）にかわりつつある傾向建築の快適さとは何か今後建築はどうなるか建築に仕掛け（or空間の意外性）といったものがまもなく、とり入れられはじめるだろう建築家の創造とは何か●イメージ・媒体週刊誌ははたして必要か結果を確定するおもしろさイメージで創ることをやめたらどうなるだろうイメージにルールはあるか？現代のイメージ屋さんの根拠を追求せよ！ＭＧ５（ヘアトニック・クリーム・シェーブローションetc.）はみんな同じパターンですねpseudo-events一偽事件コトバにならない思考はできる・あるいはそれは思考とはいわないかモダンデザインからモダンイメージへ媒体の自律性（自己開花＝ヒトリアルキ）・伝達のための道具ではないイメージは陶酔か？コントロールは金を生むＴＶのコマーシャルをバカにすべきではないという和田誠の意見に賛成美濃部を都知事選で勝たせたものは？経験のコミュニケイションを何によって行うかそれはどれほど可能かテレビはメディアとして今後とも存続するか映像は大切だが映像主義はダメであるイメージイメージで流儀・社会的儀礼は自分に必要か情報を共有化する方法・個人で整理する方法がほしい●戦後論石坂洋次郎と戦後モラルの関係とその限界は興味あるすでに戦争を知らない日本人が40%以上戦後喫茶店風俗の変遷アメリカの何をこれからもうけ入れるか混血児がカッポする（ビバリ・アコ・リンダ・ミチ・ミキ・ハルコ・ヒデオ・マスミ・ヨシエ）不安定な均衡状態いつ爆発するか●現象ナルニア国ものがたり（全7巻）はオモシロイよ！（その別世界への導入の仕方とそのさらに向う側へのつきぬけ方）現象学をないがしろにできない詩のブームとか聞くがこれいかに物理学的自然象の外にあるもの・蚤とか一般的に怪奇な現象●住生活家庭生活個人住宅をどうとらえるかすべての住宅の共同化 Secondhouse は今後ふえるかそれ自体過密するのではないか住生活は今よりバリエーションが多くなるか（団地の画一主義）住宅政策は「持家」か「貸貸」か住宅はなくならい●ファンの告白芸能人の未来リチャード・レスターはすてきであるケニー・バレルはすてきである誰も認めないがマキノ雅弘は世界的なカントクであるゾ！女形（おやま）一歌右衛門ばんざい！長生きしてねラクエル・ウェルチバンザイ！なぜ赤木圭一郎の人気は持続するか坂本九にうまく育ってもらいたいことザ・ピーナッツはいつまで保つか？カレル・ライスもすてきである鈴木清順は近頃よくワカランヨ！●批評建築界にもはや論争は起きない知識人の論争にあきた批評は可能か建築の評論は必要か●教育水準をあげた結果が現代デザイン教育建築教育について●階級日本に階級は存在するかホワイトカラーは無力か●条件意識と無意識との関係・意識でとらえられない"もの"を何でとらえるかしばしばおそわれる現実感喪失知覚条件表現されている空間に対してどの程度まで外的条件が影響を与えるかー光音時間視点刺戟条件色は色でない「感覚」は真の「体験か」？形態（空間）と時間存在させ得る条件●フーテン新宿フーテンやってますね新宿フーテン族は陶酔族か？陶酔は何かを生むかしら？画一主義フーテン族フーテン達はなぜ新宿御苑にこないのだろう？六本木族→みゆき族→原宿族→フーテン→（？）＝都市のスプロール現象と同期・この次は中野ブロードウェイあたりではないか未来社会の余暇はフーテン族的生き方が支配的になるのではないか？（海外）ヒッピー等との新宿フーテンとの類似と違い（ウラ）フーテンの生活は生産とレジャーとの分類をすればむしろ生産の分野に属するのではないかミユキ族→フーテン族・彼等が生まれた時代は？朝鮮動乱のころ？ミユキ族の成長がフーテンの世代になったのか？フーテンのコミュニティは無い（比）山谷には社会学でいうコミュニティがある「エエジャナイカ」との比較フーテン族ー社会体制の問題・高度消費文明・ハダシの方が価値感があるミユキ族ー衣（カッコイイ服装）六本木族ー食（深夜飲食）原宿族ー住（カー）フーテン族ー心（精神のさすらい）フーテンビートヒッピー・左翼←→右翼・左の座標軸にのらない●未来論安部公房（かってのアイドル）は小松左京（自分の楽しみとして未来を一生懸命かく）に追いぬかれて今やダメ官庁（経企庁）Architect（丹下etc）ＳＦ作家（小松左京etc）の未来像のどこにぼくたちはいるのか？未来論その後？遊戯心として未来を大いに考えてから自分にもどってくる小松左京をみならえ日本の将来に"革命"のごとき大変事ありや？計画とは未来へのものか？予言・未来には"現在人"はまったく無責任でいいのではないか未来論はテクノクラートの陰謀だ未来にも希望がもてるのか未来論はオプティミスム・東と西のぶつかりなどについてネグッテいる●万博万博は成功するか万博の後にくるもの●？人間の一人一人の行動のテリトリーをもっと合理化できないか？男の持物を入れて歩くカバンの決定版がほしい——————相田武文・有馬宏明・岸田幸悦・木島安史・高瀬忠重・高田修地・長谷川堯・渡辺武信・綿引孝司

バラツキハウス：散開漂流期㊦ スペース'30

'67年の／まぶしい闇の中に／私たちは／マリリンのように白い裸を横たえる／すると／'30年代に
生まれた私たちは／コカコーラの海に漂いながら／はてしなく／ばらついていき／ばらつく
ことによって／不可視の１点で出会い／今／バラバラ・ロック に踊るのだ／oh BARA BARA！

●エリート家柄血筋をもつエリートをあらえ！次官以上、大臣以上・財閥＝エリートだエリートは管理者・管理者の神秘化（まかせてしまうと外からみてわからない）代弁者ふうなものの語り方は注意しなければならない"オレハ"であって"ワレワレ"ではない日本人はもっと無味なことをする必要がある。エライ人はとくにだエリート・悪のもとなりエリート／フーテンと違うところは他人におせっかいであること天皇陛下は唯一のエリートだ逆ピラミッドは本当か〈話の特集〉はエスタブリッシュメントとなりつつある・彼らをディスエスタブリッシュせよ！草月会館をディスエスタブリッシュせよ！●セックス・モラル・レジャーセックスが完全無欠に娯楽化したときセックスから生まれて来るものがあるか？今後のSexとMORALセックスが性殖機能を必要としなくなったとき人間はセックスを遊戯として肥大化させるかそれともわい少化して結局は失うか処女膜更生３万円でOK!!男→女化・女→男化どうなってんだろう？フリーセックスは人間退化の現象か愛は単なるイメージか今後１夫１妻制は存続するかセックスは単なるイメージなのか？それとも純粋に感覚だけで終るものか？●ヒューマニズム・連帯流行の中の個性・個性の中の流行性人間的条件の全体性が抽出されるものを生きる努力同じヒューマニズムでも東映加藤藤泰となると感動しちゃうナ社会における秩序と規律との変化の自由の間にある多様な関係ダークダックス（４人の声が１つになっている）・ザタイガースザスパイダースビートルズブルコメ（各人バラバラのままのなめ）情報革命がデカルト的主体を解体するかビートルズ・ブルコメetcのグループサウンズの今日的な面人間性を何故無視せぬか？勝新太郎と鶴田浩二はどこがちがうのか（たしかにちがうのであるが……）集団殺人的人間は人類をどこまで犯すかオバQはおばけの人間化である＝×（ヒューマニズム）・おそ松くんは人間のおば化である＝０（それを超える何か！）内側に向って凝縮が極限に達すれば――自己崩壊個人的人間にとって何かのためをする必要がなく社会にとってそれが必要なときいったいそのためはどこに行くのかな？有機的とは人間的なのかより人間的な形というものが一体あるものかしら？人間は果して何かのためをほんとうに放棄できるか？●都市デザイン都市をデザインするとはどういうことなのか？都市の一つの単位となる筒と筒とは流動的な空中道路で連って筒の内部では上下昇降するだけ・もっとも単純な行動様式にそった都市を造れ！一本の筒に人間のある面の社会的テリトリーをすべて集めた建物を作りそれを何本か作ることで用がすめば非常によろしいのだが、都市の中に緑地が必要か都市の機能・２ツの流れ→分離派・混在派都市計画は過疎地帯に注意すべし！東京はどうなってもよい東京などの大都市の街路上空間の開発東京24区にこれ以上人間はつめこめるか（現在約900万人）都市計画はデザインできるかメガロポリスはウソです・ゴットマン都市の中に大規模なエネルギーセンターをつくろう。（各ビルのAIR-CDN.量は大変なもの）装置が快適なのは人間にとっても住みいいものか？グリーンハウス→SALONか広場か中世の広場と現代の広場ある程度の大きさをもったプラザがもっとあってもいいのではないか駒沢公園の広場展望台の流行→見おろしたがる奴ども・民のカマドはにぎわいにけり皇居の移転・人民広場への開放社会というものが人間にとって完全な装置という以上の意味を成さない時が来るか？東京海上ビルの超高層の問題都市における本来の構成と外的環境との斗争都市に大きなドームをかける→都市はALL INSIDE日本に広場に可能か屋上ビアガーデンのにぎわい＝これは現代的空中広場ではないか都市内によどみのスペースがない●音・媒体三味線の音にすぐ体をひらかれてしまうだらしなさ次にはやる楽器は弦ではないビートルズがシュトックハウゼンを研究しているといううわさ（マックルーハンがいう）Visualなものからacousticなものへの移行立とセックスの距離は文学とセックスの距離より近いかセロニアス・モンクは本質的にtraditionalなzazz manであるサード・ストリーム・ミュージック的なものはすべてダメである！尺八になぜ泣くか？音の踊りがハヤル流行歌の単純な真実性をやっぱりたたえたい●コンピューター・未来コンピューターが物を造る得る限界を考えられるかサイバネティックスはまだ若いが成長をまたず死するかコンピューターが人間のレジャーを支配できるか・例一あしたのデイトの相手は？・ボン言葉を記号化するコンピューターに慣らされた人間は言葉を抜きにコンピューター記号を使用するかも知れないねコンピーター記号で書かれた恋文を人間は受けとれるようになれるか？イン・プットの与え方で人間の主体性は維持される（か）コンピュートピアという言葉から何を連想するかコンピューターに対し人間がかかわれる限界は？コンピューターが出した答が正しいか否かを験証するまでの時間においてコンピューターはオールマイティであるコンピューター官僚・コンピューター・エリートコンピューターに論理を与える人こそエリートであるコンピューターが物を造ることから物を創り始めるそこに接線があるのか？コンピューターはどの程度までdesignしてくれるか記号化・機能コンピュートピアではコンピューター論理（正・否）にはまらないドロドロしたものをもった人間をズドンと抹殺するかコンピュートピアの寄生虫として非コンピューター的生を営むイメージというものはコンピューターシステムに乗せられるか？●マックルーハンマックルーハンの弱点はどこかマックルーハン旋風マックルーハニズムを超える思想はこれから30年の間に出現するかマックルーハンとはどんなヤツだ●国際中国の時代は来るか人間の進歩は対立する二傾向の調和から生まれるとすれば東洋と西洋がどう調和したとき宇宙への発展をながすか日本はアメリカを追いぬくか現代において日本的なものということを日本人がいうことはおかしいことだかつて唐物に対して和物といわれたことと相通ずるものなのだろうか日本は中国にぬかれるか地域性はのがれられない1970年中国に再び学ぶか●デザイン広告と美学は共存できるかどうかデザインという奴が巾をきかせすぎてはいないか？デザインの先行性は宣伝であるグラフィックデザインとそれの実生活への効用の側面を追求すること●遊戯心・芝居テレビ人形劇ヒョッコリヒョウタン島にあふれる遊戯心・ジョートー！レジャー時代を考えて観光計画学の創設遊びの精神からみた最近の仕掛け美術ナンセンスは明日も有効か人間が遊戯なら芸術は遊戯の対象であるよりはその遊戯の結果のアクセサリーであることにより意味がある宇宙的スケールでの人間の遊戯性は一体どんな性質？遊戯する心の衰弱ギャンブルの穏健な定着この世はかりそめのたわぶれという思想について万博を行う体制側の意図はまず冷笑すべきである・しかしなぜ人間は博覧会をやるのかは別問題！イメージは遊戯か？遊戯の行為は演技することか？目的のない遊戯を無限に続けられるか？●言葉・媒体・伝達金の流れが情報の流れ見るそして読む・だが書かないものを読む術は？日本語の乱れをなげく書くことが全く必要のない世界が考えられるか？＜名づけることと〈うたうこと〉国語・国字問題に対して無関心であり得ない新カナ・当用漢字使用に50%反対する。日本の戦後詩のメタフォア領域の拡大はきわめて大きいサイフォン・コミュニケーションの現実的な量と形式を考えようカッコイイとはどんなことなりや？●思潮・右翼本物の右翼をバカにしてはイケナイヨ！世の中を単純化するやつは 今のところ）すべて右翼である●丹下・プロデューサー・建築家有名建築家はプロデューサーである建築と大衆性の関連はどこにあるか大阪万博は丹下健三の命とりにならないことを祈る耐えられないもの・山本リンダ黒沢明はダメデアル森繁は抹消すべきである磯崎新は丹下健三のあとをつぐか丹下健三のようなプロデューサーは今後現われるか丹下健三の世代と彼の建築（年にあった建築哲学）原広司の建築論と若手建築家の方向建築家は必要か●行動・行為行動とは何か何もしないのに時が流れる・かといっていくらしても同じだ・時とは何だろうか●文明論文化地理は世界をかえるか？文明の体系化は成功しないヨーロッパはバロックであるヨーロッパ＝近代・アメリカ＝現代・未来？計量的世界像をケンオする!!!●戦争・戦争責任戦争体験の有無による論理構造の相違があるかユニバーシアードと国籍問題憲法第９条は有効か国旗についてベトナム戦争戦争バンザイ一人を殺せ！皆んな戦争が好きです戦争体験と世代論の問題中国・アメリカ自分はどちらに学ばねばならぬ点が多いと思うか米中戦争はあるか●風俗Sun Oilが売れて陽焼けした肌が最後の衣裳となる座頭市ブームは何かスカートはなくなるか？手塚治虫におけるロマンティシズムの喪失とロボット（アトム）の発場は戦後史と相関し得る現代人の心理とは何か●国家・ナショナリズム日本は国際にはならない国体論について日活映画のコスモポリタニズムと東映映画のナショナリズムの対立は表面的で両者ともぼくたちの非現実のふるさとを指しているベクトルである！アメリカナイズの限界をどこでさとるかそれはどう調和させるか国名は何を意味するかアメリカをはじめとするBig Bussinessの進出によって日本という国の枠がくずていくだろうかプラスティックス製品と日常のかかわり方の情緒的不満ポリエチレン袋入円筒型のオトーフはきらいだ！日本の美徳さ強調しようとする男は生きられるか楽しみがあまりにも多すぎる・全人間的楽しみのコンダクターが欲しくはないか？君が代について近代日本くそくらえ江戸幕府時代万才！日本におけるモダニスムの終熄日本人ほど物的リアリストはいないよ集団生活における思考性及感性これが問題だ伝統またしても伝統日本的美学はもりかえすか高校野球勝っても負けても涙●？好きな小説〈ライ麦畑でつかまえて〉ただしこのごろ●よく女の子が好きな本としてあげるのでいやだね（今にPetit Princeやくまのプーサンみたいになると困る）横尾忠則のイラストについて好きなオハナシ〈銀河鉄道の夜〉こどもの時死についておしえられた横尾忠則はグラフィック思想家たりうるか●住生活・家庭生活個人住宅をどうとらえるか・すべての住宅の共同化Second houseは今後ふえるか・それ自体過密するのではないか住生活は今よりバリェーションが多くなるか住宅政策は持家か賃貸か住宅はなくならない●反省・チョーダイ・私的オネガイ〈いつか見たドラキュラ〉はやられ

「散開漂流期」冒頭頁（出典：スペース'30「散開漂流期 上」『近代建築』1967年11月号、pp.67-74
およびスペース'30「散開漂流期 下」『近代建築』1967年12月号、pp.55-62、近代建築社）

1966年の出雲旅行
（長谷川堯氏提供）

渡辺邸にて
（長谷川堯氏提供）

たちが勝手に公共性を唱えて都市を一定の方向へ導こうとしていることに、疑念を感じているのである。それゆえ、本来の有り様からある特定の論理をもって都市を変えようとする「士」と捉えた建築家たちとは、スペース'30は全く異なった論理を保有していることがわかる。そのことは、今回のインタビュー中に、彼らがスペース'30を「都市」あるいは「サロン」の語を用いて回想する点からも窺える。すなわち、普遍化を求めた一元的論理で進む建築界全体、あるいは方向性は様々でありながらも一応のマニフェストを掲げる建築運動とは、明らかに対比的な位置に自らを据えている。長谷川の多用する言説を使用すれば、"WE"ではなく"I"であることを念頭に置き、そしてそれらが集合する時、一つの理想的な都市的趣意のもとにグループが生成されるのだということを主張しているのである。

スペース'30の特質は、上記した彼らの理想とする「都市的趣意」の体現であり、彼らは存在そのものをもって、そのことを示しているのである。

4.「散開漂流期」の趣旨

ここでは、グループとしての唯一の公刊されたテクスト「散開漂流期」に着目し、その内容をみていく。

「散開漂流期」は、『近代建築』1967年の11、12月

1966年の出雲旅行
（長谷川堯氏提供）

結成当初のメンバー。
長谷川のアパートにて
（長谷川堯氏提供）

の上・下２号にわけ掲載された。

「上」は、「前書き」と4題の論考に加え、「私的おねがい」と題した個々の主張文で構成され、「下」では、「前書き」と3題の論考に加え、「私的センボウキョウ」と題した個々の世間への見解が並べられている。

内容は、「フーテン族」にならう国家体制への批判、「偽似自然」の創造と揶揄した建築家への問い、日本における西洋的思惟を持ち込もうとする図式からの脱却の訴えなど、近代国家への不満や提言が並び、いずれも国家体制、またはそれに付随する建築界に対するもので、以上までに明らかにしてきたスペース'30の性格が現れている。

また、全体の構成をみると、特に「私的おねがい」と「私的センボウキョウ」に顕著に示されるように、メンバー全員による個々の主張を羅列し、縦横に展開されている。さらに、これらは無記名を基本に編成されており、誰が何を語るかということに重きをおかず、「散開」的な論議がある一点において包括させながらも、それが「漂流」していくことを否定しないという、スペース'30の態度が論の構成でも有体に示されている。

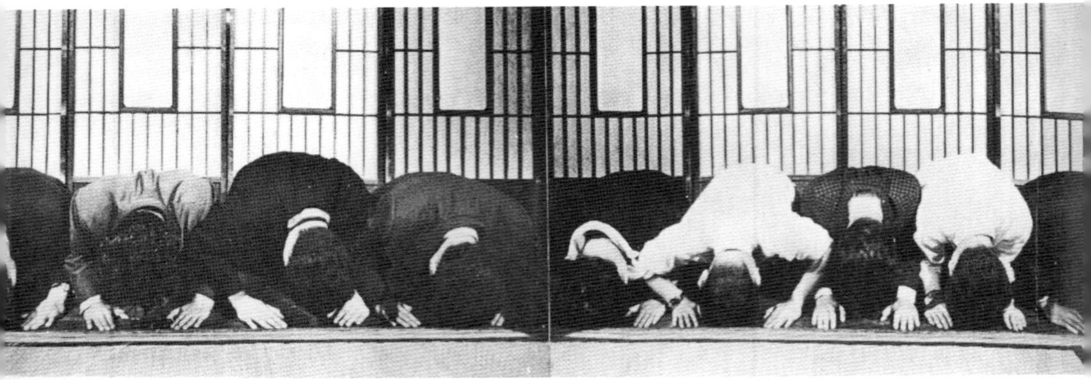

「私的おねがい」(出典:スペース'30「散開漂流期 上」『近代建築』1967年11月号、pp.67-74、近代建築社、p.74より)

5. 1960年代における存在意義

上記のスペース'30の特質は、メンバーの木島安史の建築理念「混在併存」に換言できるように、ポストモダン的であると言えるだろう。こうした性格が1960年代中頃にみられる点は、特筆すべき点だろう。このような彼らの存在は、近代建築の論理で体勢を保持してある特定の論理のもとに優劣が決まるというような前提が、マニフェストを通して掲げられていたと言える一つ前の世代と、いわゆる野武士との言葉に代表されるように「自己性」が強く前面に出され「個人」の存在感を主張する時代になっていった、1970年代以降の世代の間に見られる過渡期の有り様を示す、重要な存在であると考えられる。

この過渡期では、グループの発生数に極端な減少がみられ、前後を繋ぐ変遷に途切れが生じている。スペース'30は、この途切れた過渡期の間を埋めるものとして、貴重な存在であると言えるだろう。つまり、彼らの自己を尊重した都市的趣意を有するグループの性格に加え、近代建築を学びながら後にポストモダンの先鋭として活動していく建築家の面々で構成されるという側面からも、スペース'30は、建築運動史を追う中で重要な存在として位置づけられる。

6. まとめ

スペース'30の特質は、一言で言うと、彼等にとっての理想的都市像の体現である。近代の国家体制にみられる、一元的論理で進められる都市形成に疑念を抱き、本来、「自己」の形成によって都市は造られていくべきとの姿勢を態度で示している。このことは、「散開漂流期」にも有体に示され、一貫した態度の保有が認められる。これはすなわち、後に流布するポストモダン的性格であると言え、それが1960年代半ばに存在していたことは注目に値する。

また、サロン的態度、あるいは集団でありながら自己を尊重するという都市的趣意を有するスペース'30は、上下2世代間の過渡期にみられる、一つの断絶を埋める重要な存在と言えよう。

コメンテーター・コメント@公開討論会

中谷:スペース'30を取り上げたこと自体はいいと思うのですが、その取り上げ方が気になります。やはり歴史的な評価、つまり彼らのできたことと、できなかったこと、というのをもっと正確に評価する必要があると思うんです。渡辺武信や長谷川堯などのスペース'30での活動を紹介していますが、そのあと彼らはほかの活動に展開する。そこら辺のグループの弱さみたいなところを指摘したらもっとよかったのではないでしょうか。なぜスペース'30が今まで無名だったか、という論文概意すら非常に重要なのではないか、という気がしますが。

椙山:おっしゃる通りで、最初はなぜ無名だったのか、ということがもっとも重要と考えて進めていました。たとえばメンバー個々の活動につなげることもできるだろうし、いろいろな研究方法があるとも思います。しかし進めていく上で気づいたのは、彼らは目的をもってないというか、少なくともマニフェストというか、そうした主張がなかったために、いわゆる運動史としては取り上げられてきていないことです。それは当然だと思います。だから紹介すること自体に意味があると考えました。そこで今まで全然表に出て来なかったという事実を、まずは紹介とともにまとめました。

中谷:表に出てなかったわけではないけど、そんなにちゃんと書いた人が多分あまりいないんですね。

椙山:はい。そうした状況も踏まえて、そもそもスペース'30とは何なのか、ということに重心を置くようにしました。また近代建築論を取り上げた先行研究を見てみると、とくに1960年代後半あたりに溝もあるようでした。最初はただの偶然とも考えていたのですが、活動の性格をみると前後のムーブメントと比較して、いわゆる過渡期と言ってもいいのではないかと思います。ほかにもいろいろなものがあったと思いますが、スペース'30というのは過渡的な活動と位置づけてもいいのかな、と。

中谷:谷間の世代ですよね。メタボリズムや野武士みたいな高潮にのった人達がいると、その10年後の次世代は否応でもその高潮の影響を受ける世代になります。長谷川堯さんの立場の前提はそこにあって、なおかつ、そのような構造を突き崩すような発見的な論点立場を獲得したところがある。そういう事例に併行してこの種の研究は重要だと思うんですが、あなた自身はどう思いますか。

椙山:長谷川堯さんに話を聞いて得られたのは、彼が建築家に接してはじめて歴史を過去として捉えるのではなく、生きた素材として捉えるようになった、ということです。スペース'30における勉強会で明治の建築の写真を紹介したときに、木島安史、相田武文、渡辺武信らが予想以上に喜んだ、と。そんな反応は近代を生きてきた自分達にとってはまったく想像もしなかった、ということもおっしゃっていて、今までは単なる過去として建築を見ていたんだけど、歴史はそういうもんじゃない、ということを感じ取った。そこではじめて評論会をやるきっかけを得られています。

中谷:インタビューという方法を取った理由はなぜ?

椙山:僕の場合、基本的なスタンスとしては文献、テキストを一次史料としています。ただし記録としては、まったくゼロではないんですけれど、ごく少数です。なぜ勉強会をやったのか、とか、あるいは後書きに「スペース'30の面々の辛辣な意見を多く参考にした」と書いてあるもの、など、かなり断片的になってしまいます。これは感覚的なものですが、グループ自体の意義といったところは探れば出てくるのではないかと思います。しかし、それが断片的なものであるが故に、やはり深みが出てこない。そこでインタビューを合間あいまの隙間を埋める、雰囲気を伝える補足的なものという位置づけで扱っています。

今村:後年、建築家を評価する際に、建築作品の系譜のみで考えがちですが、実際にはいろいろな側面があるわけです。とくに木島安史といったポストモダニストにとっては、設計者、計画学者、地中海研究者、教育者であるというその複合性が肝要であって、こうした研究によってリアルな像を記録するという価値は、とても高いと思います。

大橋富夫論

Name:
加門麻耶
Camon Maya
University:
東京大学大学院
工学系研究科　建築学専攻
藤森照信研究室

0　序論

0.0　はじめに

写真家、大橋富夫は2009年日本建築学会文化賞を受賞した。「建築写真家としての永年にわたる建築界への貢献と写真集『日本の民家 屋根の記憶』の刊行」が選定理由だ※1。建築は写真になった時点で、その写真家の眼というフィルターがかかる。大橋が建築写真を撮り始めて実に半世紀以上になるが、彼が捉え続けた建築とはどのようなものだったのだろうか。またそれが必要とされてきた時代とはどのようなものだったのか。

0.1　既往研究

建築写真史の概略については、研究はなされているが、建築写真家個人についての学術論文は学会などには提出が見られない。大橋富夫については若干のインタヴューや批評、記述は見受けられるが、まとまった学術研究は現時点でほぼなされていないと言える。

0.2　研究の目的

先述の通り、写真は建築を伝えるためのひとつの手段ではあるが、しかし、写真家の眼を通したものであり、このフィルターを通して見るということについて見直して行く必要がある。戦後の現代建築を見据えた大橋富夫という一人の写真家の眼に焦点を絞 ってこれの一端を明らかにしたい。先に述べた通り、既往研究と言えるようなものはほとんどなく、大橋富夫の写真についての理解や解釈は、学術的になされていない。本研究は、大橋富夫についての仕事を建築界や社会において位置づけする上で手助けとなるものである。とは言え、本研究テーマは大橋富夫のみならず、建築写真、写真、芸術、建築ジャー

小篠邸（設計:安藤忠雄）　写真:大橋富夫

せんだいメディアテーク模型（設計:伊東豊雄） 撮影:大橋富夫

ナリズム、建築史、建築設計計画、など多岐に波及する内容が含まれる。それら後続研究の礎となるためにも大橋富夫本人を含めた多くの関連人物の見解を集め、まとめることを目的とする。

0.3 研究の方法

まず、大橋の主たる仕事である建築専門誌『建築文化』等の写真掲載リストを作成し、大橋の仕事の大枠を把握することができた。

次に、大橋富夫本人とその家族（美江子夫人、弟大橋哲也、大橋の義理姉大橋允子）から大橋家についてと、三重時代についてインタヴューをおこなった。大橋の写真についての多様な見解を得るために、大橋と深く関わっている建築家、伊東豊雄、長谷川逸子、原広司、山本理顕、塚本由晴、鈴木喜一、同業者である写真家、畑拓、北田英治、大橋の助手、上見浩基にインタヴューをおこなった。

0.4 本論の構成

1章では大橋が上京、独立する前の時代について時系列でまとめる。2章は大橋の現代建築写真について、3章は古建築など、他の写真についてまとめた。4章は、研究の成果と今後の課題である。

1 三重時代

1.0 はじめに

大橋富夫の生まれ育った家庭環境から大橋が上京するに至るまでをインタヴューをもとに詳しく追っていく。この時代を三重時代と呼ぶことにする。

1.1 大橋家について

まず大橋家について、特に大橋富夫の父親である大橋芳松と、その長男である大橋勲について述べる。カメラ自体が非常に高価な時代に、勲が中学生の頃からカメラを手にすることができたのは、父親芳松の営む養鰻業の大成のおかげである。勲は学生の頃から写真に夢中で、土門拳等が審査員をつとめるカメラ雑誌に投稿し、入選、入賞を繰り返した。しかし、芳松は母親であるちえと離婚し大橋家を去ってしまう。長男である大橋勲は残された母と、まだ幼い弟たちを養い育てるため、22歳で大橋写真館を開業する。勲は営業写真にとどまらず、自らの作品制作にもその情熱をそそぎ活動した。

1.2 カメラを手にして

大橋富夫は父芳松と母ちえの第七子として1932年三重県四日市市に誕生する。大橋は中学生ぐらいから家業である営業写真撮影業の手伝いをしながら、高校まで通わせてもらう。幼い頃から写真一途な兄の姿、作品を見て育ち、家業の手伝いをしていくうちに、しだいに写真への興味を抱くようになる。高校生の頃には、自分でも撮影をしていた。高校卒業頃に、勲から初めて自分のカメラ（Nikon-S3）を買ってもらう。

1.3 リアリズムとの出会い

卒業後も大橋写真館の仕事を手伝ったが、これがむしろ手伝いという名の修行であった。写真撮影、現像、プリント、修整まで、兄は富夫に厳しくその技術を指導した。同時に兄と同様カメラ雑誌に写真を投稿し、20歳頃から入選、入賞を繰り返し、年間ベスト10入りを果たした際、土門拳に言われたひと言は今でも大橋の中で活きている。

「君は技術が上手過ぎて写真が良くない」

この頃より、土門や林忠彦、東松照明等と交流があり、彼らのかかげる“リアリズム”とアメリカ大衆誌『LIFE』に強く影響を受けるようになる。

1.4 阿部邸撮影から上京まで

1957年大橋写真館に『建築文化』（彰国社）から建築写真の依頼があり、大橋富夫が初めて建築写真を撮ることになる。この写真が、当時『建築文化』の顧問だった西川と、写真部村沢に認められ、勧めを受けて1960年フリーの写真家として上京することになった。

1.5 小結

この三重時代は大橋にとって、写真への没頭、技術の習得、リアリズムとの出会いの時期であったと言える。大橋写真館で兄からの厳しい指導がなければ、土門をして先述のような言葉は出なかったであろう。日々撮影に明け暮れた。そんな中西川、村沢に認められ上京することになる。

2 現代建築などの写真

2.0 はじめに

大橋は上京後、西川から建築写真について習い、実際に『建築文化』等の建築専門誌を中心に撮影を始める。

2.1 建築写真

大橋がこれほど多くの建築家の作品を手掛けるようになったのは『建築文化』の撮影をしていたからであった。『建築文化』として撮影に行き、写真を見たその建築家の心に響けばまた依頼がある。大橋でなければダメだと言う建築家も出てくることもある。次に、大橋の作品の印象についてインタヴューから抜粋したキーワードをあげ、まとめると図1のようになる。

これらの印象については他の写真家と比べて出て来ている見解が多いが、ここで新たに写真家と建築家では、写真に対する印象の違いが見られた。大橋と藤塚の写真

	写真家			建築家						評論家	
印象 / 人名	大橋富夫	畑拓	北田英治	伊東豊雄	長谷川逸子	原広司	山本理顕	塚本由晴	鈴木喜一	藤森照信	礒達夫
光、透明感	○	●		●	●	●		●	●		
周辺環境、人	●	●	●	●	●	●	●	●	●	△	●
抽象的	●	●			●						●
職人肌	○		○	●	○	●	●	○			
感覚、感性	●	●	○	●	●	●	●	●	●		
レイヤー状	●	●			●		●	●			
大人しい	●	△		○	○	○				●	
雰囲気、振る舞い	●	●	●		●		○	●			
綺麗	○	○	●	●	●	●		●			
遊び,楽しみ	●	●	○		●			●	●	△	
リアリズム、演出	●	●		●	●			●			●
ジャーナリスティック	●				○						●
営み、生活	●	●	●		●			●			
状況、状態	●	●	●		●	●	●	●			
軸を外す、角度	●	●		●	●				●		●
鋭さ、迫力	○	●			○		●	●	●		●
意外性	○	●		●	●					○	●
その他	脱線している 横を向いてる		“イイ写真” 理屈抜き	常に上品 きれいさび	リアル	繊細さ		第3ポジション	斜に構え、光と影のトミーかな	普通	建築写真の可能性の追求

注…●：断定 ○：肯定 △：疑問

図1 大橋富夫の写真についてのイメージ表

について、建築家は藤森照信も長谷川も山本も真逆の印象を持っていたが、大橋本人や畑から見れば、同系統に属すると言う。ここでは大橋富夫にインタヴューをしながら、現代建築写真家の分布図を作成したものを載せる(図2)。

撮影については、大橋:「なんにも知らないでそこへ行き、その建築に出会った瞬間の感動を撮るんだ!」と言う。建築家も「コンセプトなど詳しく説明はしない」「図面を送るだけ」と口を揃えた。長谷川は今でも大橋の撮影の時には必ず同行している「…ものすごいエネルギッシュで面白いので」と言う。

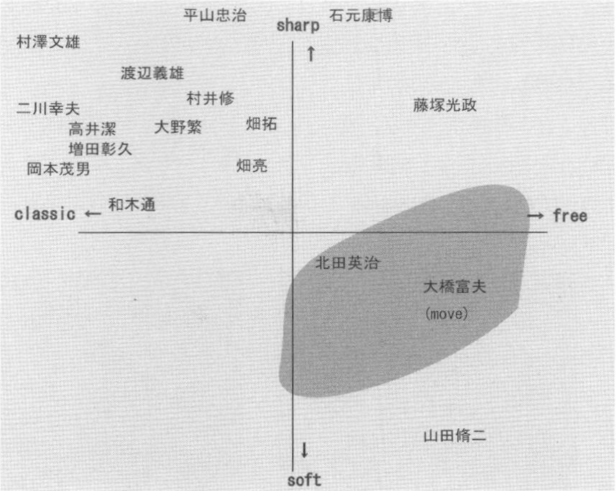

図2　写真家分布図 大橋富夫編(大橋富夫・筆者作成)

30年以上大橋と関係のある建築家たちであるが大橋の写真の変化については全員口を揃えて、変わらないと言った。原は「変わったのは大橋ではなく時代や建築だ」、「建築、時代が大橋さんのようになってる」と言う。しかし、今回インタヴューをおこなった建築家は1970年代後半から大橋と仕事を共にしだす。この時期がちょうど変わり目だったのである。1970年代前半まで大橋が撮っていた建築家は長谷川や原よりも前の時代の建築家たちであり、例えば、菊竹や前川、岡田である。長谷川や原、伊東は、彼らとは建築に対する考え方が違っていた。当時、大橋もその新しい傾向の建築を目の前にして、撮り方を変えたのであった。それ以前については本人も「建築写真=大型カメラ」という当時の常識に疑問を感じていながらも、(気持ちは35ミリで)大型カメラを使っていたという。そして、ちょうど長谷川の焼津の文房具店ぐらいから、(当時の)新しい建築を見て、意図的に35ミリで撮るようになった。

長谷川は「大橋さんは建築を"物体"としてではなく"状況"として据える」、「社会や地域に還元できる建築を目指す建築家なら"状況"を撮ってもらいたいはず」と言っている。昔は"物体"、作品として建築を据えるのが建築写真のセオリーだったが、今は違うということである。それ以降、大橋は35ミリをよく使用するが、今でもその建物によっては、大型カメラを使用する場合もあると言う。例えば堀口捨巳の建築、磯崎新のつくばセンタービルなどは大型でないときちんと表現しきれないという。

2.2　模型写真(省略)

2.3　小結

大橋の建築写真は、巧みな光の扱い(やはり大橋写真館で培った技術からくる)、建築を一歩離れた視点から捉える(これにより、ドライで抽象的、環境も含め広い視点で捉えることができる)、些細なことでも瞬時に感じ取る触覚を持っていたのではないだろうか(これにより営み、雰囲気、振る舞いを盛り込む)。

そしてなにより、楽しみながら撮っている、と言える。

大橋の写真は、撮影方法の変化があっても写真に対する思想は変わらず、むしろ変わったのは建築や時代だった。それでも長く多くの建築家から愛されたのは、移り行く時代の変化にも敏感に反応し捉える感覚を持っていたからであろう。おとなしい印象は大橋の性格が出ていると言える。自分を押し付ける写真ではなく、相手の特性を引き出す写真だったのである。そう考えれば、原や長谷川の言う通り、「建築の側が大橋のようになってきている」のではないか。建築が作品としてあるのではなく、地域に根ざし環境にとけ込み、配慮されるものになったのである。

3　古建築等の写真

3.0　はじめに

上京後すぐ西川に誘われ日本全国の民家を撮りに行き、

東京オリンピックと万博で現代建築の撮影に追われるまで撮り続けた。また1999年から海外集落を撮りに行き現在に至る。

3.1 日本民家

「歴史の中で生き続けた「民家」。それは様々な地方風土との戦いだった。そして、そこには何よりも人々の暖かい「ぬくもり」があり、多くの生活の知恵、贅をつくした社寺や宮殿の伝統文化とは違った庶民による優れた伝統文化が見える。」と大橋は述べている※2。ただ民家を記録しているだけではないことがこの言葉からも理解できる。大橋はそこで起こる生活や文化、環境も包括的に写真に収めた。記録ではなく、民家の持つ記憶を写真に収

梅田スカイビル（設計:原 広司）撮影:大橋富夫

山形ハワイドリームランド（設計:黒川紀章）撮影:大橋富夫

日本歯科大学新潟歯学部（設計:岡田新一）撮影:大橋富夫

東京カテドラル聖マリア大聖堂（設計:丹下健三）　写真:大橋富夫

めたのである。

3.2 海外集落（省略）

3.3 その他の撮影（省略）

3.4 小結

国内外、民家や集落も、シャーレの中で繁殖する菌も、人間の表情を撮る場合であっても「すべては繋がっているし、一緒なんだ」と大橋は言う。ここでも被写体の、ある状況を捉えている。

愛鷹裾野の住宅（設計：篠原一男）　写真：大橋富夫

4 結論

4.1 研究の成果

ここまでの研究を通して理解できることは、大橋は、少し離れた視点から建築に臨み、その建築を現象として捉える眼を持つことであった。それは物理的な距離だけのことではなく、目の前に広がる対象を抽象化して見る。大橋は広い視野でアンテナを立て「被写体」ではなく「被写状態」を観察し、敏感に感じとり即座に捉える。これは建築のみならず、すべての作品に一貫していることであり、その撮影法にまで大きな特徴がみられた。

大橋は撮影時、両目とも開いている。

両目を開けてカメラを構える大橋富夫
写真：筆者撮影

大橋は両目で被写状態を捉える。大橋は昔からずっとその両眼で建築や社会を捉えていたのである。

大橋に変化があったというよりも、時代が変わっていたということは先にも述べたが、時代が変わっていっても長い間、多くの建築家から愛され、社会から必要とされた理由はここにあるのではないか。一歩離れたところから見ていたからこそ、移り変わる時代や建築にも反応でき、その変化を敏感に感じ取り、それを鋭く表現できた。これは元を辿れば写真を投稿していた頃から無意識のうちに磨かれた社会をみつめる眼であり、それを鋭く忠実に表現できたのは大橋写真館で培われた技術だったと言える。

言葉を変えれば、この半世紀、社会が求めた眼というのは、建築であれば、建築自体だけではなく建築がその地域にどのように築かれ、その環境とどう関わっているのかということまでを伝える眼だったのではないだろうか。

4.2 研究における今後の課題（省略）

※1:『建築雑誌』（2009年8月号）
※2:武蔵野美術大学美術資料図書館編「大橋富夫建築写真展『日本の民家 屋根の記憶』展覧会」（1996年）P2「写真と私」大橋富夫より抜粋

主な参考資料:
『建築文化』『住宅建築』写真掲載リスト（筆者作成）、
『大橋富夫論』別冊インタヴュー集（筆者作成）

コメンテーター・コメント@公開討論会

今村:大橋さんは非常にチャーミングで、私もとても好きなので、こういう研究をしてくれたことをうれしく思います。写真を見る目はまだこれから、とおっしゃっていましたが、あえて写真論に行かずに大橋さんという人間とその写真を対象にされている、ということですよね。大橋さんは写真が非常に上手くて、それは「東京カテドラル」などの写真を見れば一目瞭然です。ただどうしても分析の有効性が分かりにくい印象があるんです。写真の特性を示す際には、やはり他の写真家との比較が有効になると思うのですが。

加門:当初は予定していました。特にひとつの被写体(建築物)に対して、いろいろな写真家が、しかも同じ状態、同じ時間と場所、天候で撮る、ということを是非比較したかったのですが……。まず私自身が写真を比較して批評する眼をもってない、ということがありました。そして大橋さん自身に(論文のために)写真を貸していただいているのに、他の写真家のものはコピーを載せる、というのは差が出てしまう、といったいろいろな理由でやめました。今後、編集者やタイプの違う写真家へのインタビューを続けたい、と考えていますが、まず今回は対象とする大橋さんを深く検証しようと考えました。

ただ一部建築家のインタビューには写真家同士を比較をするコメントがあり、それは別冊に収録しました。少し余談になりますが、藤森照信さん、長谷川逸子さん、山本理顕さんの3人が「大橋さんと真逆の写真家といえば藤塚光政さんだ」とおっしゃっていました。私もそのときは同感と思ったのですが、大橋さんにそれを伝えると「僕と藤塚君は同類」とおっしゃったんです。そこで写真家分布図を描いてみようと、畑さんと大橋さんに聞いて表を作成しました。これからもいろいろな方、特に編集者の方に聞いて作っていこうと考えています。

今村:論文で特に『建築文化』と『住宅建築』を扱っているように、大橋さんの写真を掲載する媒体には一貫性があります。『建築文化』はこういう写真を載せたい、という意志があったし、最近の『住宅建築』であれば平良さんという編集長がいるから大橋さんを使う、ということがあるのでしょうから、編集者へのインタビューもおもしろいと思います。

加門:そうですね。『住宅建築』の場合、平良敬一さんが2回目の編集長になってから急に掲載が増えました。1回目に編集長だった時期、大橋さんは『建築文化』の仕事が忙しかったので、『住宅建築』にはあまり載っていなかったのですが。

池田:大橋さんはいろいろと撮れるのに、なんで建築を選んだのか、ということが以前から不思議でした。なぜ建築なのか、というお話は聞いていらっしゃいますか。

加門:大橋写真館でお兄さんの手伝いをしていた頃の営業写真というものは、お見合い写真のような、"晴れ"で、きれいなお化粧をしてもらい、それをベストの状態で撮る、ということでした。その技術を習得するのもたいへんなのですが、その傍ら個人的に写真を撮ってカメラ雑誌に投稿していました。それこそ高校生くらいの頃から居酒屋に飲みに行くのか撮りに行くのか分からないような感じで、なまの人間、着飾っていない素の人間を撮っていました。名古屋の方まで行って、担ぎ屋さんがモノを売買しているところを隠し撮りしたりだとか。力強く生きる人間の真の姿を撮ろうとする背景には"リアリズム"、そしてアメリカの『Life』誌の影響、とりわけ報道写真への興味があったそうです。そんな中で西川さんに誘われて上京します。それまで35ミリの小型カメラで撮っていたのに、いきなり4×5の大判カメラで、カチッとした建築写真を撮る、となった時にかなり迷いがあったそうです。同時期の1960年から西川さんの誘いで日本全国の民家を撮りに行きます。そこには人間の生活がそのままあり、そこで「人間の生活の基本は"衣食住"。そのうちの"住"を撮ることは人間の生活を撮ることである」と、建築を被写体とする意思が固まり、それからはずっと「建築は面白い」と言って撮られているようです。

転相する建築
―CARLO SCARPAの記譜法を通じて―

研究目的・研究背景

1.1 ／ドローイングの可能性

建築家は、依頼者の目的と期待に応えるために、多くの場合、基本計画図や施工図、ドローイング等を通して、建築を設計する。「観念(Idea) →ドローイング(Drawing) →建物(Building) →経験(Experience) →言語(Language)」という建築の過程に関する「慣習的な」見方を一つの図式に要約されることもあるが、特に「ドローイング→建物」に注目し、論考を進めたい。建築を設計するにあたり、その設計意図を伝えるための表現媒体は、現在ではCADやCGなどの発達によって多岐にわたる。その中でもドローイングに対し、特権的な地位を明らかにする発言がCARLO SCARPAによってなされている。

「私の建築は、建築家の媒体つまりドローイングで、しかもドローイングだけですむ」

この発言は「ドローイング→建物」の誤った意味合いをさらに助長するような発言であるが、「ドローイング→建物」という設計手法の一方的な方向性だけではなく、「建物→ドローイング」という方向性も示し、ドローイングと建物が相互補完的な意味合いをなすような発言と捉えることができなくもない。建築の設計段階では、上記の図式のように一方的な方向性だけで設計が進められることは少なく、各段階を行き来する中で徐々に建物へと近づけていくことが一般的である。しかし、CARLO SCARPAはそのような積極的なフィードバックを用いる設計手法によって、完成する建物の立体をつくり出すためにドローイングを描くだけではなく、つくり出す立体をどう描き残しておくかということも考慮されていた可能性は十分にある。建築は実際の空間体験によって得られる効果がその建築の大部分であるが、CARLO SCARPAのドローイング

■建築の過程に関する慣習的な見方

■建築の過程に関するCARLO SCARPAの見方

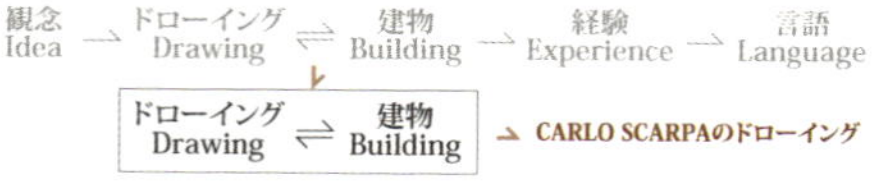

Name:
荒木 聡
Araki Soh
University:
早稲田大学大学院
創造理工学研究科　建築学専攻
古谷誠章研究室

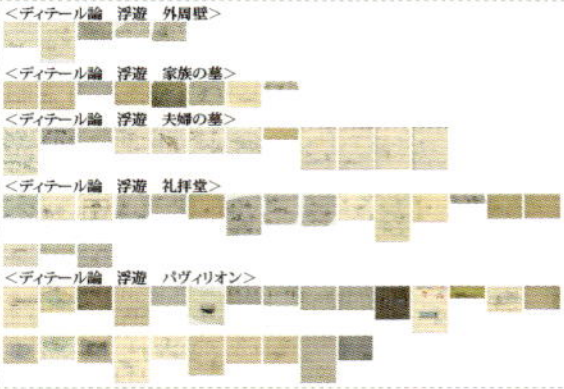

「ブリオン家の墓」の入手できた1442枚のドローイングから、左にあげる68枚のドローイングを抜粋し、ドローイングされている箇所、種類等を元に分類し、ドローイング分析を詳細に行った。(本論「Paragraph　3.1.2.1／ディテール論　浮遊　外周壁　- Paragraph　3.1.2.5／ディテール論　浮遊　パヴィリオン」参照)これより、CARLO　SCARPAの設計手法として、浮遊するディテールと形態には、以下の特徴が挙げられる。

1. **建築の接地面を極小化する。極小にした上、それを隠すような植栽やディテールや形態がある。**
2. **池の水面や芝生の地面等からわずかな隙間を設け、陰影をつくり出すディテールと形態がある。**
3. **浮遊させる建築の直近に、建築的ボリュームに重量感があるものを配置している。**
4. **反復する整形な切り刻み等によるボリュームを面へと解体していくようなディテールと形態がある。**
5. **浮遊するディテールと形態は、接合・境界、視線・動線の誘導を同時に表現している。**

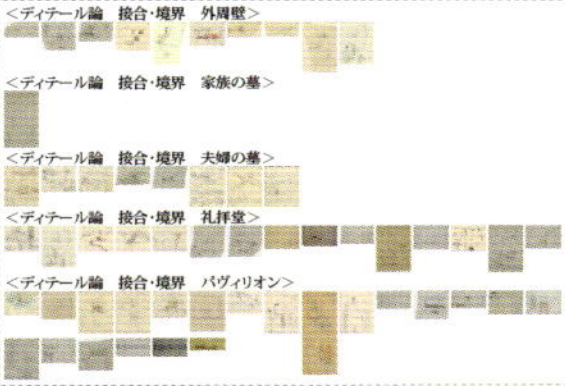

「ブリオン家の墓」の入手できた1442枚のドローイングから、左にあげる54枚のドローイングを抜粋し、ドローイングされている箇所、種類等を元に分類し、ドローイング分析を詳細に行った。(本論「Paragraph　3.1.3.1／ディテール論　接合・境界　外周壁 - Paragraph　3.1.3.5／ディテール論　接合・境界　パヴィリオン」参照)これより、CARLO SCARPAの設計手法として、接合・境界に関するディテールと形態には、以下の特徴が挙げられる。

1. **機能的な側面を持つディテールと形態と、機能的な側面を持たないディテールと形態を一体的に表現し、ディテールと形態の意味性を曖昧にする。**
2. **反復する整形な切り刻みの表現には、精神的、物理的境界を曖昧にしたり強調したりする効果がある。**
3. **普段は捉えきれない実体(空、空気、光等)を意識化させる境界におけるディテールと形態がある。**
4. **接合・境界におけるディテールと形態は、浮遊や、視線・動線の誘導を同時に表現している。**

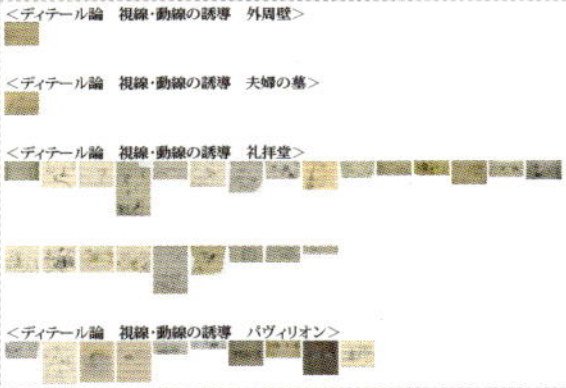

「ブリオン家の墓」の入手できた1442枚のドローイングから、左にあげる36枚のドローイングを抜粋し、ドローイングされている箇所、種類等を元に分類し、ドローイング分析を詳細に行った。(本論「Paragraph　3.1.4.1／ディテール論　視線・動線の誘導　外周壁 - Paragraph 3.1.4.4／ディテール論　視線・動線の誘導　パヴィリオン」参照)これより、CARLO SCARPAの設計手法として、視線・動線の誘導に関するディテールと形態には、以下の特徴が挙げられる。

1. **動線に連動した開口によって、視線と動線が一体的に誘導されるディテールと形態がある。**
2. **人々に自身の視覚による知覚を認識させるためのディテールと形態がある。**
3. **視覚によって知覚される空間を開口や、パターンによって変化させるディテールと形態がある。**
4. **視線・動線の誘導におけるディテールと形態は、浮遊や、接合・境界を同時に表現している。**

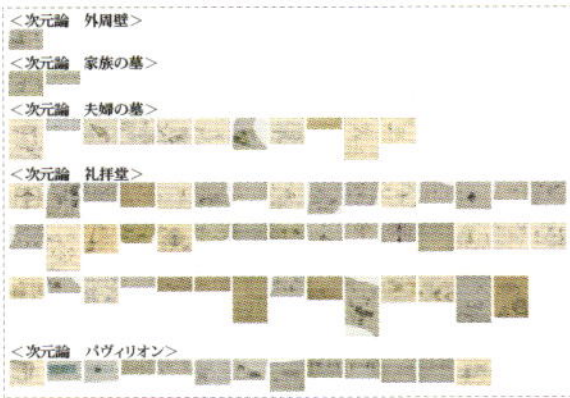

「ブリオン家の墓」の入手できた1442枚のドローイングから、左にあげる71枚のドローイングを抜粋し、ドローイングされている箇所、種類等を元に分類し、ドローイング分析を詳細に行った。(本論「Paragraph 3.2.2.1／次元論　外周壁 - Paragraph 3.2.2.5／次元論　パヴィリオン」参照)これより、CARLO　SCARPAの設計手法として、量塊(いわゆる三次元)と面(いわゆる二次元)の関係性には、以下の特徴が挙げられる。

1. **普段は知覚しがたい芝生の土層や池の水量等にも量塊を見出し、面へと解体する形態がある。**
2. **CARLO SCARPA自身が、最初に設定した量塊を平面的、立面的方向に対し、同時に面へと解体していく形態がある。その表現の多くは、反復する整形な切り刻みによる。**
3. **大きな平面形態には、反復する整形な切り刻みは用いられず、最も細分化されたタイルやパターンを用いてその面への解体を実現している。**
4. **面材や線材によって構成しているが、その集合体である量塊にならないような形態となっている。**

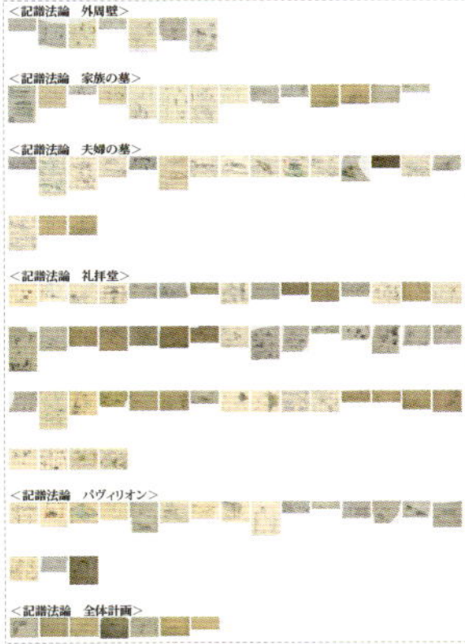

「ブリオン家の墓」の入手できた1442枚のドローイングから、左にあげる113枚のドローイングを抜粋し、ドローイングされている箇所、種類等を元に分類し、ドローイング分析を詳細に行った。(本論「Paragraph　3.3.2.1／記譜法論　外周壁 - Paragraph 3.3.2.6／記譜法論　全体計画」参照)これより、CARLO SCARPAの設計手法として、ディスクリプティブ(事後説明的表現手法)とプリスクリプティブ(発見的表現手法)には、以下の特徴が挙げられる。

1. **視覚的シークエンスを連続的なドローイングによって描く。**
2. **異なるスケールに対し、レイヤーを設け、同じ紙面上に積み重ねられていくドローイングは一枚の紙面上を一見複雑に見せるが、あるスケールに注目することによって、そのレイヤーのみを視覚的に取り出す事ができる。**
3. **反復する整形な切り刻みが形態として用いられている箇所に関しては、主にアイソメトリック・ドローイングが用いられており、平面、立断面ドローイングはあくまでその補助的なドローイングとして位置付けられている。また、多くの立体は総じてアイソメトリック・ドローイングが用いられている。**
4. **黄土色の大きな紙は、これまでのスタディを再統合し、再検討し、保存するためのツールである。**

■本論第一部「Chapter 3／ドローイング分析」における分析シートの構成

<左頁>

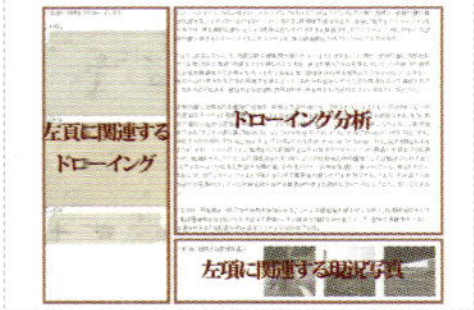

■<F-014>におけるディスクリプティブな順序

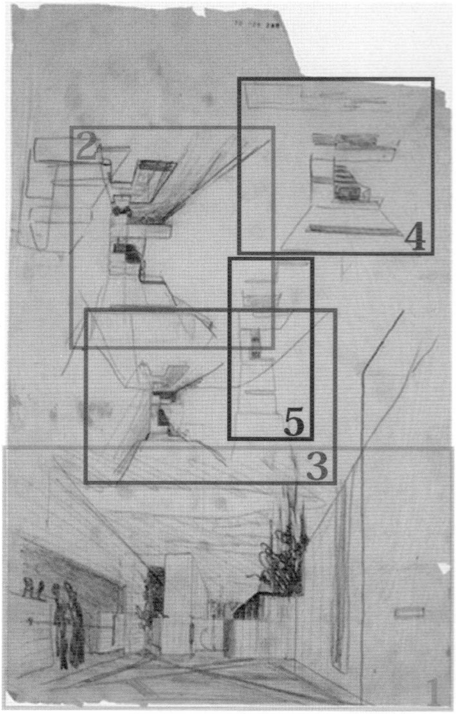

■<F-014>におけるプリスクリプティブな順序

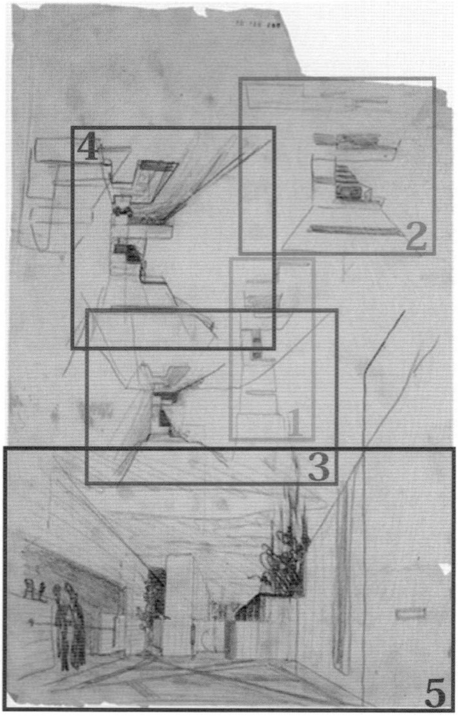

には、まだそこにはないものを記述するだけの意味合いにとどまらず、実際の空間体験のみによっては得られない空間としての価値を描き出してはいないだろうか。

近年、設計図面を含め、ドローイング、模型などの表現はCADやCGの利用によって、実際にそこに建つであろう建物の姿に寸分違わぬくらい精度を増してきている。また設計意図を伝えるための表現媒体は、データとして管理される事も多くなりがちだが、データではなく、オリジナルのみに記譜された本質的な設計意図が存在するはずである。そのような可能性の一端をCARLO SCARPAのドローイングに見ることができるのではないだろうか。

研究対象

2.1 ／ 研究対象「ブリオン家の墓」

ドローイング分析を行う研究対象を「ブリオン家の墓(Brion Family Cemetery (S.Vito d' Altivole,Treviso) 1969-78)」に選定する。以下、選定理由を箇条書きにて、まとめる。

①「ブリオン家の墓」設計を依頼した、施主の息子にあたるMr. Ennio Brion 氏は二点の条件の要請をしたのみで、CARLO SCARPAが自由に設計を行うことができ

■ドローイング＜F-220＞

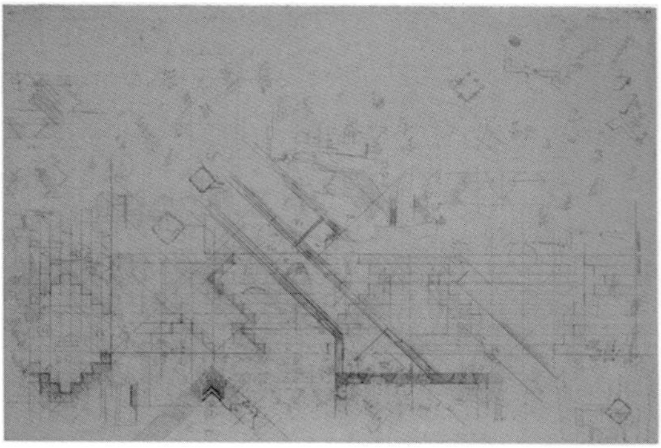

■ドローイング＜F-220＞に発見した四枚のscale layer

F-220　scale layer no.1

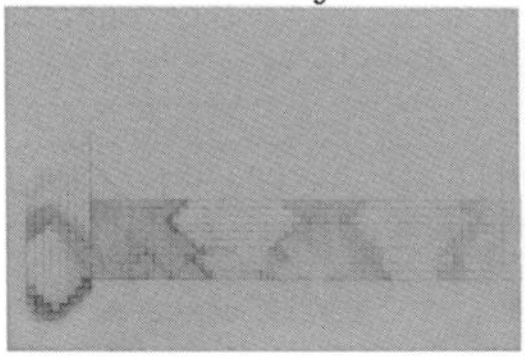

F-220　scale layer no.2

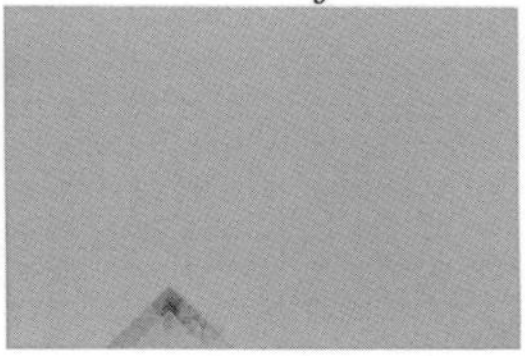

F-220　scale layer no.3

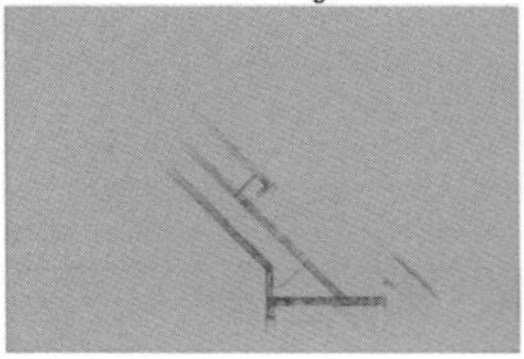

F-220　scale layer no.4

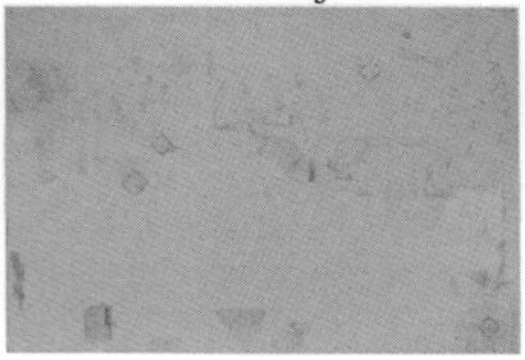

■ドローイング＜F-220＞の構成

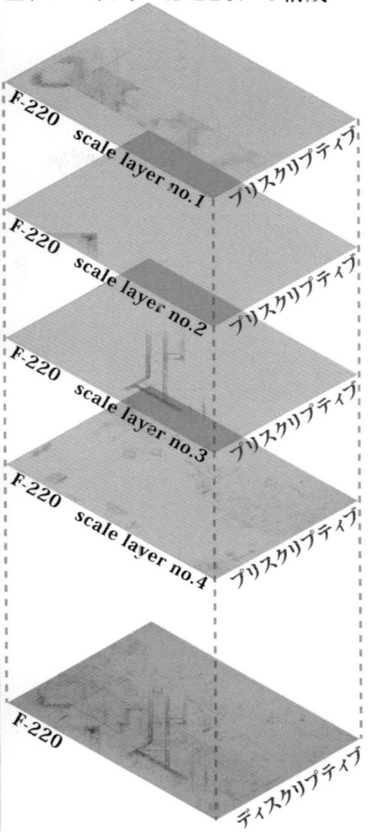

た作品であること。

②自身の設計料の半分を計画敷地拡張のために充てる程、並大抵ではない計画に対する思いがあったこと。

③「ブリオン家の墓」に関するドローイング全1583枚中、2009年「CENTRO CARLO SCARPA」のドローイング・アーカイブによってそのほぼ全てである1442枚のドローイングが入手可能となり、「ブリオン家の墓」に関する設計手法を読み解くことができる機会にあること。

研究内容

3.1-3.3／ドローイング分析

「ブリオン家の墓」に関して現在入手できている全1583枚中の1442枚の中から、研究対象となるドローイングを選定する。「ドローイング」と、「建物」の相互の関係性を読み解くため、その関係性を三つに分けている。図中の矢印は、その方向性だけを特に強調しているものであり、その他の方向性を完全に無視しているものではない。ドローイングと建物の間において議論されるべき「ディテールと形態」、「量塊と面」、「ディスクリプティブ（事後説明的表現手法）とプリスクリプティブ（発見的表現手

■ドローイング＜C-002＞

■ドローイング＜C-002＞に発見した四つのdrawing phase

C-002 drawing phase no.1

C-002 drawing phase no.2

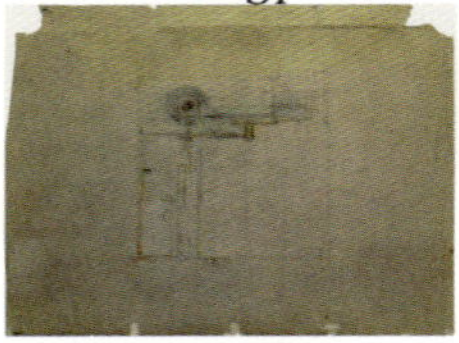

C-002 drawing phase no.3

C-002 drawing phase no.4

■ドローイング＜C-002＞の構成

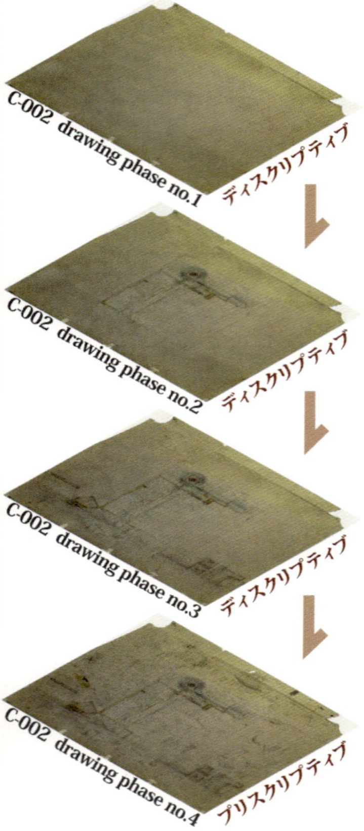

法)」という問題を「ディテール論」、「次元論」、「記譜法論」の三つの論に分けて、順に論じていく。また、最後の「記譜法論」は、「ディテール論」、「次元論」をまとめていくための論でもあり、ここでCARLO SCARPAのドローイングを新しい見地へと導きたい。

CARLO SCARPAの建築において、その建築要素の断片化と捉えることが可能な建築のディテールは、全体の建築の構成をスタディされる段階で突如としてスタディされる。全体の建築の構成、つまり形態をスタディしていくドローイングの中で発見された何かが、一枚のドローイングにディテールと形態のスタディの両方が存在することになったと推測できる。これらの関係性と発見を、便宜的に「ディテール論」に関するドローイング分析と定義し、分析を深める。

量魂としての建築を嫌った。これは、豊田博之氏も言及しているCARLO SCARPAの設計概念の一つを示すものである。三次元としての量塊を二次元としての建築表現の媒体であるドローイングに描き記していく時に、意識的に使用された面への解体。想定する立体として建ち現れる三次元を、いかにして二次元のドローイングの中でスタディしているかをドローイングに見る。これら三次元と二次元のドローイングという表現媒体との関係性

■ドローイング＜D-030＞

■ドローイング＜D-030＞の等角投影法

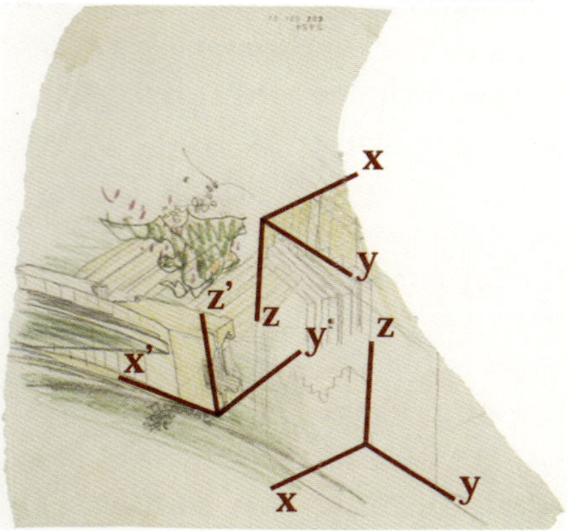

■x-y-z各方向に対し面があり、且つその面の歪みが等しい投影法の検証

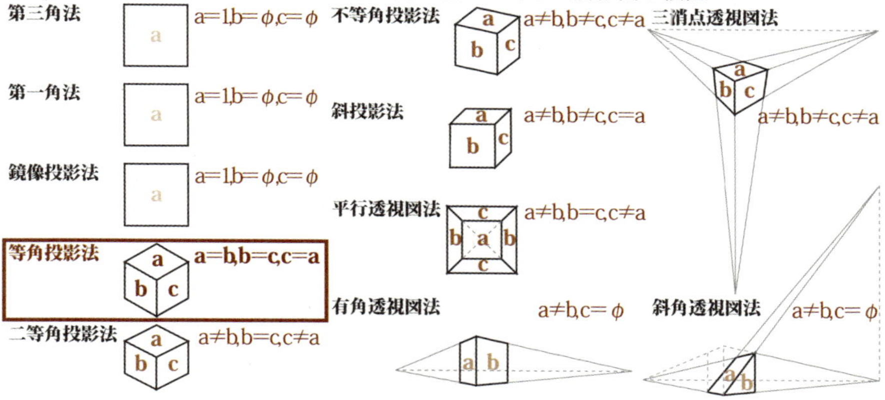

を、便宜的に「次元論」に関するドローイング分析と定義し、分析を深める。

「私の建築は、建築家の媒体つまりドローイングで、しかもドローイングだけですむ」これは、一見「事後説明的表現手法」による自身のドローイングを擁護するかのような発言であるが、前述の二つのドローイング分析を重ねると、「発見的表現手法」がみてとれるのではないだろうか。常に現場で考え、常に現場で設計を行っていたCARLO SCARPAは、ドローイングによってその設計意図を人々に伝えていた。そのためのドローイングは、彼の発言が示すように、必ずしも「事後説明的表現手法」のみによるものではなかったはずである。ドローイングから生まれた「発見的表現手法」も同時に表現され、一枚のドローイングの中にその両方が存在するはずである。これらの関係性を、便宜的に「記譜法論」に関するドローイング分析と定義し、分析を深める。

結論　ディテール論

4.1 ／ CARLO SCARPAのドローイング

「本来スケールの異なる建築のディテールと形態は、対極に位置付けられがちで、ドローイングにおいてもそれらは描き分けられる事が多いように思えるが、CARLO

SCARPAはそのような描き分けをしないし、対極に位置付けるような意図を見せるドローイングも残していない。CARLO SCARPAにとって、建築のディテールは建築の形態でもあり、同時に建築の形態は建築のディテールでもある。」

結論　次元論

4.1 ／ CARLO SCARPAのドローイング

「実体としてモノが存在する限り、面や線はある厚みを持たざるを得ないし、持っているからこそ、建築は成り立つ。しかし、CARLO SCARPAはそのような建築の姿を目指していた。量塊を面へと解体していくという行為は、二次元にはできないけれども、限りなく薄い最小限の量塊としての面による建築の構成を行いたいという明確な彼自身の設計手法の現れである。」

結論　記譜法論

4.1 ／ CARLO SCARPAのドローイング

「プリスクリプティブとして描かれた等角投影法(アイソメトリック・ドローイング)は、同時に実際の建築空間をディスクリプティブしている。CARLO SCARPAのような多角的な視点によって様々に知覚することができる建築は、全方向的な視覚を等価に、そして同時に扱うことのできる等角投影法の重要性を改めて見直す事によって実現できるのではないだろうか。」

展望・後記

4.2 ／ 展望+後記

建築家CARLO SCARPAは、「ブリオン家の墓」の計画におけるドローイングにその主たる設計意図を描き残していた。本研究論文によって、解読できた設計意図である「ディテールと形態」「量塊と面」「ディスクリプティブとプリスクリプティブ」は、それぞれ一つ一つが互いの位相を緩やかにつないでいくような表現手法にとどまることなく、次元の違う位相の間においても緩やかにつないでいくような表現手法となっていることが分かる。CARLO SCARPAの建築が、このように様々に知覚され、解釈されることを許容しているのは、決して実際に建つであろう最終的な建築の姿だけをドローイングしていないことにある。スタディ過程における幾つもの断片的な要素としてのドローイングそれら全てが現在の建築をつくりあげているからこそ、様々な設計意図を読み取ることができるのである。CARLO SCARPAは言説をほとんど残していないが、これは、人々による建築の捉え方を固定しないことに起因しているかもしれない。建築を設計し、伝えるためには、言葉による説明が不可欠であるし、言葉がなければ伝わらないものもあるだろう。しかし、CARLO SCARPAはその言葉よりも雄弁に建築を語る夥しい量のドローイングを残した。そのドローイングは、常に建築のためにあり、建築のためだけにあった。「私の建築は、建築家の媒体つまりドローイングで、しかもドローイングだけですむ。」彼のこの発言には、記譜される言葉によって説明される事で生まれる固定的で均質的な建築の見方や空間の捉え方を与えないようにし、その解釈が無限に生まれうるドローイングのみを残す事が必要であったという意味ではないだろうか。CARLO SCARPAは、その場で使用され、その場で消費される生きた言葉を扱ったが、言葉による自身の建築の説明は最小限に抑えている。代わりに、記譜されたドローイングは様々な解釈を生み出し、自身の建築の解釈とその可能性を無限に生み出している。CARLO SCARPAのドローイングにおける様々な位相は必ずしも現実に対し、忠実なものでなくとも、人々に想像の余地を与える。このように建築の可能性を無限に引き出すような建築の設計手法が、これからの建築にも求められていくものだと私は結論付ける。

図版提供:CENTRO CARLO SCARPA

コメンテーター・コメント@公開討論会

今村:スカルパの残した大量のスケッチというのは、設計の最終形のものもあれば同時に彼のパーソナルなメモとしても使われています。意味合いが不明瞭であるがゆえに分析は難しくなります。これを研究対象とすることが果たして妥当なのか、という疑問がありますが。

荒木:スカルパは現地に住み込んで設計を行っており、基本的には職人さんとの会話のツールとしてスケッチを扱っています。後から僕らがスケッチを見ても、どれが大事なのかは分かりません。日付などもないので、とても断片的なものです。卒業論文の際にはドローイングを並べ換えて設計の順序や意図を理解しようとしたのですが、それにはどうしても僕の主観が入ります。そこで今回は1枚のドローイングから意図を読み取る、ということを限界までやりました。

本江:3.1章でアクソメが特別な描き方で描かれていると説明していますが、たとえばスカルパが1000枚のうち900枚はアクソメ、というくらいアクソメばかり描くなら特別かとも思いますが、あるアクソメにスカルパの特徴があるとは言えません。それに類することがほとんどの章で行われています。スカルパの絵を見ながらあなたが思いを深めていく、というものならOKですが、これがスカルパについての研究だと言われると、ホントにそうなのかと思いました。どういう手順でこの書き方に至ったのか、という部分をもう少し詳しく説明して欲しいです。

中谷:この論文は優秀だから選ばれたのではなく分からないから選ばれたんです。エスキースは何回も重ねるものだからレイヤーが重なるのは当然だし、設計とはイメージを発見して形にするプロセスなんだからディスクリプティブ、プリスクリプティブといった考え方も当たり前で、一般論で済む問題です。そして何が決定的に間違っているかというと、結論部分。「CARLO SCARPAはその場で使用され、その場で消費される生きた言葉を扱ったが、言葉による自身の建築の説明は最小限に抑えている。代わりに、記譜されたドローイングは、さまざまな解釈を生み出し、自身の建築の解釈とその可能性を無限に生み出している」と書いているけど、エスキースというのはいくつかのイメージを咀嚼して完了されるもので、エスキースが無限に展開していく、というのは発見的な結論どころか不明瞭です。

荒木:製図板を使うような直線的な施工計画図をあまり残さない、そして模型を一切つくらないことから、ドローイングはスカルパの中で非常に重要だということ。その可能性をどこまで掘り下げられるかと研究を進めました。無限、というのは完全に僕の主観でしたが。アイソメについては、数は確認してませんが圧倒的に多いのです。アイソメは平面図から高さを立ち上げたものとは違い、すべての面を同様に歪ませないと描けないので、かなり意識的にやらないと描けない気がします。

本江:そんなことないよ。1年生だってアイソメ描くさ。数えたんならその数を書いて、こんなに多い、と示さないといけない。あなたはエスキースの一般的特徴を言っているに過ぎない。そこで何かスカルパならではのことがあるなら、ちゃんとそこを説明してもらいたい。

荒木:エスキースでレイヤーを重ねていくことは確かに普通にあると思いますが、スカルパに特徴的なのは、スケールごとに筆圧が違うことです。僕はオリジナルのドローイングを大体見ましたが、デジタルデータでは絶対わからない筆圧までわかるんです。一番大きなスケールのドローイングは鉛筆が紙を突き抜けるほどの筆圧で描かれていて、スケールが小さくなるにつれて筆圧が薄くなっていきます。そこで特徴的にスケールが積層しているものを、取り上げたんです。

本江:それをこそ書くべきだったのでは。たとえば3種類筆圧があり、一番強いレイヤーが……といった説明があれば全然違う。手に入れた材料を結論にもっていくまでの手順が示されていないので、科学的な論文になっていない。材料はいいのにもったいないと思いました。

池田:ところでスカルパの、他の建築家との差異についてお聞きしたいのですが。考察されていないのですか?

荒木:他の建築家との差異は、建築物を今回あまり取り扱っていないので、まだ理解できていません。しかし他の建築家と同じようにデジタルの情報だけで分析が行われることに危惧をもっています。いまこのタイミングでオリジナルにあたることができた僕だからこそ書けたことだと思っています。

ラオスの伝統的住居における形態的差違性に関する研究

Name:
渡邉宏樹
Watanabe Hiroki

University:
東京大学大学院
工学系研究科　建築学専攻
藤井 明研究室

0.　序論

2009年春、東京大学生産技術研究所藤井研究室と立命館大学理工学部及川研究室は、ラオスを対象とした少数民族の伝統的集落・住居の合同現地調査を行った。本論は、その調査報告と、調査結果の分析によって構成されている。（※本調査は住宅総合研究財団の助成を受けて行われた。）

本調査によって得られた筆者の認識は、住居における形態的差違が巨視的には類似しているが、微視的に調査していくと各民族の独自性が発揮されているという様に、相反する概念が同時に併存しているということだった。

この直感的認識を踏まえ、本論の目的は、調査住居間における形態的差違を発揮させている要因、およびその構造について分析することである。そのために、調査住居群における形態的要素に対し、認識論的方法および数理的方法を用いて多視点的に分析を行った。このように、それぞれ違う見地からアプローチすることで、様々な角度から対象住居群における形態的差違の構造を解釈した。

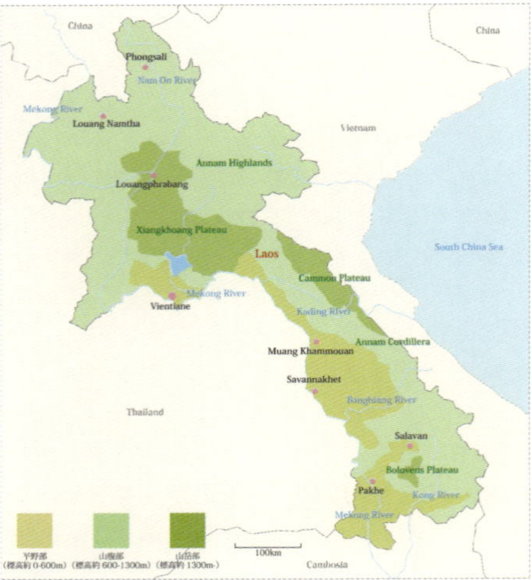

図1-1　ラオス略地図

1. ラオス概要

ラオスの国土は日本の約62%の面積であるが、そこには92もの民族が居住していると言われており、一般に多民族国家として知られている。この多彩な民族を大まかに分類する方法として、以下の2種類がある。

1つは、居住地の高低差による分類であり、ラオ・ルム（低地ラオ）、ラオ・トゥン（山腹ラオ）、ラオ・スーン（高地ラオ）の3つの民族に大別される（図1-1）。

もう一方の分類方法は語族によるもので、タイ・カダイ語族、オーストロ・アジア語族、モン・ヤオ語族、シナ・チベット語族の4つの民族に大別される。各語族はそれぞれ地理的に離れて居住しており、固有の生活様式を守りながら暮らしている。ただし、これらの分類方法は単純化された分類であって、実際にはこのような排他的な分類が厳密に行われているわけではない。

2. 調査概要

本調査は、当研究室における一連の集落調査の蓄積に倣い、できるだけ多数の集落を対象にそこで展開されている多彩な様相を比較検討する方法で行われた。その結果、我々は29か所の集落を訪問し、そのうち14か所の集落に対して詳細な実測調査を実施した。以下に、調査住居のうち特に代表的なものを簡単に紹介する。

図2-1、図2-2の住居は、Katang族の住居でロングハウスという形式の高床式住居である。桁行き方向にかなり長い平面を持ち、内部は世帯ごとに寝室が設けられ

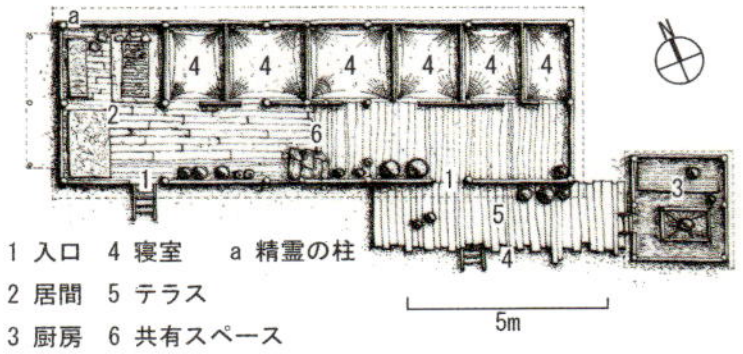

図2-1 調査住居4-a平面図

図2-2 調査住居4-a外観

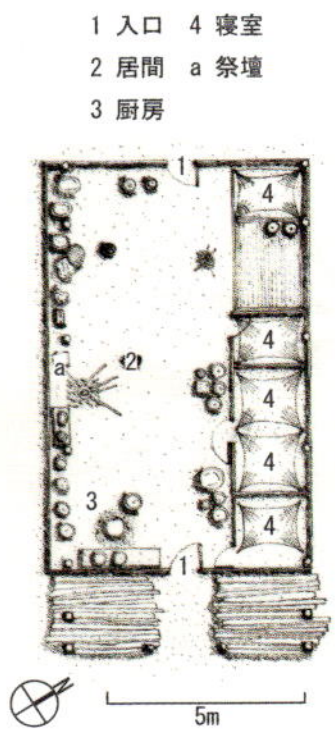

図2-3 調査住居13-a平面図

図2-4 調査住居13-a外観

ている。また、厨房棟と主屋を繋ぐ木製のテラスは、エントランスとしても機能している。

図2-3、図2-4は、Lanten族の住居で土間床形式の住居である。屋根頂部に特徴的な装飾があり、東側には大きな庇が設けられている。

3. 調査住居の分析

本節では、調査結果を基に以下の手順で分析を行う。

①住居における形態的要素群を、認識論的見地から2種に大別する識別方法を定義する。

②分類された要素群と各住居との対応関係を示す0-1マトリックスを作成し、要素間の連関構造を把握する。

③数理的手法を用いて、調査住居群における各調査住居の相対的位置付けを行う。

④得られた知見を民族分類方法と重ね合わせ、その関係性を多層的に解釈する。

3. 1. 認識論的方法による形態的要素群の分類

序論で述べたように、筆者は調査住居群の形態的特性という観点において、2つの相反する認識を同時に得た。即ち、調査住居群に総体的に存在する大局的な類似性と、局所的な部分における各民族の独自性である。本論では、この2つの異なる認識を得るに至った要因を、観測者である筆者の立場における認識論的識別方法の相違として捉え、それぞれの識別方法に対し定義付けを行った。そのために、観測方法を決定付ける以下の定義を最初に行う。

●観測対象→調査住居群における形態的要素のみに限定。

●形態的要素を識別する観測者→集落文化圏外に属する文化的部外者としての主観。

●識別基準→建築学における住居解釈の一般的カテゴリーである、建築材料、建築形式、世帯数や棟構成などの規模、住居の配列の法則という4つのカテゴリーに設定。

次に、この識別基準によって抽出された形態的要素を、認識論における基本的枠組みである内在主義・外在主義の概念を基に、内在的認識要素・外在的認識要素と定義し、大別した。即ち、内在主義とは、ある

		住居			
		1-a	1-b	…	14-a
形態的要素	千木	0	0	…	1
	⋮	⋮	⋮		⋮
	神聖柱	0	0		0
	⋮	⋮	⋮		⋮
	火棚	1	0		1
	⋮	⋮	⋮		⋮
	内部穀倉	0	0		0
	⋮	⋮	⋮		⋮
	集落入口に門	0	0		0
	⋮	⋮	⋮		⋮
	集落内にブランコ	0	0		0

表3-1 内在的認識要素マトリックス(一部)

			住居			
			1-a	1-b	…	14-a
形態的要素	梁・大引・根太	水平材ー木	1	1	…	1
		水平材ー竹	0	0		0
	⋮	⋮	⋮	⋮		⋮
	壁	壁ー網代	1	1		1
	⋮	⋮	⋮	⋮		⋮
	入口	平入り	1	0		0
		妻入り	0	1		1
	⋮	⋮	⋮	⋮		⋮
	屋根	切妻型	1	1		1
	⋮	⋮	⋮	⋮		⋮
	住形式	単棟	0	0		1
		複棟	1	1		0
	⋮	⋮	⋮	⋮		⋮
	家族単位	核家族	1	0		0
	⋮	⋮	⋮	⋮		⋮
	立地場所	平坦地	0	0		0
		傾斜地	1	1		1
	⋮	⋮	⋮	⋮		⋮
	配列の法則	規則性無し	0	0		0

表3-2 外在的認識要素マトリックス(一部)

特定の主観的観測者が対象を認識する際、それをAである、あるいは真であると見なす信念が正当化されているかどうかが自身の心の中の認知状態だけによって決まるという考え方であり、外在主義とは、その信念が正当化されているかどうかに、自身の心の中の認知状態以外の要因が関係していても構わないという考え方である。よって、外的規範である先の識別基準を基に識別可能な形態的要素を外在的認識要素、一方、設定基準をもって識別できない、民族固有の文化が形態として発露していると考えられる形態的要素を内在的認識要素と定義する。

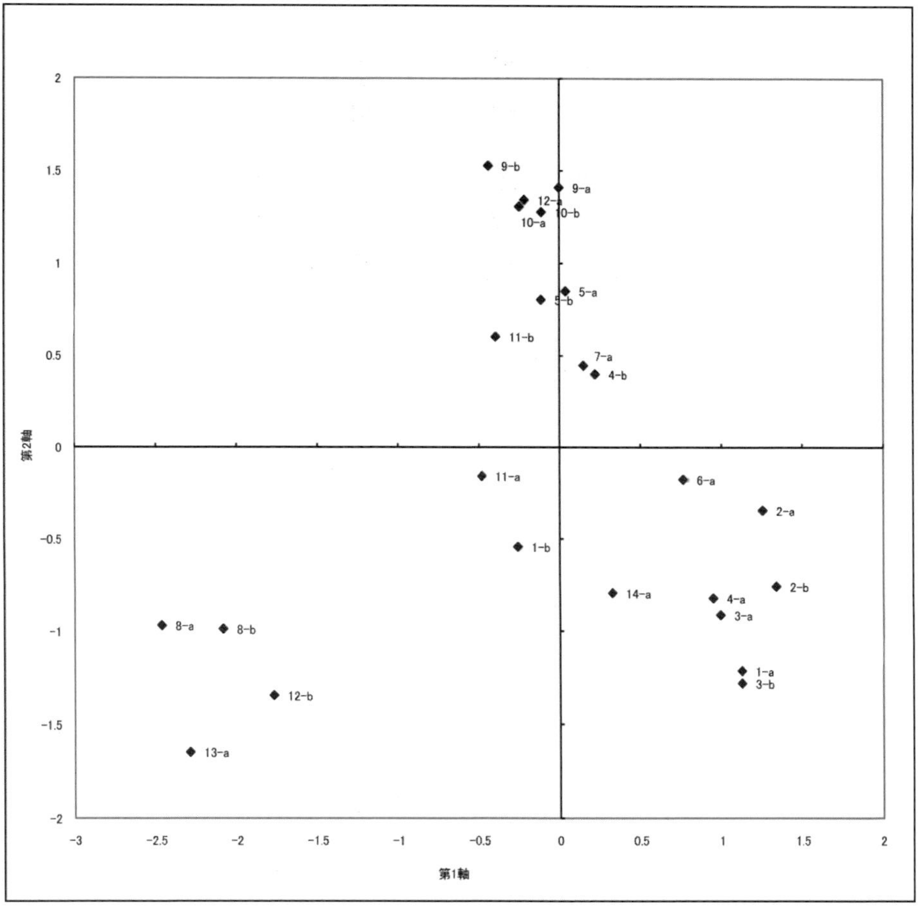

図3-1　カテゴリースコアの散布図

3.2. 形態的要素群マトリックスの作成及び要素間の連関構造

大別した2種の形態的要素群が、各住居においてそれぞれ有しているかどうかを0-1で記入したマトリックスを作成し（表3-1、表3-2）、更に、ピアソンの積率相関係数γを計算することで、各要素間の連関構造を分析した。本論では主に、γ≧0.7の組み合わせを相関が強いとして抽出した。以下に、抽出した組み合わせのうちプロトタイプとして取り出したものを示す。

●プロトタイプ①：単棟-妻入り-茅・藁葺き-【居間+厨房】+【寝室】

この4つの項目は、全ての組み合わせにおいてγ≧0.7と非常に強い相関を示したのでプロトタイプ①として抽出した。該当する住居は全調査住居24棟のうち半数の12棟ある。

●プロトタイプ②：複棟-平入り-炉付属棟-切妻型屋根-テラス平側-【居間】+【寝室】+【厨房】

この6項目もγ≧0.7を示し、5棟の住居が該当した。

3.3. 多変量解析による住居の相対的位置付け

作成した0-1マトリックスに対して、数量化理論Ⅲ類とクラスター分析を行い、調査住居群における形態的差違

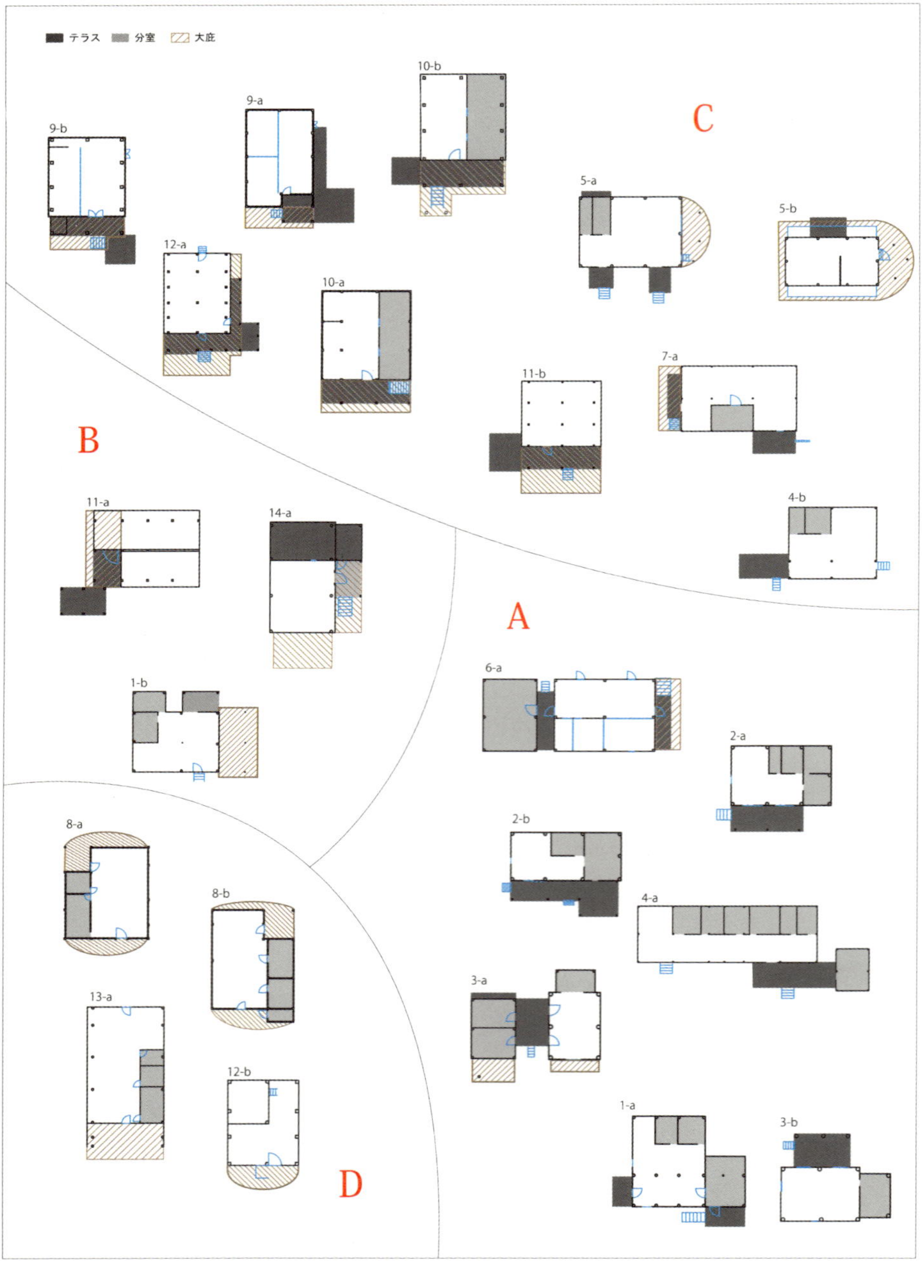

図3-2　平面図上でのクラスタリング

の類型的構造を分析する。その際、より多視点的に分析するため表3-2に示した0-1マトリックスを更に細かく小分類し、それぞれにおいて分析を行うこととする。小分類は、識別基準でもある【表面】、【形式】、【規模】、【配置】の4カテゴリーによって行った。ここでは、全6種のマトリックスのうち、外在的認識要素マトリックス（表3-2）を利用して分析した結果を示す。

数量化理論Ⅲ類から得られた評価軸のうち、上位2軸を用いてカテゴリースコア（図3-1）とサンプルスコアそれぞれの散布図を描き各軸の意味を解釈した。その結果、横軸の第1軸では【形式】に関わる意味が含まれていることから、〈空間構成の形式〉という隠れた軸の意味を解釈し、同様に、第2軸では〈近代的・伝統的〉という意味を解釈した。

次に、クラスター 分析から得られた結果を平面図群上に重ねた図（図3-2）、およびこの図から得られる4つのグループの代表例を右に示す（図3-3）。

3. 4.　住居形態と民族分類方法との関係

これまでに得た分析結果のうち、調査住居群における形態的差違の構造に関わるものを調査住居の散布図（図3-1）上に重ね合わせ、多層的に調査住居群を位置付ける（図3-4）。

図3-4からは、抽出したプロトタイプの分布状態や、クラスター 分析の結果と語族による分類との関係など、様々な観点から調査住居間における形態的差違の構造を読み取ることができる。

その中でも、総体的に最も重要な事は、外在的認識要素に限って対象住居群の形態的差違性を分析した場合においても、住居形態と民族分類方法との間に強い対応関係が成り立っているということである。このことから、調査住居群において形態的差違を発揮させている重要な要因となっているものは、住民の出自に関する民族性だということが分かった。

4.　総括と展望

以上のことから、ラオスの伝統的住居における形態的差違の構造は、住民の出自に関わる民族性と強い相関関係があり、それは建築学的見地から識別可能な基本的

Aグループ代表例

Bグループ代表例

Cグループ代表例

Dグループ代表例

図3-3　グループごとの代表例

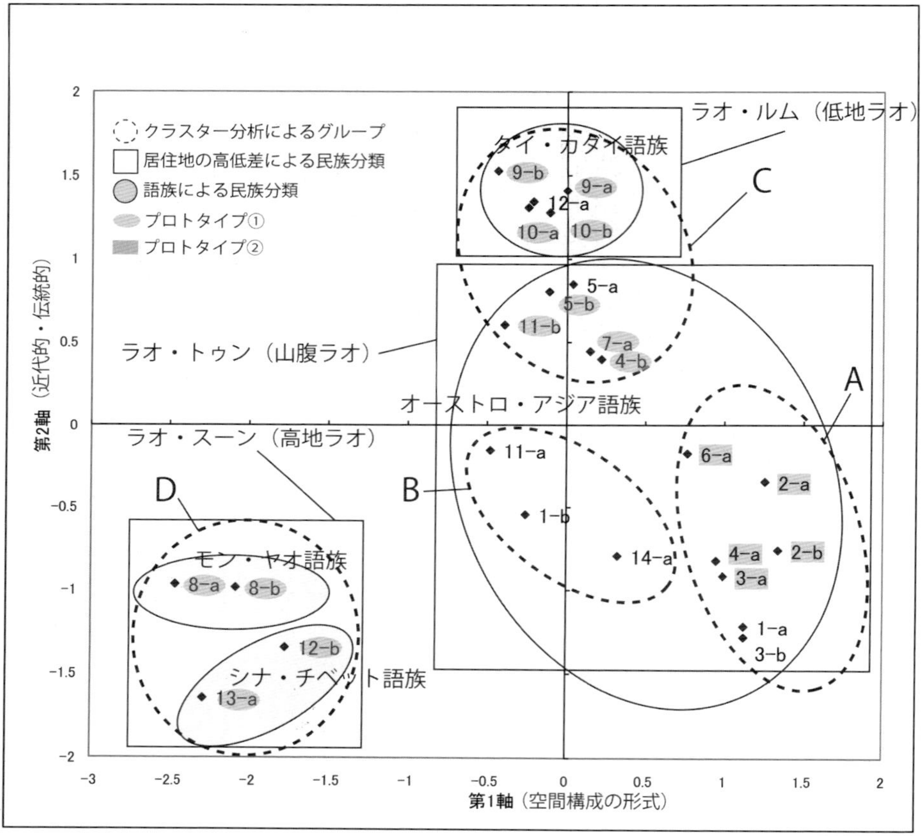

図3-4　カテゴリースコアの散布図上にこれまでの知見を重ねた図

空間構成により、民族群ごとに比較的精度良く把握することができるということが明らかになった。

このように精度良く結果を得られたのは、住居における形態的要素を、認識論的観点から内在的認識要素と外在的認識要素にあらかじめ分離し分析した結果であると考えている。各分析から得た他の知見も有意義なものであった。以上のことから、一連の手法の有効性が示されたと考えている。

また、このことを踏まえ、より広範な地域に対して本論における分析手法と同様の分析を試みること、および他分野にも応用可能なものとしての認識論的手法による分析方法を展開していくことを今後の展望としたい。

参考文献:
及川清昭・藤井明ほか『ラオスにおける民族固有の居住文化に関する比較形態学的研究』住宅総合研究財団、2009. 他

コメンテーター・コメント@公開討論会

池田：今回のテーマにある内在的認識要素を分析するための手法について、研究室のアプローチや個人的見解をお聞きしたい。内在的認識要素と外在的認識要素、という分け方をされています。そうすると結果が出やすいということは分かりますが、目的はそれを前提に内在的なものをどう理解し分類するか、ということだと思うのですが。

渡邉：僕の所属研究室は、簡単に言えば継続的に集落調査を行っていて、その蓄積データを基にいろいろな集落の大体の要素を網羅できる項目をつくっています。それにラオスにしかない要素なりを加えて整理すると大体70項目くらいになりました。内在的認識要素と外在的認識要素に分けた理由は、そのまま数理的手法を当てはめると内在的認識要素がノイズとして働いてしまうので、研究成果に有効なものが得られない、という課題があるためです。内在的認識要素として、あくまでもすべての要素を網羅して抽出することは考えていません。内在的と外在的、ふたつの要素を並存させることで新しさを出すことを考えました。

秋元：例に挙げた建物がそのエリアを代表しており、どれをとっても同じようなものなのでしょうか。それとも文明化・近代化が進んで、今日示してくれたような住宅スタイルではない、ちょっと様子が変わってきている住居群もあるのではないかと思うのですが、いかがでしょうか。

渡邉：ご指摘の通り、集落にはいろんな形態の住居が混ざっていて、結構ばらばらです。素人目で見るとばらばらなんですが、その中に集落を代表するような住居があるので、それを調査住居として取り出し調査しています。

秋元：外してはいけないルールのようなものを、みんな守っているのかな。

渡邉：そうですね。素材に関しては近代化が見られることが多いのですが、形式や規模、配置に関しては、だいたいひとつの集落でひとつのルールが守られている感じです。

中谷：文化的外部者からの内在的認識と、より客観的に外在するであろうパターンの組み合わせみたいなものと、ふたつに分けて分析すれば、外在的なものの方が分析能力が高い、というのは当然ではないかと。むしろおもしろいのは内在的なものが同時にあることが重要である、それを言いたい、というところだと思うんですね。これはつまりラオスの問題というだけではなく、現代の我々が住んでいる住居に関しても、実存的な生きられた家としてのイメージと構法的な家のパターンが同時並存して存在する、ということも言えるのではないかと思います。是非そういう目で日本の住居のことを語ってもらいたいのですが、突発的に何か言えるようでしたら、どうぞ。

渡邉：おっしゃるように僕が本当に言いたいのは分析手法の確立で、正直に言うとラオスはケーススタディとして捉えています。この分析手法はある程度、普遍的にさまざまな都市に対応できるという期待をもっています。本論にも実質的な都市のみならず、インターネット空間や、ある特定の人たちにしか通じない言葉が存在しているコミュニティに対しても同じように、ふたつの要素に分類して分析する方法が適用できるのではないか、ということを少し書いています。

本江：逆に自分たちのことを分析する場合は、内在的認識要素を切り出しにくくなるかもしれないよね。そういう意味での内在的なものを排除した結果クリアになる、という面もあるのかな。

渡邉：ここで定義した観測者は、ある特定のコミュニティの部外者なので、それが成り立つと考えています。あくまでクリアになる、と言えるのは、数量化理論で多変量解析を行った場合に限られます。数理的手法を用いた時の分析結果がより明解になるだけです。

全国修士論文展｜公開討論会

コメンテーター:

秋元孝之 Akimoto Takashi
池田昌弘 Ikeda Masahiro
今村創平 Imamura Souhei
中谷礼仁 Nakatani Norihito
本江正茂 Motoe Masashige

参加者:

都市とスピードの関係を探る

今村創平（以下、今村）：今回の発表順は多少カテゴリーを意識して組み立てました。第1グループの宮地さん、鮫島さんの発表は都市的で広域なものを扱っています。第2グループの藤田・桑山・藤本・棡山さんは中間的な位置づけで、第3グループの加門さん、荒木さん、渡邉さんのグループは単体の建物・住居を取り上げています。まずは発表順に言及していきましょう。

藤田（京都大学大学院　以下、京大）：9人中構造系の学生は僕だけです。参加した理由のひとつに構造系以外の人間が何をしているのか知りたかった、ということと、逆に構造系の研究がどう見えるのか、ということがあります。ところで宮地さんは地上に限定して鉄道を扱っていますが、地下鉄やモノレールなどは調べられたのですか。

宮地（明治大学大学院　以下、明大）：今回は鉄道施設が即物的に関わる都市空間を見たかったので、地下鉄等は扱っていません。首都圏の地下鉄は今で言うJRを基準とするものも多く、郊外で地上を走る路線が都心部に近づくと地下に入ることもあります。前段階として地上の鉄道を扱うことが、東京の鉄道網全体につながると考えました。

荒木（早稲田大学大学院　以下、早大）：高速道路に関してはいかがですか？　一般道と高速道路は違っていて、都市との関係性から見ると鉄道は高速道路と同じような関係性にあると思うんです。工学的な意味合いで鉄道の形が決まる、という説明がありましたが、高速道路にも同じような事情があります。今回の論文を高速道路に置き換えた場合に、どんな展望があり得るのでしょうか。

宮地（明大）：高速道路も曲率半径の関係から非常に幾何学的にできていますが、その半径は圧倒的に鉄道よりも小さいんです。かつ東京が市街地として発展した後につくられたため都市空間への影響が見えにくいことから鉄道を選んでいます。

中谷礼仁（以下、中谷）：荒木さんがよいキーワードを出されました。宮地さんは都市を工学的な側面から捉えたいと言いましたが、むしろ都市における「速度」を扱う、と考えるとおもしろいと思う。つまり歩く都市、自転車でかける都市、車が走る都市、高速で車が走る都市では、線形の曲率が違います。速度が近代の都市の基本的な骨格の形態を決定づけているんです。さらに鮫島さんの論文につなげると、たとえばラッチェンスによるデリーの首都計画のキングスロードは、とても長いですよね。ああした形態はバロック的都市計画を萌芽として、スピードという問題が都市に介在することで生まれたものだと思うのです。中世都市には、少なくともスピードという非滞留空間が都市空間のメインとなることは無い。その意味でパトリック・ゲデスは、当時、むしろスピードを緩める計画を意識的にしている可能性があるという気がしたのです。

鮫島（滋賀県立大学大学院　以下、滋賀県大）：ゲデスと速度との関係という見方は、とてもおもしろそうです。さらにはイスラム都市と速度、イスラム都市と東京、あるいは資本主義と何か、という対比的な見方もできるのではないかと思いました。ところで宮地さんは東京論としてまとめられましたが、その前提として地方との対比や、もう少し大きなスケールでくくる必要を感じました。東京における鉄道の介入は大きいと思いますが、僕が住む滋賀や、山間部、田園地帯では鉄道が介入しても、周りはそんなに変わらないんですよね。

宮地（明大）：対象に東京を選び、「東京論序説」とあえて大きく出た理由は、都市を建物の集合ではなく、ほかの構造物が同時に存在するものとして捉える意図があったからです。

本江正茂（以下、本江）：今の説明では「東京」が単なる固有の地名としての「東京」になってしまっていて、あまり展開がない。異物が突然やってきて千切れても自己組織化して街になることが現実に起きた「東京」という意味ならば、「論」になり得ると思うのですが、宮地さんの言い方では地名としての「東京」と、異物への応答という現象としての「東京」とが、混合されています。「東京論」という看板を上げたときの「東京」が意味するところの組立てというか、考え方を聞きたい。

今村:「東京」の特徴のひとつを説明している、という言い方はできますよね。レム・コールハースの「エクソダス」のように、都市のど真ん中に壁が貫入するような暴力的な巨大構造物が「東京」にもあり、それは鉄道だ、という話が論文の最初にあって、おもしろいと思いました。そもそもヨーロッパの都市ではバウンダリーが堅固にあることが当たり前というところもある。一方で「東京」はダラダラとひたすらスプロールしていくだらしない都市でした。そこに近代的なものがある時期に暴力的に介入した、という指摘はおもしろい。「東京」のある側面を、非常にきれいに描いています。

中谷:なるほど。東京はおおよそ400年の歴史ですが、その中でもさまざまな変化がありました。中でも近代的交通機関の導入、たとえば鉄道が入ったことの歴史的時間性といったものをきちんと捉えないと、都市の時間的性格の把握は辛いという面はある。今まで建築は均一な時間の中で捉えられてきましたが、実際には高速道路や飛行機、徒歩、と時間が均質でないものが混在した状態です。僕の個人的な興味で言えば、時空間論として建築史が生まれ変わる可能性があり、都市論はその一番重要な要素である、と考えています。

今村:時空間に関連して言えば、インドの100年も均質な時間ではなくて、植民地時代の終了にはとても大きな意味がある。だから均質ではない時間についての説明がないと、少し分かりにくいところがありました。そして近年は100年前のプランテーションに関する研究が日々進んでいるので、そう簡単に「あそこはこうでした」って言えない場合があります。

池田昌弘(以下、池田):事前に論文に目を通していましたが、それとは別に、みなさんの客観的な分析を聞かせて頂き、どれもレベルが高く個人的にも興味がもてるものがたくさんありました。そうすると、現実レベルでは仮にでも自分が内在者となって意思決定できるならば、今後どう活かすのがいいのかという話をお聞きしたいです。どなたからでも、ご自分がどう発展させたいのか夢を語ってください。

桑山(滋賀県大):僕の場合はロードサイドの「テンポラリースペース」が一時的なものから恒久的なものへ変わることで、ロードサイドの抱える問題に一石を投じる可能性を考えています。

本江:その意味では鮫島君のパトリック・ゲデス論も、ものすごく現代的な方法を提示しているように見えるんですよ。最初の方はとくに。どんな展望があるのか気になります。

鮫島(滋賀県大):再利用や転用、補修の手法自体は、現代に活かすべきだと思います。壊れたところをちょとずつ直すという考え方は、とても経済的で、その効果もゲデスに指摘されているくらいですから。ただちょっと都市構成自体が東京をのぞけば日本とは違うので、展開の仕方は考えなくてはなりませんが。

今村:イギリスには、あまりこういう発想はなさそうなのが、またおもしろいですね。

鮫島(滋賀県大):その発想の起源は探らなくてはならないと思っています。どこで思いついたのか分からないのですが、おそらくゲデスがインドの都市を回る中でこの方法論をつくりあげたと思うんです。インドに来る前は都市計画はしておらず、都市改善等の運動をしていたんです。

「最適化」ではなく「満足解」

今村：ではそろそろ、第2グループに移行したいと思うのですが。

荒木（早大）：桑山君の論文は、スピードが「テンポラリースペース」の配置をいかに決めているか、そこを掘り下げられるんじゃないかと思いました。通りを速いスピードで通り過ぎてしまうと、音や匂いなどロードサイドの「テンポラリースペース」が醸し出す雰囲気を感じ取れません。歩行空間に出てきているからこそ、感じ取れる良さがあったりします。

桑山（滋賀県大）：実は論文中で少し考察しています。ロードサイドに出ているほかの店舗と比べてサインもモノ自体も小さい小規模店舗が、どう視認性を獲得するかというところに注目しているのですが、実際の調査により独立型の「テンポラリースペース」がロードサイドの際、道路に接する部分にまでスペースを寄せて、それ自体をサインとしても活用しながら認識してもらう、ということをしていることが分かりました。

荒木（早大）：たとえばカリフォルニアの都市などは車社会なので、ほかの都市に比べてサインが圧倒的に大きいですよね。「テンポラリースペース」でも、「たこやき」とか「やきいも」といった文字が車のスピードに追従しながら少しずつ変わる、といった分析があるとおもしろい気がしました。

本江：農家の軽トラが勝手に路駐して果物を売っていることがありますよね。軽トラもそんな大きいものではない。そこで板に大きく「もも」と書いて、離れたところに置く。車からは、まず「もも」という文字が見える。しばらく走ると、今度は「甘いもも」が出てくる。さらに行くと、いよいよトラック店を出している、というように、何百mもかけて繰り返し「もも」を認識させる。同じようにこの「テンポラリースペース」ならではの速度への対応、「大きくすればいい」みたいなものとは違った速度へのマナーが掘り出せていると思います。

今村：同じく第2グループ、藤田君の論文「非力学的性能を考慮したシェル構造物の形状最適化」は、最適化がテーマと聞いた段階で、この論文はおもしろいと思いました。

中谷：構造と倫理のことを考えているので池田先生にお聞きすることからはじめて見たいと思います。僕は、藤田君の論文の背後には倫理が読み取れませんでした。姉歯事件以降、構造に倫理が欠如していると言われていますが、実は構造の倫理という問題ではなく倫理そのものではないかと思うんです。構造がなかったら建物が崩れてしまうわけですから。構造というものが建築の原理的側面を担保してくれていると僕は思うんです。

池田：構造は一種の「信頼性」だと思っています。姉歯事件も基本的には出所は同じで、現在、建築だけでなく「信頼性」というものがすごく見えにくい状況になっています。ちょっと話しは脱線しますが、宇宙工学の分野において、アメリカと当時のソ連が競争して切磋琢磨する中で生まれたのが構造解析のそれまでにない新しい技術でした。それ以前にも構造解析はされていましたが、それは信頼性理論を軸にした包括的なものでした。いま僕たちが構造解析で使っているソフトは「ナストラン」というもので、そのネーミングはNASAに由来しています。F1で空力などの解析もできるけど、建物や階段をつくることもできます。一方でその研究者たちが経済界にいって、信頼性理論をベースに、いろいろな金融理論を生み出し、いわゆるノーベル経済学賞とかを取っています。

中谷:つまり今は既にソフトウェアの中に信頼性に関するパラメーターが隠れているから、新しい設計者は、それを前提にしているということですか。

池田:そうですね。本来はパラメーターはソフトウェアではなく専門性の中に隠れているんです。しかし、その使用者や利用者がそれを理解せずに、ブラックボックス的な何かの基準に合っているとか、専門家からOKが出たからいいはずだとかという状態になっている。実は専門家ですら、その安全性、信頼性を本当の意味では分かってないことが多いんです。

藤田(京大):まずは信頼性についてですが、卒業論文の時には非力学的側面を一切考えず構造的な側面だけを考えていました。しかし今回は、非力学的側面も前提としています。次に最適化についてですが、この概念はもともと機械など大量生産を前提とする分野からもち込まれたものです。建築は基本的には一品生産なので、必ずしも最適解がいいわけではありません。最適解がすべてではなく、満足解であればいい。そのあたりの事情から最適化手法を建築に直に落とし込むことは難しく、多少の工夫は必要だと思うんですが……。

中谷:今、藤田君さんからいい言葉が出ました。「最適化」ではなく「満足解」。藤本さんの密度感という言葉も、「最適化」より「満足解」という話に近いと思いました。

今村:僕も藤本君に振りたい。構造は倫理だ、という話がありましたが、法規もそうですよね。どこにモラルを置き、どこを基準にするか。どのような影がいいのかなんて本当にスタンダードをつくりようのないものです。そこで非常に曖昧な、「満足解」のような指標が入ってくるかもしれない。

藤本(東京大学大学院　以下、東大):最初は影によって東京を語れないか、とはじめたもので、論文に日影規制をもち込むことはまったく考えていませんでした。ところが中盤で千葉先生に何かプロジェクトを付け加えろ、と言われたんです。そこで何か実際のまちを制御する影の規制を考えるといいのではないかと思いつき、日影規制について調べ始めたんです。

中谷:藤本さんの論文は都市を歩く人、要は鑑賞者にとっての日影の「最適化」という問題をないがしろにするな、という気持ちで書かれたのかと思います。大変すばらしい問題設定だと思います。というのも、複数のこれまでの評価基準を組み合わせて、先ほどの言葉で言えば「満足解」や「最適化」としてひとつに組み上げられるものだと言っていると思うんですね。

藤本(東大):僕自身の価値に基づいた満足度と最適度の解になっています。学内の発表では、とくに最後の規制のところは、僕がこうなってほしい、というようなあり方になっているので、違う考え方もあるのではないかと言われました。

秋元孝之(以下、秋元):よく僕らも住まいの環境を評価する時に満足とか、アクセプタブルといった言い方をします。8割方の人がアクセプタブルということがあっても、全員がアクセプタブルになることはほとんどありません。

活字化されないものを浮かび上がらせる

中谷:椙山さんと加門さんの論文は歴史系の論文と言えるものなので、まとめて話しましょう。僕はどちらも特殊例をきちんと記述した点がよいと思う。みんなのためになる。なぜなら歴史はいやおうなく時間が経てば情報として整理されて行きます。歴史自体がそういう行為そのものですから。たとえば最

近またメタボリズムが流行っています。するとみんな、川添登（建築評論家）しかいないのかっていうくらい川添登に聞きに行く。すると歴史は、結局、少人数の証言によって構成された権威的なものになってしまう。そうではなくて、いろんなものを見ていかないと見えない。いろいろの視点から汲み上げてくると今まで見えなかった構造が現れる。そういう意味で「スペース'30」を取り上げたことはすごくいいと思います。とはいえ何かを構築できたかというと心もとない。でもいいと思います。

椙山（東海大学大学院　以下、東海大）：あえて言わなかったんですけど、彼らの研究会は、ほぼサロンに近いんです。「スペース'30」に特化したことではなくて一種の流行だと思うのですが。しかし彼らはサロン的ではあるけども、あくまで建築運動だと証言しています。建築運動の中では浮いている、かといってサロンという認識とも違うその不思議な感じ、というのを彼ら自身が語らないので、おそらく今やらないと消えていく。1960～70年代の歴史を考える上でも、重要で貴重な存在なんじゃないかと思います。

中谷：僕はさきほどの川添登氏の例にあるように、「オーラル・ヒストリー」の危うさをすごく感じているんですね。オーラル・ヒストリーの理想形のひとつは、活字化する・されるという権威をもたない位相をすくい上げることにあります。それよって全体の地図を浮かび上がらせること、その有象無象さを提示し得る手法だったんだけど、対象が逆に著名人に集中していることは非常に危ない。そこら辺に関して、あなた方は意識的にふるまったように思いますが、いかがでしょう。

加門（東京大学大学院　以下、東大）：私は写真の専門家ではないので、まず実際に本人プラス彼の作品を知っているであろう人物に話をお聞きしました。大橋富夫さんは200～300人以上の建築家の写真を撮っていらっしゃるのですが、まずはビッグネームから行きました。それは間違いだったのかもしれないと少しは思ったのですが。あとは撮影数が多い建築家を選びました。プレゼンをA1パネルにまとめる際には、こんなに有名な建築家に愛されている写真家がいる、ということを知ってもらいたくて、意図的に伊東豊雄さんや長谷川逸子さんの言葉などを大きく載せました。

今村：日本では建築資料のアーカイブへの意識がとても希薄だとよく言われます。ギリギリまだ調べられる時期のものは、今やっておかないといけない。こういう機会に積み上げて残していく作業は非常に大切です。

鮫島（滋賀県大）：中谷先生はオーラル・ヒストリーが危ないとおっしゃいましたが、「スペース'30」に限ると、活動自体が「ただ、だべっていた」というか、そういう活動ですよね。それに対して今またみんなを集めてうだうだとしゃべらせる。この方法が非常に有効だったのではないかと思いました。

椙山（東海大）：全体で3回インタビューしたのですが、長谷川さんに関しては2回、それぞれ別の方と合同で行いました。1回目と2回目で、話が全然違うんです。だんだんと思い出すんでしょうね。そこで60年代の彼らの雰囲気のようなものがつかめたことは大きかったです。

鮫島（滋賀県大）：やはり、それを知りたかったのです。

今村：現在は情報が氾濫しているので、かえって難しいところがあります。文章ならばある程度アーカイブできますが、たとえば大橋さんが生涯に撮った写真の枚数は膨大だと思うんです。それこそ撮った作品数×100とか。今やデジカメで撮るくらいの解像度であれば、眼の部分にカメラを取り付けて生まれた時から死ぬまで人が見た映像を全部残せます。しかしその記録を見るには一生かかるわけです。今後の研究者はそれを全部見なければいけないのか、ということになってしまいます。

中谷:その意味で、ある歴史的な人物の研究は、自分の人生を無駄にする覚悟をしない限りあまり手を付けない方がいいんです。それは建築学会の伊東忠太史料編纂の幹事を担当させていただいてよく分かった。残された3カ月間の記録を研究するのに1年かかりました(笑)。スペース'30のまとめは修士論文としてはとても適当な量だと思いました。限られた期間内で処理可能で、歴史的文脈に対して効果的な成果を生み出す量を考えることは、非常に重要だと僕は思うんです。

荒木(早大):僕は卒業論文で同じくカルロ・スカルパの、ブリオン家の墓という作品を扱いました。学部から通して3年間見ていく中で、設計プロセスに興味が沸いて今回の論文を書きました。というのも、僕らが雑誌などで見るものは、事後的に描かれたのか途中で描かれたのか判断できないことが結構あると思ったんです。それがそもそもの疑問でした。そこでスカルパのドローイングを通して二次元媒体による設計手法を捉え、自分の設計に活かせる方法論を発見したいと考えたのです。

本江:延々とドローイングを見ていく中で、あらためて浮かび上がってきたスカルパとは?

荒木(早大):3年もやっていると、再解釈という面が強いです。調査は4年時で、その調査内容や感想をメモや日記に膨大に残していて、それを読み返しながらもう一度やるというような形で印象を引っ張ってきているので。

今村:この20年くらいで、建築専門誌が設計のプロセスを特集することが増えましたよね。『建築文化』(2004年休刊)がはじめ、『GA JAPAN』などは、いまは半分以上がプロセスの話。設計の途中でこんなことをしている、というネタを聞くことは受け手にとっても楽しく、メディアも売れるのでしょ

う。一方、実際できた建築に対しての議論が少なくなったというのが実際のところで、僕は日本の建築メディアは少し歪んじゃったと思っています。まとめると途中で落ちてしまうものを拾える一方で、イージーになってしまっている。

荒木（早大）：メディアに掲載されるドローイングは、すべてきれいな状態で描かれていますが、スカルパのドローイングはぐちゃぐちゃで、文字さえも読めないものもあります。本当のスタディ過程は、そういうものではないかと思うのですが。

中谷：エスキースは本の形式を取る時点で、（出版用に体裁を整えていない）生ものがそのまま出てくることはない。今までエスキースのすべてを本として出した建築家ってほとんどいないでしょう。

今村：鈴木了二さんの本（『July2001〜May2004 EXPERIENCE IN MATERIAL NO.47 Project Konpira』、アセテート刊）を出されましたよね。

中谷：あれは本当にある期間の鈴木さんの手帳を、そのまま個人情報にかかわるところはのぞいて印刷しました。鈴木さんが乗ってくれたので出せましたが、あれは建築家にとってみれば秘すべきもので、本来見せちゃいけないものです。それゆえすでに絶賛絶版中です。おそらくひとつの建築設計の成立過程を克明に追った世界初の試みだと思いますよ。

今村：コルビュジエは何でも残す偏執狂だったというのは有名ですが、スカルパがどういうモチベーションで残したかですよね。

荒木（早大）：多分残す気はないんですね。何人もいたお弟子さんたちが計画を手伝った時にスカルパが放ったらかしにしたものを記念品に個人的にもち帰った。今でもそれなりにきれいなドローイングはお弟子さんが所有していて、現地のアーカイブ·センターにはないんです。

今村：最後、渡邉君の論文にいきたいと思います。

本江：僕には「内在的認識要素」をピックアップする方法が全然分かりません。何となく意味あり気だけど詳しい意味は分からないものをピックアップしているだけなのではないですか？　原理的に区別できないですよね。「内在的認識要素」ということは、それが明示できるなら内在的ではないわけですから。

渡邉（東京大学大学院　以下、東大）：最初に「観測者」と「観測対象」と「識別基準」という3つを定義しています。それによって定義できなかったものがあります。僕の所属する研究室に蓄積されたデータから先行研究を参照し、そこから識別しています。

本江：そこに入らないものは？

渡邉（東大）：それは僕自身が付け加えました。すべてを抽出できるとは、そもそも思っていませんが。調査中のヒアリング調査により、明らかに民族性を発露していると考えられるものが、やはり実体験としてありまして……。

中谷：やはり難しいですよね。藤井研究室の膨大な資料をある方法で分析した、ということなら分かるんですが、観測者としての自分のフィルターがどういうものか明示されていない点にやや疑問が残りました。

今村：時間も過ぎていますので、最後に参加しての感想や、これを伝えたい、もしくは次につなげたい、というコメントをお願いします。

荒木（早大）：今回は、構造系の論文がひとつしか出ていませんでした。この場にいる人達の割合がバランスがとれてくれば、より横断的な議論になっていくと思います。また自分の論文をまったく知らない人に伝えることの難しさを感じました。学内であれば、それまでの過程を先生方もよく覚えていて下さったりする事があって、それに対する“がんばった賞”みたいなものがあったりするかもしれませんが、何も分からない状態ではじめて聞く人に自分の論文のどこが発見で、どこがおもしろいのか、どんな行く末があるのか伝えることが重要だと、いい経験ができました。

中谷:僕の場合は荒木さんのスカルパの膨大なエスキース論に顕著な“がんばった賞”はあげません。基本は目的が明瞭で、分析、考察方法が明快で、結論が予想し得なかったもので、かつ説得性をもつために適当な量であること。やはりここに論文を出されたからには、指導教員がくださった“がんばった”風のコンテクストからちょっと抜け出して、客観的に別の人に聞いてみたいということだと思うのです。その気持ちをきっちりもって、馴れ合いにならないよう、的確なコメントを発言させていただける体制がやはり今後とも続いてくれるといいなと思います。

今村:確かにエンジニアリング系の応募は少ないんです。去年僕は環境系の発表がなぜ無いのか、というメッセージを出したのですが、今年も応募がありませんでした。でも今日はいろんな方が実は環境的なことを扱っていると分かって生産的でした。一方で意匠系の人にも頑張って欲しい。実は意匠系の論文は審査の過程でほとんど落とされるんです。特に現代を扱うものは。議論にあげられるだけの分析や方法論が確立できていない印象に頼ったものが多いんです。

秋元:環境系の論文がひとつもエントリーされていなかったことは大問題ですね。環境系に属する立場としてがんばらないといけないと思いました。私も積極的に広報活動をして、来年はぜひ構造系はもちろん環境系の学生にも何人か来ていただいて、コメンテーターの皆さんにビシバシやっていただけたらと、今あらためて思います。

環境系を学ぶ学生たちへ|秋元孝之

建築におけるさまざまな分野を学ぶ学生達が、専門的に取り組んだ研究成果を開陳し、手ごわいコメンテーターから意見されたり、また、別の学生から疑問を呈されたりするという稀有な機会を逃す手は無い。エンジニアリングの研究は、とくに基礎的な研究の場合にどうしてもディテールのことを議論しがちである。ディテールはもちろん大事なことであるが、広い視野、高い視座をもった上での話だ。それぞれの大学や大学院のルールにもよると思うが、専門を分けて卒業論文や修士論文を審査することが多いだろう。現実社会では多分野のコラボレーションなしに建築がつくられることはない。計画・意匠の分野に負けないように、環境系をはじめとする若者をこの東京建築コレクションの場に送り込み、積極的な情報発信、情報交換をさせようと思う。

石山アートプロジェクト

プロジェクト展

「プロジェクト展」開催概要

「プロジェクト展」では、スタジオヒルサイドにて全国および海外の建築学系大学院の研究室で取り組んでいる研究およびプロジェクト14点の、プレゼンテーションボード・模型等による展示を行った。

3月2日（火）～3月7日（日）のスタジオヒルサイドでの展示に加え、3月3日（水）・4日（木）の2日間には、現在建築業界で、さまざまなプロジェクトに参加されている方々をコメンテーターとして招き、学生によるプレゼンテーションを交えた議論に参加していただく「スタジオ・トーク」を開催した。

また、4日（木）には、「スタジオ・トーク」の総括として、3人のコメンテーターと参加者による「座談会」を行った。

日頃、目に触れることの少ない研究室プロジェクトを広く公開していくことで、学生と社会の新たな接点をつくり、研究室プロジェクトの社会的意義と今後のさらなる可能性を模索していくことを目的とした。

プロジェクト展コメンテータープロフィール

馬場正尊　Baba Masataka

1968年佐賀県生まれ。1994年早稲田大学大学院修士課程修了。博報堂勤務、早稲田大学博士課程、雑誌『A』編集長を経て、2002年Open A設立。近作に、「勝ちどきTHE NATURAL SHOE STOREオフィス&ストック」、「房総の馬場家と連棟」。著書に、『R the transformers ～都市をリサイクル～』、『POST-OFFICE。ワークスペース改造計画』、『「新しい郊外」の家』ほか。現在、「東京R不動産」を運営するほか、東京のイーストサイド・日本橋や神田の空きビルを時限的にギャラリーにするイベント、CET（Central East Tokyo）ディレクターなどを務める。

青井哲人　Aoi Akihito

1970年愛知県生まれ。1992年京都大学工学部建築学科卒業。1994年同大学院修士課程修了。1995年神戸芸術工科大学助手。2000年博士学位取得。2001年日本学術振興会特別研究員。2002年人間環境大学助教授（2007年より准教授）。2008年より明治大学准教授を務める。主な著書に『植民地神社と帝国日本』、『彰化一九〇六年 ～ 市区改正が都市を動かす』ほか。

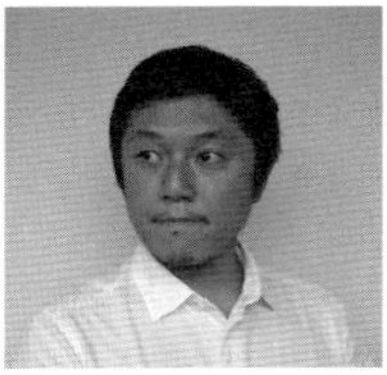

北川啓介　Kitagawa Keisuke

1974年名古屋市生まれ。1996年名古屋工業大学工学部社会開発工学科卒業。1998年同大学院博士前期課程修了。1999年ライザー＋ウメモト事務所に勤務。2001年名古屋工業大学大学院博士後期課程修了。同大学助手、大学院講師を経て、2005年同大学大学院助教授。翌年、北川建築研究所を設立（共同:北川珠美）。2007年より同大学准教授。また2009年より名工大ラジオ局長を務める。

信・楽・人
—shigaraki field gallery project—

University:
滋賀県立大学大学院
環境科学研究科　環境計画学専攻
布野修司研究室

「信・楽・人— shigaraki field gallery project—」とは、陶器生産地として全国的な知名度を誇る、滋賀県信楽町をフィールドとして活動する学生主体の地域活動グループである。(2007年結成)

プロジェクト概要と背景

信楽町は1200年以上の歴史を有するまちで、日本六古窯の信楽焼や五大銘茶の朝宮茶の生産地として有名な地域である。まち中には、登り窯跡などの産業遺構が点在しており、信楽固有の風景を形成している。それは、まちの人にとっては何気ない日常かもしれないが、ヨソ者の僕たちにとっては劇場のようなまちであり、強い魅力を感じた。

キッカケは、信楽のある窯元の方から民家をギャラリーに改装して欲しいという依頼を受けたことに始まる。オーナーの話を聞くと、単なる展示空間としてのギャラリーではなく、まちを活気づけたり、信楽の新しい情報を発信していく拠点となっていきたいという思いが強いことがわかった。話を聞いて次第に私たちは、ただの改装で終わらせるのではなく、自身もまちに入り協同しながら自分たちなりに信楽の魅力が発信できないかと思うようになっていく。こうして、このプロジェクトは始動を迎えていった。

古民家からギャラリー「shiroiro-ie」へ

最初のミッションは、民家の改装作業である。この「shiroiro-ie」は、設計から施工までを約一年間をかけてほとんど自分たち学生の手によって行った。解体作業に始まり、コンクリートの打設、植樹など様々な作業を行なったが、中でも長石を使った壁は、ギャラリーの顔として魅力的なものになった。長石とは信楽原産の岩石で、主に粉末状に加工され陶器の釉薬原料として利用されている。この石は焼成することによって表面が溶け出し、白くツヤのある表情に変化する。ここでは、握りこぶしぐらいの長石を窯で一度焼成して独特の表情に仕上げてから使用している。長石を建材として利用した初めての実例でもあったが、結果、信楽焼の風合いを新たな表情で醸し出すものとなった。

「shiroiro-ie」外観

施工風景。長石を積み上げている様子

信楽原産材を使用した長石壁

またこの改装作業では、建築を建てるプロセス自体が、学生あるいはヨソ者が地域に入っていく流れを定着させるきっかけであると考え、作業は閉じずに、できるだけ多くの人に関わってもらった。そうすることで、外の人には地域を知ってもらう機会をつくり、地の人には話題となることを心がけた。この建築は、多くの人の繋がりと出会いの蓄積の上に完成したのである。建てるというプロセスの中で、町との繋がりをつくることができ、それは次への足掛かりとなっていった。

「shiroiro-ie」玄関ホール

拠点から広がりをもった活動展開へ

1. Food and Live Projects

「shiroiro-ie」のコンセプトは信楽の新しい情報発信の拠点となることだ。そこで、企画したのがこの「Food and Live Projects」である。ライブは、地元と外の人の交流をはかる場となり、新しいネットワークのきっかけをつくる。また、そこで振る舞われる料理はギャラリーで扱う作家の商品など様々な信楽焼に盛りつけられ、食を通しながら信楽焼の風合いを感じてもらう。単に商品が陳列されているだけでない、生きた信楽の魅力と味を発信できる。地域のイベントと協同し、これまでに

企画イベントの様子

3回の開催を行っている。現在では、京都工芸繊維大学の学生が個展の場として利用するなど、新たな層の人たちを信楽に呼ぶ流れも次第にできつつある。単につくっただけで終わらず、その場所の使い方の可能性を示す中で、点から面への流れを創出することを目的に、定期的にイベントなどを企画している。

2. まち歩きワークショップ

きっかけは、信楽に訪れている人たちに、本当の町の風景を知ってもらいたいという気持ちであった。信楽には、一般の観光客に加え、アーティスト・イン・レジデンス事業などを通して海外42カ国の人たちがこれまで信楽に訪れている。環境的に閉じた小さな田舎町ではあるが、日本を越えて世界に「shigaraki」として開かれた町でもある。しかし信楽を訪れる人の多くは町との接点も少なく、ほとんど信楽を知らないまま帰国することが多いという。そこで、私たちはこのイベントを企画することで、町の生きた風景や人々の生活に触れてもらおうと考えた。そして、地元の方と外の世界を繋ぐきっかけづくりを目論んだ。まち歩きワークショップ当日は、一般の参加者に加え、現在訪問中であったラオス・インド・フランス・アメリカのアーティストの方の参加もあった。普段は、なかなか見にくい地元の窯元の工場での作業風景や狸の制作風景には皆が興味津々であった。その後、「shiroiro-ie」で地元の窯元で働く人や海外アーティスト・学生など多様な人達を交えた交流の場を設ける事ができた。滋賀の山奥の小さな田舎町で繰り広げられるその光景は、信楽の新しい息吹を感じさせる。外と内を繋ぐきっかけをサポートすること、これも中間的な立場に身を置く私たちの重要な一つのミッションである。

本当の信楽の魅力を探る

これは、現在進行中の4つ目の企画「信楽人物マッププロジェクト」である。

僕たちがまちに入り感じることは、信楽のイメージは陶器やお茶といった“もの”自体へのイメージが非常に強いということである。しかし、本当の魅力は、まちの何気ない風景やそこに生きる人たち自身など、地域性“そのもの”の中にある。このプロジェクトは、そんな地の人に焦点を当て、信楽の地域資源の魅力を探り、それを表出させる。今まで見えにくかった信楽の魅力を、人という媒体を通して捉えることで、これまでと違ったイメージでまちの姿を浮かび上がらせようという試みである。

ここでは、信楽に生きるできるだけ多様な人たちにヒアリングし、それぞれの人の素顔を一枚のカードにまと

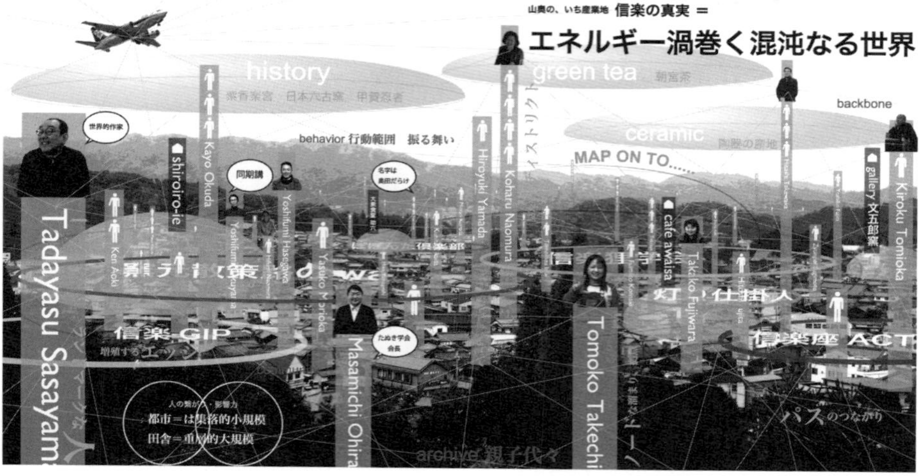

イメージ図:信楽には混沌とした世界が潜んでいる

めて紹介し、一見バラバラに見える人と人の関係を新たにマッピング・視覚化している。まちには多様な人がいて、その一人一人は蓄積された関係性や、ある領域と各々の振舞いの中に生きている。

そして、その数だけまちの顔がある。

エネルギー 渦巻く混沌なる世界

陶器やお茶といった固定概念化した信楽の記号は、まちを表層的、あるいは単純化したイメージとして伝えてしまっている。しかし、本当の魅力はそのレイヤーの裏に隠れて見えない、蓄積された様々な要素の中にある。人物マップはその中の一つを扱っていると言える。

信楽というまちを構成するあらゆるものが積み上げてきた歴史に視点をおくと、今まで隠れていた要素を表出することができる。そこで、それらの要素を等価にみせることで「信楽」の本当の輪郭を浮かび上がらせることができる。そこには、エネルギー 渦巻く混沌なる世界としての信楽の真実の姿が見えてくる。「信・楽・人―shigaraki field gallery project―」の今後の活動展開は、人物マップだけではなく、風景マップ、コミュニティマップなど、まち中に隠れた様々な要素の蓄積を表出させる中で、信楽の根っこを僕たちなりに提示していくことにある。

[Project Members]
石野啓太（発表者）、御子柴泰子、鮫島 拓、角 真央（OG）／その他：布野修司研究室・印南比呂志研究室学生、地元住民をはじめとする多くの方々

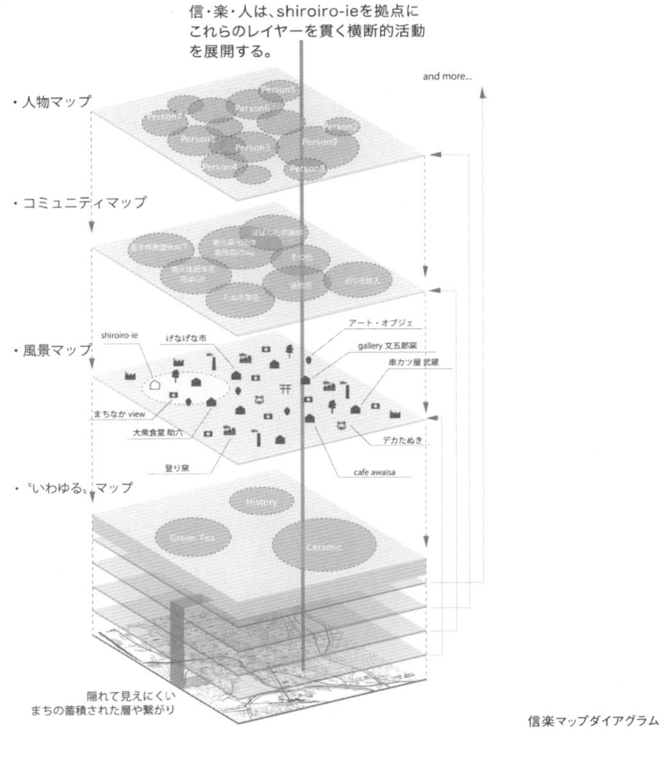

信楽マップダイアグラム

Riverside Node

University:
新潟大学大学院
自然科学研究科　環境共生科学専攻
岩佐明彦研究室

「概要」

新潟は信濃川の河口に発達した町であり、市街地の中心に信濃川が流れている。かつて新潟は掘割が張り巡らされ、水と密接に結びついた町であった。しかし、町を河岸に拡張し、掘割を埋立てた現在の新潟には「水都」と謳われた往年の風情は感じられない。我々は2009年に開かれたアートイベント「水と土の芸術祭」を新潟の水辺をより魅力的な空間に昇華させる機会と捉え、新潟の町と水辺を結びつける環境デザインを実践した。

「みずとつながる」

近年、信濃川下流域では親水堤防「やすらぎ堤」・「みなとさがん」の整備が進められ、川沿いに延々と続く細長い公共空間が誕生している。しかし、これらの空間はいつも閑散としており、十分に活用されていないのが現状である。利用が促進されない要因として、訪れるきっかけがないことと、水辺との関係が単調で特徴的な場が形成されていないことが考えられる。

本プロジェクトでは、信濃川沿いのこれらの河岸広場3箇所に「ノードステーション」と命名されたインスタレーションを設置した。各ノードステーションは、水辺に沿って設置されたデッキと、ロングカウンター、ベンチ、インフォメーションボードを基本構成としている。ロングカウンターは、信濃川の河岸に設置された転落防止柵を支柱としている。信濃川と河岸広場を視覚的、物理的に遮断する転落防止柵をロングカウンターに転用する事で、より信濃川を身近に感じる水辺空間を創出している。

また、これらのノードステーションは、信濃川を運行する水上バス、水上タクシーの乗り場としての機能を持ち、水上タクシーや水上バスの運行表などのインフォメーションが組み込まれている。

「まちとつながる」

新潟の水辺が有効に活用されない理由の一つとして指摘されるのが、新潟の都市構造である。信濃川に沿って走る道路が河岸と町を分断し、古町、万代という2大

1　新潟市 - 信濃川に分断される街 -

商業地区は、信濃川を境界として、それぞれ水辺に背を向けるように圏域を形成している。

これらの地域と水辺を結びつける手段として我々が注目したのは、新潟の中心市街地で整備が進む自転車交通網である。「にいがたレンタサイクル」は市内の存在する20以上のステーションで、自由に貸し出し乗り捨てできるシステムが確立されており、近距離の移動では非常

2 現状の河岸

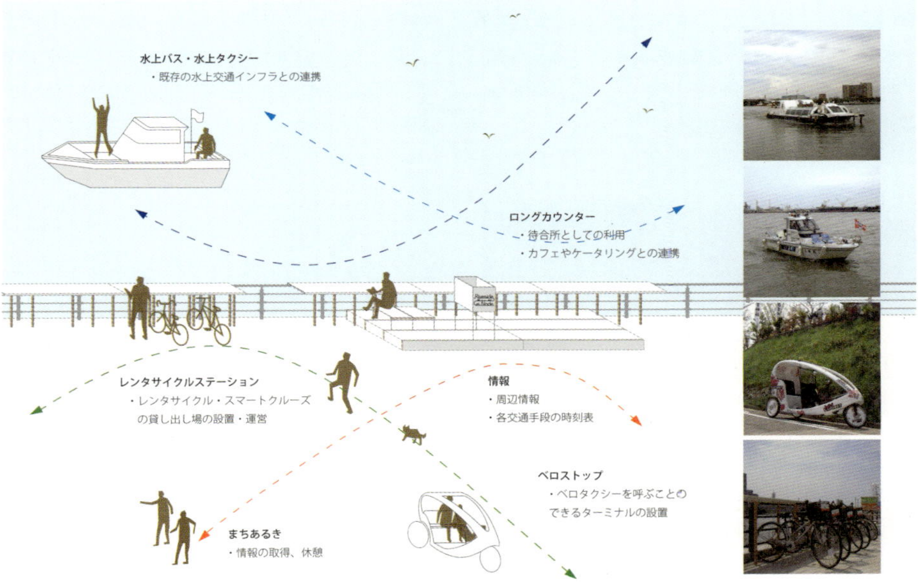

3 コンセプトダイアグラム

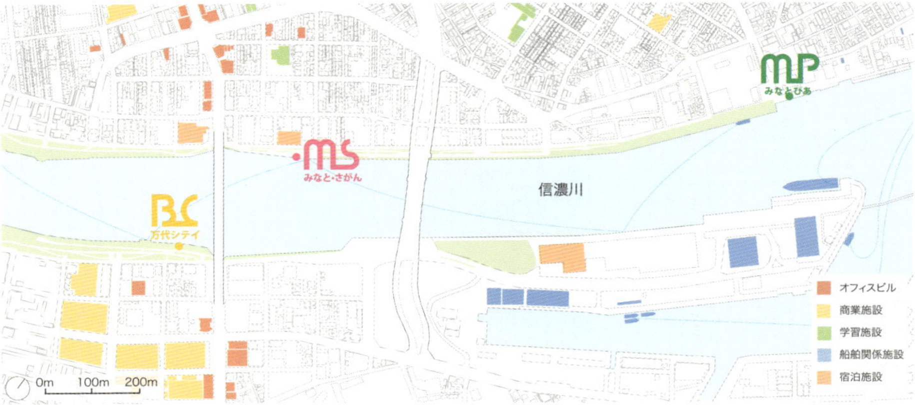

4 設置場所

に重宝されている。また、ベロタクシー(自転車タクシー)、スマートクルーズ(高級自転車の長時間貸し出し)など、自動車交通への依存から脱したまちづくりへの機運が高まりつつある。

我々はこれらの事業と連携し、設置する3つのノードステーションにレンタサイクルやベロタクシーの暫定ステーションとして機能を持たせることで、市街から水辺へのアクセスを喚起するとともに、水上バス、水上タクシーとの乗り継ぎを可能にした。このように舟運とレンタサイクルを結びつけ、まちと水辺空間の結節点として機能することが、本プロジェクトを「リバーサイド　ノード(結節点)」と命名した所以である。

研究室では、自転車や舟運を利用して水と土の芸術祭の作品を鑑賞するためのマップを制作・配布した他、各ノードステーションに周辺地域のインフォメーションを設置し、ノードステーションを核として循環や周辺への波及を促す事を試みた。

また、3つのノードステーションは、舟運と自転車の結節点としての機能以外にそれぞれ「ダイニング」、「リフレッシュスポット」、「船を望む」といったテーマを設定し、テーマに沿ったデザインを行った。これらのテーマは、各ノードステーションの後背地域の分析から導きだされたもので、地域で完結している機能を水辺に引き出すことで,水辺空間の特徴化を図ることを狙いとしている。

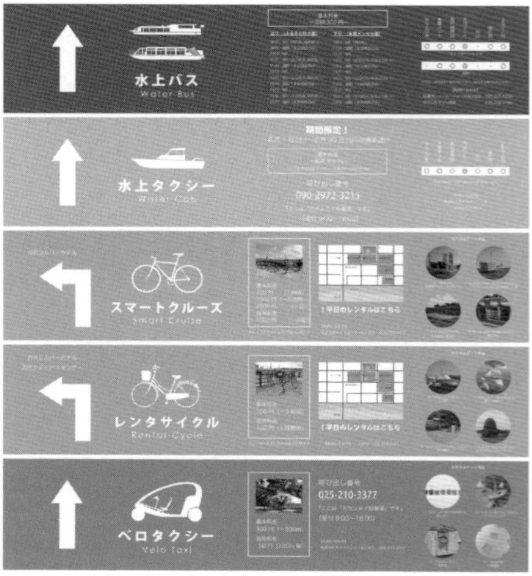

5　サイン誘導

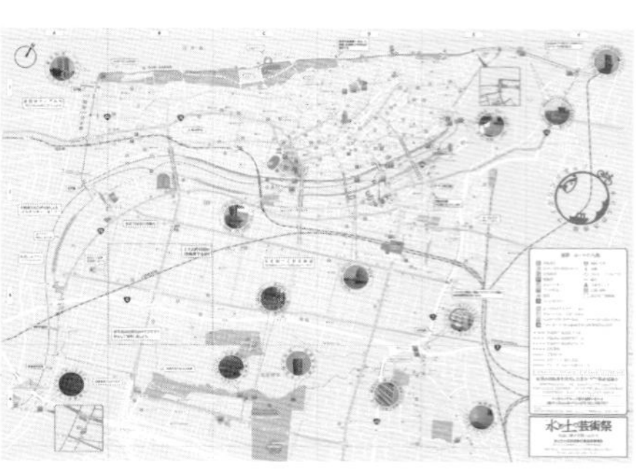

6　サイクリングマップ

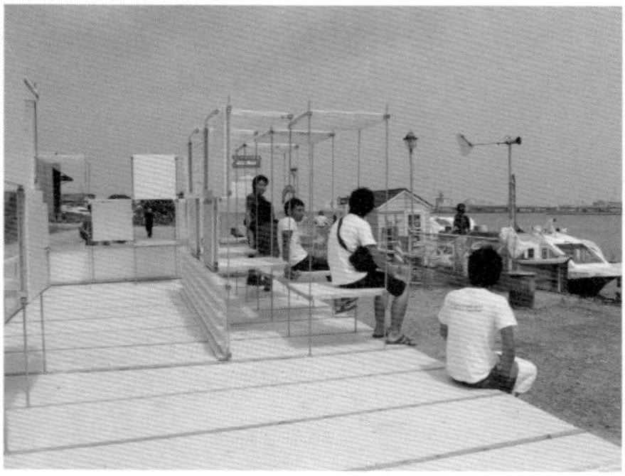

7　みなとぴあノード　船を望む

8　みなと・さがんノード　リフレッシュ

「制作プロセス」

今回のプロジェクトでは、地元建設会社から貸借した型枠資材をはじめ、リサイクル可能な材料を積極的に利用した。これは、コストやエネルギーを極力抑えた上で、都市に有効な仕掛けとなることを目指したためである。また、モデュラーコーディネーションを採用することで、資材の加工作業や設置作業を容易にし、セルフビルドでの設置を実現した。また、解体された資材は転用され、研究室の棚や、模型作品の展示台として活用されている。

「つなげることで生み出されること」

今回のプロジェクトを通して実感したのは、新潟には水辺など町を特徴づける素材が沢山埋もれており、舟運やレンタサイクルなど、町を楽しむためのツールも十分に準備されているという事である。これらを見いだし、つなげていくことで、新潟の町はもっともっと魅力的になっていくだろう。我々が新潟の町に投げかけた「リバーサイドノード」が、より強い結節点となって新潟の町を変質させていく事を願いたい。

[Project Members]

高坂直人（発表者）、長谷川 崇、赤井 文、小出真吾、小島裕貴、中山 剛、佐藤貴信、鶴見哲也、小泉祥典、會澤裕貴、加藤敦史、黒須卓美、河野泰教、田沢孝紀

9 万代シテイノード ダイニング

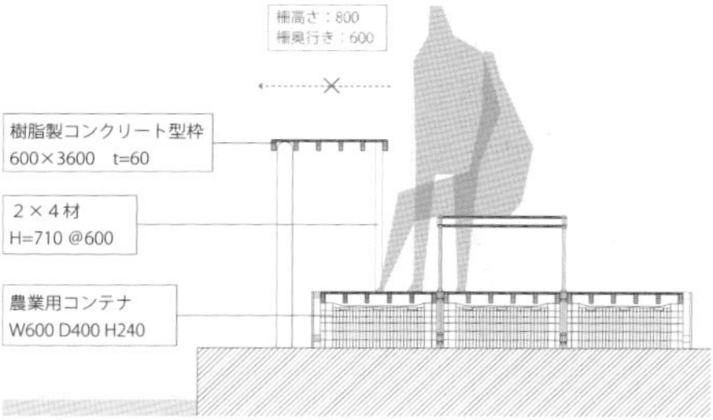

10 システム詳細

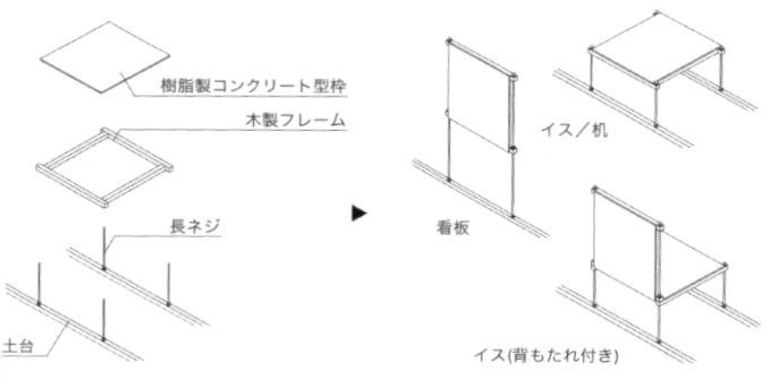

11 材料・寸法の規格化によるデザイン展開

京都建築スクール「境界線のルール」

University:
京都大学大学院
工学研究科　建築学専攻
田路貴浩研究室

1. 京都建築スクール「境界線のルール」とは

京都建築スクールは、大学院生を中心としたアーバンデザインに関する合同演習スタジオである。「境界線のルール」をテーマに、5研究室6チームが参加し、ふたつのフェーズで進められた。

【課題趣旨】

都市は人々がつくった建物の集合である。しかし、建物が集合して、都市はどのような形になるのだろうか。小さな民家の隣に、突然、高層ビルが建つ。それでよいのか。建物が集合するルールがデザインされるべきではないか。今日、都市の形のルールは複雑怪奇になっている、その結果、都市がどのような形になるのか、誰もわからない。都市の形はどうあるべきなのか。単純なこの原点に立ち返って、ルールをデザインしなおすべきではないだろうか。もちろん、ひとつひとつの建物がもつ力も大きい。建物がルールをさらに魅力的にすることも可能だろう。ルールが想定していなかった可能性を示すこともできる。都市のルールと個々の建物のあいだの緊張関係が、都市の形に生命を吹き込むだろう。

【phase1: ルールをつくる】

ひとつの街区を対象とし、そこに敷地境界線を規定するルールと、敷地に対する建物の集合を想定するルールをデザインする（図1）。

a) グリッド都市を想定する。街区の大きさは120m×120mとする。

b) 街区は更地の状態である。

c) 市街地の住商混合地区とする。

d) 道路幅員は10mとする。

e) 建物の高さ制限は15mとする。

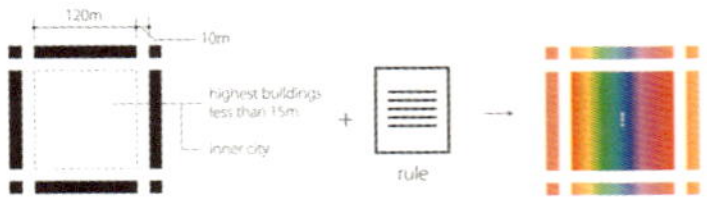

図1　敷地条件とルールの適用

【phase2: ルールに応える】

ルールは他のチームと交換し、そのルールにしたがって建物をデザインする。自分たちがつくったルールを自分たちが解くのではなく、他のチームがつくったルールに応えることで、ルールの他律性を体験する。120m街区のなかのすべてあるいは一部に建物を計画する。計画にあってはルールの可能性を最大限引き出すこと。

2. 京都大学チームのphase1「Form in form」

2-1. ルールとは何か

ルールの条文によって、理念に従わせることはできるのだろうか。ルールとは、その目的である抽象的な理念とそれを実現するための具体的な手段を提示する条文からなる。そして、ルールの理念は人間のアクティヴィティや敷地のコンテクストに基づくことが多い（図2）。

しかしながら、これらが全く存在しないような街区にさまざまな線を引き、都市を形成させていく時、そしてそのためのルールを定める時、私たちは何に基づいて理念を導き出し、それをルールとして成文化し、その実現を要求することができるのだろうか。そこで、敷地がどのような所であれ、一般的に必要とされ、要求されるものがあると私たちは考えた。それは〈歴史〉、〈コミュニティ〉、〈共有地〉である。今ここには、それら全てが存在しない。では、それらを新しく生み出すようなルールをつくってはどうだろうか。

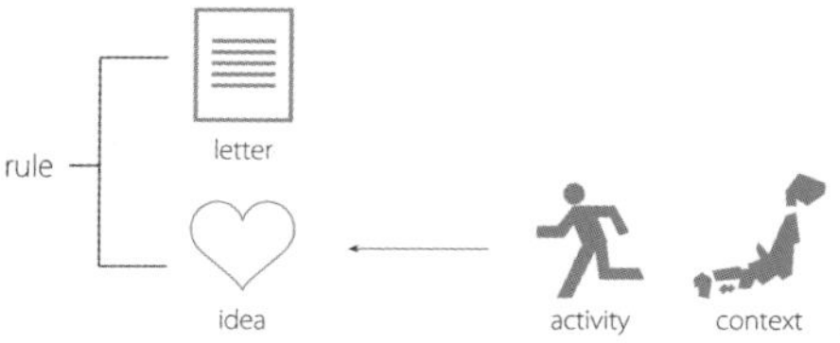

図2　条文と理念からなるルール

2-2. 3つのヴォイドと3つのルール

上記の困難を3つのヴォイドによって解決しようというのが、私たちが提案するルールである（表1）。

1）正方形の街区内ヴォイドは、建築不可領域で、街区境界線と平行になるように配置される。

2）敷地間ヴォイドはそれぞれの敷地から供出され、敷地間の境界が広がる。

3）建物のヴォイドは、区画境界線上に立ち上がり、区画境界線を表示する。それによって、街区のアイデンティティを記憶し、継承する。

　私たちのルールは、このような3つのヴォイドを都市化し、街区に境界線を生み出す。そのルールが、境界線を通して都市の形のデザインに影響を与える（図3）。

1）街区内ヴォイド

まず、街区に「街区内ヴォイド」を置く。これは以下のように定められている。

a）総面積は700m^2 ～ 750m^{2}である。

b）一辺は4m以上である。

この街区内ヴォイドは広場のような大きな共有地になる。

次に、設置された街区内ヴォイドの各頂点から垂線（区画境界線）を引く。これらの垂線によって囲まれた部分を「区画」と呼ぶ（図4）。

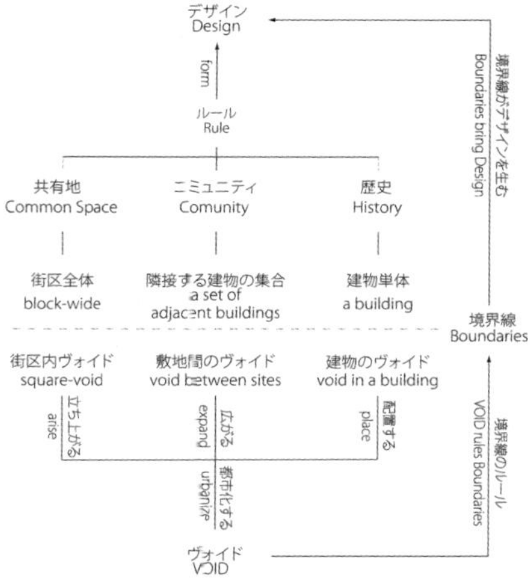

図3　ルールの構造

ひとつ以上の区画を結合させ、以下の機能を与える（図5）。

・道路：車や人などの交通のために使われる

・敷地：建物を建設できる場所

「道路」、「敷地」は以下の条件を満たさなければならない。

a）道路は街区の外周道路に接続されていなければならない。

b）敷地は道路に面していなければならない。

2）敷地間ヴォイド

建物の壁面線は以下の条件を満たさなければならない（図6）。

a）4m以下の建物（一層）：敷地境界線から900mmセットバックする。

田路研究室都市計画法

平成21年6月2日公布

本都市計画法（以下、「法」とする）の適用される街区において建築するためには、本「法」の定めるところによって当該街区を構成しなければならない。

第一条【正方形ヴォイド】

当該街区は、以下に定義される1つ以上の「正方形ヴォイド」をその内部に含まなければならない。

一「正方形ヴォイド」の内部は建築不可領域である。

二「正方形ヴォイド」の1辺の長さは4m以上である。

三 当該街区の中に含まれる「正方形ヴォイド」の総面積は、700m2以上750m2以下である。

四「正方形ヴォイド」の1辺は、ある街区境界線と平行である。

五 どの「正方形ヴォイド」も平行な辺同士は4m以上離れている。但し、当該辺同士が一直線上にある場合は、この限りでない。

六 どの「正方形ヴォイド」も頂点を共有しない。

七 どの「正方形ヴォイド」もその内部に他の「正方形ヴォイド」の一部または全部を含まない。

当該街区は、「正方形ヴォイド」の各頂点から街区境界線に下ろした垂線によって、以下に定義される「区画」に分割されなければならない。

2

垂線、街区境界線、または「正方形ヴォイド」の辺によって囲まれた長方形領域のうち、次の各号を満たすものを「区画」と定義する。

一 内部に垂線を含まないもの

二 内部に「正方形ヴォイド」の辺を含まないもの

3

すべての「区画」は、「正方形ヴォイド」、「道路」、「敷地」のいずれかである。

一「道路」は、街区の外周道路と接続していなければならない。

「道路」は、1つ以上の連続する「区画」によって構成される。

二「敷地」は、1つ以上の連続する「区画」によって構成される。

「敷地」は、少なくとも1つの「道路」に接しなければならない。

第三条【隣地境界線における間隙】

すべての「敷地」において、建築物の各部分は隣地境界線から少なくとも900mm離さなければならない。

2

地盤面において建築物と隣地境界線の水平距離の最小値mind(P,B)は、次式を満たさなければならない。mind(P,B)≧X

d(P,B) = {点Pと直線Bの距離[mm] P∈L},L: 地盤面における建築物の壁面線,B: 地盤面における隣地境界線

0<H<4 ⇒ X=900 [mm]

4<H<15 ⇒ X= 100H+500 [mm]（H: 建築物の最大高さ[m]）

3

建築物の各部分と隣地境界線の水平距離は、以下の式で算出される距離D(h)以上でなければならない。D(h)=X−（X−900)h / H [mm]（h: 地盤面から建築物の各部分までの高さ[m]）

第四条【区画境界線における間隙】

次の一で定める平行六面体の内部に存在する建築躯体は、原則として、次の二で定められたもののみとする。

一 敷地内に含まれる各々の区画境界線について、以下の六面で構成される平行六面体

イ 地盤面

ロ 地盤面との距離が15mの水平面

ハ 地盤面において当該区画境界線を含む任意の平面と平行で、100mm以上500mm以下の等距離にある2つの平面

ニ 当該区画境界線を含む直線に垂直で、地盤面において、ある敷地境界線を含み、この直線から少なくとも当該区画境界線を切り取る2つの平面

二

イ 構造上必要な垂直又は水平荷重支持部材（ただし壁を除く）のうち、前号ハで得られた平面となす鋭角が30°以上のもの

ロ ガラス等透過性のある部材

ハ 上記イまたはロに準ずる部材等

ニ 什器

表1　成文化されたルール

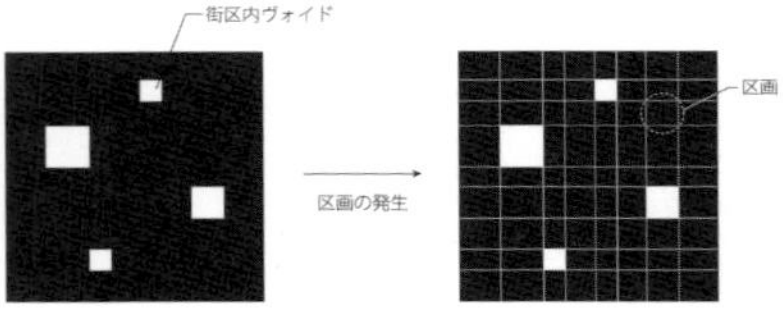

図4 区画の発生

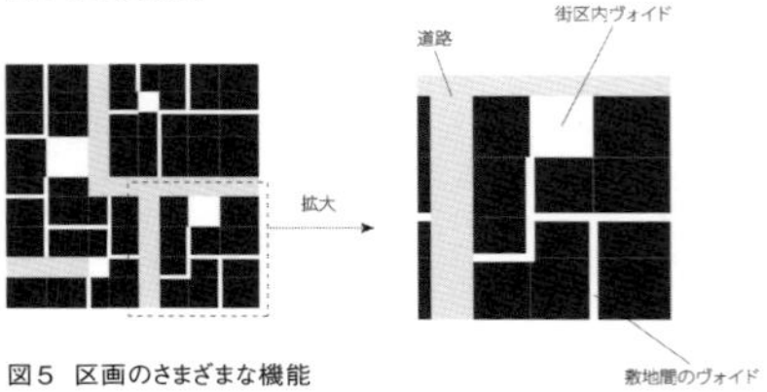

図5 区画のさまざまな機能

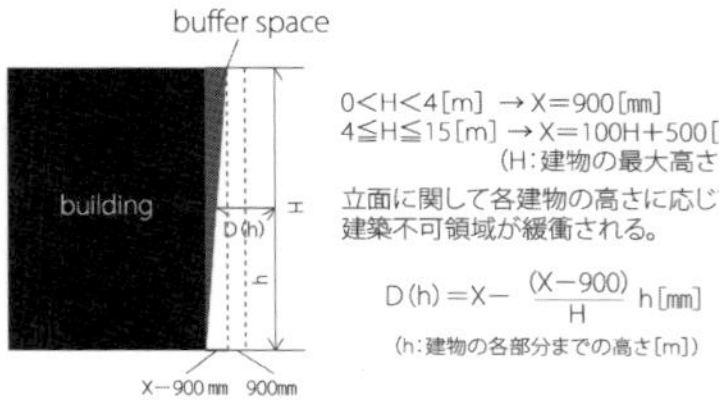

図6 敷地間ヴォイドの条件式

b) 4m以上の建物（二層以上）：GLにおいて900mm以上セットバックすることで逆錐台型になる。

このようにしてできる「敷地間ヴォイド」は、隣近所の人たちの〈コミュニティ〉を形成するための場所となる。

3) 建物のヴォイド

敷地内を通る区画境界線から建物内にスリット状のヴォイドを立ち上げる（図7）。

スリットには以下の条件が与えられている。

a) 角度は自由に設定してよい。

b) スリット内には基本的にモノを置いてはいけない。

c) ガラスのような透明な部材であれば、置いてもよい。

d) 什器は置いて構わない。

スリットは〈歴史〉が全く存在しないこの敷地に、新しい歴史的文脈を与えるだろう。

3．京都建築専門学校チームのphase2

3-1.Form in form に対する解釈

街区の上にどのように正方形ヴォイド（以下ヴォイド）を配

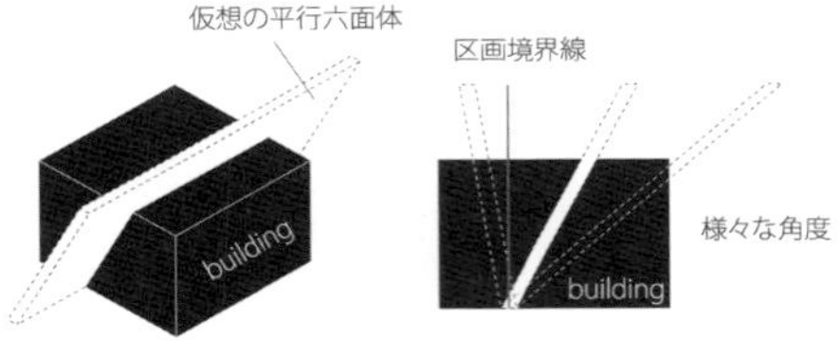

図7 建物のヴォイド

するかを決定することによって、区画、敷地／街区内道路（以下路地）、敷地間のヴォイド／建物のヴォイド（以下スリット）が順次決まってくる。ヴォイドをもとに街区構造が決定づけられることを「Form in form」の特質であると解釈した。

3-2.理想の都市像

現代の都市は以下のようにあることが望ましいと考える。

・都市は新陳代謝が活発であると同時に、環境問題の観点と景観問題の観点からサステナブルでもある。

・都市は居住するだけの場所ではない。居住以外のための場所（オモテ）と居住のための場所（ウラ）が区別されてある。

・街路がモータリゼーションに開放されている現代においては、街区を単位にしたコミュニティが形成される。

ルールの特質を活用することによって以上のような都市像の実現を図るべく、「うごくヴォイド」を提案する。

3-3.うごくヴォイド

「うごくヴォイド」とは、ヴォイドを周期的に移動させることに伴って、区画割と区画の性質（敷地か路地か）を周期的に変化させていくものである。その際、建物のヴォリュームは一切変化しない。ヴォイドを移動させると、そのつど区画境界線が引きなおされ、街区内のすべての区画の性質（敷地か路地か）が再設定される（図8）。

そもそも区画境界線・道路境界線・隣地境界線といった境界線は実体ではなく概念として存在するものであり、敷地・路地といった区画の性質もまた同様である。ヴォイドを移動させることで、実体としての建築は変化しないが、概念としての境界線において変化させる。またこの周期的な変化に伴い、街区全体の性格も変化するだろうし、建物の空間の性格や、人々のアクティビティにも変化が誘発されるであろう。

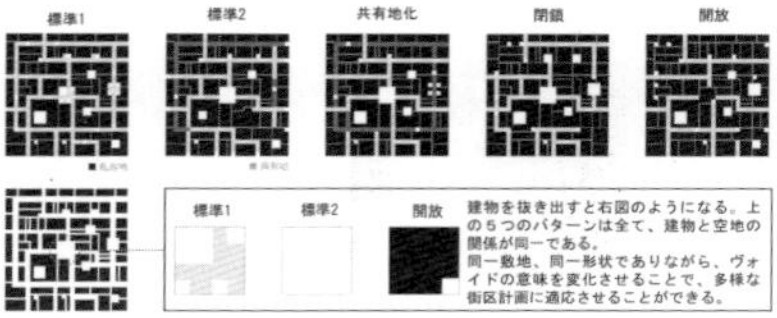

図８ 変化しない建物、変化する区画・路地・敷地

3-4.変化しない表層 変化する深層

グリッドパターンによる都市空間は、{街路＋街区［路地＋敷地（庭＋建物）］}の３層により構成されているといえよう。実際の都市では、その表層にある建物は比較的短い周期で変化し、他方、より深層にある敷地割りは比較的長い周期で変化する。更に実際の都市においては、敷地と道路が入れ替わるような変化の周期は、一層長いことが一般的である。これに対し、「Form in form」によって区画という層が新たに加わり、「うごくヴォイド」によって前述の変化の周期の長短が逆転される。つまりここでは、建物のある表層においてはあまり変化がなく、境界線や区画のある深層においては周期的に変化がおこる（図９）。

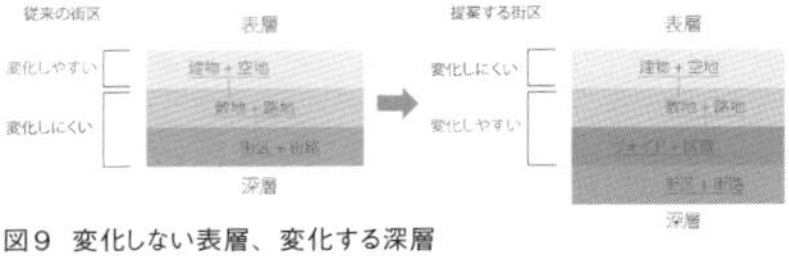

図９ 変化しない表層、変化する深層

3-5.区画の意味

ヴォイド・路地・建物の建っている敷地・建物の建っていない敷地に対し、以下の意味を与えた。

・ヴォイド→地蔵堂置き場：地蔵堂が置かれることで車両が物理的に通行できなくなり、街区外からの歩行者が心理的に通行しにくくなる。また、ヴォイドの移動が可視化される。

・路地→路地：車、歩行者ともに通行可能。

・建物の建っている敷地→私有地：建物の所有者に専有利用される。

・建物の建っていない敷地→共有地：街区居住者や街区外からの訪問者に共有利用される。

3-6.街区の性格

ヴォイドの移動に伴い、街区全体の性格も変化する。その性格について以下の５つのパターンを設定した。

・標準１（日常）：春、夏の状態。街区内にオモテとウラが用意される。

・標準２（日常）：秋、冬の状態。街区内にオモテとウラが用意される。

・共有地化：標準１と標準２の移行の間の３日間にバザールが開かれている状態。共有地が繋がって街区内を一周し、街区外からの歩行者に開放される。

・閉鎖：街区内居住者の葬儀が行われる時の状態。ヴォイドが街路に面する位置に移動し、街区外からの歩行者から閉ざされる。

・開放：地震や火事などの災害時の状態。建物の建っていない全ての区画が路地となり、街区外からの車両や歩行者に開放される。

3-7.うごくヴォイドの可能性

「うごくヴォイド」によって以下のことが実現され、或いは、期待される。

・建物はあまり変化せず、敷地や路地が周期的に変化する。

・区画に意味を与えることで、街区内にオモテとウラが区別される。

・街区の性質の周期的な変化を共有することで、街区単位のコミュニティが形成される。

3-8.phase2のまとめ

京都大学ルールについて、特に「区画」という概念に可能性を感じた。区画は集合して敷地または路地を形成する。このことは、道路と敷地との断絶、敷地と筆の不干渉という事態を抱える日本の現行法規体系を克服する可能性を孕むと考える。また、ルールは受け手にとってみれば規制されるものであり、消極的に捉えがちである。しかし、本プロジェクトにおいて、ルールのポテンシャルを最大限に引き出すことを心がけた結果か、あるいは、ルールの質のおかげか、ルールがなければとても思い付かなかったと思われる提案に至った。このようなルールの可能性を発見することができた。

[Project Members]
phase1：澤田達哉（発表者）、岡野孝則、加藤雄也、川吉里季、千葉美幸（以上、京都大学大学院）
phase2：中村侑介（発表者）、稲垣雄大、西村めぐみ（以上、京都建築専門学校）、鈴木祥一郎（京都大学大学院）

都市／建築／メディア／言語

University:
東北大学大学院
工学研究科　都市・建築学専攻
五十嵐太郎研究室

東北大学五十嵐太郎研究室では、主に都市・建築をメディアを媒体とし、言語で記述する活動を行っている。具体的なメディアは、五十嵐先生の関わる著書、新聞、雑誌、紙媒体学報誌「トンチク」、建築系ラジオなどである。その他、企業提携のリサーチプロジェクトや、建築のフレームに収まらない活動さえも展開つつあり、五十嵐研究室の実体と今後の展望は把握しきれないというのが本音である。

トウキョウ建築コレクションプロジェクト展の出展にあたり、学報誌トンチクのフォーマットをそのまま用いて、構造・設備・歴史・設計系研究室とは一線を画すであろう、"五十嵐太郎研究室" の現在を示そうと試みる。

[Project Members]
五十嵐研究室：加藤拓郎（発表者）、市川紘司、岡村和明、千葉光、萩原博人、三塚 悠、石井勇貴、大橋秀允、朴真珠、吉川彰布

「第11回ヴェネチア・ビエンナーレ国際建築展」現地報告！

「伊那東小学校新校舎」みかんぐみ＋小野田泰明教授

「第11回ヴェネチア・ビエンナーレ国際建築展」（トンチク5/8号 2ページ）

「横浜トリエンナーレ2008」イエノイエ・プロジェクトに五十嵐研究室参加！

青葉山東キャンパス「センタースクエアプロジェクト」進行中！

横浜トリエンナーレ2008「イエノイエ・プロジェクト」（トンチク5/8号 3ページ）

ケンチク映画上映会 リーフレット

建築／家を撮る！　世紀を変えた住宅ドキュメンタリー

A Kind of Architect / HouseLife

A Constructive Madness

2009年建築学会に併せ発行された「建築映画上映会」リーフレット

こんな建築、見たことない！アーティストによる新たな空間

映像 & 建築家が撮る！ケンチクのプレゼンショートムービー

「建築映画上映会」リーフレット2-3ページ。五十嵐研で上映作品のレビューを担当

「第一回リスボン建築トリエンナーレ2007」五十嵐太郎准教授がキュレーターを務める

タブロイド紙の兜をかぶるアルヴァロ・シザ

巨匠アルヴァロ・シザが東京の変革を叫び、パビリオンは俄に日本色に染まる。

第一回リスボン建築トリエンナーレ2007が、5月31日から2ヶ月に渡って開催された。ゲスト・アーキテクトとしては、ザハ・ハディドやディラー＋スコフィディオが参加。カントリー・エキシビジョンの日本セクションでは、五十嵐太郎氏がキュレーターを務めた。「アーバン・ヴォイド」という全体テーマに対し、東京における「都市の空白」を刺激する4つのプログラムが展示された。彦坂尚嘉氏と新堀学氏による皇居美術館空想、南泰裕氏の水平方向に展開する摩天楼、北川啓介氏らによる「パラサイトアーキてくちゃ」、畑井幹夫氏らによる建築家と写真家のコラボレーションである。国士舘大学、名古屋工業大学、熊本大学など、40名近い学生が現地の設営に参加し、東北大からも松本鉄平さんと金成瑞穂さんが駆けつけた。

会場は鮮やかなクラインブルーで統一されたが、日本ブースは色が塗られなかった。代わりに膨大な展示物が埋め尽くし、訪れる人は色がないことを意識できなかっただろう。床には高密度の東京の地図をプリントし、柱状のインスタレーションが何本も立ち上がり、壁はパネルや模型がひしめいた。アーバン・ヴォイドのテーマに答えている国が意外に少なく、シンプルな展示が多いなかで、日本セクションは独特の存在感を示した。

オープニングでは、建築ユニットのミリメータによるタブロイドが、折り紙兜に姿を変えて配布された。会場は兜をかぶる観覧客で溢れ、お祭り気分を醸し、現地の新聞やテレビにも報道された。その後、折り紙兜は、インタビュー取材を通じて、トリエンナーレ会場のポルトガル・パヴィリオンの設計者であるアルヴァロ・シザにも手渡された。

11月には、新宿のリビングデザインセンターOZONEにて帰国展（会場構成：松田達）が行われ、ここでは逆に空間をクラインブルーに染めて展示が行われた。 （松本鉄平）

タブロイド紙の折り紙兜をかぶる子供達

リスボンにおける日本セクションの展示風景

リビングデザインセンターOZONEでの帰国展

第1回リスボン建築トリエンナーレ（トンチク1/2号 3ページ）

五十嵐研　西東京ゼミ合宿

2009年12月26日から2日間、西東京にて五十嵐研のゼミ合宿が行われた。1日目は伊東豊雄設計の多摩美図書館をゆっくりと見学し、真っ赤な空間の中沢新一の研究所も訪ねた。2日目は、うかい鳥山、ルーテル神学大学（村野藤吾）、三鷹天命反転住宅（荒川修作）、ひかりのギャラリー（押尾章治）などを巡った。夜は大学セミナーハウスに宿泊し、「ハウスクエア横浜の実現を前提としたライブラリーの新刊の置き方と見せ方の提案」のコンペを行った。主審査員は、OBの吉田朋史さんが務めた。植松久達さんが優勝し、鈴木晴香さん、加茂・茜組、朴貞珠さんの案がベスト4に残った。植松さんは、他案も包容できる、建築書の新しいブックカバーのあり方について提案し、文句なしの一位となった。今年のゼミ合宿は東京で行われたため、OBの方や来年度からの新メンバーまで、たくさんの方々が参加できた。来年度から五十嵐研には三塚悠、鈴木晴香、平野晴香、つまり" ハルカ" 三女が集まり、来年度からのハルカ三人組の活躍も楽しみだ。今年の五十嵐研も外部からのメンバーが多い研究室になりそうである。なお、ハウスクエア横浜側は実施案として平野案を選び、2010年2-3月に実現された。 （朴貞珠）

吉阪隆正、大学セミナーハウスにて

ゼミコンペの様子

荒川修作＋マドリン・ギンズの三鷹天命反転住宅

ハウスクエア横浜で実現された平野案

五十嵐研では毎年のゼミ合宿にあわせて、ゼミコンペも行っている（トンチク各号より）

五十嵐研ゼミ合宿にて「チカちゃん家」コンペを開催

五十嵐研では、所属学生全員で1泊2日のゼミ合宿を行っている。2006年は、12月23日に、その目玉のイベントとして「チカちゃん家・都市・建築理論住宅設計競技2006」が開催された。

ここに登場する「チカちゃん」とは、研究室の秘書である佐藤知佳さんのことである。宮城県北部の農村地にある彼女の実家の新築が予定されていたことから、イベントとして計画案を募集した。

当日、合宿を行う佐藤家に模型と図面を持ち込み、客間にて講評会が開催された。飛び入りで参加した親戚2名を含めた佐藤家6名が審査員となり、櫻井一弥助手を含む研究室の学生9名がプレゼンを行った。五十嵐助教授は講評会の司会進行をつとめた。普段の設計課題とは違い、本コンペの質疑・応答では、一般人の使い手らしい質問が多くあった。普段家事をする祖母や母からは「ご飯の後の片付けが大変そう」という意見、また土間を取り入れた加茂川案には「こんな家は寒くて住めないよ」といった厳しいコメントも聞かれた。またダイアグラム、ヴォイド、サーキュレーションなどの専門用語は、審査員に理解されず、戸惑う学生も見受けられた。家族の投票により、櫻井助手、鈴木直樹、山本眞子、江野慎吾の4名が一次審査を通過し、二次審査では、模型とパネルの後に提案者が並び、家族が熱心にインタビューを行った。

最終投票の結果、大きな寄棟屋根の下に、フレキシブルに使える縁側をもつ、櫻井案「エンガワのある家」が最多得票を獲得した。実際に設計を依頼されるかもしれないということもあり、「学生は、リアルな施主の要望を解くのに精一杯で、建築的な表現にまで到達しづらかったようだ。しかし、普段の設計とは違い、勉強になったはず」と、五十嵐助教授は述べている。

その後、五十嵐助教授が「建築と美術」を、櫻井助手が建築学科の同級生である太田秀俊氏、安田直民氏の3人で主宰するSOY source建築設計事務所のプロジェクトに関するミニレクチャを行い、佐藤家と朝方まで大いに盛り上がった。 （江野慎吾）

佐藤家の客間にて講評会が行われた。

最優秀賞　「エンガワのある家」　櫻井一弥（SOY source 建築設計事務所）

ゼミ合宿にて「英語版名刺コンペ」

五十嵐研のゼミ合宿は、12月22日、23日に栃木県にて建築ツアーと名刺コンペが行われた。

今回のコンペは、五十嵐准教授がヴェネチア・ビエンナーレに参加するために、海外で使う名刺を新しく作成することに伴って開催された。一対一でプレゼンテーションを行い、審査員の投票により勝者を決めていくトーナメント形式により、勝者が決定した。コンペでは、案を提出していない4名が審査員をつとめた。文字をデザインに発展させた奥野幹案や、漢字の美しさを強調した川上趣案などは、白熱した議論を呼んだ。一等の加茂川智哉案は、無数の薄い線の集積により、「50」の嵐を表現したもの。抽象的なデザインでありながら、本人のみが使用できる個性的な表現を加えたことで、勝利を獲得した。 （鈴木茜）

1等の加茂川案、細い線の集積は石上純也の空間も想起させる

建築系ラジオのブックレビューコーナーも五十嵐研で担当

建築系ラジオのリンクからはブックレビューの際に使用したスライドも見ることができる

建設通信新聞

新時代志向建設設計・土木設計界

A&E

Architecture Engineering

テクノロジーの結節点としての窓

社会、文化的背景加味し読み解く

窓から建築を考える

東北大学教授 五十嵐 太郎

建設通信新聞

窓から建築を考える

五十嵐太郎東北大准教授＋櫻井一弥東北大大学院助教 社会を色濃く反映する窓の技術史

MONDAY FORUM 安全・安心 A&E ザ・げんば 環境

建設通信新聞

窓から建築を考える

五十嵐太郎東北大准教授＋脇坂圭一東北工業大学講師 デザインや組み合わせで自由な窓を追求

MONDAY FORUM 安全・安心 A&E ザ・げんば 環境

建設通信新聞に寄稿した「窓学」の連載コラム。五十嵐研で全30回をこなした

09年度窓学のテーマであった「窓と絵画」のリサーチにおいて収集された絵画のほんの一部

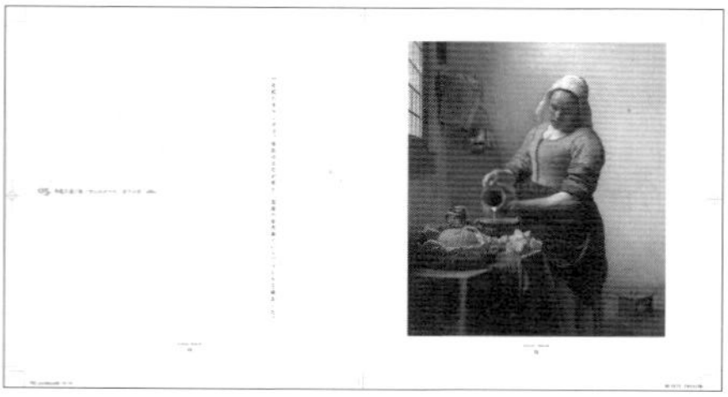

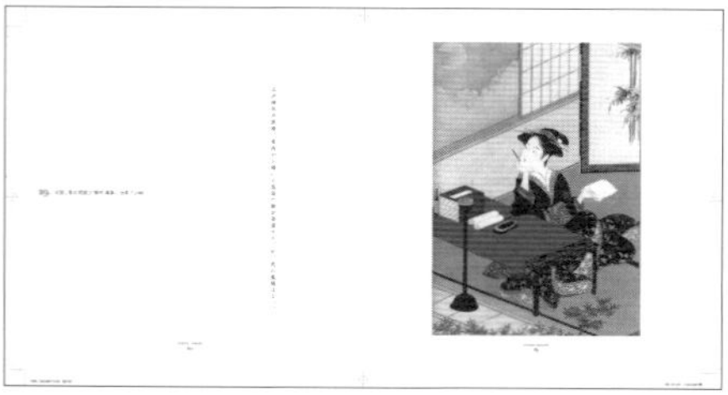

「窓と絵画」はブックレットとしてまとめられた

これまでに発行された「トンチク」の表紙

『建築ノート』誌上でブックレビュー「ラウンドリーディング」のコーナーをこれまでに３度担当

『ユリイカ』09年6月号ではコールハース特集に合わせたOMA用語辞典の作成を担当

マイクロパタンランゲージの研究

University:
**東京大学大学院
工学系研究科　建築学専攻
難波和彦研究室**

本研究は東京大学難波研究室とマンションディベロッパーのコスモスイニシアが共同で8ヶ月間に渡って行った「COCOLABO2009」というプロジェクトをまとめたものである。「コンパクトな集合住宅ユニットのプロトタイプ開発」をテーマに、多様化するライフスタイルに対して形骸化しつつあるnLDKに代わる、「マイクロパタンランゲージ」という新しいデザイン言語の開発を行った。

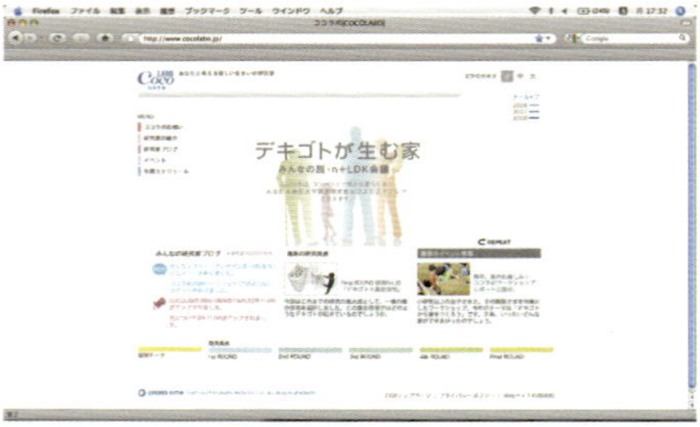

COCOLABO2009ホームページにて研究を展開

研究概要

現代の都市社会は様々なライフスタイルを持った家族によって構成されており、集合住宅の住戸単位はそれにフレキシブルに対応できるものでなければならない。そこで私たちは住戸の物理的・空間的条件ではなく、その中で展開されている微細な生活行為に注目した。様々な生活行為のつながりを分析し、それをコンパクトに組み替えて住戸空間の再組織化を行うことで、室の集合とは異なる新しい集合住宅のユニットの提案を行った。この手法はC・Alexanderによる「形の合成に関するノート」を参照しており、私たちは彼の手法を取り入れ、また生活者の意見をフィードバックすることで、最終的に新たなデザイン言語である「マイクロパタンランゲージ」の開発を試みた。

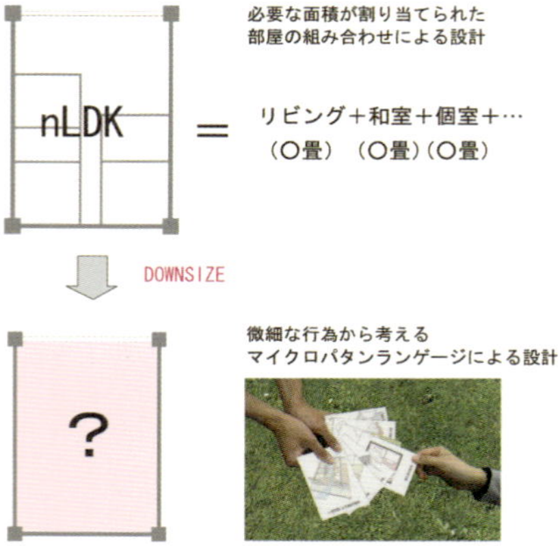

居住者へのヒアリング

段ボールを用いた家作りワークショップ

60のマイクロパタンランゲージ

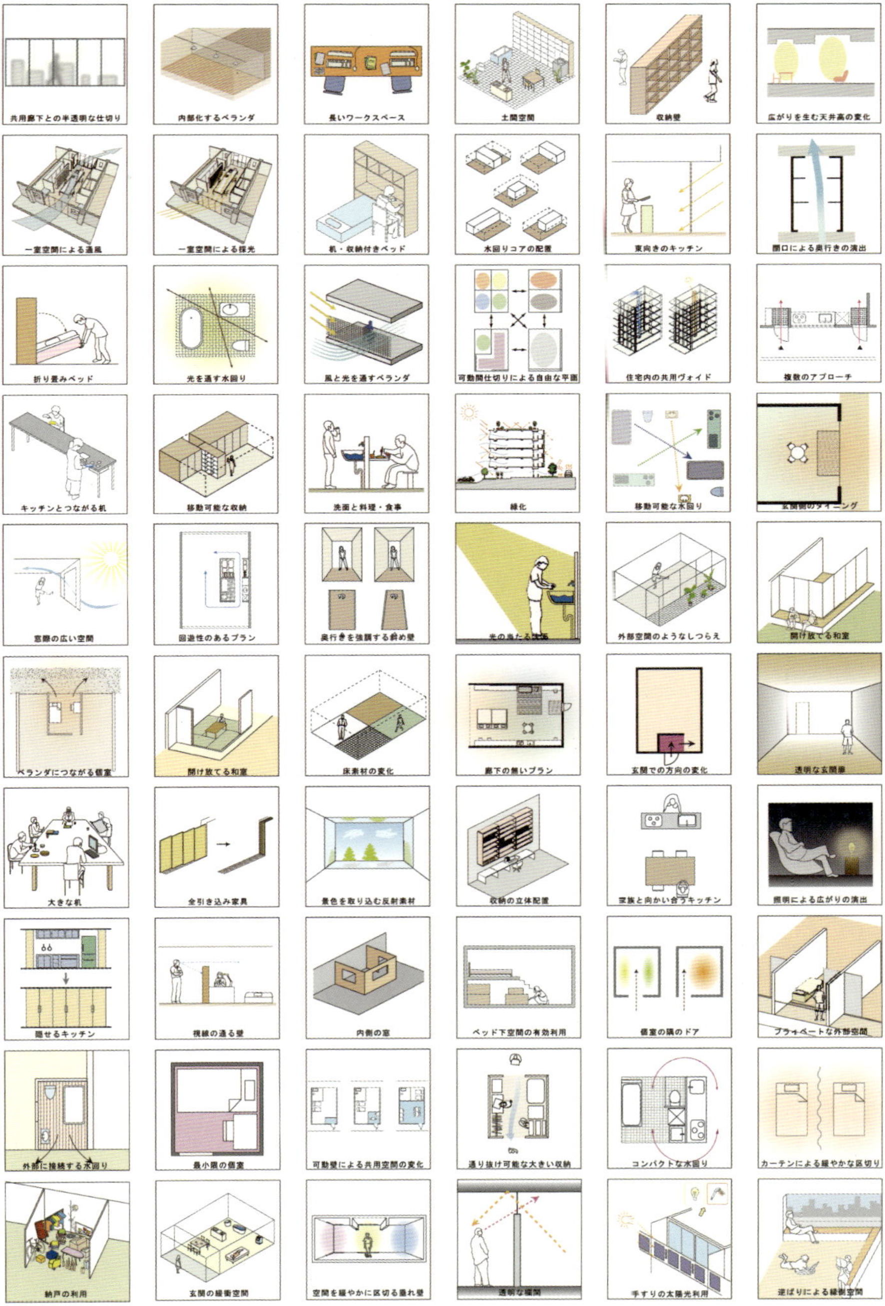
共用廊下との半透明な仕切り
内部化するベランダ
長いワークスペース
土間空間
収納壁
広がりを生む天井高の変化
一室空間による通風
一室空間による採光
机・収納付きベッド
水回りコアの配置
東向きのキッチン
開口による奥行きの演出
折り畳みベッド
光を通す水回り
風と光を通すベランダ
可動間仕切りによる自由な平面
住宅内の共用ヴォイド
複数のアプローチ
キッチンとつながる机
移動可能な収納
洗面と料理・食事
緑化
移動可能な水回り
玄関側のダイニング
窓際の広い空間
回遊性のあるプラン
奥行きを強調する斜め壁
光の当たる洗面
外部空間のようなしつらえ
開け放てる和室
ベランダにつながる個室
開け放てる和室
床素材の変化
廊下の無いプラン
玄関での方向の変化
透明な玄関扉
大きな机
全引き込み家具
景色を取り込む反射素材
収納の立体配置
家族と向かい合うキッチン
照明による広がりの演出
隠せるキッチン
視線の通る壁
内側の窓
ベッド下空間の有効利用
個室の隅のドア
プライベートな外部空間
外部に接続する水回り
最小限の個室
可動壁による共用空間の変化
通り抜け可能な大きい収納
コンパクトな水回り
カーテンによる緩やかな区切り
納戸の利用
玄関の緩衝空間
空間を緩やかに区切る垂れ壁
透明な欄間
手すりの太陽光利用
逆ばりによる緩衝空間

パタンを導きだすプロセス

マイクロパタンランゲージを導きだすために

1, ある家族像の想定

2, 想定した家族の生活行為を徹底的にリストアップする

3, 行為の重なりを分析する

4, 行為のまとまりからパタンを抽出する

という４つのステップで分析を行 った。

具体的な手法としては、左図のように縦軸横軸に想定した家族の生活行為を並べたマトリクスを作り、ある行為と他の行為が同じ空間で起こりうるかどうかを一つ一つ検証し、起こりうる場合はマス目を黒く塗るという作業を行った(上図)。続いて相関分析を応用したプログラムによって、結びつきの強い行為同士がまとまりとして現れてくるように行と列の並べ替えを行い、行為のまとまりからパタンを抽出した(下図)。それにより今まで私たちが慣習的に「部屋」と呼んできたものとは異なる、新しい行為のまとまりと空間のセット＝「マイクロパタンランゲージ」を得ることができた。

こうした行為の分析によって新しい空間的な要求を導きだすというプロセスと同時に、既にある空間から生み出される新しい行為に着目するという逆向きのプロセスの検証も行った。行為の分析と空間のデザインのフィードバックを繰り返すことでマイクロパタンランゲージへと統合した。

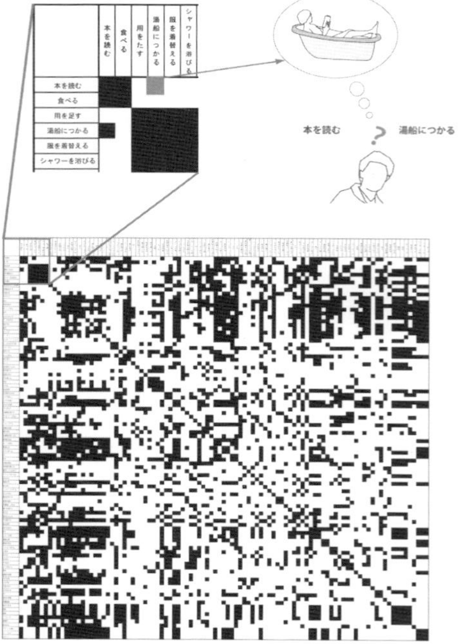

並び替え

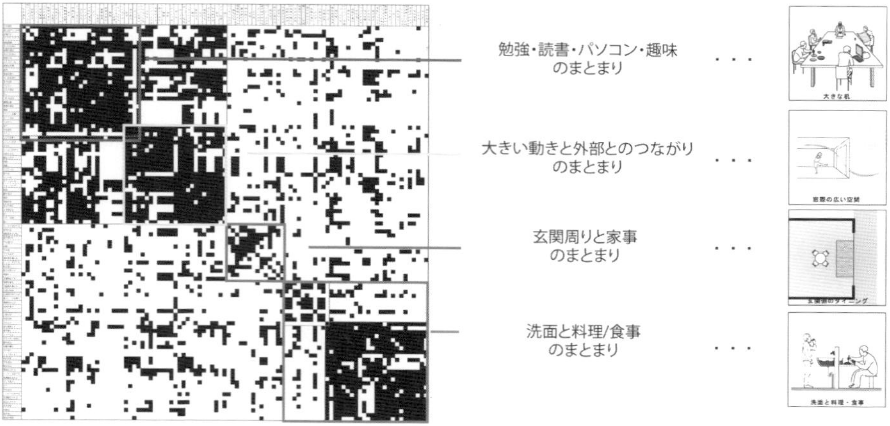

マイクロパタンランゲージを用いたプロトタイプ住戸の設計

ケーススタディとして、68㎡の住戸のプロトタイプを提案した。この案では、片側に個室や水回りを集め、もう一方の側に「大きな机」や「回遊性のあるプラン」などのパタンを用いている。

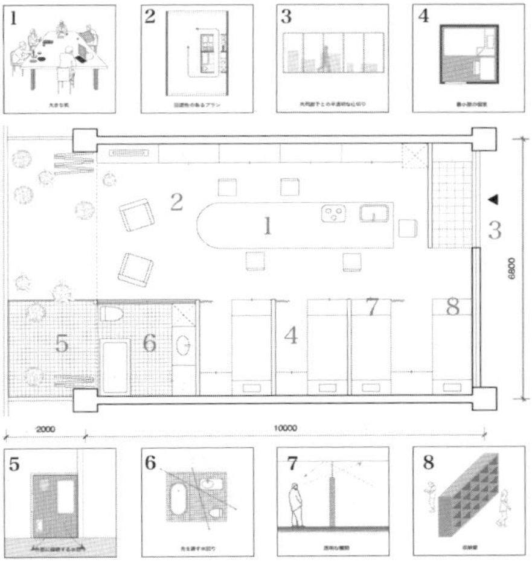

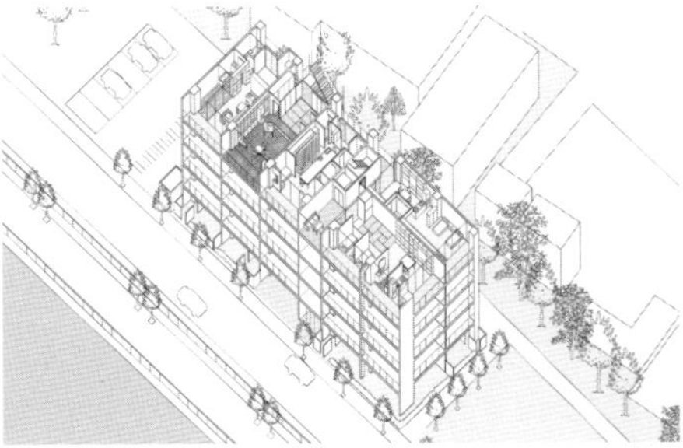

研究の過程で設計した住戸が入った集合住宅

人々のアクティビティが表れる開放的な立面

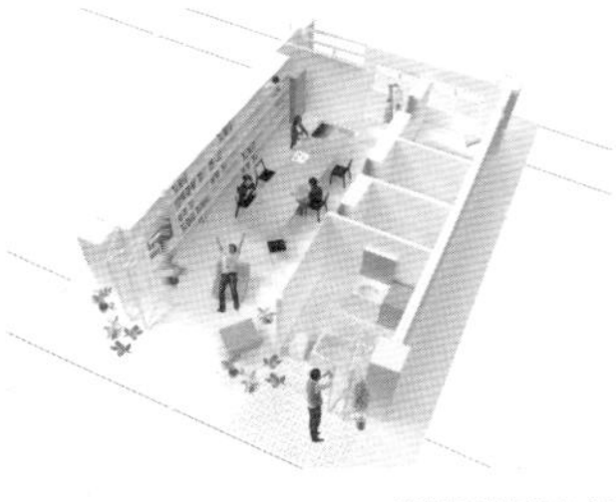

窓側に光を通す水回りを設けた

玄関から窓まで抜けのある一室空間

マイクロパタンランゲージの射程

本研究で提示した「マイクロパタンランゲージ」が持つ最大の意義は、そのオープンなシステムにある。これまでは集合住宅はnLDKとして一方的に設計者側から提供されてきた。しかしそれに対して、パタンの組み合わせによる設計は誰にでも理解しやすく、マイクロパタンランゲージが中間言語として働くことで、設計者とユーザーが新しい住空間のデザインプロセスを共有できるようになる。このようなボトムアップな設計の在り方は現代社会において大きな可能性を持っているのではないだろうか。

また、マイクロパタンランゲージを用いて設計された住戸の集合がつくる風景は、微細な行為から生まれたマイクロパタンランゲージが一住戸単位、そして集合住宅へとスケールアップしながら都市の風景を変えて行く原動力となりうることを示している。

[Project Members]
石田 遼、黒田真悠、佐藤隆志（発表者）、福田浩士、Cui Xuan、Tan Toon Cheng ／ 協力:株式会社コスモスイニシア、プロジェクトプランナー 真壁智治

スタジオトーク1

コメンテーター:馬場正尊

参加研究室:

滋賀県立大学大学院　布野修司研究室……p.266
新潟大学大学院　岩佐明彦研究室……p.270
京都大学大学院　田路貴浩研究室……p.274
東北大学大学院　五十嵐太郎研究室……p.278
東京大学大学院　難波和彦研究室……p.282

馬場正尊(以下、馬場):今日は、各プレゼンテーターのみなさんに10分ずつプレゼンしてもらいます。一通り聞いた後で、ひとつずつお盆の上にのせて進めようかなと思います。

まずは僕の自己紹介からはじめたいと思います。最終的には建物を建てるということが仕事になることが多いのですが、必ずしもそれに執着しているわけではありません。おもしろそうなものを仕掛けて、結果として建物ができあがったり、本ができあがったり、いろんな副産物が生み出されていて、それ全体が僕にとっては仕事だし、作品なのではないかと思っています。建築業界の場合は、ひとつの建物をもって作品とされます。それは当たり前のことだし仕方がない。でもそれに至るまでの背景が、すごく大切でダイナミズムのあるものではないかと思っています。そこで今日は、僕がこれまで関わってきた仕事をプロジェクトという側面からお見せしたいと思います。

僕の事務所は「Open A」と言います。「オープンアーキテクチュア」——建築という概念を開いていきたいと考えています。みなさんくらいの頃は、「もっと開いていきたい」と激しく思っていました。とは言いながら、40歳を過ぎて、建築という思考があらゆることにおいて基軸を決めているなと強く思っています。最初、博報堂という広告の会社に入りました。その頃の欲求を思い返してみると、プロジェクトみたいなことをやりたかったのだなという気がします。20代後半から30代前半までは、『A』という雑誌をつくるというプロジェクトに関わり、それに全情熱を掲げました。そこで感じたのは、メディアとは「魔法の絨毯だ」ということでした。メディアをもっているというだけで「取材です」といって、自衛隊のテントを見せてもらえたり、宮崎駿にインタビューしたりできる。宮崎さんの場合は、取材依頼という名のラブレターを書きました。「映画の話ではなく、都市論を聞きたいのだ」と。それでOKが出た。そういう風に、メディアというものをもった瞬間に、いろいろな人にアクセスしやすくなるのだと気づきました。と同時にメディアは企画書だと思いました。雑誌『A』の「東京計画」で「残地再生計画」というものを取り上げましたが、それから7、8年経った今、実際にそういう仕事をしています。またインタビューという名目のもと、プレゼンをできるということも知りました。たとえば土壇場でNGになりましたが、石原都知事にインタビューする機会がありました。つまりメディアという武器をもつと、知事クラスの人までプレゼンできる機会があるということ。それを知りました。

その後、30歳くらいの時に、「アールプロジェクト」という活動をはじめました。きっかけは、ある外資系の銀行から古い建物をたくさんもっているけれど、なかなか売れない、バリューアップできないか、と相談を受けたことです。最初はインテリアの仕事なのではと思っていたのですが、今後ニーズが増えると思い、アールプロジェクトと名付けて、本を出しました。「メディアは企画書」と分かっていたから、本をつくったわけです。それが元になって現在の仕事へとつながっています。

その時に気づいたことがあります。紙の上に描くだけがデザインじゃない。つまり、プロジェクトを起こすこともデザインの一領域ではないかと気づいたんです。クライアントがいて仕事がはじまるのではなく、逆に何かのきっかけを与えれば動くような都市や建築といった、その場所自体を探すことも仕事なのだと、この時に思いました。

そうやって「東京R不動産」というプロジェクトに行き着きました。「おもしろい空き物件があるにもかかわらず、なんで顕在化しないのだろう」と思って立ち上げたものです。雑誌はメディアですが、「東京R不動産」はツールです。空き物件というのは、情報であって、それを流通させることで、よりダイナミックなメディアとして機能しているように思います。雑誌をつくっていたというファクトと、「アールプロジェクト」がつながって「東京R不動産」というものになり、それがリノベーションという具体的な仕事につながっています。そうやってプロジェクト同士がつながりあったり、呼応しあったりする瞬間があると気がつきました。

もうひとつ、いまうちの事務所で熱いのが「房総R不動産」です。新しい郊外として千葉県の房総に可能性があるよ、と企画を立てて妄想していたのですが、メディアとしてウェブをつくったりしている内に、そのメディアに自分が引きずられるように、とうとう房総に土地を買って家を建ててしまいました（笑）。結果的に、いま房総で、分譲住宅を7、8軒同時に設計しています。それも自分がプロジェクトの中にダイブした結果としてついてきたという感じがします。

このように僕にとってのプロジェクトというのは、結果的に建築的につながるかもしれない可能性がある。でもそのきっかけと、その現象を起こす道具として便利なのはプロジェクトです。いろいろな人に

関わりながら、バランスをとりながら、現実にもまれながら、結果的に生み出されるもの――必ずしも理想通りにはなりませんが、副産物が豊かなものほどおもしろい。

今日は、そんな視点で、みなさんが考えきたプロジェクトを考えてみたいと思っています。さて発表にいきましょう。10分で上手に説明するのも重要な技術です。社会人になったら、そうした技術が重要視されますよ。言いたいことを、びしっとうまく伝えてください。

マスタープランなきプロジェクト

馬場:「信·楽·人－shigaraki field gallery project－」(p.266)は、何かと「実現している」という点がおもしろいなと思ったプロジェクトです。構想すること、計画すること、そして実現すること――その実現することによって、新しいことが生まれるという面がプロジェクトにはあると思います。それを力業で進めている感がありました。

こうしたプロジェクトが順風満帆に進むはずはないし、僕は常に失敗したポイントに重要な鍵が隠されているかもしれないと思っているのですが、どこに苦労しましたか。

石野啓太(布野修司研究室　以下、布野研):やはり、まちとどうつき合うかですね。地方の閉じたまちなので、最初は変な目で見られていました。ずっと通うなかで打ち解けてもらい、僕たちがやろうとしていることを理解してもらおうと意識していました。

馬場:どのくらいで雰囲気が変わったなと思いましたか。

石野(布野研):「Shiroiro-ie」ができたころに、いくつか同時にできたものがあり、それが2、3年と経つなかで、ある程度、理解が得られたと思います。

佐藤隆志(難波和彦研究室　以下、難波研):質問です。このプロジェクトにはマスタープランのようなビジョンはありますか?

石野(布野研):もともと学生が勝手にはじめた感じなので、研究室のマスタープラン的なビジョンはありません。ただ、僕たちがまちの中で動くこと自体が重要だと考えていて、振り返ったときにまちが動き出していたらいいなと思っています。いま行政は絡んでいないのですが、まちの人が好き勝手に動いている、その状況自体がすごくおもしろいと思っています。

馬場:なぜその質問をしたかということに興味がある。なぜ?

佐藤(難波研):ビジョンなしに、その都度方向性を決めていくのは難しいのではないかと思ったからです。

馬場:示唆的な質問だと思います。というのは、パ

タンランゲージを実践をしている人から、そうした質問が挙がるのは、すごく必然的だと感じたからです。パタンランゲージという方法自体が、機能型ではなく演繹型の計画手法ですよね。部分の集積によってできあがる全体みたいなものを、ちゃんと構想する方法論を考えているのだなと思います。確かに、20世紀型のプロジェクトの多くはマスタープラン型で、行政側、つまり仕掛ける側がマスタープランを描き、それに向かって物事を進めるという方法が一般的でした。ただ、そういうまちづくりは「絵に描いた餅」で、軒並み破綻してきたんですね。みなさんは、知らず知らず、それを感じとっているのでしょう。結果、このプロジェクトもマスタープランがないけれども、起こってきた状況に反応しながらやっていったように見える。すごくポジティブな言い方をすると、演繹的な、言葉を変えれば場当たり的な進め方のモデルタイプともいえる。僕もそうやってプロジェクトを進めることが多くて、予想だにしないことも結構起こる。

とはいいながら、ルールがないまま進めているわけで、どこかで破綻が起きたりはしていない?

また大学としては、今後どう関わっていく予定ですか。

石野（布野研）：まだ破綻はないですが、学生の代も変わるので、同じ思いをもった人にどう継承していくかは課題だと思います。

馬場：ほかに質問はありませんか?　東北大は、ジャーナリスティックな視点からみるとどうでしょう。

加藤拓郎（五十嵐太郎研究室　以下、五十嵐研）：マップを広義的にとらえて、また再構築して、最後はエネルギッシュな図になっていましたよね。確かに図はエネルギッシュなのですが、実際の絵が想像しにくかったです。

石野（布野研）：信楽は観光と窯業のまちで人口は1万4000人ですが、まちの人たちからはすごくエネルギッシュな感じを受けます。しかし対外的な信楽のイメージとして、それがいまいち伝わっていないのじゃないかなと思って、マップには僕らが受け取ったまちの実感を、そのまま表しました。

馬場：僕の出身は、やはり窯業のまち、佐賀県伊万里市だし、最近は山形の大学で教えているので、地方都市の現実と向き合わざるを得ない。それに対して、僕らの職能がどう対応するか。言葉は悪いけれども、地方都市は取捨選択されざるを得ない。滅びていく地方都市が出てこざるを得ないと思うし、活性化させることだけが仕事ではないという実感があります。もしかしたら、ちゃんと衰退していくデザインというのもあるのかもしれないと思うこともある。そういう意味では、信楽の場合、素材はそろっていますね。

石野（布野研）：はい、ただそれがうまく表現できていないように思います。

馬場：こうした小さな都市にデザイナーが普通に生活していて、まちのクオリティを保ったり、コントロールするのが理想的かもしれない。そこでどう継続的に収益を生むかを考えるのも、プロジェクトの継続性という意味では、否応なく考えなくてはいけない。信楽の場合は、それが次の課題と言えそうです。

「使ってしまえ」という発想

馬場:よく建築の分野では、まちのあるところに造形的な仕掛を施すことで、都市の血流をよくしようという提案をみかけるのですが、僕は、そんな甘いもんじゃないだろうと思うことが多かった。それを、「Riverside Node」(p.270)では、どう解消しようとしているのかという興味があって発表を聞いていたのですが、水上バスやレンタサイクルなどのソフトウェア、つまりまちの血流にきちんと結びつけようとしている意志が明快でした。実際の連携はどうでしたか。

高坂直人(岩佐明彦研究室　以下、岩佐研):2カ月間、週末のみの実施なので限定的なものではあります。ただ観光客も狙っていたので、水上バスを下りてレンタサイクルが目に入るのは大きな効果があったと思います。住民に対しても、レンタサイクルは乗り捨てできますから、こういう乗り継ぎ手段があると視覚的に提示できました。

馬場:なるほど。おもしろいと思ったポイントはふたつあります。ひとつは、新しい交通について考えているところ。いまパリや北欧では、自転車をまち中のスタンドに停めて、クレジットカードをピッと触れて乗り捨てられるシステムが整いはじめました。それが普及したのはデザインが圧倒的に可愛いからで、僕らが能力を発揮できる部分かもしれない。日本ではまだですが、環境を含めた新しい交通の構想が必要な気がします。もうひとつは、アイコンです。それをデザインすることで、都市のアイデンティティや人の流れを変える試みをしている気がする。便利さというより、マニフェスト化して分かりやすく伝える効果があると思います。

高坂(岩佐研):そうですね。交通については、新潟は自動車依存が非常に特徴的な都市で、同じ問題を抱えている地方都市は多いと思います。研究室でも、自動車以外の交通には非常に関心を抱いています。アイコンは、似た形態の交通を6種類集中させたので、それぞれの差別化を図るために用いました。

澤田達哉(田路貴浩研究室　以下、田路研):留まる場所はあるけれど眺める場所はないというところがありましたよね?　でも以前の状態でも、留まりながら川も眺めているとは思うんです。実際に今回設置した椅子と、その行為が、本質的には違うということを具体的に教えて頂ければ嬉しいのですが。

高坂(岩佐研):僕たちが気になったのは、親水空間に長々と柵が設置され、水と都市が差別化されているという印象を受けたことです。そこで柵の上にカウンターをつけて椅子を置き、つまり柵の上から信濃川を体験するという提案を行いました。それによっていろんな行為が派生するのではないかと考えています。

馬場:「壊せ」と言わずに、使ってしまえという発想が現実的でいいですね。つい大げさなことをしたくなるけど、これは投資額の少ない、柔らかい都市計画になっているところに可能性を感じます。これはアートという枠組の中だけど、社会化、ビジネス化して何年か継続したものも見てみたいと思いました。

ルールのポテンシャルを引き出す

馬場:京都建築スクール「境界線のルール」(p.274)は、すごく野心的で、僕の最近の問題意識に近い

ものでした。というのは、建築の世界は法律でがんじがらめになっていて、理念がほとんどないままに、条文だけで良し悪しが判断されている。そこに僕は非常にストレスを溜めていたので、新しい世代がこういうことに疑問をもつことは重要だと思いました。実際に、ルールをつくる側と、ルールを享受する側というシミュレーションをしてどうでしたか。

澤田（田路研）：ルールをつくることに責任を感じていたので、伝えられていないことを人のせいにしてはいけないと思いました。ヴォイドが動くとはまったく想定していませんでしたが、そういう提案を絶対に否定はしないと思っていました。

馬場：理念が正しければそれを許容すべきだと。ルールとはなんだと思いましたか。

澤田（田路研）：僕個人でいえば、教育だと思います。しっかり理解できる素養を与えることが大事だと思います。

馬場：ルールとは人間が自由に生きるために編み出した発明品であり、道具だと思う。でもそれがちょっと誤解されて、制限するものだと思われている。だから、それをどう運用していくかが重要ですよね。ルールを適用された側はどんなストレスがありましたか。

中村侑介（京都建築専門学校）：京都大学のルールは、文章的にどんな都市にしてくださいとは明記されていなかったので、そこに目をつけて、このツールを使えば僕たちの理念が達成できると思って選びました。あとはルールのポテンシャルをどれだけ引き出せるかを考えて取り組みました。

馬場：「ルールのポテンシャル」というのはいい言葉ですね。では、ルールとアクティビティのバランスは取れていったんですか。

中村（京都建築専門学校）：はい。最初に爆発して、あとは整合性をとりながら何とか形にしていった感じです。いま発表しているのは町家ですが、さまざまなシーンで使われる建物を模型ではいくつか設計しています。

馬場:ルールをつくる側になってみたいと思いますか。

澤田(田路研):正直、やりたくないと思いました。今までルールをつくる側を敵視していたんですが、その気持ちを理解できました。

馬場:なるほど。ゲーム性もあっておもしろい。大学を横断してこのプロジェクトがよくできたと思うし、京都らしい自由さを感じました。

建築のたのしみ方を変えるメディア

馬場:「都市 / 建築 /メディア/ 言語」(p.278)は、いろんなことを実現しているのに感心しました。構想して、計画して、実現する。それによって次にやるべき新しいことが生まれるというのは、プロジェクトではよくあります。僕も学生の頃メディアをつくっていましたが、メディアをつくって発表することで、どんなことが起こりましたか。

加藤(五十嵐研):メディアをもつことの力みたいなものは、すごく感じました。いろんな建築家の自邸や、ふだん見られない住宅を見学できたり、思ってもみないような人物に会えたりしています。五十嵐太郎先生は、『建築雑誌』(2009年1月号)で「新世紀エヴァンゲリオン」の監督、鹿野秀明さんにインタビューできたと喜んでいました。僕たちは五十嵐先生というメディアをもっているわけです。

馬場:五十嵐さんは「歩くメディア」なわけだ。でも、これだけつくるのは大変だと思うけど、研究室内部でDTP(印刷物の編集作業をコンピュータ上で行うこと)までやっているんですか。

加藤(五十嵐研):そうです。外部委託はないですね。

馬場:いわゆる紙メディア以外で、「建築系ラジオ」には、どうかかわっていますか。

加藤(五十嵐研):いま新しい期が始動したところで、五十嵐先生のひとつのコーナーを担当しています。ほかに、北川啓介さん、南泰裕さん、松田達さん、大西麻貴さん、倉方俊輔さんという方々がいます。一般の人でも建築通はかなりいて、「安藤忠雄、大好き」というおばちゃんをラジオに取り込んだり、建築学科の学生でも通学時間に「ながら聴取」ができるので、こういうメディアは敷居を下げられたと思います。

馬場:なるほど、建築を楽しむスタイルが変わるわけだ。プロが見るメディアとはまた別に、こういうジャーナリズムはリアル。こうしたメディアをつくったり、メディアを育てたりすることも、大きなプロジェクトだなと僕は思いました。

ウィキペディアのような設計システム

馬場:「マイクロパタンランゲージの研究」(p.282)は、僕が修士論文で研究したのがクリストファー・アレグザンダーだったので興味をもちました。彼のパタンランゲージは、オープンなシステムでつくられているはずなのに、実際に引用されるとクローズドに陥っている印象を受けます。その汎用性の低さが、都市計画のなかで継承されていかない理由だと思う。このマイクロパタンランゲージは、どのようにオープンセンスを獲得していこうとしていますか。

佐藤(難波研):私たちの提案は、コンパクトな分譲集合住宅の住戸デザインのためのパタンランゲージです。デザイナーが設計した住戸を、ユーザーが何も分からずに受け取るという現在の状況に対して、「コンパクト」という私たちのビジョンを提示することで、はじめてユーザーからのフィードバックも得られ、関係をつくっていけると思っています。

馬場:そういうふうに捉えているのか。発表の中に、あなた方が提案したパタンランゲージを使ってコラボレーションした企業、コスモスイニシアの社員さんがデザインした住戸の提案が出てきましたが、マイクロパタンランゲージを渡して、「デザインしてください」というふうにやったわけですよね。すんなりできたわけですか?

佐藤(難波研):やはりコスモスイニシアの標準仕様はありますから、それに比べると全然違うものであったと思います。しかし、ディスカッションを通して共有できていたので、うまく設計に使ってもらえました。

馬場:これがディクショナリーになって、一般のマンションをつくるディベロッパーや設計者の机の隅に置かれる可能性というのは実感としてありますか。

佐藤(難波研):研究成果をweb上に公開しているのですが、ご覧になった方から、住んでみたいとか、むしろこうしたらいいのではないかとか、いろいろな意見が寄せられて、その後の僕たちの研究にもフィードバックされています。そうしたインタラクションのツールとして効果的だと思います。

馬場:アレグザンダーの時代よりインタラクションがしやすい環境にあるわけですからね。60のマイクロパタンランゲージは、柔軟に更新されたり増えたりしているのですか。

佐藤(難波研):はい。提案の中には居住者の方へのヒアリング調査から生まれたパターンもあります。ウィキペディアのように誰でも編集可能で、それに対して意見を投げかけられるシステムを設計の場でも構築したいと考えています。

澤田(田路研):パタンランゲージと聞くと、建築を専門的にやっていない市民でも分かるような共通言語というイメージがあるのですが、相手企業であるコスモスイニシアは建築のことを分かっていますよね? そこではダイアグラムでも通用するかもしれないけれど、市民になった時にどういうふうになるのかという具体的なビジョンはありますか。

佐藤(難波研):マイクロパタンランゲージは具体的な空間イメージとセットになっていて、誰でも直感的に理解できます。そのため、デザインをユーザーに説明するための言語としても有効です。

馬場:言語、要はツールですよね。見ながら説明するというプロセスはやりやすいし、よいツールかもしれない。ヒアリング調査のフィードバックを見てみたいと思いました。

さて時間も過ぎてるので、まとめに入ろうと思いますが、研究室の集団として力を入れているプロジェクトにこそ、すごい問題意識が含まれていることが分かって、想像以上におもしろいものでした。それには各大学の先生の意向も含まれているので、プロと学生の中間あたりを追求しているわけです。社会を分かったうえで、自分のつくるものに収まりきれない実験的なことに触れている。プロジェクトというもの自体を俯瞰できるようなメディアが、建築界にあってもいい。このプロジェクト展はとてもよい企画だから、ぜひ続けていってほしいと思います。

※このなかに出てくる「石野くん」(布野研)は、このプレゼンがきっかけで、今、うちの事務所にいます。学生時代からリアルに関わろうとする姿勢を受け止めました。わが事務所はプロジェクト経験者を求めている(馬場正尊)

仲田の森遺産発見プロジェクト
―記憶の残響―

University:
法政大学大学院
工学研究科　建設工学専攻
陣内秀信研究室

日常的な景色の中に、忘れ去られた記憶が存在している。どんな場所にも、昨日までのかけがえのない時間が存在し、そのひとつひとつの時の重さが場所をつくり出している。東京都日野市自然体験広場「仲田の森」、かつてここには蚕糸試験場が存在していた。現在は、キャンプや野外レクリエーションの場として利用される子どもたちの遊び場だ。しかし、子どもたちが遊んでいるむき出しのコンクリートはかつての建物の基礎の部分であり、「桑ハウス」や「かっぱハウス」と称されている建物は当時活躍した蚕室がそのまま生き残ったものである。

本プロジェクトは、残されたものが発するかすかな記憶の残響をかたちにし、場所に刻み込まれた空間の履歴を人々に伝えていく試みである。

プロジェクトの概要

「仲田の森」は、日常は子どもたちの遊び場であるが、毎年夏に行われるイベント「ひのアートフェスティバル」の会場でもある。「ひのアートフェスティバル」は2009年の開催（8月22日・23日開催）で13回目を迎え、多くの市民が集まるイベントとなっている。屋台が並び、ステージではロックやジャズなどのライブパフォーマンスが繰り広げられる。また、会場内の建物の中や外部空間では、アーティストによる彫刻や絵画などのいろいろな作品の展示も行われる。

今回これまでこのイベントに参加し、蚕糸試験場の記憶が残るこの「仲田の森」の価値を訴え続けている建築家の酒井哲氏（Town Factory一級建築士事務所）とカメラマンの佐伯直俊氏（自然体験広場の緑を愛する会）と共同で、「仲田の森」の空間の魅力を伝えるため「仲田の森遺産発見プロジェクト」を実施することとなった。生い茂る緑の中に垣間見える遺構を舞台にした光の「インスタレーション」、この場所がかつて何であったのか、

インスタレーション

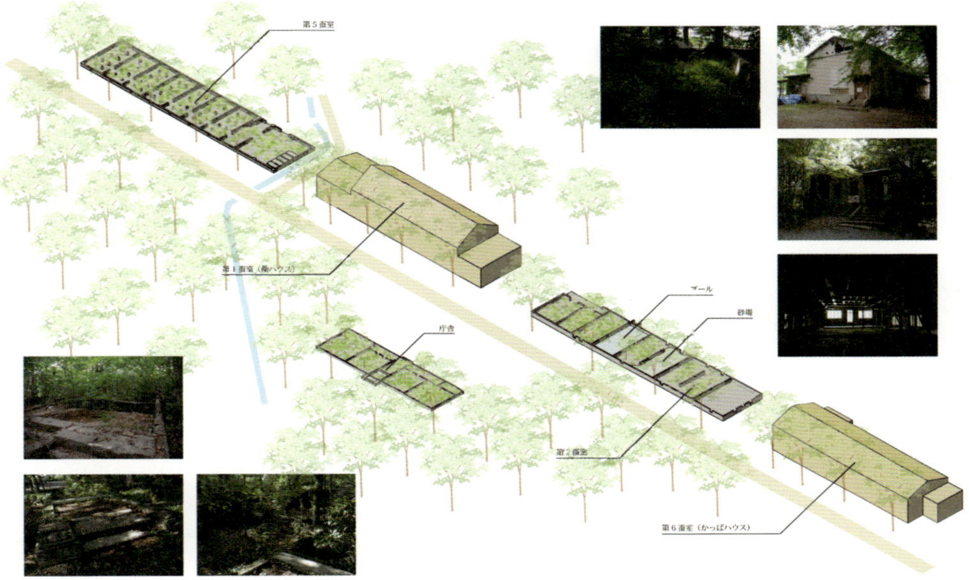

自然体験広場配置図

蚕糸試験場配置図（当時）

昭和49(1974)年

平成21(2009)年

昭和23(1948)年　昭和36(1961)年　昭和49(1974)年

昭和54(1979)年　平成元(1989)年　平成21(2009)年

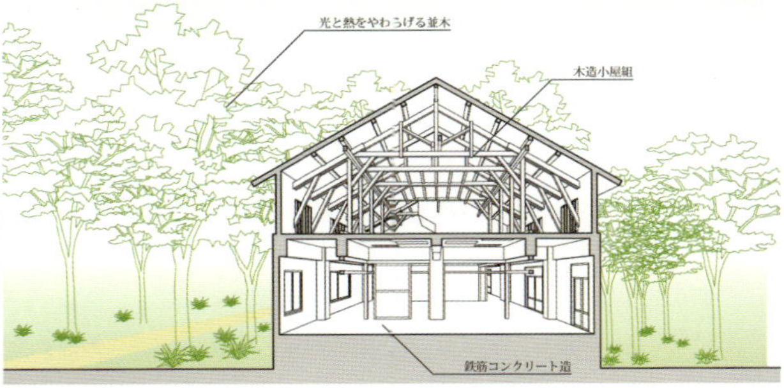

第1蚕室（桑ハウス）断面パース

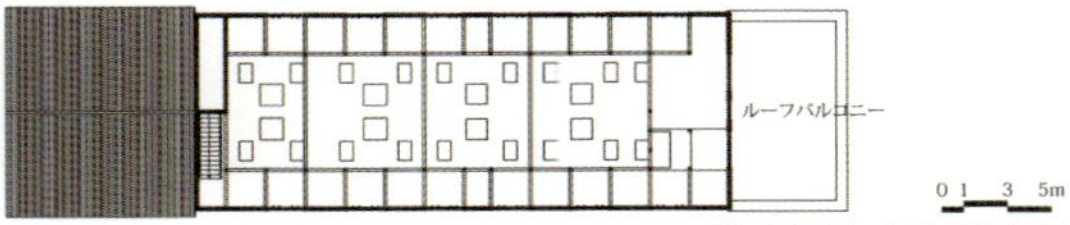

第1蚕室（桑ハウス）2階平面図

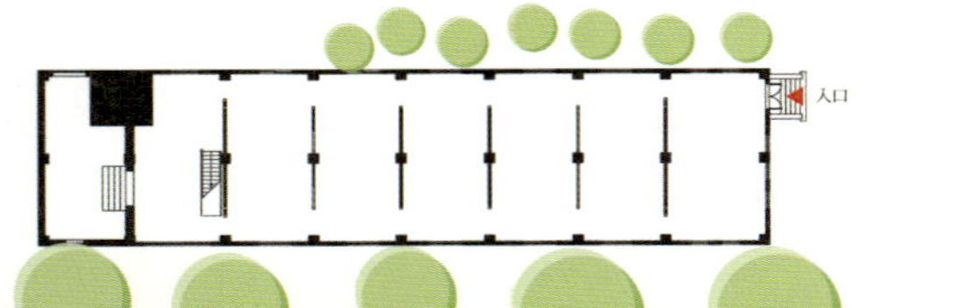

第1蚕室（桑ハウス）1階平面図

「仲田の森」分析図

現在ではどのように使われているのかなど、場所の記憶についてまとめたビジュアルフォトブック『記憶の残響』の作成と展示、解説を行いながら来訪者と遺構を回る「廃墟ツアー」、専門家などによる「トークサロン」といった内容でプロジェクトは構成されている。

「仲田の森遺産発見プロジェクト」
共催:Town Factory一級建築士事務所・自然体験広場の緑を愛する会・法政大学エコ地域デザイン研究所
後援:神楽坂建築塾

蚕糸試験所時代

明治維新後の日本国にとって、外国への貿易品たる生糸と茶の産業は欠かせないもののひとつとなった。そのため、蚕糸産業ではその品質の向上、蚕種統一に力が注がれることとなり、農商務省原蚕種製造所が東京都杉並区の高円寺に設置され、その後蚕糸試験場となった。試験場となると規模は大きくなり、桑園の不足という問題が生じた。良質な環境地質等の関係から東京都日野市の万願寺に桑園(後の日野第2桑園)が開設されることになった。これが日野桑園の始まりとなり、昭和2年には日野仲田地区に第1桑園、12年には隣接地の河原に第3桑園が開設された。第1桑園内(現在の「仲田の森」)には蚕室・蚕室実験室・職員や家族のための寄宿舎などが置かれ、ここに蚕糸試験場が誕生する。日野に暮らす住民の中には、蚕糸試験場にて働くものもいた。また逆に試験場の職員は、試験場に働きに来ている農家の田植えなどの仕事を手伝ったりもした。単なる国の施設ではなく、地域と密接に関わりを持ったところであり、日野においてひとつの地域の時間をつくり出した場所となったのである。数々の成果を上げ、昭和という時代を支えてきた高円寺及び日野の蚕糸試験場であったが、昭和55年施設を全て引き払い、筑波に移転してしまうこととなる。

産業施設から自然体験の場所へ

蚕糸試験場は、昭和55年に閉鎖後、一部が小学校の敷地となり、残りは自然体験広場「仲田の森」となった。「仲田の森」には、蚕糸試験場時代の建物がふたつ、そのままのかたちで残されている。また、基礎だけとなった建物の遺構も存在している。これには、新たな開発が決定するまでは、建物の上部は解体するが、基礎や土台などの掘り起こさなければ工事できないような部分についてはそのままにしておく(次の計画がない場合は、解体に予算をかけないらしい)といったことや、土地の権利関係によって開発が進行しなかったなどのいくつかの理由があるらしく、そうした奇跡的な偶然によって、かつての記憶をとどめた痕跡をいまも「仲田の森」で見ることができるのである。

この保存されたというよりは、偶然にも放置され現存してしまった数々の建物や基礎であるが、周辺が樹木などの緑で覆われていることもあり、不思議な景観を生み出している。蚕糸試験場時代、太陽光による光や熱を遮るために場内には並木が整備されていた。建物も自然もすべて人工的に操作された景観が広がっていたが、試験場の役割を終え、自然体験広場として新たな息吹を吹き込まれると、この人工的に整備された建物や自然を包み、消し去るように自然の緑が成長し始めたのである。結果として、人工的に植えられた緑は自然の緑と一体化し、ともに時間を歩んできたと思われた建物だけが時の置き去りになり、どこか「もののけ姫」のような景色が生まれている。

第1蚕室は建物がそのまま残っているもののひとつで、現在では「桑ハウス」の名称で呼ばれている。蚕室特有のつくりをしており、1階は鉄筋コンクリート造、2階は木造小屋組の二重構造になっている。部屋ごとに小さな穴が天井にあけられており、そこから桑の葉の上げ下げを行っていた。放置された状態のため傷んでいる部分も見られるが、当時の産業の様子を伝える建物として十分な価値を含んでいる近代建築だと言える。

第2蚕室は、基礎だけが残ったものであるが、現在の使われ方が非常にユニークである。子どもは遊びの天才とよく言われるが、子どもにとって目の前にあるものが何であったのかは関係なく、いかにその形態を利用するのかが重要なようである。残された基礎のかたちを使って、子どもたちは水を張ったプールをつくったり、大量の砂を撒いて砂場にしたりと、格好の遊び場として活用している。

他にいまでもその姿が見られる第6蚕室の建物は

「かっぱハウス」と呼ばれながら使用されている。また、基礎だけになってしまった庁舎や第５蚕室の場所は、緑がコンクリートを覆い尽くし、かつてこの場所に何があったのかも分からないような感覚を与えてくる。

インスタレーション

かつて第５蚕室があった場所を舞台にインスタレーションを実施した。緑に覆われたコンクリートの基礎は、ここに何かが存在していたことは告げているが、何であったのかも連想できないような、遠い過去の時の流れとなった古代遺跡のような姿をしている。残された場所の中でも、最も記憶の残響が聞こえない場所である。時間とともに風化されていく形象、それは道連れに場所の記憶をも消し去ろうとしている。蚕糸試験場という時間は、そう遠くない過去である。しかし、人々はその近さゆえに、忘れてもいいものとしている。歴史の重みとは、いまという瞬間から過去までの時間の長さではない。その場所、地域に流れる時間の中で、重みのある時間が存在し、その重みが歴史の価値をつくり出すのである。もしその時間がいまでも場所に刻まれているのだとすれば、それにふれてみることができるのではないだろうか。

場所が何を伝えるのか。その答えを探るため、残された基礎を無数の光で灯すこととした。プラスティックのコップを利用した無数のキャンドルを基礎の上に載せる。光によって浮かび上がってくる輪郭。さらに、和紙でつくった繭玉の中に光源を入れ、基礎の中にちりばめた。その光は、見るものに何を語りかけたのか。この場所が放つ記憶とは何か、その記憶を次の時間へとつなげていくためには、何が必要か。その解答に答えるためにも、即物的な歴史の価値ではなく、この場所にはどのような時間の重みが存在しているのかを考え、伝え、そして新たな場所をつくることへとつなげていきたい。

[Project Members]
根岸博之（発表者）、上村耕平、三本論里、鶴見秀俊、越前彰仁、仲原千晶、成岡絵美、佐藤和貴子、酒井 哲（Town Factory一級建築士事務所）、佐伯直俊（自然体験広場の緑を愛する会）、長野浩子（法政大学エコ地域デザイン研究所）、太田陽子（Town Factory一級建築士事務所）、大川正明（神楽坂建築塾）、森田敦子（神楽坂建築塾）

集合写真

安土城復元研究の一環として
—摠見寺再建プロジェクト—

University:
滋賀県立大学大学院
環境科学研究科　環境計画学専攻
布野修司研究室

概要
滋賀県の安土町に位置する安土城。織田信長が天下統一の拠点として築いた城である。近年、安土城では、発掘調査研究活動により、謎に包まれた安土城を解明しようとする動きがある。そんな中で、現摠見寺住職加藤氏の摠見寺再建に対する思いが強まり、滋賀県立大学の布野修司に相談を持ち掛けたところに、当プロジェクトの端を発する。摠見寺とは安土城築城とともに安土城境内に創建された寺院であり、同じく信長により計画されている。滋賀県立大学布野研究室では加藤住職の話を受け、再建の可能性を高めるため広報を行い、これを「安土城摠見寺学生競技設計」として全国の学生に再建案を募集した。布野研究室では事務局を担当すると共に、再建案を提出した。

01. コンペティション概要
学生競技設計では、復元を基本とし、信長ならこんな空間を構想・実現したに違いないという発見的・魅力的な再建案が求められた。

摠見寺に関する基本資料は、最近の発掘調査でわかった遺構についての資料と、信長時代のものではないため、あくまでも二次的な資料だが「近江国蒲生郡安土古城図」「摠見寺境内絵図」「近江名所図会」「摠見寺境内坪数並建物明細書」が全体の共通資料であった。

02. 再建案
提出された計10個の再建案は、それぞれに独特の視点をもって提案されたものであった。その中で、公開審査において、布野研究室の再建案「上総介ヲ宿ス」が最優秀賞に選定された。

再建案「上総介ヲ宿ス」は四つの視点「絶対神」「長寿寺」「金閣寺」「南蛮文化」をもとに計画した。現在残る遺構をもとに復元し、そして信長の思想を過去の事象と照らし合わせ再建した。

寛政3年10月摠見寺境内絵図（摠見寺蔵）

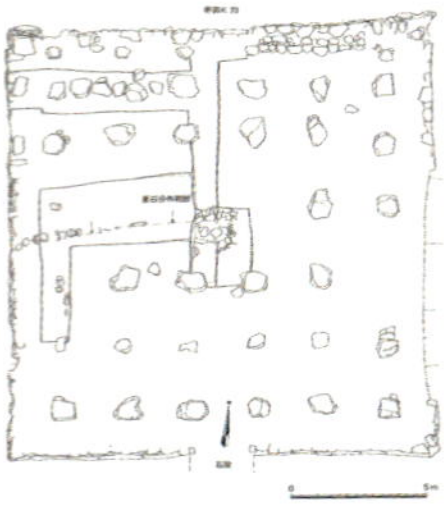

摠見寺本堂礎石跡平面図
出典引用＝『特別史跡安土城跡発掘調査報告6－旧摠見寺境内地及び周辺地の調査－』滋賀県教育委員会、1996年

公開審査会。奥から、布野修司、中谷礼仁、浅川滋男、渡辺豊和、加藤耕文（審査委員長）、山本泰宏、近藤 滋

安土城摠見寺再建案メインパース

織田家家紋

天道思想概念図

織田家家紋から生み出した天道思想概念図

長寿寺本堂

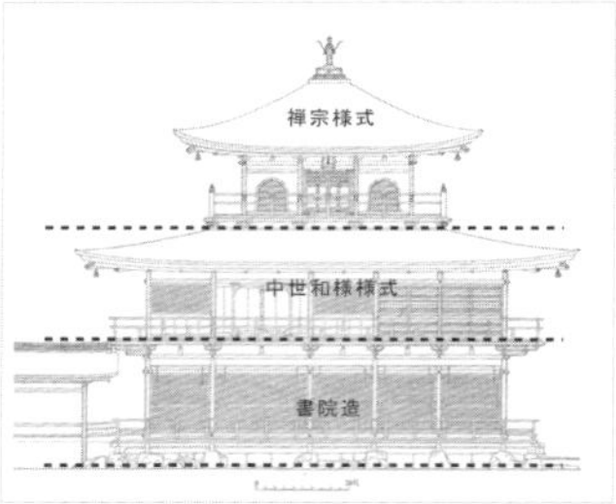

金閣寺の各階建築様式
『日本建築史基礎資料集成16 書院I』中央公論美術出版、1971年をもとに作成

再建案CG。正面から本堂を望む

視点1.絶対神

摠見寺の「摠見」は「総見」の書きかえ字で、「国中の群郷を総べる」という意味がある。一方で織田信長（1534～1582）は自らを「上総介」と名乗っていた。なぜ名乗ったのか定かではないが、摠見寺の“摠”には、同義語を含む上総介を当てはめたのではないか。

また、信長は、キリスト教をも内包した仏・儒・道・神教を総べる「天道思想」の宗教観を持って、天下統一しようとした。信長は、天道思想を体現したとされる安土城天主を構築したが、信長＝絶対神であることを万人に知らしめるためには、壮大かつ厳格な天守のみでは参拝させることは不可能であった。宗教を総合させた天道思想を持ってして自らの像を安置し、さらに万人を生誕祭に参拝させるためには摠見寺の建立が必要不可欠であったと考える。

視点2.長寿寺

摠見寺の境内には、仁王門、三重塔が現存しており、甲賀市にある長寿寺（創建年代：平安時代末期～鎌倉時代）から移築されたとされている。現在、摠見寺本堂の礎石跡は五間堂を示しており、長寿寺の本堂と寸法は異なるものの形式的には一致する。現存する建造物、長寿寺本堂ならびに礎石跡を総合すると、本堂は典型的な中世密教の建築であったことが推測できる。さらに、現在の建造物が移築されたものであるため、摠見寺本堂も同様に長寿寺あるいはその周辺の中世密教寺院の移築とする。

視点3.金閣寺

室町時代、儒仏不二・神仏唯一・三教一致の視座に基づいて「天道思想」が説かれた。室町幕府第3代将軍・足利義満（1358～1408）は、出家の際に自らの法王名として「天山道有」と名乗った。また、義満信長両者共に仏・道・儒教それぞれに師事者がおり、宗教観は極めて近いといえる。義満が実際に金閣寺（1397創建）に自らの像（観音像）を安置し、万人に絶対神と崇めさせた点でも、信長と合致する。

義満は金閣寺において、最上層を禅宗様式仏堂の形式として仏像を安置し、初層を住宅風、2層を和様仏堂風にした。このように異なった様式を各層に用いたことは、義満の宗教観を体現したものといえる。同様の宗教観を持つ信長も摠見寺において、移築した一階に対して二階閣では異なる様式を用いて新増築したと考える。

また、寸法体系では、摠見寺礎石跡の桁行寸法（12180.55mm）と金閣寺寸法（11698.83mm）はわずかな誤差しか生じていない。さらに、総見寺内陣と金閣寺最上階の梁行き寸法は共に5472.18mmで一致している。

視点4.南蛮文化

ポルトガル人、ルイス・フロイスは、1563年にキリスト教の布教活動のため、大航海を経て来日した。既存の仏教界のあり方に信長が辟易していたこともあり、フロイスはその信任を獲得して畿内での布教を許可され、互いの親交を深めていった。フロイスの著作「日本史」において信長は異教徒ながら終始好意的に描かれており、南蛮文化に強い関心を持っていたことがわかる。

摠見寺の建立時期と重なり、信長の庇護のもと献堂式をおこなった南蛮寺はイエズス会が京都布教の拠点として四条坊門姥柳町に建立した3階建ての聖堂である。南蛮寺を描く洛中洛外図はこの1例のみで、天正期にさかのぼる古例である。筆者は信長の画事をつとめた狩野宗秀（1551～1601年）である。描写された南蛮寺から各平面を読み解くと、一階は肘木の数から、およそ五間四面であるのがわかる。二階、三階はどちらも三間四面であり、さらに二階には半間分の回廊がある。五間堂ならびに閣を有する点で、摠見寺と合致する。さらに金閣寺三階の三間四面が南蛮寺において汎用されていたのがわかる。

また、信長はキリスト教に強い関心を示しながら、茶の湯を積極的に好んだ。同時代に描かれた詳細な南蛮屏風には上層部に十字架を持った茶室、その右にある建物にはキリストを拝む人々を確認できる。茶室には、金色、朱色、緑色、回廊床には市松文様が使われている。さらに信長の家臣であった柴田勝家が描いた信長像にも同様の三色が使われている。信長によって新築される二階部分でこのような装飾を積極的に好んで用いたと考える。

再建案

4つの視点より、本再建案は一層目を、礎石や現存するその他の建造物から中世密教寺院の移築とし、その上に義満との宗教観の一致、南蛮寺の存在から様式の

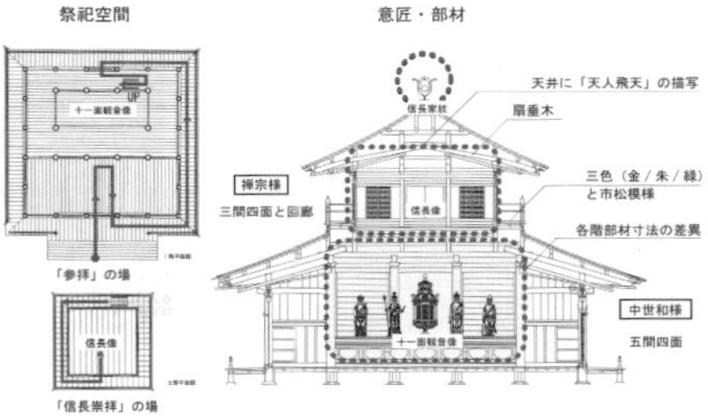

絶対神の空間を象徴する意匠構成

異なる三間閣を新たに建造した。装飾においては、信長の関心、文化的時代背景から南蛮装飾を用いた。

03.まとめ

摠見寺再建プロジェクトは、もっとも摠見寺再建を目指すものであるが、実際には文化庁の指導や資金確保など実現を取り巻く問題は多く、また一方で摠見寺自体の認知度の低さも問題として挙げられる。その中で当プロジェクトは、摠見寺に対するより広い関心を集める作業の先駆けとなる動きであった。また、今回の摠見寺再建コンペティションでは、参加チーム各々にオリジナリティ溢れる多様なアイデアが提出された。結果的に、復元形態において決定的な歴史的整合性を求める中でも、歴史解釈の次第で如何に復元形態が異なるかという「歴史的建造物の復元設計」が孕む普遍的な性格を示すことができた。さらに、その復元形態は、現代において如何様に信長（歴史）が認識されているかという潜在的な歴史意識の在りようが表象されたものであった点でも意義深いものであった。

[Project Members]
飯田敏史、外池実咲、中島佳一（発表者）、山田 愛、
若松堅太郎、渡辺光一郎

バーチャル環境を利用した歴史的建造物復原支援の一手法の提案

University:
芝浦工業大学大学院
工学研究科　建設工学専攻
伊藤洋子研究室

第一章　研究の背景と目的

近年、歴史的建造物の復原が盛んに行われるようになってきた。復原に際しては、歴史資料及び建築部材痕跡の調査を行うが、それらから復原案を決定できる部分と決定しきれない部分が存在する。後者には設計者のデザインの余地が生まれ、これまではその恣意的な決定に頼って来ざるを得なかった。

　このデザインの余地に対し、別の手法による、公正かつ地域住民の期待にも応えられる新たな方式が考えられないだろうか。本研究では、復原後の建築の姿をイメージしやすく、当時の姿や複数の復原案を比較しながら議論することが可能であることから、バーチャル環境を利用して復原案の決定を支援することにした。この試みを通じて、文化的価値の高い建物の、より現代へ受け入れられるかたちでの保存・活用を目指し、歴史的建造物の復原支援手法を構築・検討する。

図1　旧鶴川座当初外観

第二章　旧鶴川座

2.1　施設概要

旧鶴川座は、川越市に現存する明治33年開座の木造芝居小屋である。度重なる改築によって、当初の面影（図1）を見ることは困難であるが、現在復原プロジェクトが

	空間1	空間2	空間3	空間4
A：正面の小壁	木材	塗り・布	塗り・布	塗り・布
B：外側の壁面	木材	木材	塗り・布	塗り・布
C：2階席の前面	木材	木材	木材	塗り・布
D：舞台とその前面	木材	木材	木材	木材

表1　鶴川座空間の検討箇所及び材料の組合せ

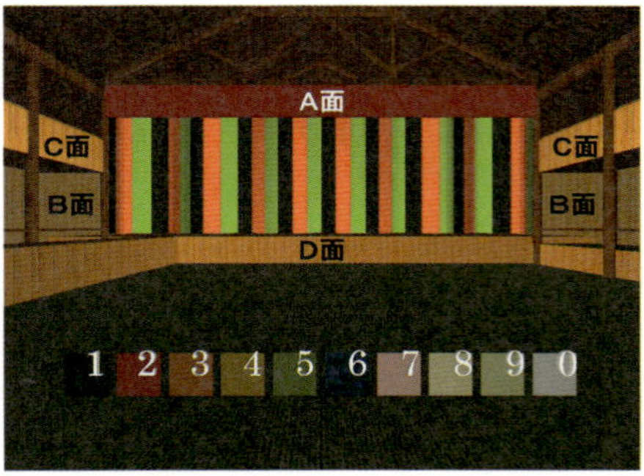

図2　旧鶴川座実験空間の例

木材系			塗り・布系					
0	黒色		5	黒色		10	濃い青	
1	アメ色		6	濃い赤		11	薄い赤	
2	黄色		7	濃い橙		12	薄い黄	
3	無垢		8	濃い黄		13	薄い黄緑	
4	古色		9	濃い黄緑		14	白	

表2　鶴川座実験で使用する候補

進行中の建物である。

2.2　実験の前提・目的

痕跡調査に参加し作成した実測図面と、伝統技法研究会による調査結果を元に、復原3Dを立ち上げた。また、復原関係者の方に、材料等の制限を伺うとともに、実際の芝居小屋の修理状況を調査し、壁の材料及びその色を評価対象に決定した。

この両者を合わせて、鶴川座をバーチャル環境でシミュレートし、劇場空間において幕が上がる前の期待感を示す「わくわく」をキーワードに、鶴川座に相応しい内装材の組合せを検討する。実験では、被験者は大型スクリーンに投影した空間内を、偏光メガネを装着して見ることで空間を立体視することができ、没入感を得られる。

2.3 印象評価実験

空間内の壁面をA正面の小壁、B外側の壁、C2階席前面、D舞台とその前面に分け（図2）、4種類の空間の材料の組合せを表1に示すように設定した。

壁面の各材料には、多数の色の候補から使用される可能性のある色を複数用意した。木材は、黒、アメ色、黄色、無垢材の色、古色の5色とした。塗り・布系は、黒、灰色、白の他、塗り材を想定した薄く明るい色を4色、日本の伝統色を想定した濃く暗い色を6色、計10色とした（表2）。実験の手順を以下に示す。

(1) 図2に示すような空間と材料の色の候補一覧を提示し、壁の材料の色を選択してもらう。これを壁面4箇所について順に実施する。この際、既に選んだ箇所の再選択も可能とする。

(2) 色を選択した際に重視した点に関し、表3の各項目について複数回答のアンケートを実施する。ここまでを4種類の空間について順に実施する。

(3) 色を決定した4つの空間を再提示し、それらの中で最もわくわくする空間とその理由を回答してもらう。

2.4 結果と考察

被験者は、10～50代の男女56名とした。

1) 色彩選択傾向

各面で1、2番目に選ばれた色彩と割合を表4に示す。

2) アンケートの回答状況

印象では「落ち着き」、色調では「統一感」「メリハリ」が重視され、選択の基準となるのは幕やステージといった舞台周りであることがわかった。わくわく感では空間2が支持された。

項目	選択肢
色調	明るい色にした，暗い色にした，メリハリをつけた，統一感を出した，その他（自由記述）
印象	落ち着き，高級感のある，集中できる，期待感のある，馴染みのある，非日常的な，その他（自由記述）
基準箇所	正面の小壁，外側の壁，2階席の前の壁，ステージ，花道，トラス，柱，幕，畳，その他（自由記述）

表3　鶴川座実験アンケート項目

		A正面小壁		B外側壁面		C2階席前面		D舞台
		木材	塗り布	木材	塗り布	木材	塗り布	木材
1番目	色							
	割合	36%	29%	34%	24%	38%	29%	29%
2番目	色							
	割合	21%	20%	28%	21%	27%	20%	27%

表4　鶴川座空間で多く選択された色彩とその割合

図3　大正蔵実験空間の例

石材系	芦野石	安山岩	小松石A	小松石B	多胡石	御影A	牡丹石	三和土A	三和土B
木材	黒色	アメ色	黄色	無垢	古色	—	—	—	—
無地系	Bk	d2	d6	d8	d10	d14	d24	ltg6	ltg10
土壁	土壁2	土壁3	土壁4	土壁5	土壁6	土壁7	—	—	—

表5　大正蔵実験で使用する候補

3) 印象別色彩選択傾向

「落ち着き」「集中できる」を重視した人の選択には似た傾向が見られ、全ての検討箇所で古色の割合が高まった。塗り・布系でも明るい色の割合が減り、暗い色が好まれるようになった。

「高揚感」を重視した選択では、どちらの材料でも明るい色が多く選ばれた。これは「期待感」選択者でも同じ傾向が見られ、特にこの項目では、塗り・布系で、ほとんどの検討箇所で濃い赤色の割合の増加が見られた。

2.5 分析を踏まえた一提案

以上を踏まえて内装材とその色の選定を行なった。わくわく感において最も支持された空間2の材料の組合せから、B面には落ち着き・統一感を理由に支持された古色、C･D面は、同色を選択する人が多かったことと、自由記述欄に「舞台を際立たせた」という回答が多かったことから明るい黄色、A面には、高揚感を演出する明るい色みから、特に期待感を理由に支持された濃い赤色を用いた内装を提案とする。

第三章　鏡山酒造大正蔵

3.1 施設概要

川越市に現存する鏡山酒造の貯蔵作業場にあたる建物であり、典型的な酒蔵の構成をとる。再生活用プロジェクトが進行中で、外装は改修済みだが、内装はほぼ手付かずの状態である。

3.2 実験の前提・目的

実験は鏡山酒造内で実施し、被験者を地域住民及び復原関係者、来訪者に限定する。また、大正蔵が落ち着いた時間を過ごせる空間となるよう、期待される印象として「ゆったり」を想定し、それに相応しい内装を探る。

3.3 印象評価実験

大正蔵をシミュレートした実験空間を図3のように構築した。空間内を、A床面、Bステージ、C壁面、D腰壁に分け、それぞれ材料の組合せを表6のように設定し、空間1～3とした。各面の候補の素材及び色彩は、史実として可能性のあるもののみを抽出し、床面では、芦野石、安山岩、小松石、多胡石、牡丹石、三和土から9色、土壁では、白系、灰色系、ベージュ系、緑系、黄色系、赤系の6色、木材では黒色、アメ色、黄色、無垢、古色の5色、無地系ではPCCSカラーリストよりdトーンから7色、ltgトーンから2色の9色、腰壁は黒色、古色の2色とした(表5)。

実験システム・手順は、鶴川座とほぼ同様とする。空間ごとに行うアンケート項目を表7に示す。また、全空間の選択が終わった後に、最もゆったりする空間と、その理由を質問する。

3.4 結果と考察

実験は10～70代の男女60名を対象として実施した。

1) 色彩選択傾向

各面で1、2番目に選ばれた色彩と割合を表8に示す。

2) アンケートの回答状況

印象では「落ち着き」「やわらかい」、色調では「明るい色」「統一感」が重視され、選択の基準となるのはステージや床面であった。ゆったり感ではステージが木材の空間が好まれた。

3) 印象別色彩選択傾向

「落ち着き」「やわらかい」を重視した選択では似た傾向が見られ、床面で芦野石・三和土Aのベージュ系の色の選択が増加した。ステージの木材系では黄色が増加し、特に「やわらかい」選択者で顕著であった。壁面ではベージュ系の土壁が好まれた。

	床面	ステージ	壁面	
			上部	腰壁
空間1	石材系	木材系	土壁	木材系
空間2	石材系	木材系	土壁	—
空間3	石材系	無地系	土壁	木材系

表6　大正蔵空間の検討箇所及び材料の組合せ

項目	選択肢
色調	明るい色にした, 暗い色にした, 統一感を出した, メリハリをつけた, 淡い色にした, 濃い色にした, アースカラーとした, あたたかい色にした, つめたい色にした, その他(自由記述)
印象	落ち着きのある, 和風な, やわらかい, かたい, 懐かしい, 高級感のある, 地味な, 馴染みのある, その他(自由記述)
基準箇所	ステージ, 床, 土壁, 腰壁, 当初材, 補強材, 小屋組, その他(自由記述)

表7　大正蔵実験アンケート項目

		A床面	Bステージ		C壁面	D腰壁
		石材	木材	無地	土壁	木材
1番目	色	三和土A	黄色	d2(濃い赤)	黄色系	古色
	割合	22%	31%	28%	23%	65%
2番目	色	芦野石	古色	d6(橙)/d8(濃い黄)	ベージュ系	黒色
	割合	16%	22%	13%	20%	35%

表8　大正蔵空間で多く選択された色彩とその割合

4）被験者属性別の傾向

分析は、性別、年代別、鏡山酒造の認知別に行なった。年代を例に挙げると、若年の被験者が比較的暗い色調を重視し、色彩選択においても暗い色を選択する割合が高いのに対し、中高年の被験者は明るい色調を好み、やわらかさを重視する。さらに、若年の被験者が選択の基準とするのは床・ステージがほぼ同率であるのに対し、中高年の被験者は圧倒的に床面を基準とする。

また、色彩選択に関しては、大正蔵の認知別の分析でも同様の結果が得られた。自由記述欄の回答から、現状の空間が非常に暗いため、それを知っている被験者は、強い改善要求を持っていることが要因と読み取れる。

3.5　分析を踏まえた一提案

ここでの提案は、全被験者の傾向分析から行なった。床面は、「最もゆったりする空間」に選んだ空間の選択傾向から、全ての空間で増加していた三和土Ａを選定した。ステージは、同じくゆったりする空間の選択で好まれた木材系から黄色を選択した。黄色は「やわらかい」「明るい」といった特に重視された項目で増加していた色彩である。壁面には、3.4の2）で記述した重要な項目と「あたたかい」の５項目で増加していたベージュ系の土壁を選定した。腰壁は、腰壁のない空間が支持されたが「統一感」「あたたかい」を理由に古色が好まれた。

終章　結論と展望

本研究では、これまで復原設計者の恣意的な判断に頼って決定されてきた部分に、複数意見によるアプローチが可能な復原案決定支援システムを構築した。今回対象とした旧鶴川座、鏡山酒造大正蔵においては、バーチャル環境を用いた印象評価を通じて、求められる印象や相応しい色調を明らかにし、内装の提案ができた。歴史的建造物の復原には、復原後のイメージがわかり、複数の人の判断を通じて様々な可能性を事前に検討できるシステムの利用が有用であると考えられる。

また、被験者属性別の分析から、重視する要素や色彩の選択傾向の違いを明らかにすることができた。今後は、属性による差異を考慮した公平な提案に向けて、被験者選択や分析手法の検討を行うことで、よりシステムの有効性が高まるといえる。

[Project Members]
伊藤洋子(建築工学科教授)、大倉典子(情報工学科教授)、伊藤真琴(発表者／伊藤洋子研究室／2009年度修士課程修了)、三重野はるひ(伊藤洋子研究室／2008年度学部卒)、藤沼誉英(大倉典子研究室／2008年度学部卒)、飛田渉(伊藤洋子研究室／2009年度学部卒)、村井秀聡(大倉典子研究室／2010年度修士課程修了予定)

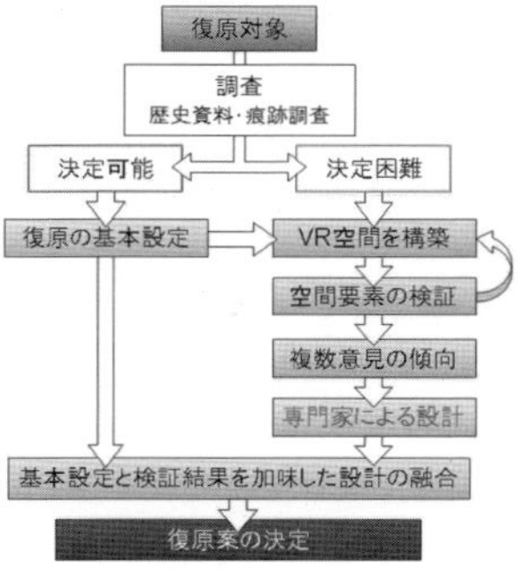

図４　本研究で提案する復元案決定フロー

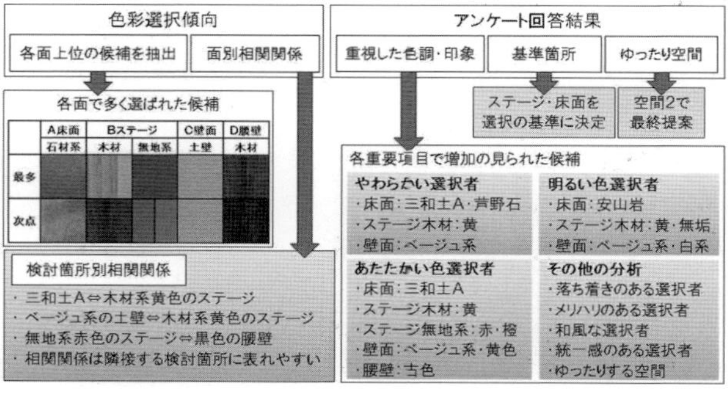

図５　大正蔵実験の分析の流れとまとめ

石川県輪島市における土蔵修復再生を軸とした震災復興まちづくり

University:
早稲田大学大学院
創造理工学研究科　建築学専攻
入江正之研究室

1. プロジェクト概要

能登輪島には漆器の文化・歴史があり、「塗師蔵」と呼ばれる土蔵が多数存在する。

これらは2007年3月に発生した能登半島地震で甚大な被害を受け、輪島市内全体で500棟もの土蔵が解体された。

このような動向を悲観し、土蔵の修復・再生を支援する団体(NPO法人輪島土蔵文化研究会)が被災直後より組織された。

現在までに3棟の土蔵が修復され、左官職や地域住民、ボランティアとの協働による地域への波及効果も狙いとし活動が行われた。

今後は2棟の修復が計画され、私たち早稲田大学学生は、そのうちの1棟(N邸／地域食堂として修復予定)の改修設計と、修復材料の工学的調査に参加している。今回の発表では、地震直後からの活動全体の概略を述べることとする。

[Project Members]
人見将敏(発表者)、山田宮土理、曽我崇弘

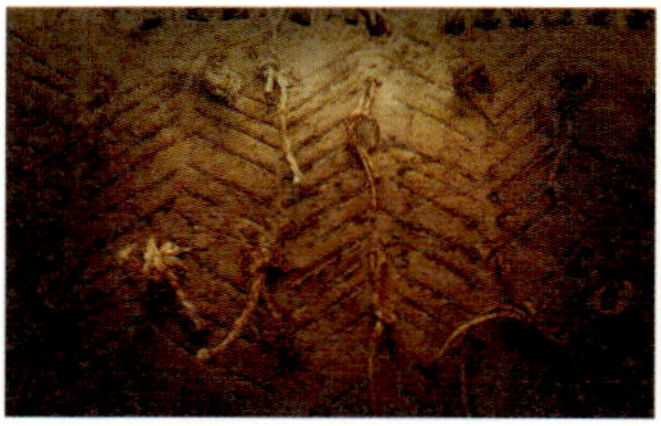

1　土壁表面

2　作業風景(土付け時)

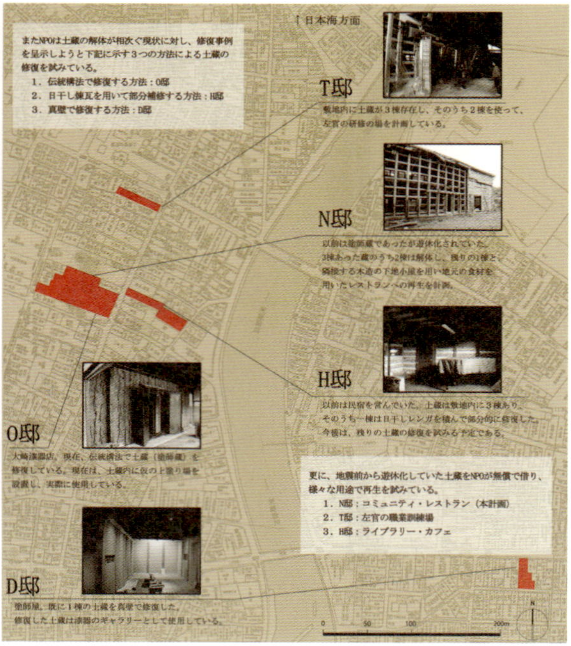

3　修復土蔵配置図

2. 活動の推移

1年目
2007年3月～
2008年3月
被害調査
初期修復

地震被害の様子

被害調査1

被害調査2

調査報告

初期提案ワークショップ

O邸作業風景（土付け時）

O邸完成途中の様子

H邸作業風景
（レンガブロック作成時）

H邸完成時の様子

D邸作業風景（小舞かき時）

D邸完成時の様子

2年目
2008年3月～
2009年3月
大規模修復の開始
修復後の使用開始

T邸作業風景（小舞かき時）

地域の祭りとの連動

O邸作業風景（大直し時）

O邸作業風景（樽巻き時）

H邸でのコンサート開催

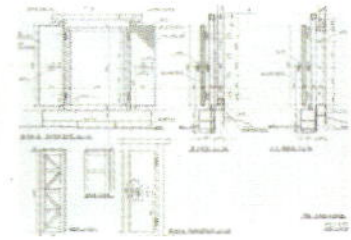
N邸実測詳細図

N邸設計提案

3年目
2009年3月～
2010年3月
継続的修復
活動の発展

T邸作業風景（土付け時）1

T邸作業風景（土付け時）2

シンポジウム開催

N邸作業風景（版築壁作成時）

N邸作業風景（小舞かき時）

3. 修復に向けた問題点／修復方法

輪島における土蔵の問題点

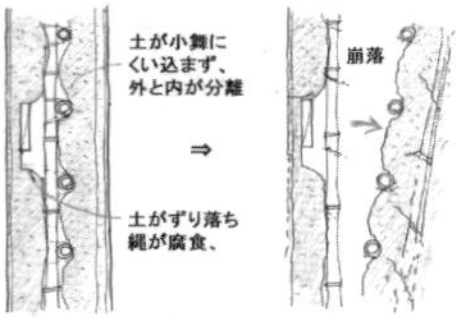

被災土蔵壁断面スケッチ
（外壁と内壁の分離）

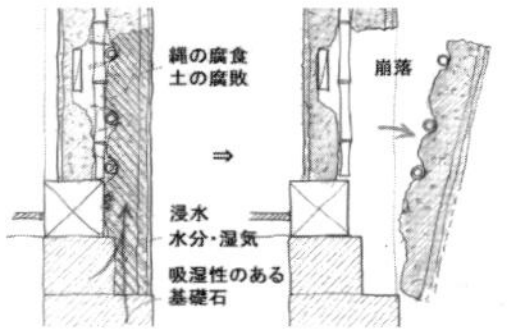

被災土蔵壁断面スケッチ
（基礎周りの問題）

調査現場風景

H邸　日干しレンガによる部分補修

作業風景

修復後（音楽室への転用）

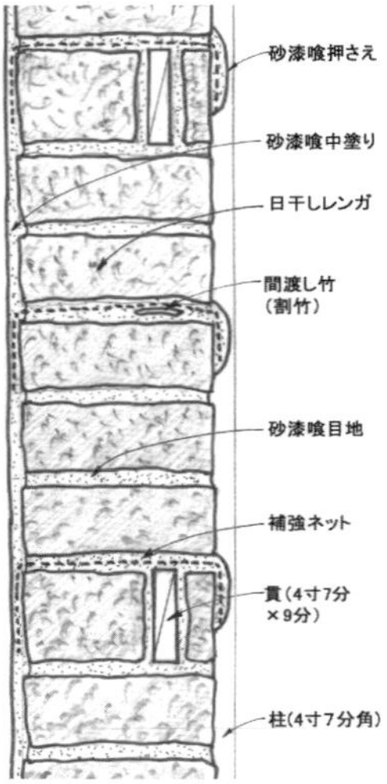

断面詳細図スケッチ

O邸　伝統的な厚みのある土壁

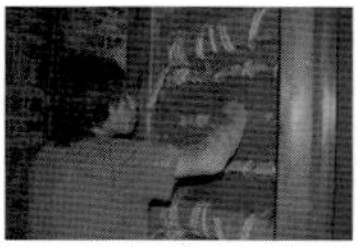

作業風景

修復途中段階

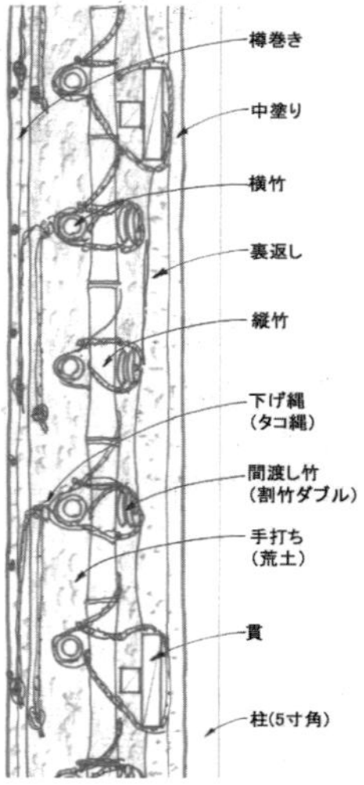

断面詳細図スケッチ

D邸　薄い真壁による土壁

作業風景

修復後（ギャラリーへの転用）

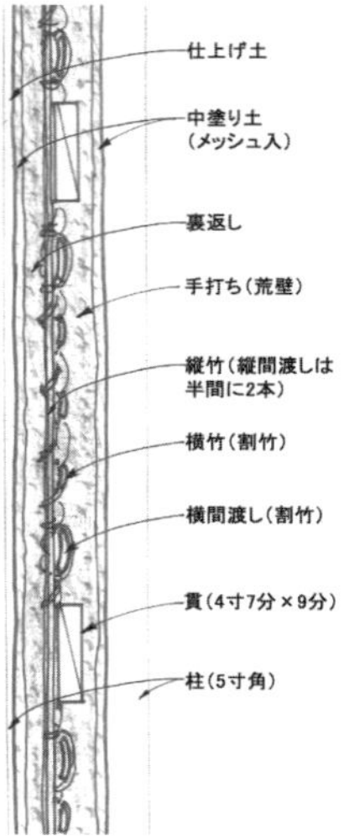

断面詳細図スケッチ

4. 修復予定の２棟

T邸

T邸

現状

T邸の土蔵は現在、３棟連続した土蔵が木造組の小屋の屋内に覆われた状態になっている。このうち２棟をNPO法人が譲り受け改修することとなった。調査をした結果、２棟の土蔵は地震被害にあったものの構造体はしっかりしていたため、特に補強は入れずに構造体のみを残した。構造体のみ残された土蔵は現在写真のようになっている。

改修計画

左官技術の修得方法は今でも実体験と口伝によるものであり、その伝承が難しい。そこで２棟の土蔵と木造小屋の外にある庭を用いて、左官職人を目指す若者の為の訓練所へと転用する。既存の構造体をほとんどそのまま用い、現在小舞かきや手打ちといった作業が進められている。

室内奥より全景

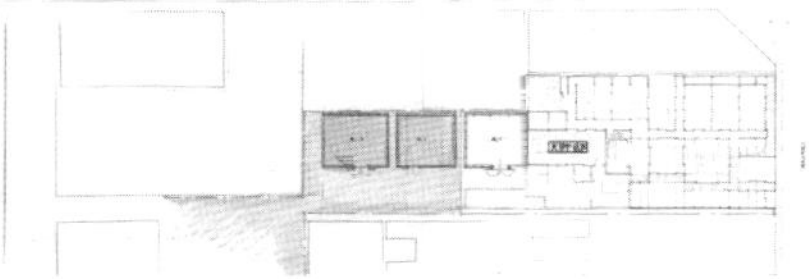

平面図

作業風景１
（小舞かき）

作業風景２
（土付け、蔵の外より）

作業風景３
（土付け、蔵の中より）

N邸

N邸

現状

３棟あった土蔵のうち被害の大きかった２棟は解体を余儀なくされ、修復不可能と判断された土蔵は土壁を落とし構造のみを残した。昔サヤに覆われて湿気がたまりやすかった北側の柱・貫はほとんど腐り、そのまま利用できる状態ではない。２棟の土蔵を解体したことにより広々とした庭空間が生まれ、修復予定の蔵の通気性も確保された。

改修計画

漆器が土蔵を仕事場としての蔵にし、土蔵が漆器にとって最適な環境を生みだした。漆塗りと土蔵が相互に関係し輪島の文化をつくり上げてきたことに着目し、地域の豊かな食材を用い、地域の人々や観光に来る人々に向けた食空間へと転用する。

改修予定図１（庭部分パース）

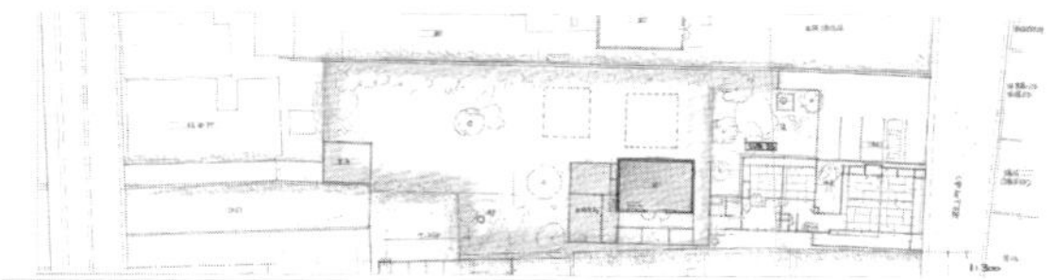

平面図

改修予定図２
（断面図）

改修予定図３
（作業風景）

スタジオトーク2

コメンテーター:青井哲人

青井哲人(以下、青井):これまで僕は、基本的には研究というスタンスで、いろいろなことをやってきましたが、そのひとつに『彰化一九〇六年』(編集出版組織体アセテート)という本にまとめた研究があります。日本の植民地政府の都市改造によって暴力的に切り刻まれた台湾の都市が、その後どのように再生したのかに着目したものです。

今日、地震を扱った研究がひとつ出ていますが、僕は戦災や災害というのは、都市や建築の潜在的にもっているメカニズムというか動き方をあぶり出す、可能性に満ちたチャンスなのではないかと思っています。傷つくと、都市は生き物ですから自分を治そうとする。つまり、人間を使って都市は自己修復しようとするわけです。これまでメタボリズムとか、いろいろなことが言われてきましたが、実は都市や建物の動的な性質をうまく捉え切れていなかったのではないかと思うんです。僕は、都市とは小さなものがざわざわとうごめきながら成長していくものだと考えています。ですから戦災や災害に注目することで、都市のダイナミズム——生き物のような都市の姿をあぶり出したいし、都市というものが小さい粒状の単位をもとにして、ざわざわとうごめきながらダイナミックに自分を形成する、そのメカニズムを知りたい。その上で、歴史や時間を貫いて残っていくものとは何か、ということもあわせて考えたい。そういうことをやらないと、日本の都市のダイナミズムと持続といったことを理解できないのじゃないかと思っています。

実は、今日の４作品も、過去、記憶、歴史、あるいは本質的その持続がキーワードになっているものを選びました。そのあたりを、議論できればと思っています。

「復元」と「現代」をどう捉えるのか

青井：「安土城復元研究の一環として」(p.298) は、すでに失われている建物を、かなりの距離が生じた今日において、相当の構想力をもって復元するような試みだと思います。復元する際のモデルのひとつとした「長寿寺」は、僕も実際に見たことがありますが、和様といっても非常に柔らかくて穏やかな、平安の雰囲気を残した和様ですね。次に中世の禅宗様があり、さらにキリスト教文化のインパクトが入って……戦国時代までの日本の歴史において積み重なってきた、あらゆる互いに異質な原理を信長がすべて統合してみせる、そういうお寺として復元していますね。実際問題として、学生には非常にハードルが高いプロジェクトだったと思うのですが、どうやって勉強したのでしょう。

中島佳一（布野修司研究室　以下、布野研）：お話があってからコンペの提出まで、約１年くらいでした。手がかりとなるのは、江戸時代以降に使われた絵図と、最近復元・発掘によって出てきた礎石です。その礎石から平面を読み取って、どういう様式の建物なのかを考えました。ただ２階部分をどう捉えるのかが問題でした。そこで信長の思想がどうだったのかを、南蛮文化への興味とか、金閣寺の思想につなげて考えました。

青井：そうした考えの道筋みたいなものも最初はたぶん分からなかったと思うんですよ。どういう文脈を想定すれば、どういう素材をもってこられるかということ自体、一からの勉強だっただろうと感じました。ほかの案で印象に残ったものはありましたか？

中島（布野研）：復元を前提としつつ、提出案はふたつに分けられると思います。僕たちのように資料に基づいて復元に力を入れた案と、再建部分に自分なりの考えを入れて現代的にした案です。後者だと、日本建築として組み物のよさを活かすような設計もありました。

青井：つまり最初から現代建築として設計した提案も、ずいぶん見られたわけですね。今回のプロジェクトは、研究室として「復元案」をつくったという側面と、より大きな視野で、今後、安土城を含む山の斜面にはりついているコンプレックス全体をどうしていくか、という側面があるように思います。それも含めて、審査でどういう議論が行われ、それを学生がどう受け止めたのかという点をのちほど聞いてみたいと思います。

記憶の引き出し方

青井：先の中島さんの発表に対して、「バーチャル環境を利用した歴史的建造物復原支援の一手法の提案」(p.302) は、まちの中に身近に残っている建物をリノベーションやコンバージョンする際の設計手法を問うものです。そういった事業は近年増えていますから、かなり実践的に広く使えそうな話題だと思います。気になったのは、ヴァーチャルな映像を使うことによって、市民の集合的な記憶を引き出して復原に役立てるという話なのか、単に映像上の設計案に対する個々人の好みや印象を聞いて設計の具体的な決定に反映させようということなのかが、

よく分からなかったことです。そこを教えてください。

伊藤真琴（伊藤洋子研究室　以下、伊藤研）：復原する意義を作成するまでの段階では、地域住民の方の記憶が重要になると思います。そのうえで記憶のままに戻したいのか、記憶とは違う新しい印象を与えたいのかを判断したいと考えました。「大正蔵」においては、分析結果からすると、地域住民の方は今の印象をくつがえしたいという傾向が見られました。

青井：なるほど。一定程度の復原をしたうえで、さらに市民の意向を聞きながら新しい設計をしていく側面も含んでいるわけですね。そこでバーチャル技術を使って設計プロセスを開いていくというのは、ひとつの方向性としてあると思います。それからもうひとつのポイントは、内装を問題として取り上げたことです。これまで復原というと、躯体や構造の痕跡を拾って構築的な原理で詰めるというものでしたが、最終的に内装という領域が残る。それに内装というのは建築の設計からすると、ちょっと異質な領域に見える部分でもある。そこに光を当てているのがおもしろいと思いました。

左官技術を科学的に解明する

青井：さて、芝浦工大の伊藤さんのプロジェクトは、ある意味では躯体はすでにあって、それとは一定程度分離されたものとして内装の色や材料が選択でき、そこをどうやってプロセスとして開いていくかという提案でしたが、この「石川県輪島市における土蔵修復再生を軸とした震災復興まちづくり」（p.306）は、そういった意匠とか市民の意向といった問題とは関係がなくて、ほとんど物と技術の論理で徹底して合理的に推し進めている点が正統的モダニズムだと思いました。しかも、そこにはヴァナキュラーなものがきちんと入っている。技術という視点からすると、災害は一挙に技術をふるいに掛けるんですね。「ダメなものはダメ」という否応のないところがある。だから左官や土壁の技術を、科学的に究明して対抗していくのはひとつの可能性だと思います。一方ではおもしろかったのは、さまざまな発明的な再生手法ですね。とくに日干しレンガというのは日本ではあまりポピュラーではありませんが、そのアイデアはどこから出てきたのですか。

人見将敏（入江正之研究室　以下、入江研）：修復のアイデアは、左官職人の久住章さんという職人界のスーパースターみたいな方がほとんど考えたものです。活動当初はたくさんの人が参加していたので手分けする必要があったのと、あまりお金がないというのもあって、誰でもつくれるレンガとして採用しました。

青井：もうひとつ重要なのは制度の問題です。災害後、自治体は解体・撤去にばかり援助をつけます。台湾でも1999年に大きな地震があった時に、補助金がついたり軍隊が導入されて、瓦礫の撤去がものすごい勢いで進んで、みるみるうちに大事な建造物や村があっという間になくなるとういうことがあ

りました。確かに政府からみると、撤去しないと次のことが動かせないので、そこにお金と援助をつけるのだと思うのですが、このプロジェクトでも、どんなものが、どんなお金で解体されたかを押さえながら、それに対して再生の速度とか段階性といったことを打ち出すと、ポリティカルな運動性が出てくると思います。日干しレンガを使ったのはスピードの問題だという話がありましたが、おもしろい発想だと思いました。乾燥に時間のかかる土壁に対して、日干しレンガを用い、金網を使ってなまこ壁みたいに漆喰で押さえるディテールにも感心しました。

「残ってしまったもの」

青井:「仲田の森遺産発見プロジェクト」(p.294)は、今までの3つのプロジェクトがものをつくったり再生するのに対して、財政や制度の問題、行政の縦割というある意味では偶然の条件のなかで「残ってしまったもの」を扱っています。それを、再現するでもなく、復元するでもなく、残った痕跡の状態のまま、どう扱うかが主題になっていると思います。あの痕跡は今後どうなるんですか。

根岸博之(陣内秀信研究室　以下、陣内研):市としては、ここに新しくスポーツ施設か体育館をつくる予定らしく、この周辺は区画整理をしています。計画が進めば、すべて一掃されると思います。現状は、国も市役所も、曖昧な状況のまま、ここまできています。

青井:その曖昧さが絶妙な感じでモノを残しているんですね。しかも、放置されているけれど、ほったらかしではなくて、利用している。この布基礎を使ったプールで子供が遊んでいる姿なんて、ある意味では、インスタレーションのキャンドルよりも、ほんとに素敵です(笑)。

日本の産業は、本当にドラスティックに転換してしまったので、あちこちに産業遺産や近代化遺産が残っています。そうした膨大な数の産業遺産のストックをどうするのかという問題が、これから出てくると思います。それにも関連したプロジェクトだと思います。

プロジェクトにおける「現在」の位置づけとは?

青井:4つのプロジェクトについて発表が終わりました。それぞれ、ほかのプロジェクトに対して、まずは質問でもいいですし、批判でも意見でも何でもいいので出してもらいましょう。まずは強制的に、考える時間があったはずのトップバッターから順に(笑)、ほかのプロジェクトに対するコメントをしてください。

中島(布野研):芝浦工大さんに質問ですが、僕たちの復元研究の場合は、歴史的に確実性のある案じゃないと再建することは難しいのですが、芝浦工大さんのヴァーチャル環境を利用した方法では、復原に対してその建物と同時代にある建物を比較して復原するというようなプロセスはなかったのですか?

伊藤（伊藤研）：鶴川座は、ピンク映画を上映していたという歴史があります。今は床がコンクリート打ち放しだったりと、姿を変えてしまっているのですが、復原にむけての実測調査を踏まえつつ、どのように復原していくのかについては、一番多くの時間を割きました。

中島（布野研）：現実的に復原はするのですか？

伊藤（伊藤研）：川越市がこの復原プロジェクトを動かしているのですが、鶴川座を芝居小屋時代に戻そうと進めています。

中島（布野研）：摠見寺の場合は、再建ということで、実際に再建する建物が歴史的に整合性があるかということが問われると思うのですが、鶴川座の場合は、少しくらい整合性がなくとも、行政は承認するのですか。

伊藤（伊藤研）：摠見寺の再建とは、歴史的建造物としてのレベルが少し違っていて、鶴川座の場合は、当初の形態に戻すことが絶対的な価値ではなく、市民に開放し使ってもらうこと、観光の拠点として愛されることが重要だと考えています。

青井：摠見寺の場合は、強引にさまざまな物を束ねてゆく力をもっていただろう建造物を、一挙に500年遡って再現してみようというプロジェクトだと思います。そこには自ずと非常に大きな構築性が求められると思いますし、そこに現代に対する大きな衝撃というか魅力がある。鶴川座の場合は、戦後テレビが普及して、芝居小屋が映画館になり、そのうち映画館もポルノになって、さらにはストリップ劇場になって…というような全国のあちこちでみられる近過去の経緯を踏まえている。しかし、むしろそれが地域の生きた歴史過程であって、それを踏まえつつ、今後、地域の中でどうやって生きていくのかという非常にアクチュアルな問題がある。その点を、芝浦工大のプロジェクトは素直に捉えているのではないかと思いました。

伊藤（伊藤研）：早稲田大学の輪島の土壁の実験について質問です。私たちの研究でも、土壁は候補にあがっていました。土壁には色や構法がたくさんあって、その研究も進んでいて、たとえば川越の土壁だったら「この色」というのが決まっていたりもします。しかし、あまり土壁についての研究が進んでいないとおっしゃっていました。実際にはどうなのでしょうか。

鈴木 郁（早稲田大学大学院　輿石直幸研究室）：土壁についていろんな分野で研究が行われていますが、実際にどうつくるかに関しては職人さんの経験や勘によるものであり、学術的な研究は行われてきませんでした。私たちの研究室では、不慣れな職人さんにも役立つよう、実験をもとに土壁の調合などの基本的な考え方を整理することを行っています。

人見（入江研）：芝浦工大さんに質問です。鶴川座のプロジェクトでは、素材の色味について研究を進めていましたが、素材自身がもつ素材感というものもあると思います。今回の研究で使ったシステムでは、そういったものも表現することができるのでしょうか？

伊藤（伊藤研）：今回の研究では3Dプロジェクターと液晶シャッターメガネを使って、たとえば土壁のザラザラした粒状感が立体的に見えます。見ていただけないのが残念ですが、現実に近い感じを出せているのではないかと思います。

人見（入江研）：その液晶シャッターメガネというのは、特定の場所でしか使えないというのではなくて、普及しやすいものなのですか。

伊藤（伊藤研）：ポータブルで廉価なものなので、普及しやすいと思います。それに今までは、プロジェクターもスクリーンも特別なものを揃えなくてはいけなかったのですが、これは白い壁面があればどこにでも投影できるので、今後、評価されるのではないかと考えています。

根岸（陣内研）：中島さんと伊藤さんに質問です。おふたりのプロジェクトは僕達のプロジェクトとは違い、どちらも現代から見て、ある時代のものを復元・復原するという行為であると思います。それは歴史との対話につながると思うのですが、現代において「復元・復原」するという行為が、どういう意味をもつと考えていますか。また、それによって現代をどう解釈することになると思いますか。

中島（布野研）：現在の復元の研究は、今後の復元の動きへの影響が考えうれると思います。また摠見寺の住職からは、復元して観光拠点にしたいという意見がありました。これについてはどうかと思いますが、現代において復元を考えた時に、それもひとつの目的なのかなと思いました。

根岸（陣内研）：今、江戸城を復元しようという動きがありますが、日本の場合には、オリジナルに戻そうとする傾向が見られると思います。CGで復元してみて、それがそのままに建つと考えたとき、YesなのかNoなのか。

中島（布野研）：摠見寺に関して、僕はNoだと考えます。実際に復元するならば、オリジナルに近い形

で建つべきだと思っています。少ない資料の中で復元するのは整合性という面で怪しいのではないかと考えています。

青井：最終的に「絶対に正しい案」には到達できないわけで、その時に、現代にいる我々が、それをどのように引き受けるかという主体性の問題が出てくると思います。コンペという形式をとったのは、そのためだと思います。学生同士いろいろ議論はあったんですか?

川井（布野研）：復元にあまり価値を見出さず、インスタレーション的に空間を見せる行為自体に意味があると考えたチームもありましたが、僕らは、復元を前提に、信長が考えたことを提示する現代的な意味を求めていました。

青井：信長が考えたことを提示する現代的な意味とは?

川井（布野研）：住職の目的が観光拠点ということもありますが、信長というだけで、集客力がものすごくて、コンペをやると言った時も新聞社が何社も来たりしました。つまり人々に与える印象って変わる。でも、ちょっと上手く言えませんね……。

青井：実は、皆さんに聞きたいと思っていた質問がこれです。つまり過去を現代から切り離されたものとして、それに近づければいいと考えるのか、あるいはもっと積極的に現在を入れていくのか。いずれにせよ、それぞれのプロジェクトにおける「現在」の位置づけを聞いてみたい。たとえば摠見寺のプロジェクトなら最終的にはどこを目指しているのですか?

中島（布野研）：夢としては摠見寺の再建を目指していて、安土の都市全体を見ていきたいと思っています。いまは、このコンペを冊子にまとめています。摠見寺の住職さんと積極的にかかわって、コンペの内容を展示していきたいと思います。

青井：伊藤さんは?

伊藤（伊藤研）：歴史的な建造物は残していくことに価値はあると思うのですが、残していくだけではいつか消え入りそうな気がしています。やはり注目や関心を集めていかなければいけない。そういう意味では、観光拠点になることは決して悪いことじゃないと思います。また歴史的な建造物の復原（復元）というのは、結局、現代の人が考えて埋め合わせていくものだと思っています。だとすると、そこに建築を学んでいない人たちがかかわっていく機会がある。この研究がそういうきっかけになればいいと考えています。

青井：でも復原（復元）設計において、どこかで設計者の力が発揮されざるを得ないと思うんですが、どう考えていますか。

伊藤（伊藤研）：復原（復元）設計者が最終的な判断をするのは間違いないと思います。ただ、一般の人がどういう意見をもっているのかという知識があれば、違った結論が導き出されるかもしれない。そういうきっかけのツールになればいいなと思います。

青井：なるほど、最終的な判断に対してサポートする。今の時点では、色や素材といった要素に分解されたものを、「どっちがいいですか」と聞くかたちですね。それを躯体とか、使い方とか、周囲の条件とかと分離しない方法はないものかな。僕が今イメージしているのはパタンランゲージなんだけど。今後はそんなパッケージづくりがすごく大事になると思いました。

根岸（陣内研）：今回対象とした試験場についてどこまで関わるかは未知数です。ただ、それぞれの時代の中で、その場所のおもしろさを解釈しながら使ってきて、今があるわけで、それを紐解きながら、その場所がどうやって生成されてきたのかを知ることが僕たちの研究なのかと思っています。それをこの日野というエリアを対象に今後深めていきたい。願わくば、次に何かをつくるときに、場所の痕跡なり、特性なりをうまく引き継いで設計に結びつけたいと思います。

青井:なるほど。現代をどう捉えるかということに関わるのですが、過去をいかに扱うかということ自体は昔から行われてきたことです。これまで先人達がいろいろやってきた中で、自分たちがやってきたことはそれらとはどう違うのか、あるいはどう継承しているのか。自分たちがやってきたことの歴史的な位置づけをどう捉えているのか教えてください。

根岸(陣内研):昭和、とくに戦後以降という時代に対して、それを歴史と判断したというのが、私の研究室の傾向かもしれません。現代に直結すると同時に、すごく軽視されてきた部分も真剣に見ていこうと。たとえば、高度経済成長で市街地化されたけれども、そこでも場所をうまく読み取って住宅をつくっている例もかなりあります。そういったものを再評価することで、現代につながった歴史の解釈はできるのじゃないのかと思います。

青井:すべてが歴史というか、自分たちの現在をつくっている連なりであると。「歴史」という言葉は現代から切り離されて使われがちだけれども、「時間」という連続的でニュートラルな捉え方、「時間」がどう積もってきているかという捉え方に変わってきているといえるでしょうか。

根岸(陣内研):そう思います。

青井:それは非常におもしろい、大事な問題ですね。

人見(入江研):その場の人と建築家がつくっていく際には、やはりその地域の過去やオーラルヒストリーといったものを組み込まざるを得ないような気がしています。左官技術については、どの蔵も昔の技術をそのまま使ったわけではなく、改良された技術を用いています。伝統の技術でありながら、改良して現代に継承している。今回は輪島ですが、こうしたことがいろいろな場所で行われればいいと思っています。設計者がもっと職人さんの技術を知ったり、材料の研究者が職人技術の継承をサポートしながら、まちづくりとからめていきたい。僕らの研究室では、既存というものに着目して、そこからどう答えを引き出してデザインしていくかを続けています。その技術観みたいなものが僕らのオリジナリティかと考えています。

青井:あの日干しレンガのセンスは、発明的で戦略的です。今や左官技術はまさに内装屋になってしまっている、と聞いたことがあります。出来上がったコンクリートの躯体の上に塗るだけの職業におとしめられている、と。ケネス・フランプトンの『テクトニックカルチャー』という本があって、柱や梁といった線材を組み上げていくのが「テクトニクス」だとすると、ブロックや石組みなどを組み上げていく「ステレオトミー」という技術の系統がある。左官は日本のようなテクトニクス主体の地域においてステレオトミーがもち得る可能性とか、あるいは彫塑的な造形の可能性とか、そういう異質なものを担保していると思います。左官って、日本建築の中でマイナーに思われるかもしれませんが、実はとても大事な部分を担っているんです。そういったことを上手く再生できるとおもしろいのではないかと思いましたし、その感覚は今後すごく重要になるから、ぜひ考えつづけていってほしいと思います。

実行委員:最後に僕からも(笑)。東京藝術大学で建築保存修復を専攻しているのですが、常に建築の価値をどこに認めるかということと、建築の歴史をどうやってアウトプットするのかという課題に直面します。たとえば日本文化のアイデンティティを残していくという意味で「残す」というのは、目的としては正しいと思いますが、今日発表されたようなものに関しては、その価値をどこに認めるのか。「昔」と「今」という二元的な考え方じゃなくて、その途中で価値を認めるということもあると思うのです。そういったことも考えなくてはいけないし、それをどう発表するのかも含めつつ、歴史の研究に携わっている人こそ未来を考えなくてはいけないと感じました。

石山アートプロジェクト

University:
滋賀県立大学大学院
人間文化学研究科　生活文化学専攻
佐々木一泰研究室

石山アートプロジェクトは、滋賀県大津市石山商店街をフィールドに、ハンディキャップを持つ人、アーティスト、石山の地域住民のみなさんが集まり、石山でしかつくることのできないアートをつくることを目的としている。新たなハードを創出するのではなく、石山のアートを制作することで、つくるというコミュニケーションを視覚化し、また、石山を構成する要素を再発見している。

00. プロジェクトの概要

石山アートプロジェクトでは、プレを含めて全5回のワークショップ（以下、WSとする）を行い、石山のアートを制作した。作品づくりに参加できなかった方にも石山を再発見してもらう場として、商店街の空き店舗にギャラリースペースを設営し、これらの作品を展示した。

01. ワークショップの意義

a. 閉鎖型展示空間の実験
（積み木のWS・2009年10月10日）
石山アートプロジェクトで利用したスペースは、ファサードがガラス張りの空き店舗である。WSで積まれた積み木は、閉鎖型ギャラリーとして、ガラス越しに眺めてもらった。閉鎖型ギャラリーは常駐スタッフが不要なので、シャッター開閉の管理ができれば、まちの中のギャラリーとして気軽に利用できる。今回利用した空き店舗の前面道路は、商店街のメイン通りであり、石山駅へのアクセスに利用されている。地域住民の生活道路に面していることが閉鎖型ギャラリーの必要条件であると考えられる。

b. まちを知るためのスケッチ
（陶芸のWS・2009年10月24日）
お店プレート制作のために、WS参加者でお店の見学に行き、聞いた話や見つけたものをメモやスケッチに残した。さまざまな領域の参加者によって、それぞれの視点から商店街の日常を観察した。制作のプロセスを陶板に変換したことで、店の財産になり、記念碑的存在にもなる。

c. まちへ拡げるための方法
（布のWS・2009年11月14日）
コミュニケーション能力にハンディを持つ人は単純作業に従事する場合が多く、一点ものとしての価値がある「さをり織り」の制作は数少ない創造的な要素を含む仕事である。布のWSでは、さをり織りを糸に見立てて参加者で再び大きな布を織ることで、作業所での仕事を知る機会としてもらうと同時に、新たなさをり織りの活用を模索した。

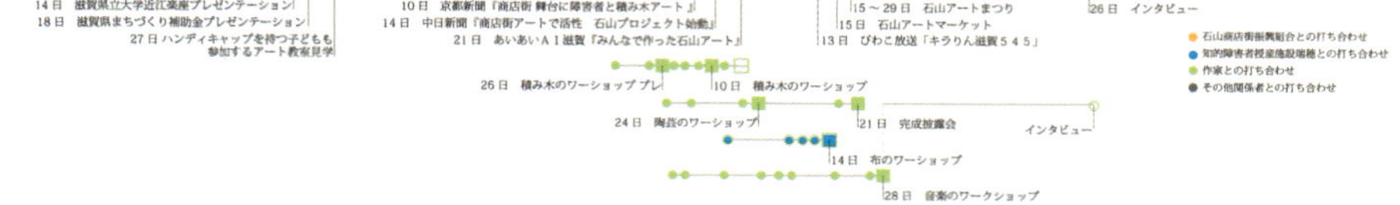

プロジェクトのスケジュール

また、この布に織り込む和紙には、商店街の方に店舗のシールやスタンプを自由にレイアウトしてもらった。素材の制作・WSの参加・事前準備の協力など、多様な参加方法を取り入れた。

d.不可視なものの保存
（音楽のWS・2009年11月28日）
前3回のWSは、視覚的なアプローチから石山のアートを制作した。さまざまな領域の人が参加できる方法の提案として、最終回のWSでは聴覚的なアプローチを試みた。石山の音楽のベースになる、店舗の音を作家とともにサンプリングした。商店街の方とともに店舗の音を探すことで、商店街の方の作品への関心を高めることもできた。WSでは参加者の名前を音で表現し、商店街の音に重ねて音楽を制作した。編集作業の時間には、保存した商店街の音でクイズをして聴覚から商店街を再発見してもらえるよう試みた。

全4回のWSでは、石山に暮らすさまざまな領域の人が交流し、つながるきっかけが生まれた。

布のWSで大きな布を織る様子

02. プロジェクトの考察

a. 緩やかな目的意識

このプロジェクトの企画・運営をした「いしアート」は「『ともにつくる』ことで、ハンディキャップを持つ人が創造的な余暇時間を過ごせる場をつくりたい」という思いを持っていた。そして、プロジェクトのフィールドである石山商店街の方は「『街の駅』を設置し、商店街の活性化を図り、ハンディキャップを持つ人が働く場としても『街の駅』を活用したい」と考えておられた。商店街とハンディキャップを持つ人との協働は、「ハンディキャップを持つ人が地域の中で働き、暮らすことができるようになれば」とWSに毎回参加してくださった知的障がい者授産施設 瑞穂の方の働きかけから生まれ、既に実現に向けて調整がはじまっていた。WSの講師として協力いただいた方々も、「新たなフィールドで作品をつくりたい」、「商店街の一員として商店街の活性化に協力したい」、「音楽で人と人とをつなぎたい」とその思いはそれぞれだった。WSの参加者は、「余暇時間を楽しみたい」といった思いから作品づくりに携わってくださった。石山アートプロジェクトはさまざまな領域の人が集まり、協働して実現したプロジェクトである。その目的が参加する人によって異なるのが、このプロジェクトの特徴である。

b. 様々な領域の参加者

近年、自分の暮らす地域のことを考えたり、知る機会としてまちづくりWSが数多く開催されるようになった。しかし、こうしたWSの参加者は地域活動に積極的な人や時間にも余裕のある人に限定されがちである。また、最終的にはまちづくりの方向性を決定するための合意形成が目的であることも多い。石山アートプロジェクトのWSは、さまざまな領域の人が参加しやすい方法を試行し、これまで異なった領域で暮らしていた人が集まれる場をつくることを重視した。

c. ワークショップ参加方法の多様性

石山のアート制作において、商店街の要素を作品に取り入れることをルールとした。WS開催時間は商店街の営業時間と重なることから、商店街の方の直接の参加は難しかった。そこで、事前準備の段階で作品づくりに

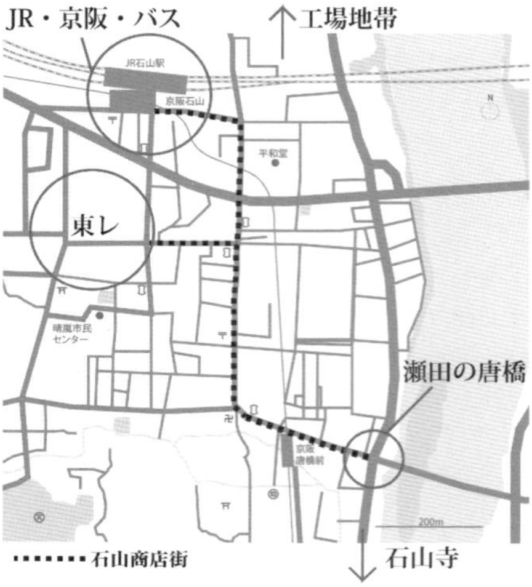

石山商店街周辺地図

積み木のWSでできあがったインスタレーション

陶芸のWSのお店見学の様子

協力していただいた。積み木のWSでは、スタッフが撮影した店舗の写真を積み木に貼り付け、陶芸のWSでは、参加者と協力店舗を観察してからお店プレートを制作した。布のWSでは、商店街の方に和紙にシールやスタンプを自由にレイアウトしてもらい、音楽のWSでは作家・商店街の方とともに音を探し、サンプリングした。

d. ストック利用の可能性

これまで携わったプロジェクトから、ハード面の整備は費用と時間の負担の割にはその活用が難しいと感じていた。そこで、石山のアート制作というソフト面からのアプローチを試みた。地域に既にある要素を再発見し、活用することでハードを整備しない空間づくりを目指した。

e. ワークショップの未確定要素

WSは最近主流になりつつある手法であることから、WSそのものの権利・そこで制作された作品の権利など、今後法的な整理が望まれる。

03. プロジェクトの今後

石山アートプロジェクトはまちを構成するヒト・モノ・コトをつなぎ、石山を再発見するためのツールであった。ギャラリーの初日には、商店街の方が企画してくださった石山アートマーケット(手作り品を中心としたフリーマーケット)が開催された。このイベントのように、今後は、再発見されたまちの要素を地域の人と協働して活用していくことが期待される。

また、都市や建築の専門家と住民が協働してまちを記録する手法としてのWSの可能性を感じている。今後は、WSの成果の活用方法も含めた提案をしたい。

[Project Members]
いしアート:
林 宏美(代表)、川村浩一(発表者)、近藤美乃里/指導教員:佐々木一泰、森川 稔/協力:石山商店街、知的障がい者授産施設 瑞穂、泉かおる(音楽のWS講師)、大林一哉(積み木のWS講師)、若山義和(陶芸のWS講師)、川本哲慎(写真・映像)、辻村耕司(写真)、辻村敏之(映像・編集)、伊藤晴香、嘉数有利恵、清水愛子、杉森香苗/協賛:滋賀県立大学 近江楽座、平成21年度滋賀県にぎわいのまちづくり総合支援事業費補助金

音楽のWSで自分の名前を音で表現している様子

ギャラリー 前の風景

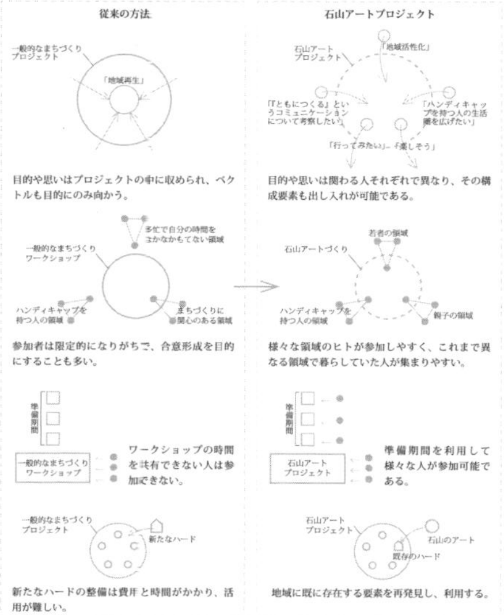

石山アートプロジェクトの特徴

都市と建築の こどもワークショップ

University:
法政大学大学院
工学研究科　建設工学専攻
陣内秀信研究室

2009年夏、東京都千代田区立麹町小学校の子どもを対象に、都市や建築を題材にしたワークショップを開催した。一連のワークショップは、独自の視点から子どもたちに都市や建築を身近なものとして捉えてもらおうという試みである。現代社会において、子どもの空間体験はどんどんと希薄になっている。豊かな空間文化を育てていくためには、子どものころからそれぞれの身体が持つ空間の感性を育んでいかなければならない。未来の都市をデザインする方法のひとつとして、教育という視点からのアプローチを試みる。

ふたつのワークショップ

本プロジェクトは、麹町小学校ワーク・わく・クラブの事業の一環で行われたものである。麹町小学校ワーク・わく・クラブは、学校が休日の土曜日などを利用して、学生や地域団体などが企画・実施を行う休日支援事業である。全体の運営は、数人の保護者によって組織されている麹町小学校ワーク・わく・クラブ応援団が行っている。ワークショップを実施するにあたって、小学校側との連携や全体のコーディネートを中田弾氏（NPO法人コドモ・ワカモノまちing副理事長）が、企画・運営を法政大学陣内研究室の学生が行った。

分身モノサシと集合写真

今回は、空間やものの大きさと身体との間に存在する寸法の関係性を自分の身体をかたどった「分身モノサシ」を使って体験していく「麹町小学校 測る―寸法～分身モノサシを使って小学校のヒミツを探ろう!～」と江戸時代の地図と現代の地図を重ね合わせながらフィールドワークを行い、東京の都市空間の中に潜む江戸時代からの歴史的な空間のつながりにふれていく「外濠まちあるき～地図を持って、ボートに乗って、まちの歴史を探し出そう～」のふたつのワークショップを開催した。それぞれ、建築的視点、都市的視点の内容となっている。

麹町小学校 測る―寸法 ～分身モノサシを使って小学校のヒミツを探ろう!～

「麹町小学校 測る―寸法～分身モノサシを使って小学校のヒミツを探ろう!～」は、空間を構成しているさまざまなものの寸法と人間の身体寸法との関係を理解することを目的としている。空間と人間の身体の大きさには、数値では表現することができない関係が存在している。その関係は、メートルを基準とする現在の空間設計においても適応されている。そこで子どもたちが普段生活をしている小学校を舞台に、分身モノサシというツールを使用し、身体寸法によって空間の大きさを把握するプログラムを実施する。なお、分身モノサシは、日本建築学会子ども教育事業委員会による「親と子の都市と建築講座」の中で開発されたツールである。

開催は、夏休みの期間を利用し、2009年8月22日(土)・23日(日)10:00～16:00の2日間にわたって行った。参加者は、麹町小学校の小学1～4年の11名と数名の保護者である。プログラムは参加者、スタッフを4つのグループに分け行っていく。なお本ワークショップは、ちよだボランティアセンターの協力により、夏のボランティアの受け入れイベントのひとつとなり、スタッフとして中学生、高校生も参加した。またスタッフとして日本大学や共立女子大学などの学生にも参加を呼び掛けている。

1日目は、段ボールを使って自分と同じ大きさの「分身モノサシ」を作成するところからスタートする。大きな段ボールの上に寝転がり、自分の身体の型をとる。そして、その型に切り、洋服や顔などを描いていく。これが、これから長さを測っていくための自分専用のモノサシになる。

Aグループ 図工室 理科室・理科準備室

Bグループ 5年2組教室

Cグループ 4年2組教室

Dグループ 体育館

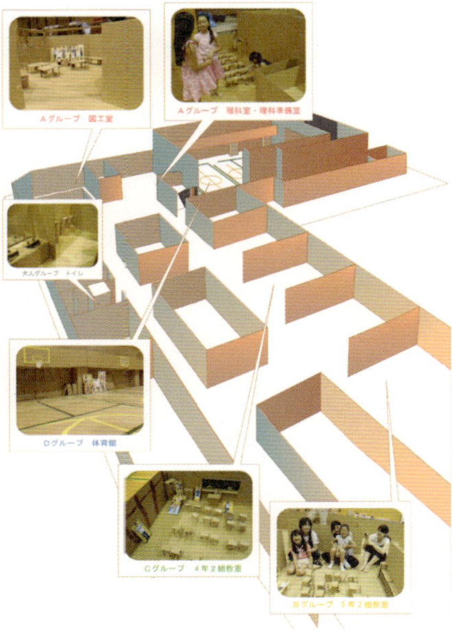

ふたつのグループ集合写真

オリジナル
模型づくり
制作
⑧画用紙などを使って、
好きなものをつくろう！
⑦出来上がった教室を
オリジナルアレンジ！
⑩タイトルを考えて、
みんなの前で発表する準備
⑨普段の教室にはないものが
いっぱいできた！
⑪グループごとに自分たちが
つくった模型について発表！
発表
D
C
B
A
体育館
“誕生日体育館”
4年2組教室
“軍隊入りのテーマパーク”
“お花の多い教室”
図工室　理科室・理科準備室
“カラフルな図工室とキラキラな理科室”

教室の模型をグループごとにアレンジ

「分身モノサシ」ができたら、麹町小学校の色々な寸法を測っていく。教室のドアの大きさ、いす、つくえ、黒板など普段身の回りにあるものに「分身モノサシ」を当てて、その長さが身体の長さとどんな関係にあるのかを調べていく。調べた寸法をもとに、1/5の模型をつくっていく。模型をつくる際には、1/5になった自分の全身写真が貼られた「ミニモノサシ」を使って、1/5のスケールに直してつくっていく。あらかじめ壁と床にて構成された小学校の模型を学生スタッフで準備し、その中に子どもたちは椅子や机などの模型をつくり、置いていく。グループごとに教室が指定されており、自分のグループの教室をつくっていく。

測る -寸法-

プロジェクトブック（表紙デザイン：氏家健太郎）

2日目は、前日の続きで学校の模型を完成させていく。目標として、模型の中の教室と実際の教室とでふたつの集合写真が撮れるように、模型の教室で足りないものは何かを考え、つくっていく。模型が完成したグループから、集合写真を撮っていく。その後、できあがった教室の模型にオリジナルのアレンジを加えていく。グループごとにテーマを決め、画用紙などの材料を使用し、教室を自分たちの好きなようにアレンジしていく。最後に、発表会を行い、2日間で自分たちがつくったものについて、それぞれ発表した。

ワークショップの模様は、プロジェクトブックとして編集し、発行した。

外濠まちあるき～地図を持って、ボートに乗って、まちの歴史を探し出そう～

西欧の都市とは違い、東京において歴史を目に見えるかたちで体感することは難しい。一見するとどこにも歴史がないように感じるが、東京には江戸時代につくられた都市構造がいまもなお継承されている。この歴史的な空間の文脈を感じとる感覚を身につけることは、東京という都市を魅力的に捉えるための絶対的な条件である。世界的にも類を見ないこの都市を読みとれる人が増えていくで、東京はよりよき都市の未来へと進んでいくはずである。そこで、子どもでも分かりやすく理解できるように、陣内研究室の都市を読む手法をワークショップ用に変換し、プログラムを開発した。

「外濠まちあるき～ 地図を持って、ボートに乗って、まちの歴史を探し出そう～」は、2009年9月19日(土)10:00 ～ 15:00に実施した。参加者は小学1～4年生の19人、保護者が9人であった。当日スタッフとして、日本大学の学生も参加した。

プログラムは、大きく分けて2つのセッションで構成されている。江戸時代の地図と現代の地図を重ねながら、麹町地域を散策していく「まちあるき」。外濠にてEボートと呼ばれる手漕ぎゴムボートに乗船する「Eボート体験」である。以上のプログラムをこなし、東京麹町の場所性にふれていく。なお、参加者全体を3グループに分け、グループごとに行動し、プログラムをこなしていく。

「まちあるき」では、全10のチェックポイントを回りながら、各チェックポイントで出されるクイズなどに答え、カードを集めていく。それぞれのチェックポイントでは、麹町地区の歴史的な変遷と都市の関係を理解するためのさまざまな視点が用意されている。例えば、地図を重ね合わせながら、ある場所が江戸時代どのようなところであったかや敷地割は変化したのかなどを見ていった。住宅街の部分では、江戸時代より受け継がれている「門+庭+建物」といった3つの構造によって形成されている「屋敷」について、実際に現存する空間構成を事例に見ながら、理解した。さらに、60間という計画的に敷かれた街区の特性や富士山への軸を基準としていることなどを体感する。

その後法政大学の校舎より、都市を俯瞰し、外濠にて「Eボート体験」をした。普段とは異なる視点から歴史的遺産外濠の魅力を感じていく。水辺の心地よさや、都市の中に広がる自然空間としての味わいをかみしめ、外濠の場所が持つ特徴を、身体を通して理解していく。

経験から感覚へ

特別な経験の積み重ねは、いつの間にか豊かな空間の感覚へとつながっていく。多くの偉人たちが、「その身を空間の中に置くことで建築は理解できる」と口をそろえて唱えたように、都市や建築は身体でもって体感しなければ、決して理解することはできない。その体験がいまの現代の人々にかけているのではないだろうか。市民参加やまちづくりなど、これからの時代もそうしたことが都市の命題になっていく。さらに、少子高齢化、人口減少などこれからの未来を考えれば、誰かではなく、ひとりひとりの感性の鋭さが、都市や建築の行く末を担うこととなっていくことは間違いないことである。今回行ったワークショップのプログラムを、ひとつの都市デザインの手法として提案していきたい。

地図を重ねて都市の歴史を読む

外濠にてEボート体験

[Project Members]
根岸博之(発表者)、氏家健太郎、高橋希望、吉田峰弘、西岡郁乃、久保智子、篠井満夫、松村佑美、中田 弾(NPO法人コドモ・ワカモノまちing)、日本大学の学生

東京都心部の歴史遺構 外濠におけるまちづかい ―SOTOBORI CANAL WONDERの活動―

University:
法政大学大学院
工学研究科　建設工学専攻
陣内秀信研究室

東京の都心部において豊かな自然環境を有する江戸城の遺構、外濠。

本プロジェクトは、外濠の歴史的価値を見出し、「まちづかい」によって、多くの人々が憩い、集う場を外濠に生み出そうという活動である。

豊かな自然を有する江戸城外濠

外濠ワークショップ・外濠名所図会

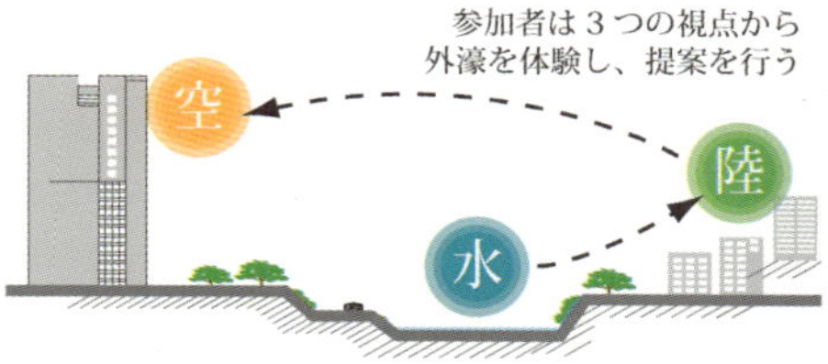

水上コンサート　奏

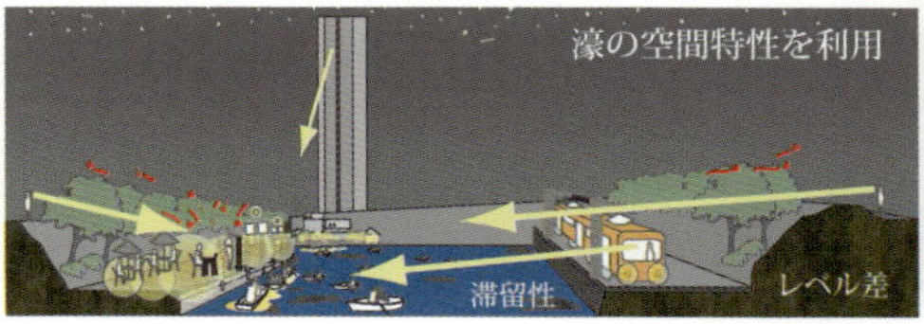

江戸城外濠再発見

外濠水質浄化活動

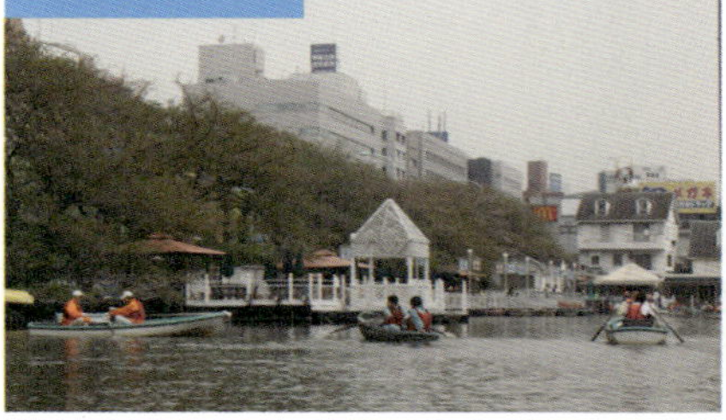

外濠マップ

江戸城外濠を活用したさまざまな企画

活動背景

持続可能な社会を考えた場合、まちの中にある魅力を再確認し、既存のまちを利用することでまちに賑わいを生み出すこと、すなわち「まちづかい」を考えていく必要があるのではないか。江戸時代、東京は水の都と呼ばれ、水辺は人々の賑わいの絶えることのない場であったが、近代化により多くの水辺は活用されなくなり、現在、それらの水辺は価値の再発見がなされておらず、その意味を失っている。東京都千代田区にある江戸城外濠は1636年、江戸城防衛を目的として人工的に造成された濠である。そこには東京の都心部とは思えないほどの豊かな自然環境が広がっており、大正末、昭和中期には、その環境を利用して遊興の場が設けられ、多くの人々に親しまれる場所として機能していた。このように空間としてのポテンシャルが高い江戸城外濠において「まちづかい」を実践することで、まちに賑わいを生み出す可能性を示すことが出来るのではないかと考え、活動を行ってきた。

江戸城外濠使用までの経緯

江戸城外濠は1956年の国史跡指定以来、自由利用ができなかった。法政大学には、法政大学大学院エコ地域デザイン研究所という機関があり、千代田区から「千代田学」という研究助成を受けていた。そこで、「千代田学」の一環として、江戸城外濠を調査、研究する目的で、許可申請を提出し、行政の許可を獲得した。その結果、江戸城外濠を活用した企画を歴史上初めて開催した。その後、学生団体SOTOBORI CANAL WONDER（以下、SCW）を発足し、千代田区の関係機関である財団法人まちみらい千代田の「千代田まちづくりサポート」に応募し、助成を受けた。その結果

活動対象地

遊興地として賑う江戸城外濠
出典:『法政大学の100年 1880-1980』法政大学

江戸城外濠俯瞰

2007年度
0512 『外濠ワークショップ』
0722 『奏―canal performance―』
0726 『外濠水質浄化活動』
0922 『となりの外濠』
1124 『学プロジェクトエキスポ2007』への出展
1201 『外濠再発見』
0300 『外濠歴史・外濠活動冊子』の発刊

2008年度
0411-0413 『オーガニックフェスタ』への出展
0418 『外濠水質浄化活動』
0518 『外濠名所図会を描く―外濠からのてがみ―』
0706 『第一回江戸城外濠再発見』
0724 『外濠水質浄化活動』
0727-0824 『水×水展』
0907 『第二回江戸城外濠再発見』
1019 『奏―音と濠の響宴―』
1026 『蘇れ！外濠2008』への協力
1102 『第三回江戸城外濠再発見』
1130 『東京の水辺空間シンポジウム』への出展
0307 『外濠マップ』の作成
0307 『外濠冊子』の発刊

2009年度
0715 『外濠水質浄化活動』
0725 『奏―今夜はジャズ濠―』
0919 『外濠まちあるき』
1027 『外濠水質浄化活動』

活動年表

千代田区との繋がりが生まれ、以後、SCW単独の許可申請で企画を実施することが出来るようになった。

活動の方針

活動は、1：江戸城外濠の歴史、自然環境、空間を多くの人々に伝える、2：「まちづかい」を通して江戸城外濠が遊興の場として有用であることを示す、3：神田川・日本橋川の上流であることを意識し、他団体と連携して水辺の魅力向上を行う、4：地域住民と協力し、江戸城外濠地域の活性化を行う、以上4つの観点に基づき、2007年から3年間に渡り行ってきた。

「外濠ワークショップ・外濠名所図会」

—外濠の可能性について話し合い、提案する—

江戸城外濠の魅力や問題点をフィールドワークを通じて探り、今後の外濠の活用可能性について考えていくことを目的としたワークショップ。2007年、2008年の2回に渡り、建築、都市等を学ぶ学生を対象として行った。様々な意見を提案してもらうために、参加者には、鳥瞰、地上、水面の3つの視点から江戸城外濠を体験してもらい、グループごとに討論をし、提案を行ってもらった。その結果、ボートを使って水上から音楽を聴く提案や、演劇や映画を見るという提案があった。この提案を生かし、その後、江戸城外濠を活用した水上コンサート「奏」を実現した。「外濠名所図会」では、提案を絵や図で表現してもらい、後日、絵葉書として参加者に配布した。

「奏」

—外濠の空間特性を生かした水上コンサート—

江戸城外濠は江戸城防衛のために造られたため、流量がない。その環境を生かし、演者は、陸上のレストランから演奏を行い、参加者は、水上のボートからパフォーマンスを楽しんでもらうパフォーマンスイベントを開催した。2007年、2008年、2009年の3回に渡り実施し、のべ約500名の方に参加して頂いた。年々、参加者数は増え、昨年は募集者数を応募数が上回った。今後も継続的に実施していくことで、地域に根付いた恒例行事として定着していく可能性があるイベントである。

「江戸城外濠再発見」

—空間を体感しながら外濠を学ぶ—

普段体験することができない江戸城外濠の水面を気軽に体験してもらうと同時に、江戸城外濠の歴史を多くの方に知ってもらうことを目的に行った水上レクチャークルージング。参加者には、自然が溢れ、豊かな水辺を有する江戸城外濠を体感してもらいながら、約50分間、江戸城外濠の歴史、環境に関して我々が作成した歴史冊子を通じて学んでもらった。同時に参加者自らEボートと呼ばれる手漕ぎゴムボートを漕いでもらい、水辺に触れる楽しさも体験してもらった。2007年から2008年に掛けて5回開催し、160名を超える方に江戸城外濠の空間を体験して頂くことができ、より多くの人々に外濠を伝えられたといえる。

地域、他団体との協力による活動の広がり

上記3つの企画以外にも、江戸城外濠の水質を改善し、親しみやすい環境づくりを目指した外濠水質浄化活動、地域の小学校の生徒を対象に地域資産である江戸城外濠を知ってもらうことを目的としたワークショップ、外濠周辺の地域を活性化するための地域マップの発刊、外濠の風景をポストカードとして展示した展覧会の開催などを実施してきた。

まちづかいにおける学生団体の可能性

3年間に渡り継続的に活動した結果、行政からの信頼が得られた。また、一般の方々に活動を認知していただくことができた。その結果、様々な団体と協力して企画を行ったり、TV、新聞に江戸城外濠に関して取り上げて頂くことができた。社会的信頼が高くない学生団体でも地域、行政と協調して、まちを活性化していく可能性を示すことが出来たといえる。外濠のみならず、まちにはこのような可能性を持った場所が数多く存在している。今こそ、学生によるまちづかいを通じて、新しいまちの姿を作り出すときなのではないだろうか。

[Project Members]
吉田峰弘（発表者）、榊 俊文、大石悠斗、荒井 邦、
坂本孝樹、白井進也、高嶋昌志、宮坂伸平、氏家健太郎、
上村耕平、西岡郁乃、門野梨沙

雲南プロジェクト

University:
早稲田大学大学院
創造理工学研究科　建築学専攻
古谷誠章研究室

00.プロジェクト概要

雲南市は島根県の東部に位置し、平成16年11月1日に大東町・加茂町・木次町・三刀屋町・吉田町・掛合町の6町村の合併により発足した市である。総人口は43,675人(平成22年)。

雲南市では人口減少が30年前から続いており、中山間地域に特有の少子高齢化が進行していると言える。また、6町村が合併したため、同一機能の公有施設が複数存在したり、合併間際に駆け込みで建てられた公有施設の維持管理費が膨大にかかるなどの問題を抱えている。早稲田大学古谷誠章研究室では2007年度に雲南市と都市再生モデル調査を共同受託し、雲南市内の公有施設に関して現状調査・分析・提案を行った。その内容については昨年度単行本「トウキョウ建築コレクション2009」に詳しい。2009年度現在、2007年度の提案をベースとした4つのプロジェクトが連関し合いながら雲南市との委託契約によりプロジェクトを進行している。また、単に企画や設計、施設利用の提案にとどまらず、地域の自発的な活動として定着するような「アーバン・デザイン部」(後述)構想も進めている。

01.アーバンデザイン部

オーベルジュ雲南(b.)に関する一連のワークショップの一環として2009年8月に行われた「中山間地域で、建築ができること。」をきっかけに、古谷誠章、亀谷清、江角俊則、高増佳子、山代悟らによって準備を始めた、中高生を中心としたアーバンデザイン(まちづくり)の活動である。

島根県出雲地方を中心とする中高生や高専生が、まちづくりに実践的に取り組む仕組みをつくり、若い力でま

雲南さくらまつり:定着しつつある商店街に並べられたロングテーブル

雲南さくらまつり:アーバンデザイン部による企画の設営

さくらまつりで行われたライブアートイベント

ちの魅力を引き出すことを狙いとしている。まちづくりに人々は取り組んでいるが、地元の若者が関わる機会は少ない。殊に島根県には建築や都市計画などの分野を学ぶことのできる大学がほとんど存在せず、若者が地元のまちづくりに関わるきっかけがないことが問題となっている。そこで、アーバンデザイン部プロジェクトではまちづくりや建築に興味のある中高生や高専生を募り、建築家や都市計画家の指導を受けながらより自分の地元のまちについてのリサーチを行い、より魅力を引き出すための提案を行い、提案だけにとどまらず実際にそれを実行することで若いエネルギーによってまちに活力を与えることとする。これからの地域を背負っていく若い世代がまちづくりに関わることで、地域全体のまちづくりに対する意識も高まることが期待できる。出雲でのアーバンデザイン部プロジェクトが成功した後には、異なる地域でもアーバンデザイン部の枠組みが広がるように活動の幅を広げる予定である。

オーベルジュ 雲南:改修前外観。築100年の古民家

オーベルジュ 雲南:改修前内観

02. 進行中の4プロジェクトについて

a. 雲南さくらまつり

2007年度「全国都市再生モデル調査事業」での提案から実現したもののひとつであり、斐伊川の土手に咲く桜の時期に元々開催されていたさくら祭りと連動して、近接する木次商店街の遊休化した余剰スペースで雲南市の伝統文化や郷土料理などを展示・販売した。空き店舗は古谷研究室の学生によって、長屋の魅力的な空間性を活かし、シネマ、ギャラリー、カフェスペースなどに改変された。さくらまつりを訪れた観光客に雲南市の魅力を体験してもらい、祭り以後も年間を通して雲南市を訪れたくなるような下地をつくるイベントとして位置付けている。3年目となる今年度は、アーバンデザイン部による企画・運営が行われるなど、地元主体の祭りとして移行できるような段階に至っている。

オーベルジュ 雲南:改修後外観

b. オーベルジュ 雲南

斐伊川のほとりに建つ築100年の古民家を雲南の食の幸を発信するレストランと、温泉を目的に訪れた人々が宿泊できるオーベルジュとして再生するプロジェクト。地域に根ざした建築となるように、建設の過程で地元の学生

オーベルジュ 雲南:改修後内観

や地域の方々を巻き込んだデザインワークショップやセルフビルドを複数回行った。こうしたプロセスを経ることで、建築が地域に対して意味を持つ存在になると考えている。

・第一回ワークショップ：着工前に地域住民に対して計画に至った経緯や、設計内容についての説明会を開催。開店したオーベルジュでお客様をおもてなしすることを期待し、住民と花を植えるセレモニーを行った。
・第二回ワークショップ：近隣大学・高専の学生参加を募り、内装に使用する和紙を漉いたり、軸組の状態になった工事途中の現場にて、既存民家にあった古い建具を空間デザインにどう活用するかを実際の空間でスタディを行った。ここで出されたアイデアは実際にも使用された。また、島根県で活躍する建築家をゲストとして招き「中山間地域で、建築ができること」と題したレクチャーを行い、中山間における設計活動の意義を議論し、今後の雲南プロジェクトにおいて重要な概念となる「アーバンデザイン部」が提唱された。
・第三回ワークショップ：竣工直前の現場でインテリアに用いる照明や和紙の配置、室内装飾などのセルフビルドや、参加者が発見したオーベルジュの魅力を写真に撮り、絵はがきとして知人に送るなど、よりオーベルジュを身近に感じてもらえるような企画を行った。前回のワークショップで提案された照明もここで製作された。

第二回ワークショップの様子。建設現場でのスタディ

第三回ワークショップの様子。インテリアのセルフビルドを行う

c. 入間小学校改修計画

雲南市掛合町は合併に伴ない、それまで５地域にひとつずつあった小学校が廃校になり、新たに５校をひとつに束ねる統合小学校が生まれた。入間小学校は廃校になった５校のうちのひとつであり、５地域の中で特に住民の小学校に対する愛着が強い。現在でも部分的に集会所として使われることが多いが、さらに人で賑わいのあるものにしたいと改修を望む声があり、改修計画へと至った。小学校外周部を取り巻く交流の場である縁側や、雲南の食の魅力を体験できる厨房を中心とした施設となる。

吹き抜けにつくられた照明。ワークショップで出たアイデアを実現させた

d. 旧掛合小学校可能性調査

旧掛合小学校は、入間小学校と同様、廃校となった５

校のうちのひとつである。小学校は多くの地域住民、さらにはここを離れて都市で生活している人々にとって馴染み深い存在であり、そのような地域とのつながりを維持するという意味でも、取り壊しではなく活用の可能性を検討する必要があると考えている。旧掛合小学校が建つ掛合地区は掛合町の中心部であり、統合小学校が近接し掛合町中の児童が集まる。入間小学校とはまた異なる状況にあり、このような場所のポテンシャルを考慮しながら、地域住民の意見を取り入れた活用方法をこれから模索していく段階である。

入間小学校外観

03.各プロジェクトの連関と今後の展開

2009年度は上記のように、雲南市で複数のプロジェクトが同時に進む中、各プロジェクトでの連関が試みられた。例えば、オーベルジュ雲南(b.)に関する一連のワークショップで改修前の入間小学校(c.)を拠点会場として利用したり、同ワークショップ中のレクチャーでアーバンデザイン部(01.)が提唱された。さくらまつり(a.)では地元主体の運営に移行してゆく上で、祭りの運営ボランティアとしてアーバンデザイン部が組織された。大学の研究室が「まちづくり」のプロジェクトに関わる機会は比較的あると思われるが、それらの活動は単発的であったり地元に定着していかないことも考えられる中、アーバンデザイン部という概念は「地元主体のまちづくり」を実現していく可能性があるものであると考えている。

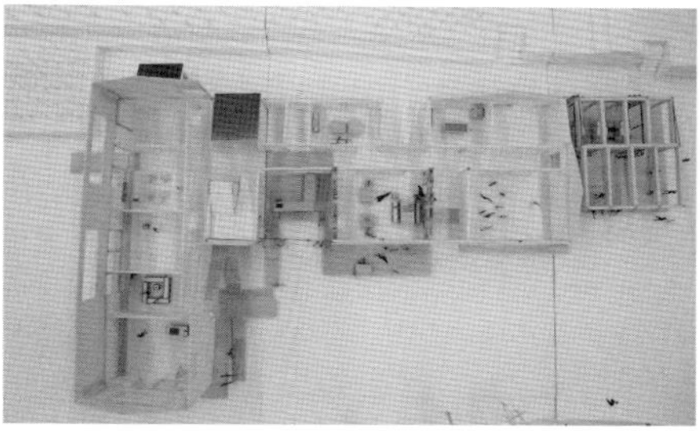

改修後模型写真俯瞰。縁側が外周部を取り巻いている

今後は、旧掛小学校可能性調査(d.)の活用可能性を提示する一端として、さくらまつり(a.)で馴染みの深いアーティスト、ミヤザキケンスケ氏とのアートワークショップの企画(2010年8月開催予定)や、入間小学校(c.)のセルフビルドワークショップなど、アーバンデザイン部を中心とした更なる相乗的なプロジェクトを行うことで、将来的には我々学生ではなく地元住民が主体となった活力のある地域活動が展開されるようにしていきたいと考えている。

旧掛合小学校外観

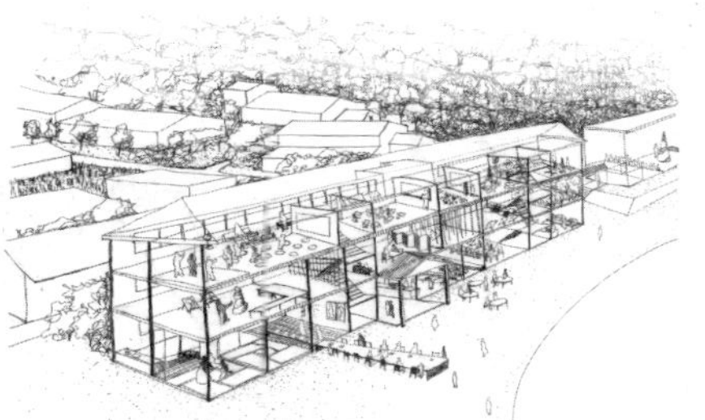

活用の一例。雲南とつながりのできつつあるアーティストによる工房・展示・イベントの会場としての活用

[Project Members]
伊藤周平(発表者)、稲垣淳哉、伊坂 春、梶田知典、ギーラナン・テイアンタイ、國分足人、小林玲子、小堀祥仁、塚田圭亮、寺岡 純、西野安香、墓田京平、山本航一、野海彩樹 、矢尻貴久

Aqua-Scape The Orangery Version

University:
工学院大学大学院
工学研究科　建築学専攻
藤木隆明研究室

イギリスBeam Galleryより招待を受け、藤木研究室の作品を紹介する展覧会が2009年に開催された。そこで、展示する主要な作品「Aqua-Scape The Orangery Version」を約1年3ヶ月の歳月をかけ制作してきた。「Aqua-Scape The Orangery Version」は、2006年「大地の芸術祭・越後妻有アートトリエンナーレ2006」に出展したAqua-ScapeのNew Typeの作品である。

目的

・水のように不定形で柔らかであること
・全ての部材をプラスチック素材で作ること
・それらをセルフビルドで制作すること

現在、建築は「硬く」「重い」動かないものとして存在しているが、そうではなく「柔らかく」「軽い」移動可能なプラスチック建築のプロトタイプとしての空間を、セルフビルドにより制作することを目的とする。

外皮のポリカーボネートの加工

材料の加工業者に依頼してプレス型をつくると高額になってしまうため、ノウハウがなくても実現可能にするための手段を模索した。

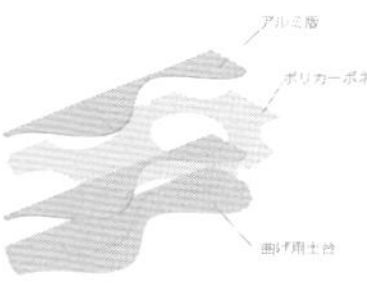

1.アルミ版とアルミ版の間にポリカーボネートをはさみ、曲げ用の土台にのせ、挟み込む。

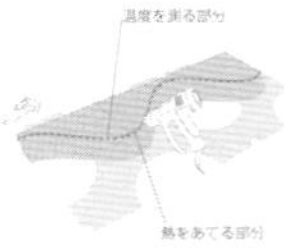

2.アルミ版のラインに沿ってヒートドライヤーで熱を与える。温度計により、曲げる温度を測定。

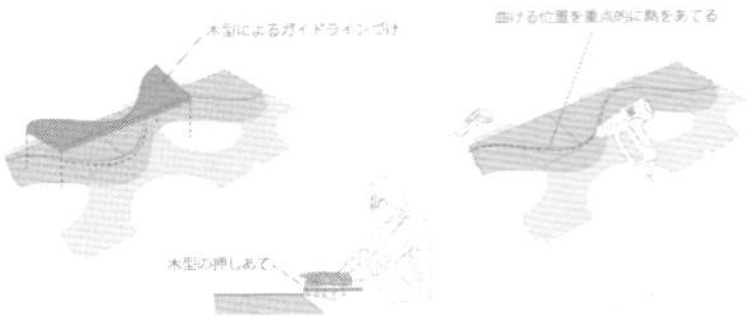

3.木の型枠により押しあて、少し曲げ、ガイドラインをつくり、ガイドライン沿い再度熱を加える。

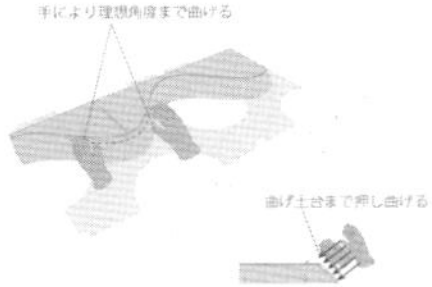

4.手により曲げ用土台まで押し曲げる。角度が出るまで何度も繰り返す。

5.4,000mm のポリカーボネートを曲げ終えて完成。この作業を計5枚分行い、Outer Skin が完成する。

組み立て

作業場の広さなどを考慮して、施行手順やそれに必要な治具などを制作し、今までつくってきた部材を慎重に組み立てていく。

1.施工用の治具の上で、2枚のポリカーボネートの接合する。

2.地面に置くための基礎と補強材(ポリカアングルを組み合わせたもの)を取り付ける。

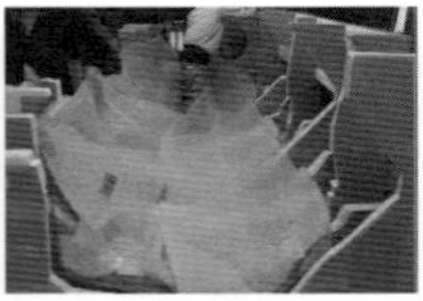

3.各ポリカーボネートに Inner Skin 材を取り付けていく。

4.3枚目に Inner Skin 材を取り付ける。

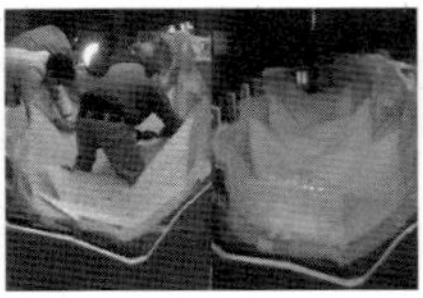

5,6.床材を取り付け，同時に LED を設置する。

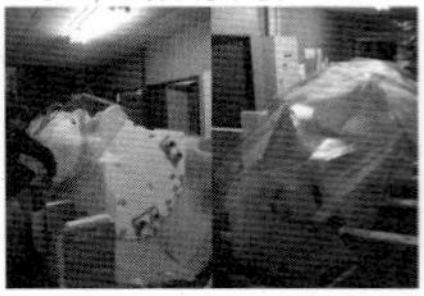

7.内側型枠を配置し、4、5枚目の準備をする。

8.4,5枚目は、内側型枠に乗せるように取り付け、接合していく。

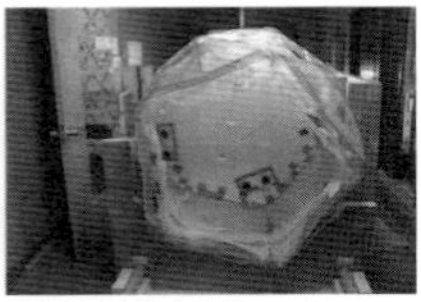

9.端部に補強材を取り付ける。

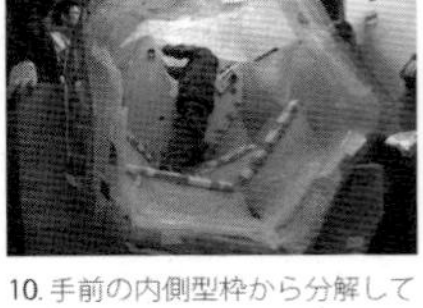

10.手前の内側型枠から分解していく。

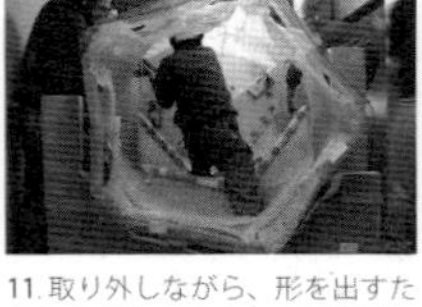

11.取り外しながら、形を出すために内部にテンションを張り、Inner skin 材の形を出す。

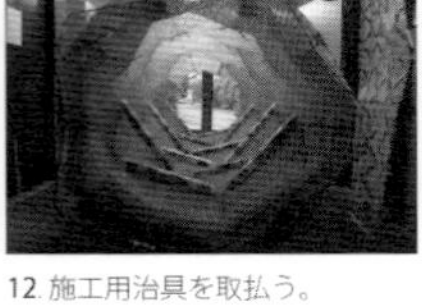

12.施工用治具を取払う。

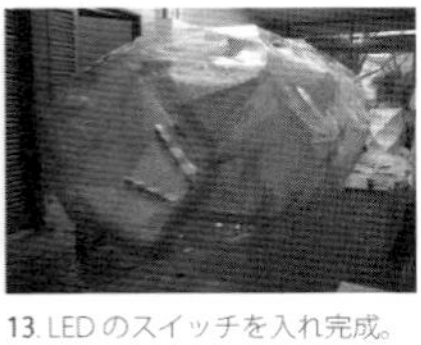

13.LED のスイッチを入れ完成。

展覧会

これまで藤木研究室で行ってきた活動を「Nature-oriented Architecture（自然指向型建築）」と位置づけ展示した。またこの展覧会の招待状や合わせて出版された本にも工夫を凝らした。

最後に

この作品の制作期間1年3ヶ月は常に試行錯誤の連続だった。普段の学校課題とは違い、実際につくるとなると問題がたくさん起こり、その都度解決方法を話し合い、作業工程を組みなおし、「いつ、誰が、何を、いつまでにするのか」を明確にしながら作業を進めてきた。

このプロジェクトを通して我々は、「どうしたらイメージを実現することができるのか?」を考えるということを学んだ。常に自分がこのプロジェクトに参加している意味や意義、目的を確認することが大切だった。

最後に、大変だったこと、苦労したこと、しんどかったことも、子供たちの笑顔を見ただけですべてが報われるという感覚を味わった。ものをつくるって楽しいよ。

[Project Members]
草薙岳仁（発表者）、千田正浩、落合謙太、酒井有紀、志村和伸、森本之、栗原 荘、春日達彦、田崎修也、坂下渓谷

スタジオトーク3

コメンテーター:北川啓介

参加研究室:
滋賀県立大学大学院　佐々木一泰研究室……p.318
法政大学大学院　陣内秀信研究室……p. 322
法政大学大学院　陣内秀信研究室……p. 326
早稲田大学大学院　古谷誠章研究室……p. 330
工学院大学大学院　藤木隆明研究室……p. 334

北川啓介(以下、北川):僕は名古屋を活動の中心にしています。毎週東京に来ていて、多いときは週に3往復くらいしています。少しずつですが海外での活動も増えてきています。そういう中で、実際にものとして建てる設計活動と並行して、研究活動やプロジェクト活動にも力を入れています。現在進行中のプロジェクトは全部で25くらいでしょうか。こうして分野をクロスオーバーする活動をしていますと、社会にはいろいろな属性の人がいるのだと分かります。今日は、多種多彩な社会の人たちとの関わり方について、みなさんとポジティブな可能性をいっぱい引き出していきたいなと思っています。プロジェクトを進めている途中では、とくに学生同士だったりすると思いもよらないことが起きてくると思います。設計図のない「現場主義」のようなところがあったりもするでしょう。だから計画外のバグやノイズをあえて積極的に受け容れるのも、プロジェクト進展のひとつのきっかけになったりします。おそらくそういう経験をしてきたみなさんだと思いますので、お互いのプロジェクトについて聞いてみたいこともあると思います。今日は奮ってお互いにコメントし合ってください。

ヒト・モノ・コト、トキ

北川:「石山アートプロジェクト」(p.318)のプレゼン

テーションの中で、「ヒト・モノ・コト」という言葉を使っていましたね。カタカナで「ヒト・モノ・コト」。プロジェクトではよく使う言葉だと思うのですが、ストック利用の問題などと絡めると、もうひとつ「トキ」という言葉があがると思います。僕はいつも、「ヒト・モノ・コト・トキ」の4つが、プロジェクトの基本だと考えています。石山には、僕も大学の建築史実習の演習で毎年冬に1週間ぐらい滞在することがあって、そのときに紫式部が『源氏物語』を書いたという石山寺にも行きます。「石山アートプロジェクト」では、そうした古い建築や文化の文脈を「トキ」として取り入れると、プロジェクトに継続性が生まれて、さらに展開するのだろうなと思いました。人のつながりということだけでも継続性は確かに生まれるのだけれど、それだけではない、その「まち」や「人」がすでにもっているDNAみたいなものを引き出しながら、もしくは新しいDNAをつくっていくようなプロジェクトにしていくことがポイントになるのではないかと思いました。

伊藤周平（古谷誠章研究室　以下、古谷研）：まず住民の方に自分が住んでいる地域の魅力みたいなのを再発見してもらおう、ということをやられていますよね。そういうときに、たとえばどういう方法でやられているんでしょう。

川村浩一（佐々木一泰研究室　以下、佐々木研）：このプロジェクトをはじめる前にも、もうひとつのプロジェクトとして石山のまち歩きみたいなことをやりました。そのとき感じたのは、意外なほど地元の人たちは自分たちの住んでいるまちのよい点に気づいていないということです。そこに住んでいる人にとっては「だめ」と思うようなところが、僕たちにとっては魅力的な空間だったりする。たとえば細い道や路地だとか、僕らにとっては魅力的な場所が石山にはいっぱいあるのですけれど、石山の人にとってはただの「自転車でちょっと通りにくい狭い道」だったりするわけですね。だから外から来た僕たちが指摘することで再発見してもらう。一緒に歩く、というのはそういう「気づき」を共有するのにうまく作用したなとは思います。

山本航一（古谷研）：私たちの進めた「雲南プロジェクト」でも、住民の方々と一緒にまち歩きをして、まちの魅力を再発見しようというプロセスを踏んでいるので、石山のプロジェクトとなにか通じるところがあるかもしれません。地元の人には当たり前であれば当たり前であるほど、外から見る私たちの方からすると魅力を感じるのかなと思いました。あと個人的にこの「石山アートプロジェクト」に興味をもったのは、「音」に注目されている点です。

北川：五感に着目しているのはおもしろいですよね。記憶というのは大体、五感に残るものですから。そのなかでも記憶に残りやすい「音」に着目したのは興味深いですね。

川村（佐々木研）：商店街の音をサンプリングしたんですけれど、たとえば花屋さんだと花を切るチョキチョキっていう音、魚屋さんだと魚の骨を取るゴリゴリっていう音が録れるわけです。このとき普通だとイメージできなかった音が、実は商店街の中にたくさんあることが分かったりして、それを集めてひとつの音楽にしていきました。

山本（古谷研）：おもしろいですね。僕らのプロジェクトの舞台である島根県雲南市の市街地はシャッター通りになりつつあるので、音自体が消えていく

んですね。お祭りなども企画していて、そういう時には人がワッと集まるんですけれど、それが去るとやっぱり閑散としてしまうところがある。それに対する特効薬というものはないのでしょうけど、まちに音を生み出すにはどうしたらいいのかなとすごく問題として感じます。音が人を呼び込んで、また別の音が生み出されるような仕掛けや仕組みなど、何か取り組まれたことがあったら教えて欲しいです。

川村（佐々木研）：実際にはできていないのですが、音楽をつくったあと、たとえば石山にはJRと京阪電車が通っていますが、その駅に降車すると「石山の音楽」として流れたりするのはいいなと思っていました。たとえば今日はJR恵比寿駅で降りたんですが、恵比寿だとエビスビールの音楽が流れたりするじゃないですか（笑）。ああいう感じに発展できたらいいですね。

世代を越えるようにプロジェクトを考える

北川：「都市と建築のこどもワークショップ」（p.322）ですが、僕自身もこういう子供とのワークショップを芸能界からもお声をかけいただきながら結構やっています。潜在的な発想力いっぱいのこども達が大好きです。僕自身、娘が２人と息子が１人いまして、ちょっと時間があるとこどもをラブホテルに連れて行ったりして……。

（場内笑）

北川：純粋に「丸一日、カラオケやプールやゲームでお得に遊べるから」という理由なので、お得感いっぱいですよ。逆に、既成の概念で捉えてしまって、「ラブホテル」と聞いてさっき笑った人はみんなスケベですよ（笑）。まあそれはいいとして、麹町小学校のプロジェクトチームは大学院生たちの名前が出ているけれど、たとえば幼稚園とか小学校の関係者も、もちろん入っているのですよね？

根岸博之（陣内秀信研究室　以下、陣内研）：そうですね。

北川：コミュニケーションの仕方というか、人を呼び寄せる仕掛けみたいなことをどのように工夫していますか？　つまりプロジェクトチームの人とこどもだけ、というのではなくて、まち全体に開かれたものとして考えるための世代を越える方法。単純に考えれば、こどもを介すといくつかの世代を越えてコミュニケーションできるわけですよね。だから、言い方はあまり適さないと思うけれど、こどもを一種の「媒介」と捉えることで、具体的な可能性はぐ～んと拡がりますが、なにか考えがありましたか。

根岸（陣内研）：小学校で行うプロジェクトだったということもあり、集まる児童もそこに通う子供たちが主でした。すこし限定的になってしまい、もう少し工夫をした方がよかったかなとちょっと反省しています。ただ東京の場合、学区というのがほとんどありません。けっこういろいろなところから児童が来ていて、もちろんその親御さんの出身もバラバラです。だから住んでる地域とは関係なしにつながっ

ていくようなコミュニティというか地域性を考えようとはしていました。つまり「住んでいる」という事実だけではない地域性はあり得るのかと。

北川：なるほど。大正時代にできた名古屋のお東幼稚園は、日本で初めてのPTAができた幼稚園です。伝統的な技術を継承しているまちの真ん中にあります。つまり、職人さんたちが多く住んでいる地域で、職人のお父さんの仕事する姿を次世代のこどもに小さい頃から確実に伝承していく必要があり、お父さんたちが幼稚園の運営に積極的に関与することで、その結果、一致団結してPTAがつくられたという経緯があります。日本初のこのPTAは戦前に生まれました。一般的には戦後のGHQが広めたPTA、要するに西洋式のPTAがすごく多い。お東幼稚園のPTAは伝統を継承する中で生まれた日本らしさがあるとも言えます。

実は、僕もこの幼稚園に娘を入れました。なぜかというと、毎月、会合があって、こどもについてお互い熱く語り合ったり、次の新しい伝統をどうつくっていくべきかといったことを互いに話し合う、そういった目の前の時間や空間を超えた密なコミュニケーションが地域にあったからです。そしてお父さんが参加することで、お母さんも参加しやすい状況が生まれて、自然に開かれたコミュニティへとつながっている。つまり「お父さん」を一種の「媒介」として捉え、地域の境域にあるさまざまな事象を誘引するいろいろな仕掛けが考えられている。夜は若い保育士さんとお父さんとで飲み会なんていうのもあ

ります。昼はこどもの面倒をみてもらって、夜はお父さんの面倒をみてもらっちゃう（笑）。こういう事象が事象を呼ぶ方法論に、プロジェクトの大きなヒントがあると思います。

行政との連携と民間との連携

北川：プロジェクトの特徴のひとつは、スケールをいろいろ変えやすいという点です。建築はひとつの建物、たとえば小学校ならば人数が設定されて延床が決まって、というふうにスケールが決まりますが、プロジェクトは発展させようと思えばスケールをグッと大きくしたり、逆に小さくすることができるし、それによって、たくさん、あるいは複数の仕掛けをつくったりすることができます。「東京都心部の歴史的遺構外濠におけるまちづかい」(p.326)では、次の手はなにか考えているのでしょうか。というのも、このプロジェクトは、都市や建築の再生や復興を考える際の、幅広い可能性があると思うんですね。今回のプロジェクトは物理的にはひとつのステップと捉えると、今後はスケールをもっと巨大化してみたりとか、何か未知なスケールへの展開を考えたりしているのでしょうか。

吉田峰弘（陣内秀信研究室　以下、陣内研）：僕自身は今年で大学を卒業しますが、この活動を立ち上

げたときから、周辺の人を巻き込んだお祭りみたいなことをやりたいと考えていました。たとえば神楽坂などは、土地としての魅力をすごくもっていながら必ずしも外濠をあまりうまく使っていない。だからもともと備わっている魅力的な地域とうまく協調して、地域としての盛り上げ方というか、そういった「ツール」として、外濠はかなり使えるのじゃないのかなと考えています。

落合謙太（藤木隆明研究室　以下、藤木研）：東京っておそらく、かなり特殊な場所ですよね。コンテクストが見つけにくいというか、「東京のヴァナキュラー」とはなにかと考えたときに、風土性みたいなものがすごく見えにくい。外濠は電車から眺めるだけだと、まあなんとなく「水がある、あ、川かな、何かな」という程度しか認識しないものです。しかし実は歴史的なもので、まさにヴァナキュラーを形成している。それをさらに有効に活用して、どんどん育てていく可能性としても、すごく面白いなと思いました。

北川：水面使用許可証というのがあったけれど、行政からもらっているのですよね。行政との信頼関係もできたとプレゼンでは言っていました。その一方で、たとえば、実際にこのプロジェクトを行った当日に、民間の人がサポートしたりなど、民間とはこのプロジェクトを通して関わったりしているんですか?

吉田（陣内研）：いや、それはなかったです。まったく自分たちだけです。

北川：なるほど。ただ行政の信頼を得れば自然と継続性が高まるかというと、意外にそうじゃない。行政は年度ごとに断絶がありますから、意外と簡単に途切れてしまうし、助成金をもらったとありましたが、そういうのも年度ごとの制度だから、あまり当てにできない。もちろん経済産業省なり文科省といった国からもらっている人もいますが、意外に短期間で終わってしまうことが多いと感じます。それに対して民間企業の場合、常に会社としていかに継続するかという問題について考えているので、そうした民間が投資してくれるようなところまでもっていって継続させると、すごくおもしろいのじゃないかと思いました。また公共空間を使う許認可を得るのはすごく大変なことですが、そういう行政とのやりとりより、民間との信頼関係をつくる方がさらにハードルは高いものです。しかしそのハードルを超えることによって、とくに外濠という公共空間、いや「超公共空間」に民間が入ってくることでおもしろいことが起きるのではないかとも思う。何でもそうですが、一発目っていうのはすごく勇気も必要だし、そういうなかで許可をもらったというのは大きい一歩だと思います。今回のプロジェクトで外濠を使用したという前例ができたのだから、次は許可も取りやすいだろうと思いますし、まだまだ発展する可能性をもってると思います。

活性化と衰退

北川:雲南市は過疎化というか、Iターン現象のような事態が進んでいるのですか? 若い人がどんどん減っていたりとか。

伊藤(古谷研):はい．そうですね。

北川:「雲南プロジェクト」(p.330)は小学校の「保存」ではなくて「活用」のプロジェクトですよね。海外ではカルロ・スカルパの建物や、それこそ巨大な城を美術館にしたりといった、そういう「活用」の意識がすごく高い。日本でもやっと生まれてきているように思いますが、最近、小学校の活用の事例として興味深いものがありました。「雲南」と同じような状況にあるまちの小学校で、それをパチンコ屋にしようとしたディベロッパーがいたんです。行政の人も反対したし、地元の小学校を卒業した人たちも反対したのですが、結果としてパチンコ屋になってしまいました。けれどもそのパチンコ屋のデザインが、非常におもしろい。その設計では、リノベーションの世界では名の通った人がデザインしているのですが、「愛着のもたせ方」をすごく工夫しているんですね。パチンコ屋にしたことで、むしろ同級生が集まったり、税収がすごく増えたりもしたらしい。こういうオリジナルな「愛着のもたせ方」がプロジェクトの大事な要素だと思うのです。雲南プロジェクトでは、どのような点にオリジナリティをもたせているんでしょうか。

山本(古谷研):中高生を対象として一緒にセルフビルドを行ったりして、ワークショップを行うことの意義を伝えることが狙いのひとつとしてありました。なぜかというと、彼らのうちの3割程度は、確実に地元の市役所に勤めるからです。つまり長い目で見ると、彼らは次世代のまちづくりを担う立場になる。

こういった活動を経て5年後、10年後になって彼らが働きはじめたとき、また違った活動を一緒にできればいいなと。そういうちょっとゆるい、ながい視点で考えているところもあります。

北川：あえて「古谷テイスト」を無くしているようにも見えますが、これには何か目的があるんですか？入れておいてもよかったと思うんですけどね。

伊藤（古谷研）：「古谷テイスト」というのではなくて、強いて言えば「古谷デザイン」でしょうか。ちょっと誤解されてしまうかもしれませんが……（笑）。「古谷デザイン」をはじめから目的として実践するよりは、ワークショップを通してみんなで考えつつ、建設途中の現場に入って実際にやってしまうということの方が、なかなかできない体験だし、価値があるのではないかと考えました。

根岸（陣内研）：このプロジェクトは衰退している地方都市の活性化を目指していますよね。「活性化」という言葉に対して「衰退」という言葉が反対の意味としてある。でも、消えて無くなること自体も、実は都市が拡大していく変遷のうえでの単なるひとつの要素ではないかという視点をもったときに、それでもなお「活性化」というものを目的とする理由というか、単純に言ってしまえば、なぜ「活性化」を目的としなければならないのかとも思ったのですが、どうですか。

北川：人口減少という大きなテーマは、なかなか言及しにくいところではあるのだけれど、たしかに単に活性化を目的とするだけではなくて、衰退するにしても、そのまちなり村なりのDNAを引き出せるだけ引き出して、ある意味では「胸を張って」衰退していってもらうというプロジェクトもあり得ると思う。

伊藤（古谷研）：そういう考え方は分かりますし、すごく知的でクールな姿勢だと思います。僕は札幌出身で、大学は仙台で、大学院は東京でという生活をしていますが、そういう経験からもその考え方に賛同します。けれども実際、雲南に何回も行って、「この状況をなんとかしたい」と、すごく一生懸命になっている市役所の方たちと話しをしていると、とてもそういう姿勢にはなれないんですね。暮らしてきたわけでもないので「衰退」に対して地域の人ほど痛みを感じないのは事実ですが、「何とかしたい」と思っている人たちと直接触れると、射程がたとえ短くても「活性化」に通じるようなことをしたいとは思いました。

新しい需要

北川：「Aquq-Scape The Orangery Version」(p.334)は、今回出展されているすべてのプロジェクトの中でも異質ですね。ひとつの空間をつくるという意味で、非常に建築的なプロジェクトですし、「モノ」として価値も高いと思います。自分たちでつくった本もありましたね。

草薙岳仁（藤木研）：展覧会にあわせて出版したものです。

北川：気になったのは、プレゼンのなかで「今回で終わってしまうかもしれない」と発言があった点です。新しい建築の提案になっていると思うし、だから当然、需要もきっとあるはずだと思う。たとえばカプセルホテルにするのもいいかもしれないし、仮設の公園の遊具にするといった可能性もあると思う。それなのになぜ次の展開を考えていないのだろう。

草薙（藤木研）：藤木先生は何か次の展開を考えているかもしれません。ただこれは僕個人の意見ですが、このプロジェクトは、非常に「特注」という感じがするんです。ずっと研究室に残っていれば別かもしれないですけど、僕らが卒業して、これを何か、それこそ自分の人生のどことつなげるのかというのが、すぐには思いつかなかったんです。

北川：何か新しい需要が必ずありますね。今、僕が建材の調合から設計している「バブルハウス」は、パスタにたとえると、乾燥麺を買ってくるのではなく、粉と水の調合からつくりあげていくことを考えています。現場でつくりあげていくことが可能なことから、あるとき、防衛省が興味をもって声をかけてきてくれました。今では、仮設住宅としての需要を考えて、市場に入っていけそうかなというところまできているのだけれど、「Aquq-Scape The Orangery Version」も新しい市場を呼び込むプロジェクトに発展すると思う。だからぜひ継続してほしいなと率直に思いました。ちょっと話がずれるかもしれませんが、「モノ」をつくるという意味では、アートを介在させた「まちおこし」のプロジェクトが近年たくさんありますね。「石山」のプロジェクトもそうですね。次の世代につながるような新しい伝統をつくっていくという場面でアートを介在させると発生させやすいのかな。

川村（佐々木研）：冒頭で「社会にはいろいろ属性の立場の人がいる」と、北川先生は言われていましたが、石山でもそれは強く感じていて、アートはそれをつなぐものとし機能しました。僕ら「アートプロジェクト」側ですべて企画するのではなくて、商店街の方から「アートマーケット」という日曜市のようなイ

ベントを今年からやろうということになったりして、自然とそれぞれが結びついたりしたんです。アートは、そういうきっかけになりやすいのじゃないかと思います。こういうときのアートとは、そんな大それたものではなくて、みんなでつくる身近な「モノ」としての側面が強い。当然、アートを専門にしていない、おっちゃんも、おばあちゃんも、こどもも、みんながそれぞれやりやすい立場で参加できる。そういう面でも一番よいのではないでしょうか。

北川：なるほど。それぞれの人がそれぞれの欲求をもっていますよね。プロジェクトというのはきっかけをつくった当人が放っておいても自然と次へ次へとつながっていくという面がある。というより、うまくまわっているプロジェクトというのは、むしろそういうものなのかなとも思います。プロジェクトを進めていくうえでは、与条件を連立方程式を解くように仕立てていくのではなく、何かと何かを組み合わせたり、今まで眼を向けられていなかった事象に着目したり、単純に事象のスケールを変えたりすることで、化学反応式が生じるような状況を設けていくことで、私たちも予想しなかった展開をみせることがあり、それが醍醐味といえます。何が起こるか分からない、だからこそ、プロジェクトなのでしょうね。今日のこの場自体、みなさんにとっても僕にとっても、自身のプロジェクトの貴重な一部になっているわけです。いつか互いにコラボレーションできることを夢見て、これからも楽しく頑張っていきましょうね。

プロジェクト展｜座談会

コメンテーター：
青井哲人
北川啓介
馬場正尊 ※都合により欠席

参加者:
石野啓太(滋賀県立大学 布野研)
澤田達哉(京都大学 田路研)
加藤拓郎(東北大学 五十嵐研)
根岸博之(法政大学 陣内研)
中島佳一(滋賀県立大学 布野研)
伊藤真琴(芝浦工業大学 伊藤研)
林 宏美(滋賀県立大学 佐々木研)
川村浩一(滋賀県立大学 佐々木研)
吉田峰弘(法政大学 陣内研)
伊藤周平(早稲田大学 古谷研)
草薙岳仁(工学院大学 藤木研)
落合謙太(工学院大学 藤木研)
※ 新潟大学大学院 岩佐研、東京大学大学院 難波研、早稲田大学 入江研は都合により欠席

実行委員長:日頃いろいろなプロジェクトや研究に携わっていらっしゃると思いますが、日本国内には、そうした活動を紹介するメディアがあまり存在しないという問題意識がありました。それらを取り上げてアーカイブしていくことに意味があるのではないか、ということが本展の出発点となっています。

今日この座談会では、計3回に分けて行ったプレゼンテーションとスタジオトークを踏まえて、研究室のプロジェクトに学生が参加していくことの意義や、我々としてはこのプロジェクト展が今後どのように発展していけばいいのかとかといった部分に対しても、ご意見を頂ければと考えています。

実行委員:昨日、馬場正尊先生から「プロジェクトというのは達成するゴールが見えているわけではない。失敗することもある。ハプニングが襲ってきたり、民間の企業などと関わったりして、その場その場で考えていくうちに、いろいろなプロジェクトが発生していくのだ」と、お話がありました。そうしたことを学生のうちに体験できるということが、プロジェクトのおもしろい部分なのじゃないかという気がしています。また社会人ではなくて、学生である僕らが社会に関わるプロジェクトをやることにどういう意味があり、どのような可能性があるのかということについても、今日探っていけたらと考えています。

プロジェクトのフォーマットとは?

青井:プロジェクト展の重要な側面というかプロジェクト展ならではの特徴が、昨日のセッションを通して少し見えてきた気がします。

まず、手がかりにひとつ提示したいことがあります。そのひとつがフォーマットの問題です。論文は論文というひとつのフォーマットをもっていますし、設計は図面や模型というフォーマットをもっています。フォーマットとは単なる形式の話ではなく、論文だったら著者を確定するし、設計は製作者を限定するということがフォーマットの中に入っていると思います。そこがプロジェクト展では非常に難しい点だと思うのです。実際には、ここで発表されるものの背後には、すごく大きな世界が広がっているわけですよね。それを想像しながらこちらも聞くのだけれど、最終的にはみなさんがそうした大きな枠組みの中から、学生という立場で何かを切り出してここにもってきたということをもう少し明確に説明する必要があったように思います。

普段、みなさんが関わっているプロジェクトについて何かを露出する場というのは、そのプロジェクトが行われている場だと思います。ですからその場の中での役割に沿うことになるでしょう。ところがここは、そこから一回切り離して学生の活動として発表する場。逆に言えば、どういう枠組みの中で活動していたのか、そしてその中で自分たちの活動をどのように意味づけているのかということを議論しな

おすチャンスでもある。それがこのプロジェクト展のもつ大きな意味じゃないかと思うのです。

実行委員:ある意味で、この場をメディアとして考えた時の切り出し方があると思います。東北大学・五十嵐研にお聞きしたいのですが、普段、建築のイベントなどをメディアとして発信しているプロジェクトですよね。それをここでで発信するにあたって、切り出し方のチェンジなどされたのですか?

加藤(五十嵐研):反省点ではあるのですが、ありません。

北川:僕は、青井さんとは逆で、後ろを振り返って記録をつづるといったことをプロジェクトをやる時だけはまったく考えないようにしています。「もう前しか見ない」というような状況で、学生も関わっていく方がいいと考えているからです。切り出すルール自体も、まったくない方が逆にいいと思うんです。それこそがプロジェクトだと思います。

修士設計展と修士論文展では目的が違います。修士論文とは、課題やテーマを決めて、対象や方法論を構築的に組み立てていくという建築的な作業。だからひとつのテーマを決めて、しっかりと分析や考察を推敲した修士論文を出した学生は、物事に対して自分の視点をもつすごくいい経験をしていると思います。一方、プロジェクトは、僕はそれとはまったく切り離して考えています。いま僕自身、25種類の仕事を抱えていますが、正直、「こんなにやらないと、いかんのか」と、がっくりくることもあります。だけど、それらが相乗効果を生んだりし

ていく中で、とにかくいま自分の信じること、やるべきこと、感じたことを地元の人たちの欲求も満たしていきながら、引き出しながらプロジェクトを遂行していくだけでいいと実感しています。その方がより予想外のハプニングが起こるかもしれないし、根岸さんの発表にあったように既得権をもった人たちと行政とを絡み合わせて、お互いWin-Winな関係にもっていくハプニングを仕掛けていくこともできます。

青井:プロジェクト自体がハプニングの連鎖だというのはいいんですが、この会場にもってくる時に、もう一度それを俯瞰的に捉え直して話すことになりますよね。その時に、ある種のフォーマット性が絶対問われると思うんです。自分がどこに立って、何をやっているのか、ということを問い直して表現するというのかな。「こんなことをやってます」だけでは、ちょっと議論にならない。昨日、4つのプロジェクトの発表に携わったわけですが、進行しながら各発表の違いを指摘したり補助線を引いたりして、共通のプラットフォームを用意するように努めたつもりです。しかし、それを発表者自身が意識的に組み立てられるようにならないと議論が盛り上がっていかないような気がするんです。こんなふうに言ってもいいですよ、つまり、みなさん研究室のプロジェクトだから一生懸命やって、疲れ果てて「また徹夜だよ」って言いながら、果たして自分たちの活動がどういう意味をもつんだろうって話をしませんか? その辺りを、もっと強く出してくれてもいいんじゃないかと思いました。

「現代」を扱うからこそ必要な、過去へのまなざし

実行委員:今日、会場に田路貴浩先生がいらっしゃっているので、お話を伺いたいのですが、学生が大学院の2年間にこうしたプロジェクトをする意味をどのようにお考えですか?

田路貴浩(京都大学大学院 准教授):たとえば40年後を考えた時に、いまやったことに一体どういう意味があるのだろうかということを、ぜひ考えてほしいと思いました。40年後、僕はたぶん死んでいますが(笑)、いまのままいくと、あちこちでいろいろな問題のクラッシュが起きてる可能性がすごく高いと思うんです。その中でみなさんがやっているプロジェクトが、そうした問題に一体どういうふうにつながっていく可能性があるのか。あるいはそういう大きな視点をもっているのか、いないのかという点を聞いてみたい。

今回、まちづくり系のプロジェクトが多かったですよね。僕もやっていますが、最近、建築が何を指しているのか分からなくなってきたと感じています。かろうじて建築学科でやっているから「建築」と括られているだけで、建築という概念があやしい。それはそれでいいけれど、そもそも建築がもっている「ある世界・形をつくる」という行為を、簡単に放棄しているのではないかという気がするんです。しかし都市の形を構想できるのは建築家しかいない。いろいろなまちづくりに関わって学んだのは、形を描くのは建築家じゃないとできないということでした。もちろん地に足の着いた活動は評価されるべきだと思うけれども、じゃあその形とは、一体どういう形なのかということを、40年後、50年後の日本の有り様を見据えながら、いまやってることを捉え直すというか、少しぶっ飛んだ視点——イマジネーションを爆発させるような大きなビジョンみたいなものが論じられるといいと思いました。

伊藤(伊藤研):私の研究はバーチャルリアリティを使って復原研究をしようという、ちょっと挑戦的な研究です。学会発表は山ほどしていますが、怒られることの方が圧倒的に多くて、とくに歴史研究をされている方や復原(復元)の専門家の方には、受け入れられない考え方だと思います。でも、それはきっと「いま」だからで、私がこのプロジェクトに携わっていた2年の間でもバーチャルの技術はどんどん進歩しています。だから40年後には、この研究の内容が、もしかしたら周知の技法に変わっているかもしれないし、復原(復元)の方法として確立しているかもしれない。田路先生のお話を聞いて、そうなったらいいなと思いました。

北川:これこそプロジェクトです。組織に属すると失敗がなかなか許されないから戦略的にいかないといけないけれど、大学院生は試行錯誤することや賛否両論ある事象に真っ正面から向かっていくことができる。そしてそれが、学生がプロジェクトを行う魅力のひとつなのです。だから賛否両論あることを、そのままここにもってきた方がいいし、今回、お互いにもっと反対意見が出てきてもよかったのではないでしょうか。そうやって社会や経済に対して開くことも大事だし、40年後を考えた時、ひょっとすると建築が、いまは社会問題とされる不景気を解決するかもしれないし、晩婚化を止めるかもしれないわけですよね? 自分たちは建築の世界にいるわけだから、そうした視点をもちつつ、建築こそが社会や歴史を牽引していくのだという熱い想いをもちつつ、まだまだ未来を担う若い感性を活かしつつ、できることから具体的に実践していくことが大事だと思います。

根岸(陣内研):まちづくりなどに関わると、建築や都市がどう扱われ、どうつくり上げてこられたのかまだまだ分からないことが多い中で、常に「未来へ」とか「現代的な意味」という話しになります。そうで

はなくて、もう一回立ち戻って、歴史や都市、建築というものを認識する……大学院の２年間という限られた時間の中で、そもそも未来をつくっている現時点の建築や都市というものを、理解なり明確に表していくようなものが、ひとつの切り口としてあってもいいのではないかと思っています。

青井：歴史というのは遠い過去のことじゃなくて、それぞれの時点の「現在」の積み重ねだし、昨日も歴史。だから僕たちの営みも結果的に積み重なって未来になるんだ、という考えが最近では無意識的にせよ一般的なスタンスだと思います。時間感覚がとても繊細なものになってきている。だからこそ、田路先生がおっしゃるグランド・ビジョンを描くということの意味が逆説的に重要になる局面もあると思います。みなさんはどうですか？

落合（藤木研）：僕たちは、未来の建築のプロトタイプとしての建築をつくりました。極端に言うと過去はどうでもいい、とりあえず実際に建てる場所の過去とはまったく関係なくつくったものです。過去の寄せ集めが未来に通じるという考え方も、もちろん好きですし分かります。でも未来というビジョンを、大学院２年間である程度構築しなければ、社会に出で「じゃあ何をつくろう」という時に、また過去の歴史を漁ることになる。過去を蔑ろにするわけではないですが、未来のビジョンが無ければ過去を振り返れないと思うんです。

　そうやって僕らは、果たしてどういう未来が自分たちには可能なのか考えてきたわけですが、今回参加してちょっと違和感を感じました。僕らは、いまは成せ得ないけれど未来ならできるということをやるべきだ、とビジョンしていたわけですが、まちづくりであれば、そのまちに対しての最終的なゴールをどう設定しているのでしょう？

根岸（陣内研）：軽い建築という発表がありましたが、

それは重い建築が存在しているからであって、過去からの時の流れを断絶してモノを考えることは絶対できないと思います。プロジェクトによって、この瞬間だけを目的にしているものもあれば、10年後を見据えているものもあるし、さらにもっと先までプロジェクトとして提案しているものもありますが、それは時間の扱い方……どこを目指しているのかというベクトルが違うだけだと思います。

落合（藤木研）:僕たちのプロジェクトは40年後を逆に考えすぎているというか、建築の未来化を考えた時に、たとえば環境のことが問題としてあがってきますが、それを見据えつつ模索してきました。もちろん建築の歴史は意識しているのですが、ここで提案した建築は、日本にできてもイギリスにできても変わるものではありません。だからあえてコンテクストは無視しています。

北川:落合君たちの提案は、一番、建築的なプロジェクトではあると思います。ただそのアプローチが、いまの建築の概念や場所のコンテクストであったり素材ではなく、もうちょっと広い「現代」を見据えていると感じました。そうやって現代を見据えた上でプロジェクトに取り組んでいった方が、たとえば40年後に参照してもらえるようなものになるかもしれない。結局、スタートラインがちょっと違うだけなのです。

青井:「現在性」をよく見据えるためには、まず過去に対する先鋭な意識がないといけないと思います。みなさん少しずつ違うけれど、全体的に自分たちがやっていることの歴史的な位置づけに対する意識が希薄だと思いますよ。

昨日、僕のセッションでは、いずれかといえば過去をテーマとしたプロジェクトを4つ集めて発表してもらいましたが、実は「過去」を扱うという営みだって現代に属しています——つまり我々の先人たちも、それぞれの現在において「過去」を扱っていたわけですよね。私たちはそうした積み重ねの上にあると同時に、自分たちの現在にいる。それをちゃんと考えてほしいということです。現在に居直ればよいというものではない。

北川:いまの大学院生は、少なからず僕が大学院の博士後期課程に属していた10年前とくらべると、まったく違う価値観をもっています。とくに、学生たちの都市に対する意識に違いを感じます。だから「建築」「都市」と言った時に、ひょっとすると彼ら学生の中には、これまでの建築や都市とは違う言語があるかもしれない。それは仕方がないことです。1990年初頭にバブルがはじけて、物心ついた頃からそういった時代の中で育ってきた人たちがもっている現代性であり価値観なのだから。その時代性が今回のみなさんのプロジェクトの中に現れているとポジティブに捉えられます。あまり歴史の認識を定めたり意識しすぎても、現代ならではの建築や都市への志向は新規性を発揮しにくいと思いますよ。

青井:だからこそ、自分たちの現在とは何かということを意識化して、きちっと認識すべきだと思う。非常に単純なことを言っているつもりです。

「要求」ではなく「欲求」にこたえる仕掛けづくり

実行委員:時間が迫ってきましたので、そろそろまとめに入りたいと思います。

澤田（田路研）:なかなか理解されにくいプロジェクトだと思いますが、その中でも、「ルールとは何なのか」について真剣に考えたので、そこをもっと啓蒙していくような活動ができればと考えています。

青井:設定しようとしていることは非常におもしろい。しかも実は、政治的文脈につながっているし、経済的文脈にもつがなっている。「土地とは何か」という問題にもつながっている。しかし、それらがどうつながっているのかを表現していなかった。そこの接続をもっと意識的にやれば、非常に現代的な可能性に満ちた提案になるような気がします。

北川:ルール設定したことは、すごく興味深かったのですが、ルールの捉え方がもっといろいろあったのじゃないかなとも感じました。たとえばそのルールに真正面から捉えていく建築もあれば、「際」をせめていく建築もある。そういったルールが対象とする幅、いわば可能性を、もうちょっと見てみたいと感じました。

実行委員:ほかのみなさんは、いかがですか?

加藤(五十嵐研):僕らの研究室では、建築の過去・歴史を現代的なメディアにのせて発信するという活動をしています。ブログからはじまってツイッターなど、メディアの個人の所有化がいろいろと進んでいる中で、たとえば「建築系ラジオ」などは、建築家の声という歴史を記述したメディアです。これまでおそらくそうしたメディアはなかったと思いますし、そういった新たな価値基準を記述するメディアをつくって発信していけたらいいなと思いました。

伊藤(伊藤研):私が関わってきたプロジェクトは、システム構築をメインにしていたので、復原(復元)設計の専門の方に「あ、これは使えるね」と、言ってもらうということが絶対的なゴールだと思っていました。しかし今回発表してみて、常に足下を見て、完成と課題を見い出して、それを重ねていきながら上にあがっていかなければいけないのだと客観的に見ることができました。

林(佐々木研):私は過去や現在、未来といったことは、あまり考えていませんでした。それを考えるのは石山の人だと思っていますし、こちらから言わない方がむしろ可能性があるのではないかと思っています。今回参加して、うちの学科は建築ではなくて生活科学系に分類されることもあって、普段、研究室で建築としての議論をしたことがあまりありません。そういう意味で、建築というフィールドから自分たちがやっていることを、もう一度捉え直すきっかけになったのかなと思っています。

川村(佐々木研):みなさんよいところは発表されていますが、「この方法でやる時は、ここに絶対注意しないといけないぞ」という点があるはずだと思います。せっかくいろいろなプロジェクトが集まる会ですし、よりよいプロジェクトにしていくためにも、失敗例や注意点、課題をもっと出してもよかったのじゃないかと感じました。

青井:なるほど。失敗学というのはひとつの視点としてはおもしろいですよね。それから林さんから「これからの石山を考えるのは石山の人たちだ」という発言がありました。確かにその通りなんだけれども、それも争点になる問題かもしれません。まちづくりの現場って、そこに住んでいる住民だけで成り立っていることは実はほとんどないですよね。実はそこに住んでいない人が入ってくることによって、まちづくりが動いているケースが多い。学生もその一員として、もっと主体的になにか投げ込んだり、仕掛けたりしてもいいんじゃないかな。

林(佐々木研):仕掛けていて、それに対して地域の人からのレスポンスもあります。それに、いまあるものを「何だろう」と発見したり、「こういう見方もありますよ」と問題提起していくのは、やはり外部の人間の存在があった方がいいと思っています。でも、結局は自分が住んでいるまちや暮らしをどうしていくかということは、そこの人が考えるべきじゃないかと思っています。

中島(布野研):僕は、再建をするにあたって「現実的」になるようにと考えていたのですが、青井先生が言うように、今求められている「現代性」を考える方が、より自然な流れなのではないのかということに気づきました。

青井:過去を復原・復元するといっても、どうしても「現在」というものが入ってくる。そのことに対するスタンスが重要だということです。そしてもうひとつ、自分たちがコンペを通じてやったことも、最終的には専門的な研究者や熟練した大工たちが実際の局面を動かしていくわけですから、そこへ自分たちのプロジェクトをどうつなぐことができるか、つなぐ回路をつくるかということが、大事なポイントになるんじゃないかと思います。

吉田（陣内研）：プロジェクトと聞くと「依頼されたものをこなす」という印象があったのですが、意外と自発的にやっている活動が多いということを知りました。その時に、いろいろな要求に応えるだけではなくて、純粋に欲求の赴くままに、もっと素直にプロジェクトを進めてもいいのじゃないかと感じました。

伊藤（古谷研）：北川先生から、賛否両論あるような野心的なプロジェクトがあっていい、というお話がありましたが、プロジェクトは、むしろ社会との接点をもつものだし、制約が多いものだと僕は捉えていました。現実として、プロジェクトには、せめぎあいみたいな部分がすごくあると思う。だからこそ、プロジェクトで行ったことを紹介するのはもちろんですが、それに対して客観的に自分がどう感じたのか、あるいは問題点や反省点を示すことで、ほかのプロジェクトにも応用できるのではないかと思いました。

北川：プロジェクトをやる上で、社会ってそんなに制約が多いでしょうか。建築設計の方が、よっぽど制約が多いような気がします。本来は、状況を好転させる醍醐味がプロジェクトにはあるのです。

伊藤（古谷研）：課題だと、なんていうか確信犯的にそうした制約を無視してしまうところがあるのですが、現実のプロジェクトとなると、よほど裏付けがないとそうはいかない。そこが難しいと感じています。

青井：社会的な制約というか、主体や組織につながっているということですよね。それを踏まえつつ、ちょっとひっくり返してみたり逆に利用できたりするのが、ある意味、大学院生ならではのプロジェクトだと思う。

北川：プロジェクトを進めていく上で大事なのは「要求」ではなくて「欲求」と言ったけれど、まちづくりならば、そのまちに住んでいる人の欲求に応えないとまず失敗しますし、行政に絡むのなら行政の欲求を満たしていくことが必要。要求はどちらかというと前提としてあるものですが、欲求は自発的なもの。人の「欲求」というと、必ずしもよい印象に聞こえないかもしれないけれど、「こうしたい」という素直な気持ちや価値観のことであって、だから制約をうまく使えば、欲求を満たすものに変わることって結構あるのです。意見ばかりしている人にも、「こうしたい」という欲求が絶対あるはず。そういう欲求に応えていくような状況に仕立てていくことこそが、建築の分野の人が関わるプロジェクトのすごくおもしろいところだと思います。

あらたな「言葉」を生み出そう

北川：いま建築の分野にいるひとりとして、みなさんには、もっともっと一般の人々に建築を開いていってほしいです。建築の人が使ってきた言葉ではなくて、新しい言葉が生み出されるような状況をつくっていってほしいと思います。今日はこの場に集まったプロジェクトの違いを知るというよりも、ここは出会いの場。それをポジティブに受けながらやっていくことが大事なのです。たとえば五十嵐太郎研究室は、新しい化学反応を起こすような現代的なメディアの使い方を意識していますが、そういう出会いをどんどんつくっていくことで、プロジェクトの可能性はまだまだいっぱいあると感じました。

実行委員：青井先生はいかがですか?

青井：みなさん、非常に濃密に実践されているというのはよく分かりましたが、プロジェクト展の今後に向けて4つポイントを挙げたいと思います。ひとつは現実の手続きやプロトコルに巻き込まれつつも、自分自身の問題設定というものを常に考えてほしいということです。ふたつ目は、似たようなことですが、歴史や場所性、住民や生活というものが正しいという風潮がありますよね？　そうした「正しいもの」に対して、学生は負けてしまいがちだと思うのですが、「ちょっと待てよ」というところから考える努力をしてほしい。3つめは歴史性です。過去にいろいろな人たちが、いろいろな取り組みをしているわけです。それらと自分とがどうつながっているのかということを考えてほしい。最後は、最初に述べたことですが、このプロジェクト展にもってくることの意味、切り出し方を考え直してほしいということです。

実行委員：ありがとうございました。大学院の２年間、好き勝手なことができるかというとそうではなくて、学生でありながら社会とも向き合ったり、今までやったことのない実務を経験したり、直接自分の研究とは関係のないプロジェクトに関わったりしながら過ごしていく時に、自分の目的や意志がないと宙ぶらりんのまま過ごしかねません。そういった観点からも、今年こうして座談会を開けたことはよかったのじゃないかと思っています。一方で、今年は研究室単位で募集をかけましたが、個人や有志の団体で活動されている方もいます。そういう人たちが参加することで、より発展した議論がなされるのではないかと思っています。以上で、プロジェクト展座談会を終了したいと思います。

スタジオトークを終えて｜馬場正尊

大学院において「プロジェクト」は重要な意味をもつと思う。僕は早稲田の石山修武研究室で多くの実業／プロジェクトに、大学院の頃から関わることができた。建築家が、学生ではなく社会と対峙するときの顔や語り口は大学内とは違っていた。緊張感や状況判断、物事を決めにかかるときの迫力……、それを間近で見ることになった。この経験がどれほど重要だったかということは、社会に出てすぐ気がついた。高いレベルから社会人生活をスタートできたのだ。今でもそれが僕のベンチマークになっている。大学の中だけにいては決して味わえなかった感覚だった。大学院だからできるプロジェクトがある。今回の講評では結果がすぐに求められるビジネスではやりにくい、しかし新しい建築の地平を拓く実験としては興味深い試みがあった。トウキョウ建築コレクションの試みは、大学院の本来のアイデンティティに光を当てたと思う。これからも続けていって欲しい。

特別講演会

『東京　歴史の表現　技術の表現』

「特別講演会」開催概要

「特別講演会」は、「社会からの発信」という性格をもち、例年、実際に社会でご活躍されているゲストを招き、学生へのメッセージとして講演会を開催してきた。

一昨年の建築家・槇 文彦氏、昨年の二川幸夫氏に続き、今年は建築史家の鈴木博之氏をお招きし、『東京　歴史の表現　技術の表現』というタイトルでご講演いただいた。

本講演会は3月2日（火）に代官山ヒルサイドテラス・ヒルサイドプラザにて開催され、講演後は鈴木氏を交えた懇親会を行った。

今後、さまざまなゲストによる講演がアーカイブされていくことで、そこから間接的に「トウキョウ」という都市像を捉えることも期待している。

講演者

鈴木博之 Suzuki Hiroyuki

建築史家、工学博士。1945年東京都生まれ。1968年東京大学工学部建築学科卒業、1974年同大学大学院博士課程満期退学。1974年東京大学工学部専任講師、1974～75年ロンドン大学コートゥールド美術史研究留学（英国政府給費留学生）、東京大学助教授を経て、1990～2009年同大学大学院教授を務める。現在、青山学院大学教授。博物館明治村館長。

特別講演会
『東京　歴史の表現　技術の表現』

写真提供＝鈴木博之

今日は、技術や形態などをめぐりながら、建築の表現の根拠とはどういうものかという話をしたいと思います。

建築を成立させる根拠、あるいは今、建築をつくる上での可能性はどういうところにあるのか。そんな話を建築家がつくった建物を見た時などに考えます。よく会って話をする建築家に、難波和彦さん、石山修武さん、安藤忠雄さんといった方々がいます。彼らとの話のなかで考えたこと、彼らやほかの建築家の作品を見て考えたことなどをお話しします。

様式の時代からマシン・エイジへ

建築の表現がどうやって決まってきたのか。単純に言うと、近代以前には様式が生きていて、それが決めていました。建築というのは様式にしたがってつくられるのが常識であり、一種のパラダイム、規範になっていたわけです。中世の人たちであれば教会をつくる時、ロマネスクの時代にはロマネスクで、ゴシックの時代にはゴシックで、ルネサンスの時代にはルネサンスでつくるというように、時代によって、その様式が決まっていました。新しい様式は、革新的な建築によってつくりだされますが、様式が成立していた時代には、その様式に則って建築家は建築を考えてつくっていたわけです。

これは日本においても同様です。たとえば、和様のお寺をつくる。あるいは禅宗のお寺なら禅宗様を使う。神社だったら神明造、春日造、流造と、いろいろな様式があるように、まず形のルールというものがあった。住宅の場合にも、書院造、あるいは数寄屋でつくるといった大きな形のルール、形の体系があり、それをどう使うかが建築をつくることであったと言ってよいのではないかと思います。しかし、様式の時代には様式に則って建築をつくっていたからといって、建築は一色であって何の変哲もないものしか出てこないというものでは決してありません。同じ書院造をつくるにしても、うまい人、へたな人、革新的な人、保守的な人がいたのですから。

こうした様式によって建築がつくられていた時代は、大きく言えば20世紀になって崩れます。19世紀は様式的な発想法が大混乱を起こした百花繚乱の時代であり、様式的な建築のつくり方が有効ではなくなるという経験をします。

では、そのあとの時代は何が建築を決めてきたのか。大きく整理すれば、機能が建築を決めていくということになります。様式主義の時代から20世紀に入ると、ある意味では括弧付きですけれど、「機能主義の時代」が生まれてきたのです。建築は、機能を分析して形が決まってくる——単純に言うと、そういう考え方がでてきます。人間の行動を分析する、そこで行われる生産のラインを分析する、いろいろな集団的な活動を分析する、空間はそれに対応した形で生まれてくる、というふうに考えられるようになったのです。すると建築のアナロジーとして、「機械」というものが浮かび上がってきます。機械が一番機能的な存在だということに、20世紀の人々は気が付くわけです。

機械は、なぜ「機械」なのか。それは機能があるからであって、機能がない機械はゴミクズになってしまいます。つまり機械には必ず明快な目的があり、そして目的のために必要にして十分な構造を備えている。そして、それが機械だという発想です。

機械と道具の違いとは、構造があるかないかだと言われます。道具も機能が明快で、たとえば金槌は釘を打ったり物を叩くという機能があるし、包丁は物を切るという機能があるけれど、包丁も金槌も一体となったひとつの物でしかありません。それに対して、たとえば蒸気機関車は、レールの上を物を引っ張って動くという機能をもっているけれども、道具のように単一の部材でできているわけではなくて、複雑な部分が全体を構成しています。つまり、あらゆる部分が機能に対して意味をもっているのです。

また、無駄な部分のないのが機械だと言えます。蒸気機関車には罐《かま》があって、お湯を沸かして蒸気をつくり、それがピストンを動かし、さらに動輪を動かす腕が回って、動輪が回ります。あらゆる部分は機能遂行のために無駄がない。それで必要かつ十分な構造を備えている。これが機械だということになります。

そうして機械が近代社会をつくったという意識ができてきました。機械は産業革命を生み出し、それによって物の生産の方式がガラッと変わりました。職人が自分の仕事場でコツコツと物をつくっていたような時代、あるいは自宅で機織り機械を使って布を織っていた時代から、工場という物をつくる場が独立して、人はそこで物をつくるようになります。それに伴って、社会の構造も変わりました。その原動力はマシン、機械だというのが、20世紀の人々の思い至ったところだと言って良いのではないかと思います。ですからマシン・イメージが、20世紀の社会を支配する時代イメージになったのです。たとえば、18世紀を絶対王政の時代と言うように、ひと言で20世紀を表現すればマシン・エイジになる、と。

建築も明らかにそのマシン・イメージにしたがって自分の存在を説明しようとしたと考えられます。ル・コルビュジエという建築家が「住宅は住むための機械だ」という有名な言葉を記したのもその現れですし、その機械的なあり方、マシン・イメージあるいはマシン・モデルというものが、もっとも説得力のあるかたちで説明してくれると人々は考えたのです。建築のあらゆる部分も、機能に対して明快な意味をもつというかたちでデザインされるようになりました。同時に20世紀の建築は、それまで存在していた装飾を失っていくことになったのです。装飾というのは、機能には関わらない無駄で余計なものであって、機械に装飾がいらないのと同じように建築にも装飾はいらない——これが機能主義的建築というものを生んでいく考え方であったと言ってよいと思います。

そうなると、建築はビルディング・タイプになってくるわけです。たとえば住宅は、家族構成、収入、仕事と、無限にバリエーションはあるけれども、住宅は住宅というビルディング・タイプを形成し、そのビルディング・タイプのなかで機能によって個別の解決を見出す。学校でも病院でも工場でも同じです。ビルディング・タイプとは、取りも直さず大前提としてのファンクションに結びついています。

個人的なことですが、新幹線に乗っている時、窓の外を見て建物を判断するのが好きなんですね。「あ、これはマンションだ」「これは工場」「これは病院」と、同じ7、8階建ての建物でも、マンションと病院とオフィスは違う。それを区別できても何の役にも立たないのですが、駅に近づくとマンションだらけになってきたり、ちょっとずつ病院が挿入されてきたりと、都市がいくつかのビルディング・タイプの組み合わせと、その密度の違いからできているのが分かっておもしろいものです。

そのようにできているのが、20世紀の建築です。それ故に建築教育にしても、ビルディング・タイプを勉強しましょう、ビルディング・タイプごとの基本を覚えて、それについて個別のバリエーションを創意工夫して考えながら解決をしていきましょう、となってきたわけです。それによって、安定したもののつくり方のメソッドが確立していったと言えるのではないかと思います。

そしてインフォメーション・エイジへ

ところが20世紀の後半から、徐々に、そうした機能に基づくビルディング・タイプという建築のあり方が成立しにくくなってきました。それがマシン・エイジから「インフォメーション・エイジ」、機械の時代から「情報化時代」への変化と言えます。

21世紀になって、いま我々は情報化時代の、まだ動きつつある時期にいるのではないかと感じます。時代の渦中にいるとその本質はなかなか分からないので、百年後にどう言われるかは分かりませんが、古典的なマシン・エイジは明らかに過去のものとなり、何か新しい次元に入ってきたというのは、私よりも皆さんの方がずっと自然に感じているのではないでしょうか。

ひとつには、機械がいわゆるメカニックなものから、電子的なものに変わっていったことがあるでしょう。昔の機械というのは、ぜんまい仕掛けの時計にしても、足踏み式のミシンにしても、先ほどの蒸気機関車にしても、目に見えて動いていました。だから器用な人なら時計を分解・掃除したりできる。ところが電子化された機械は、目に見えて動きません。機能を果たしているかどうかは分からない。私などは、結果が出てくれば機能を果たしているのだろうという、結果オーライの世界に住んでいます。のっぺらぼうなプリント基板か集積回路のようなものが働くらしい——つまり、部分が機能に奉仕しているといっても、その構造が見えなくなってしまい、部分と全体の構造という概念がリアリティをもたなくなってきたということが、ひとつ挙げられます。

次に、機能自体が分からなくなっていることが挙げられます。たとえば昔なら、時計は時間を示すものと決まっていました。けれども今、ケータイに何ができるのか私には全然分からない。もちろんパソコンもそうです。パソコンのヘビーユーザーでも、その機能の30%を駆使している人は滅多にいません。普通の人は5%くらいで日常的には十分満足しているのではないかという気がします。要するに、機能に対応してマシンがあるという時代ではなく、機能は自分で発見する、あるいは過剰な機能のなかから自分が選んだ機能を使うというのが機能と我々の関係になっている。つまり機能が形を決めるというのは、はるか昔の話で、機能主義的なデザイン理論は完全にリアリティを失っている——それがインフォメーション・エイジにおけるもののあり方だと思います。

原始的なレベルで言えば、ここは寝る部屋、ここは物を食べるための施設だからレストラン、病気になった人が行く所だから病院だと、そういう機能は明快にあるけれど、それがもつリアリティが変わってしまったのです。たとえば先端的な病院の手術室は、ほとんどテレビスタジオのようです。患者をストレッチャーで運び、手術台に乗せ、その周りに必要な測定機器やモニターを並べ、たくさんのライトで上から照らす。手術を終えたら、患者は去り、機器を元に戻して、がらんとしたスタジオになる。そして次の手術の時には、また必要な機器を並べて……という繰り返しです。ですから、機能と一対一対応をする建築というのは、先端的な部分からはなくなりつつあると言ってもいい。

4つの拠りどころ

機能による表現、機能によってすべてが表現できるというリアリティはもうなくなった、というお話をしました。では、次にどのような拠りどころがあるのでしょうか。それを少し、具体的なものを通して見ていきたいと思います。

ひとつは、「歴史・周辺のコンテクストからの表現」が考えられます。この会場である代官山「ヒルサイドテラス」(1967～1992年)は、コンテクストから形成されている部分があるように思います。塚があって、後ろに朝倉邸があって、旧山手通りという尾根筋の道がある。そうしたものを一つひとつ読みながら建築をつくっていき、つくられた建築がコンテクストを形成して、次の文章を生み出していく。単にどこにどういう店や施設を入れるかという計算だけではなく、周囲を読む、場所を読むというコンテクストからつくっていくという表現が、新しい意味をもちはじめている。こうした表現が、20世紀後半からだんだんに出てきていると思います。

もうひとつは、「技術による表現」の可能性です。これは機能による表現と似ているように見えますが、たとえば構造技術を表現する、構造自体がもつ意味を表現するという発想があります。いわゆる「ハイテク」と呼ばれるよう

fig.01 | 東京駅周辺のまちなみ

fig.02 | 明治神宮越しに見た新宿のまちなみ

fig.03 | 六本木周辺のまちなみ

fig.04 | 日本橋のまちなみ

な建築です。ハイテクというと機能主義の権化のようですが、ちょっと違います。環境技術もありますし、空気調和、ダクトの配管といった技術による表現の可能性を考える人もいるのです。

それから「既存の建物に対する関与」が挙げられます。私自身、建築の歴史を専攻していると、古い建物の保存やリノベーションを考える機会が多く、これは現代において新しい意味をもちつつあると感じています。

機能主義の時代というのは、一切の先入観を捨てて機能をダイアグラムにしていき、それが建築に結実するはずだ、と、ある意味でゼロから白紙の上に建築をつくっていくのを理想としていました。しかし近代が進むと、既存の建物や歴史的な存在との関係でものをつくる、あるいはものをつくるというのは歴史的存在との関係のなかで生まれる、という考え方が徐々に意味をもつようになりました。その際に、「ミニマム・インターベンション」という言葉がよく使われます。インターベンションは「介入する」という意味ですね。ですからミニマム・インターベンションは、「必要最小限の介入」を指します。既存のものに対して、どんどん手を加えて全部自分の形にしてしまうのはなく、必要最小限の手を加える——ある意味では表現を殺すような発想が正しい介入の仕方だというわけです。

どの拠りどころが正しいとか、「次はこういう時代になる」と言えるほど、ものごとは単純ではありません。しかし私は、いろいろな問題意識をもち、いろいろな可能性を追求し、それを試みたさまざまな例が出てきているのが現代ではないかと考えています。

東京の動き

ここからは、ここ2、3年の東京を中心に、スライドを見ながらお話を進めたいと思います。

東京駅周辺、丸の内の風景写真です(fig.01)。ある意味では一番保守的な場所ですが、20〜30年前に比べると様変わりしている、非常に大きく動いている所です。

そして次は、新宿です(fig.02)。新宿は日本で最初に超高層ビル群ができた地域です。手前は明治神宮です。写真の下に写っているのは、伊東忠太も設計に関わった社殿で、森の上端には大江新太郎の「宝物殿」(1921年)が見えます。『新建築』誌の3月号で、東京の建築を3つ挙げて案内してくださいというアンケートがあったので、この「宝物殿」と、ここから代々木に歩き出たところにある丹下健三の「国立屋内総合競技場」(1964年)と、表参道を通り抜けた先にある隈研吾の「根津美術館」(2009年)を推薦しました。大正の和風、昭和の巨大建築、そして平成へと、この3つの建築を見ると、建築家が伝統と格闘しながら新しいものをつくる努力をしているのが分かると思います。東京は日々動いていますし、おもしろい要素が方々にある都市だと言えます。

六本木です(fig.03)。左の中段は青山墓地、「東京ミッドタウン」(2007年)の向こう側は神宮外苑から赤坂御苑、左上のほうは新宿御苑の緑です。こう見ると、東京には所々に緑がまとまってあるのが分かります。日本橋(fig.04)も今、盛大に動きつつあって、中央が「日本橋三井タワー」(2005年)です。秋葉原もすっかり様変わりしてしまったまちですね(fig.05)。品川には、超高層ビル群が林立する地区ができているのはご存知の通りです(fig.06)。

これは幕張の写真です(fig.07)。向こう側にゆるやか

fig.05 | 秋葉原のまちなみ

fig.06 | 品川のまちなみ

fig.07 | 幕張のまちなみ。
中央は「幕張メッセ」(1997年)

fig.08 | お台場のまちなみ

な弧を描くのは槇文彦の「幕張メッセ」(1997年)です。槇先生に聞くと、幕張メッセを設計した時には、海との間にこんなスタジアムができるとは夢にも思わず、自分のデザインコンセプトは根底から否定されたとおっしゃっていました。日々何が起きるか分からないのが東京だと思います。

お台場です(fig.08)。レインボーブリッジが見えて、手前の中央が丹下健三の「フジテレビ本社ビル」(1996年)です。丹下さんの事実上最後のお仕事で、ある意味では機能主義が意味を失っていく時期と重なっているように思います。

そしてこの写真は、左は「東京都庁舎」(1991年)、右は「新宿パークタワー」(1994年)です(fig.09)。ともに丹下さんのお仕事ですが、機能主義の建物だとは誰も思わないのではないでしょうか。「東京都庁舎」にはいろいろな解釈がありますが、機能は目に見えなくなって、機械自体がインビジブルなものになっていく、パターン化していくのに対応している。一種の装飾性を帯びてくる時代の建築になるのではないかという気がします。

歴史的なレファレンス

次に「国立新美術館」(2006年)です(fig.10)。黒川紀章の最後の作品ですね。左手に残っているのは陸軍近衛第三連隊の元兵舎です。「国立新美術館」は、なかに四角い展示場のボリュームが収められていて、その外側をうねるような不思議なガラスの壁面が覆っています。つまり機能がそのまま表現になるのではなく、ある種の機能を内蔵してそれに皮膜を掛けている。パッケージデザインとも言えますが、そういう次元に入ってきたことをこの作品からはよく感じます。

4年ほど前に保存再生された麻布・鳥居坂の「国際文化会館」(1995年竣工、2006年リニューアル)です(fig.11)。この建物は、前川國男、坂倉準三、吉村順三という戦後の大建築家が共同で建てた国際交流のための施設です。取り壊して再開発するという話もありましたが、全面的に内部をリノベーションし、少し増築をして骨格を継承しました。これは内部で、右側は新しくつくったホールです(fig.12)。よく見ると増築や改変された部分も多いのですが、コンテクストを大事にしながら、すでにあるものをどう丁寧に継承するかという方法論に取り組んだ建築と言えます。

fig.09｜「東京都庁舎」(1991年)と「新宿パークタワー」(1994年)

fig.10｜「国立新美術館」(2006年)

fig.11｜「国際文化会館」(1995年竣工、2006年リニューアル)

fig.12｜「「国際文化会館」内観

fig.13｜現在の東京駅

fig.14｜旧「三菱一号館」(1894年)

fig.15｜復元された「三菱一号館」(2009年)

fig.16｜「東京大学情報学環・福武ホール」(2008年)

今、東京駅自体を大正時代の竣工時の姿に復原しようという工事が進んでいます。ここに見えている東京駅(fig.13)は、第二次世界大戦末期の空襲で3階部分が焼けてしまい、それを取り外して2階につくり直したものです。それを元へ戻そうという、現代的な大事業になっています。

丸の内全体で再開発が行われていますが、所々でかつての建物を継承したり、あるいはかつての建物とのコンテクストで丸の内を考えようという事例も出ています。この「三菱一号館」(1894年)は、ジョサイア・コンドルというお雇い外国人が設計したもので、丸の内に最初に建てられた日本初のオフィスビルです(fig.14)。しかし経済成長のなかで1960年代末に取り壊されて、9階建てほどのオフィスビルになりました。それを建て替えるにあたって、元の姿に戻そうと工事が行われて去年の暮れに完成しました(fig.15)。全国からレンガ職人を集めて、建設当初と同じく手積みでレンガを積んだりしています。そのレンガも、日本ではもうつくれないので、中国でつくって運んでいます。ほかにも、石やスレートなどいろいろな苦労をしています。新しい建物をつくるにあたって、こんな古いものを再現することに機能的には意味がありません。これもかつては考えられなかったことですが、都市のコンテクストを考え直すなかで、こうした昔のものを再現することが新しい意味をもつ時代になったのだと感じさせる事例です。

東大キャンパスの森のなかには、安藤忠雄の「情報学環・福武ホール」(2008年)が建てられています(fig.16)。本郷通りに沿った非常に細長い敷地で、これもこの場所のコンテクストがデザインを決めたものだと思います。地上は2階建てにして低く押さえ、あとは地下に埋めて深い庇をつけています(fig.17)。京都の三十三間堂をスタディしたと聞きましたが、細長い敷地を現代的に解釈する時にも、いろいろな歴史的なレファレンスがなされるというひとつの例だと思います。

同じく安藤さん設計の、六本木にある三宅一生デザイン文化財団の美術館、「21_21 DESIGN SIGHT」(2007年)です(fig.18)。鉄板を折り紙のように曲げてつくられています。これは三宅一生さんの衣服の原点である「1枚の布で身体を包む」という有名な考え方にインスパイアされたもので、これも歴史的なレファレンスという意味において、コンテクストを読むデザインだと言えます。

上野で安藤さんが改修設計した、「国際こども図書館」(2002年)です(fig.19、20)。後ろにあるクラシックな

fig.17 |「東京大学情報学環・福武ホール」外観

fig.18 |「21_21 DESIGN SIGHT」(2007年)

fig.19 |「国際こども図書館」(2002年)

fig.20 |「国際こども図書館」

fig.21 |「ルイ・ヴィトン表参道ビル」(2002年)

fig.22 |「プラダ ブティック青山店」(2003年)

fig.23 |「デ・ヤング美術館」(2005年)

fig.24 |「ディオール表参道」(2003年)

建物は未完成に終わった国会図書館の一部で、そこに新しい要素を挿入して子供の図書館にしています。建物の裏側にはガラスの皮膜をつけて、廊下と上階部分のスペースをもち込んでいます。無からつくるデザインではなくて、既存のものをどう解釈するかで成立する、とても現代的なデザインのやり方ではないかと思いました。

皮膜への関心

表参道は皆さんご承知の通り、今や現代建築のショールームのようになっています。しかしほんの20～30年前まで、このあたりはほとんどが住宅地で、その後、明治通りと表参道が急速に商業化して新しい建築がさまざまに建ちあがるエリアになりました。

たとえば青木淳の「ルイ・ヴィトン表参道ビル」(2002年)は、トランクを積み重ねたという説明をしていますが、機能の外側にスクリーンで皮膜をつけるというつくり方に見えます(fig.21)。若い建築家は、皮膜を考えていく人が多いように感じています。

そしてヘルツォーク&ド・ムーロンの「プラダ ブティック青山店」(2003年)(fig.22)。これもやはり皮膜だろうと思います。彼らがロサンゼルスにつくった「デ・ヤング美術館」(2005年)は、メッシュのような金属と金属板をかぶせて古い建物をリニューアルしたもので、これを見ても、皮膜としての建築のつくり方がうまい人だと思います(fig.23)。外観は不気味に見えますが、なかは居心地が良い空間となっています。

妹島和世と西沢立衛の「ディオール表参道」(2003年)は、外観からも分かるように、各階がふさわしい階高になっていて、その意味では完全な機能主義とも言えます(fig.24)。ただそれが形体を決定しているわけではなく、やはり全体が半透明にパッケージされている。むしろ、機能は表現にはならないという宣言ではないかと感じました。同じく妹島和世と西沢立衛が設計した「金沢21世紀美術館」(2004年)は、妹島さんらしい要素がいろいろとあって、それをガラスでぐるりと囲んでいます(fig.25、26)。内部にいろいろな大きさのキューブが挿入されていて、それを仕切る方法もさまざまにあると説明されています。ひとつの固定したプログラムで使われる建物ではなく、プログラムが無限に組み替えられるというものです。先ほどお話しした、機能と形体の結びつきが対応しなくなった、電子化された時代における建築のあり方をよく示していると思います。

fig.25 |「金沢21世紀美術館」(2004年)

fig.26 |「金沢21世紀美術館」内観

fig.27 |「梅林の家」(2003年)

fig.28 |「サーペンタイン・ギャラリー・パビリオン2009」(2009年)

fig.29 |「サーペンタイン・ギャラリー・パビリオン2009」

fig.30 |「せんだいメディアテーク」(2000年)

fig.31 |「せんだいメディアテーク」内観

fig.32 |「第3スカイビル」(1970年)

自動機械とロボットの違いを聞いたことがあります。自動機械とは、どんな複雑なものでも、ひとつの作業だけをするもの。たとえば、牛乳のビン詰めをするのに、ビンを洗って、牛乳を詰めて、ラベルを貼って、蓋をしてというのは自動機械。それに対してロボットとはプログラミングを変えられる機械。つまり、牛乳も詰められるが、プログラムを変えれば酒を詰めるのにも対応できるといったように、機能と対応しない機械がロボットだ、と。建築も機能と単純に対応しない、プログラムが変わるものに対応できるというのが、今の新しい課題になっている気がします。

妹島さんが設計した「梅林の家」(2003年)です(fig.27)。この極小住宅は、16mm厚の鉄板でつくられています。窓のサッシのほうが壁より厚いという感じで、建築を極限まで抽象化して、面の構成によって最小限住宅をつくっている。室内は、鉄板を切り抜いた穴を通して隣の部屋、またその先が見えます。

妹島和世と西沢立衛の「サーペンタイン・ギャラリー・パビリオン2009」(2009年)は、夏の4カ月間だけロンドンに設置される仮設のパビリオンです(fig.28、29)。その設計は毎年ひとりの建築家に依頼されます。ここでは合板をアルミでサンドイッチしたクローバー型の屋根があり、それをとても細いパイプで支えていて、基本的に壁がありません。屋根は上下にうねり、低い所はテーブルくらいの高さ。平日に立ち寄ったのですが、ごく普通にこの場になじんで楽しんで使われていました。建築のあり方は、やはりずいぶん様変わりをしているというのを感じた作品です。

フローの表現

妹島さんの師匠にあたる伊東豊雄の「せんだいメディアテーク」(2000年)です(fig.30)。伊東さんが抱いた「海藻がゆらゆら揺れているようなイメージ」を、佐々木睦朗さんという構造デザイナーが、細いパイプをメッシュ状に組みあげたような柱と鉄板の床スラブで実現した建築です。階高はそれぞれ違います。平面図を見ても、機能に対してスペースが用意されているようなリジッドなものではありません。この建物が、日本の建築をずいぶん変えたというのは事実だと思いますし、柱の概念も変わりました(fig.31)。構造の表現というより、建築のなかを流れる情報や空気といったさまざまなフローの表現なのではないか——表現の拠りどころが、空調や環境制御といった目には見えないものの流れの技術に向かっているという気がします。

fig.33 |「都城市民会館」(1966年)

fig.34 | 大阪大学実験棟

fig.35 | 都内のビル屋上

fig.36 | ダクトに覆われたビル

fig.37 |「ラ・リナシェンテ」

fig.38 | マクセンティウスのバシリカ

fig.39 | 復原中の神殿の柱

fig.40 | 東京中央郵便局(建て替え前)

私の世代には印象深い、渡辺洋治の「第3スカイビル」(1970年)、通称・軍艦マンションは、今でも新宿に建っているそうです(fig.32)。構造表現主義というか、いろいろな要素が戦艦のブリッジのように過剰に表現されています。

菊竹清訓の「都城市民会館」(1966年)は、メタボリズム時代の代表作です(fig.33)。内部のダクトが透明のチューブになっていて、ものの流れを表現しているなど、単なる構造表現主義とは括れない建築だと思います。

大阪大学の新しい実験棟です(fig.34)。ほとんどが機械装置のダクトや配管でできていて、なかの実験室の空調やエネルギーを出し入れする装置が壁全体にセットされている。ある意味では、これが今の先端的の装置のような建築になる気がします。

これは、どうと言うこともない都内のビル屋上を見下ろした所です(fig.35)。屋上はどこからも見えないので、びっしりと機械が並んでいます。これは先ほどの「第3スカイビル」の向かいにあったビル(fig.36)ですが、もはやダクト表現主義と言ってもいい。こうしたバナキュラーな迫力、存在感は、なにか可能性のある光景だと思っています。

1960年代、ローマに建てられた「ラ・リナシェンテ」というデパートの写真です(fig.37)。ほぼ無窓の建築ですが、壁に縦リブみたいなものが見えますよね。これは最上階から下の階へ、空調のダクトを外壁に沿って下ろしていくシステムで、それがリズミカルな外観の表現になっているものです。難波和彦さんに教えてもらったのですが、残念ながら現在は空調の方式が変わって内部にダクトを下ろしているそうです。40年経てば空調の方式は変わるわけです。技術が日々消滅し、入れ替わっていくものだと考えると、それに多くの部分を依存している今の建築は、昔の建築のように何十年も何百年も保存され、修復されて継承されるというあり方をすでに失っているのかもしれません。だとすれば、現代でもなお、かつてのような表現意欲や造形的意思によって建築は視覚的インパクトを与えるべきだという考え方になるのかどうか。これは、なかなか難しい部分だと思います。

過去とのつきあい方

古代ローマ遺跡の、マクセンティウスのバシリカです(fig.38)。ここでは遺跡が倒れないように、巨大なワイヤーを掛けて引っ張っています。内部に鉄骨を入れるとか外側に擁壁を立てるとか、いろんな方法があるでしょうが、一目瞭然こうやって引っ張るのが遺跡を傷つけずに倒れるのを当面防げるという判断のようです。最初に説明したミニマム・インターベンションのひとつの例です。形あるものに何か手を加える時の考え方として、非常に現代的なデザイン論でもあると感じました。

そのすぐ脇で復原している神殿の柱です(fig.39)。左手は昔ながらの復原で、元の柱の断片を積み重ねていますが、右のほうは半透明のプラスチックの柱なんですね。かつてはこういう柱が林立して、屋根がかかって、壮大なローマ神殿があったというのを誰でも分かるように示している。当然、この柱は仮のものであって、しばらくしたら撤去するはずですが、これも過去とのつきあい方のひとつなのかと思いますし、まじめな人は怒るかもしれませんが、なかなか現代的でおもしろい風景という気がしました。

これは東京中央郵便局の現況で、悲惨な状態になっています(fig.40)。超高層ビルと組み合わせるので、いろんな都市計画法規上の問題から、湾曲した壁の部分でブツ切りにして表側の2スパン分だけを残して裏側は壊さ

fig.41 | 東京中央郵便局の現在の様子

fig.42 | 「アラ・パチス博物館」(2006年)

fig.43 | 「アラ・パチス博物館」内観

れている（fig.41）。ぎりぎりの選択だ、と郵政の人たちは言っていますが、過去とどうつき合うか、まさに現代におけるデザインの課題を突きつけられているように思います。

ローマに最近できた現代建築で、リチャード・マイヤーの「アラ・パチス博物館」（2006年）です（fig.42）。アラ・パチスという古代ローマの遺跡を守る鞘堂のような建物で、美術館を兼ねています。内部の正面がその祭壇のような遺跡です。この時は、イタリアンのデザイナー、ヴァレンティノの回顧展が開かれていて、その衣装が古代遺跡へのオマージュのようでとても感動的でした（fig.43）。遺跡の存在感を前提に、新しい展示スペースをつくることに成功していると思います。

結論のある話ではありませんが、一連のスライドをご覧になって、皆さんがこれから建築をつくっていく時に方法論や根拠を考える、ひとつのよすがになればと思います。現代は、建築をつくる根拠、あるいは建築を表現する方法を語ることが難しくなったのか、逆に多様になり可能性が広がっているのか。できることなら、私は今までの素朴な機能主義の時代から新しい情報化の時代に移行するなかで、可能性が多様に広がっているように信じたい。これで終わります。どうもありがとうございました。

トウキョウ建築コレクション2010
全国修士設計展
応募者一覧および1次審査採点表

氏名	作品タイトル	所属大学	小野田	迫	内藤	西沢	長谷川
バンバ タカユキ	**Volume —空気を含んだ密度に包まれる空間—**	**京都工芸繊維大学大学院**		○	△		○
三好絢子	アクティビティを誘発する建築空間に関する研究	広島工業大学大学院					
秋田亮平	membrane bone	東京藝術大学大学院		△	○		
吉田敏也	動きのある建築	筑波大学大学院					
佐河雄介	**Homage to Xenakis**	**多摩美術大学大学院**		○	○	○	◎
武智且洋	都市における未来型居住空間	近畿大学大学院					○
小松崎七穂	45度の平面構成による空間の多様性の研究	日本女子大学大学院					
石井衣利子	**輪郭の空間 —Aldo van Eyckの建築思想を通して—**	**芝浦工業大学大学院**	△	◎	△		◎
又吉重太	丸い三角　もののあはれ　イメージゲーム	滋賀県立大学大学院					
木村優志	SARUSHIMA —自然界の巣をモチーフにした不完全な建築—	千葉工業大学大学院					
湯浅良介	**Objet Surreel**	**東京藝術大学大学院**	○		◎		
池田 俊	**浮遊する身体 —a floating body—**	**東京藝術大学大学院**	○	△			△
北條 匠	**トワイライトな言語が僕らの心に残すもの**	**東京藝術大学大学院**	△	○	○		△
守山孝一郎	視覚的な密度感のズレによる建築設計	兵庫県立大学大学院					
佐竹雄太	開放三面体による建築	東京理科大学大学院		△			
岩瀬諒子	thinking of viaduct landscape	京都大学大学院					
磯部智砂	Superimposed City	東京工業大学大学院					
高橋真未	都市のコンテクストを可視化する建築	横浜国立大学院				○	
小倉和洋	After the ruin, comes an architecture.	信州大学大学院			△		
中寺俊夫	類推造形思考	首都大学東京大学院			△		
竹尾 昌	文脈の転換	早稲田大学大学院				○	
葛島隆之	リバースプランニング	名古屋工業大学大学院	△				
工藤洋子	1となり(ひととなり)	信州大学大学院					
古川智望	土木と建築の融合 —沼津市沿岸聚落における津波被害軽減の建築的手段—	神奈川大学大学院			△	△	
中西智也	反復について	早稲田大学大学院			△		△
鈴木 茜	**影の縁側～エチオピア アジスアベバにおけるスラム群建て替え計画**	**東北大学大学院**			○	◎	
小野裕美	感覚的建築	法政大学大学院					
辺見祐希	Béton brut —ものの力—	東京都市大学大学院			△		
藤 晴香	近くの遠景　A distant view in a limited space	京都工芸繊維大学大学院					
宮本和佳	耕作放棄地の終わりと今日的田園住居 —廃田化の進む田園居住についての研究—	大阪芸術大学大学院					
山崎博司	漸進する建築 ～変容する空間、島に残る捕虜収容所～	早稲田大学大学院	△		○		

氏名	作品タイトル	所属大学	小野田	迫	内藤	西沢	長谷川
上野大志	周期的極小曲面を応用した空間構成に関する基礎研究	東北芸術工科大学大学院		△			
中村紗惟子	forme en papier ―形態を生む素材として―	東京藝術大学大学院			○		
寺田裕梨	インプロヴァイスされる身体 ―コンテンポラリー・ジャズ的建築空間の形成―	芝浦工業大学大学院	△				
宮田多門	グラデーショナル・オープンスペース　表参道における商業住居複合施設	東京工業大学大学院		○		△	
井上裕依子	**少しずつ変わること**	**武蔵野美術大学大学院**			○	△	○
門田岳人	HIDAKA ENGEKI FESTIVAL	千葉大学大学院	△		△		△
鈴井良典	**横断への記述**	**早稲田大学大学院**	○	○	△	○	
西村将貴	ANOTSU2050 ―三重大学移転による中心市街地の再生―	中部大学大学院					
西本幸平	高密集合住宅における二つの提案	東京都市大学大学院		△	○		
萬玉直子	生活の増殖する道空間と建物の関係性	神奈川大学大学院					
田原香織	柔らかい光の空間	東北大学大学院					
滝川寛明	through a hole	武蔵野美術大学大学院					
阿部妙子	secret	武蔵野美術大学大学院				○	
古竹大志	人間の風景へ	神奈川大学大学院				○	△
宮本裕也	風景の単位 ―屋根の集合がつくる形状の構成要素の配列分析と設計提案―	首都大学東京大学院				○	
石黒智章	見えない境界　「屋上から考えたこと」	金沢美術工芸大学大学院					
湯口篤子	居場所を生み出す三角形 ―モチーフグリッドの試行から―	京都工芸繊維大学大学院					
小坂宗義	自然通風によるビルディング研究	福井大学大学院					
込山絵美	戸建住宅群像	宮城大学大学院				○	
平田 駿	居場所からつくる建築 ―居場所から抽出したものを建築に還元する―	東京都市大学大学院	△			△	
秋月孝文	下北沢市街劇場構想 ―「劇場への道すがら」から始まる街づくり―	日本大学大学院					
高畑 緑	クレバス ―既存建物を地形ととらえて設計すること―	昭和女子大学大学院					
古橋尚弥	アダムの建築 ―起源から再考する人々の多様性を活かす空間構築手法の研究―	工学院大学大学院					
福田大輔	触景 ～皮膚感覚を刺激する空間～	工学院大学大学院			○		
井上峰一	甲府城址図書館 ―甲府城址を活用した山梨県立図書館の設計―	日本大学大学院		○		△	
辻 雄貴	建築における偶然性の研究 ―いけばなと変容する建築―	工学院大学大学院					
織田ゆりか	都市への刺繍　公共性を再編集する5つの図書空間	早稲田大学大学院					○
竹島淳二	東京ピースセンター計画	日本大学大学院					
安藤晃一	小学校における外部導入空間のあり方に関する研究と設計提案	首都大学東京大学院					
峯尾穂香	北京の小街における空間連結のゆるさを用いた建築設計	東海大学大学院					
柳橋啓一	新国立国会図書館 ―西新宿三丁目再開発をともなう国立国会図書館の設計―	日本大学大学院					
渡邉祥代	hospital village ―私たちが線をひくこと―	早稲田大学大学院				○	△
古澤修一	無堤地区における二子玉川南地区再生計画 ―河川環境再生及び河川敷における住宅群の設計―	日本大学大学院					
森下悠也	VI-BRID CITY ―エコロジカルなエネルギー発生システムの建築化―	大阪産業大学大学院		△			
渡邊 匠	Piled city	法政大学大学院		△			

氏名	作品タイトル	所属大学	小野田	迫	内藤	西沢	長谷川
邊見栄俊	**「奥」を知覚する空間の研究**	**大阪芸術大学大学院**	○	○			△
細谷隆太	木質都市2010 ー木造住宅密集地区再生計画ー	前橋工科大学大学院				△	
松井さやか	**身体と建築の関係性について**	**東京理科大学大学院**	△			△	○
大西健太	日活撮影所の再編 ―映画文化振興基地―	日本大学大学院					
小野志門	**不忍池霧の葬祭場 ―都市公園を利用した火葬施設及び墓地の設計― 或いは、装飾について考えた事とその実践**	**日本大学大学院**	△	◎		△	○
野村奈菜子	多元的奥性を用いた建築設計手法の提案	東京理科大学大学院		○			
徳野由美子	建築的集合論 ―都市の臨界点における場所性と多様な コミュニティから生まれる次世代の風景の創造―	横浜国立大学院		○			
トパ・リタ	**Urban entropies**	**横浜国立大学大学院**			△	○	△
栗原季佐	自然な建築	東京理科大学大学院					
田中希枝	母性と住む	早稲田大学大学院					
井上 潔	a chain of activities ―都心型大学キャンパス再考―	東京理科大学大学院					
坂田 旭	有蓋通路「Passages Vivienne」における内外の干渉性を用いた建築	東海大学大学院					
花澤亜衣	パラレルに展開する世界をめぐる思考	工学院大学大学院	○				
渡邉 譲	**住宅地の集合住宅～住宅地の状態を考えて～**	**東京都市大学大学院**	○	○			
小栗秀章	廃墟再生	工学院大学大学院					
肖 海燕	日本と中国の伝統的住宅から生まれた現代建築	大阪芸術大学大学院					
高瀬真人	**窓外への／からの ―接地型低層集合住宅研究―**	**早稲田大学大学院**	○		○		△
土田純寛	**田園と建築 ―散居集落における体験型宿泊施設―**	**武蔵工業大学大学院 (東京都市大学大学院)**				◎	
前嶋章太郎	聴暗	東京都市大学大学院				△	○
池田 琢	自然化研究	慶應義塾大学大学院	○	△			
高増拓実	巡る狭山 ―「場所」を巡る旅―	早稲田大学大学院					
重矢浩志	大田区町工場街に置けるリバーウォーク見本市の構想 ―産業促進と観光地とコミュニティの機能を持った川縁の見本市―	日本大学大学院					
高橋卓也	開閉住宅～自然共生型建築モデルの提案～	千葉工業大学大学院					
村口勇太	**「数寄」屋／もしくは「檻」**	**工学院大学大学院**	◎	△	◎		
天草正暁	ルイス・I・カーンの建築作品における象徴性の分析および設計提案	首都大学東京大学院		△			
中村祥子	Tradifunkis ～E.G.ASPLUNDの建築に見る～	早稲田大学理工学術院					
田浦新平	身体で感じる都市記述の手法　～山手線を自転車で8周することを通して～	東京都市大学大学院					
梶田知典	「学校」から「地域」へ	早稲田大学大学院					
鎌松 亮	studies on responsive architecture ―身体と呼応する建築の考察―	慶應義塾大学大学院	○				
織田ゆりか	都市への刺繍 ―公共性を再編集する5つの図書空間―	早稲田大学大学院					
黒田 桃	木質都市へ ―東京日本橋馬喰町における木質ビルの試設計―	東京理科大学大学院					

※◎=5点、○=3点、△=1点として集計

トウキョウ建築コレクション2010
全国修士論文展　応募者一覧

氏名	論文タイトル	学校名
黒川大輔	戦後商業建築における残存に関する研究	横浜国立大学大学院
小寺 亮	現代建築家の表現活動の領域	室蘭工業大学大学院
藤田慎之輔	**非力学的性能を考慮したシェル構造物の形状最適化**	**京都大学大学院**
吉田直樹	建築に附置する自転車駐車場の算定法に関する研究	日本大学大学院
桑山 竜	**商業用途におけるテンポラリースペースに関する研究 —滋賀県のロードサイドを対象として—**	**滋賀県立大学大学院**
栗間敬之	磯崎新論 —象徴性の系譜—	芝浦工業大学大学院
山田卓矢	ファサード・デザインが印象評価に及ぼす影響 —近年における商業建築を事例として—	信州大学大学院
加門麻耶	**大橋富夫論**	**東京大学大学院**
山本恭代	フィンランドの公共図書館にみる図書館のありかた	東京理科大学大学院
川井澄子	景観条例におけるパタンランゲージの有効性の研究	東京理科大学大学院
荒木 聡	**転相する建築 —CARLO SCARPAの記譜法を通じて—**	**早稲田大学大学院**
大日方由香	建築家の言説における形容詞の研究 —形容詞からみる建築家の言語表現の変化—	信州大学大学院
前田幸大	水上集落における居住空間形成手法に関する研究	近畿大学大学院
吉田詩織	都市産業が生み出す建築ファサードと景観に関する研究 —銀座・原宿の経年的変化の調査を通して—	芝浦工業大学大学院
村木 計	現代建築におけるディストピア —ジャン・ヌーベルの詩学に関する分析 "A to Z"—	慶應義塾大学大学院
伊藤 昇	Iconic Architecture ~ Visual Analysis of Key Projects Since Modernism ~	慶應義塾大学大学院
宮地国彦	**鉄道施設と先行都市の重合・対立・同化 ～鉄道の形態決定条件からみる東京論序説～**	**明治大学大学院**
大脇慶多	スイス・チューリッヒ市主催の建築賞における審査員構成と受賞作品に関する研究	北海道大学大学院
名塩知恵	ジュゼップ・マリア・ジュジョールのジョアン・ミロに通ずる色彩	工学院大学大学院
美和絵里奈	台湾・澎湖群島の都市・集落の空間構成に関する研究	滋賀県立大学大学院
藤本健太郎	**影を用いた建築や都市の密度感に関する考察**	**東京大学大学院**
根岸博之	都市教育における場所性の展開 —子どもを対象としたプログラムの実践を通して—	法政大学大学院
椙山哲範	**建築グループ スペース'30の特質とその存在意義について**	**東海大学大学院**
中村喜裕	明治42年姉川地震の被害の文献調査	滋賀県立大学大学院
鮫島 拓	**パトリック・ゲデスによるインド バローダBaroda における都市計画に関する研究 —保存的外科手術の実践と定着—**	**滋賀県立大学大学院**
渡邉宏樹	**ラオスの伝統的住居における形態的差違性に関する研究**	**東京大学大学院**
五百蔵純一	高知市の日曜市における道路空間の仮設利用に関する研究	日本大学大学院
冨山かなえ	公営住宅の空き家対策における転用に関する研究	筑波大学大学院
豊島裕樹	空間構造の複合非線形性を考慮した地震時応答推定に関する研究	早稲田大学大学院
和泉秀幸	場所の連続可能性に関する一考察～住宅の外皮に係る防火規制を中心としたケーススタディ～	芝浦工業大学大学院
井戸川達哉	複合的な応力場における薄肉矩形板材の捩れ性状に関する研究	早稲田大学大学院
横山翔大	都市集合住宅の複合化に関する研究	東京大学大学院
岡崎啓祐	ポンピドゥー・センター試論	東京大学大学院
服部一晃	妹島和世の思想 —家具から建築へ—	東京大学大学院
山口紗由	地域コミュニティ形成におけるコレクティブハウジングの可能性と課題	日本女子大学大学院
高橋元貴	住宅建築という命題 —明治期における三つの住宅論とその観念に関する研究—	東京大学大学院
有村耕平	信仰と空間の関連性からみた修験道建造物の保護手法に関する研究 —出羽三山の建造物を具体例として—	東京藝術大学大学院
平須賀信洋	診察行為における咳気流の感染リスク評価	早稲田大学大学院

※論文展は採点方式ではなく、コメンテーター5名の審議により9作品を決定した

あとがき

早いもので、「トウキョウ建築コレクション」は今年で4回目を迎えることとなりました。過去3年間は会の規模、内容共に発展・拡大を続けてきましたが、4年目にあたる今年は、会の継続・定着を強く意識した年であったように思います。そういった意味でも、「トウキョウ建築コレクション2010」は、昨年度までに生まれた「全国修士設計展」、「全国修士論文展」、「プロジェクト展」、「特別講演会」という4つの企画を会の柱として定め、それぞれの開催意義を再考することで、展示や議論の充実を目指しました。

学生から社会へのメッセージである「全国修士設計展」「全国修士論文展」、学生と社会が相互に発信し合う場である「プロジェクト展」、社会から学生へのメッセージである「特別講演会」といった形で、「トウキョウ建築コレクション」全体が、学生と社会が交わるような場となって欲しいという思いのもと活動してきました。会期中に行われた多くの議論や交流は、社会に出る一歩手前にいる我々にとって、今後それぞれが進むべき方向性を見出す一助となったのではないでしょうか。

本展覧会を開催するにあたり、多くの御協賛企業各位、御協力頂いた鹿島出版会、清野運送、建築資料研究社、代官山ヒルサイドテラス各位、御後援頂いた建築業協会、新建築社、東京建築士会、日本建築家協会、日本建築

学会、日本建築士会連合会、日本建築美術工芸協会各位には、多大なるご支援とご厚情を賜り、心より御礼申し上げます。「特別講演会」でご講演くださった鈴木博之先生、「全国修士設計展」の審査員を引き受けて下さった小野田泰明、迫慶一郎、内藤 廣、西沢立衛、長谷川逸子各先生、「全国修士論文展」のコメンテーターを引き受けて下さった秋元孝之、池田昌弘、今村創平、中谷礼仁、本江正茂各先生、「プロジェクト展」のコメンテーターを引き受けて下さった青井哲人、北川啓介、馬場正尊各先生をはじめ、数多くの方々のお力添えを賜り、このような素晴らしい展覧会の実現に至ることが出来ました。ならびに、御出展、御来場頂いた皆様にも心より感謝申し上げます。誠に有り難う御座いました。また、この展覧会を共に企画・運営してきた素晴らしい仲間達にも深く感謝します。

来年度以降も「トウキョウ建築コレクション」は、社会と学生をつなぐ場としてこれまで以上に発展していくと共に、参加する全ての人が、各々の専門分野・立場を越えて議論を出来るような場であり続けたいと考えております。今後とも「トウキョウ建築コレクション」を宜しく御願い申し上げます。

トウキョウ建築コレクション2010実行委員会代表

長崎知彦

「トウキョウ建築コレクション2010」は、以上27社の企業からの協賛により、運営することができました。
また、次の企業・団体様からは後援、協力を頂きました。

[後援]社団法人 日本建築学会、社団法人 日本建築士会連合会、
社団法人 建築業協会、社団法人 日本建築家協会、
社団法人 日本建築美術工芸協会、社団法人 東京建築士会、
株式会社 新建築社
[協力]代官山ヒルサイドテラス、株式会社 建築資料研究社、
株式会社 鹿島出版会、株式会社 竹尾、株式会社 建報社、
清野運送 有限会社

この場を借りて深謝いたします。

トウキョウ建築コレクション2010実行委員会

建築の未来を切り拓く
トウキョウ建築コレクションを、
これからも応援します。
資格講座・法定講習 開講一覧
建設関連
1級建築士
2級建築士
構造設計1級建築士
1級建築施工管理技士
2級建築施工管理技士
建築設備士
1級土木施工管理技士
2級土木施工管理技士
1級舗装施工管理技術者
2級舗装施工管理技術者
1級管工事施工管理技士
2級管工事施工管理技士
1級造園施工管理技士
2級造園施工管理技士
コンクリート技士
コンクリート主任技士
給水装置工事主任技術者
測量士補
1級エクステリアプランナー
2級エクステリアプランナー
1級電気工事施工管理技士
第二種電気工事士
第三種電気主任技術者
実務関連
建築構造計算
木造(2階建)構造設計
環境・設備(小規模建築物)
Auto-CAD
JW-CAD
ISO14001内部監査員
不動産・経営関連
宅地建物取引主任者
土地家屋調査士
ファイナンシャルプランナー
その他
秘書検定2級
秘書検定3級
eco検定
法定講習
□建築士定期講習
□宅建登録講習
□宅建実務講習
□(株)日建学院 実施
◇監理技術者講習
◇マンション管理士法定講習
◇実施協力
建築系学生のためのフリーペーパー
年3回発行 1月・9月+増刊号（卒業設計展特集／5月）
LUCHTA
建築系学生のための情報サイト
http://www.luchta.jp/
ルフタ
検索
卒業設計展特集
日建学院
お問合せ・資料請求・試験情報は
日建学院コールセンター
0120-243-229
受付／AM10:00〜PM5:00（土・日・祝祭日は除きます）
URL http://www.ksknet.co.jp/nikken/
E-mail nikken@to.ksknet.co.jp
株式会社建築資料研究社 東京都豊島区池袋2-50-1

Photo Credit

磯 達雄——p.259上、pp.310-316、p.346、pp.348-349、p.351、pp.355-359、p.369
大家健史——pp.286-293、pp.338-345
勝見一平——pp.001-003、pp.012-014、pp.164-165、pp.167-169、pp.171-178 、p.252、pp.254-255、pp.257-258、p.259下、pp.260-264、pp.374-375、設計展・論文展出展者顔写真
平野加那子——p.166、p.170

編集協力

磯 達雄——pp.124-131、pp.148-155、pp.294-297、pp.322-329
市川紘司——pp.016-024、pp.108-115、pp.132-147、pp.180-211、pp.338-345
大家健史——pp.046-054、pp.084-099、pp.156-163、pp.270-281、pp.318-321、pp.330-337
境 洋人——pp.026-034、pp.036-044、pp.164-173
阪口公子——pp.056-064、pp.076-083、pp.100-107
豊田正弘・石田貴子——pp.286-293、pp.310-317、pp.346-355、pp.360-369
平塚 桂——pp.212-261、pp.302-309
平野加那子——pp.066-074、pp.116-123、pp.266-269、pp.282-285、pp.298-301

トウキョウ建築コレクション

トウキョウ建築コレクション2010実行委員会

代表——長崎知彦（早稲田大学大学院）
副代表——有村耕平（東京藝術大学大学院）、田中希枝（早稲田大学大学院）
協賛——伊坂 春（早稲田大学大学院）、伊藤 愛（東京理科大学大学院）、頭井秀和（早稲田大学大学院）、畠澤正太（早稲田大学大学院）
会場——田中裕子（東京大学大学院）、
企画——伊藤周平（早稲田大学大学院）、金光宏泰（早稲田大学大学院）、金谷泰志（早稲田大学大学院）、小早川武朗（明治大学大学院）、齊藤有一（明治大学大学院）、佐藤明生（東京藝術大学大学院）、佐野穂高（早稲田大学）、棚橋 玄（東京藝術大学大学院）、大川玉青（法政大学大学院）
会計——木村奈央（早稲田大学大学院）
制作——國分足人（早稲田大学大学院）、荒木 聡（早稲田大学大学院）、澤口和美（東京藝術大学大学院）、塩谷嘉章（早稲田大学）
web——永沢ゆき（早稲田大学大学院）
出版——前田大輔（早稲田大学大学院）

トウキョウ建築コレクション2010

全国修士設計・論文・プロジェクト展・特別講演会

トウキョウ建築コレクション2010実行委員会編
2010年7月15日 初版第1版発行

編集——フリックスタジオ／高木伸哉、石田貴子、平野加那子
アートディレクション——為永泰之（black★bath）
デザイン——田岸優子
発行人——馬場栄一
発行所——株式会社 建築資料研究社
〒171-0014 東京都豊島区池袋2-68-1 日建サテライト館7F
TEL 03-3986-3239 FAX 03-3987-3256
http://www.ksknet.co.jp
印刷・製本——図書印刷株式会社

ISBN978-4-86358-072-5